本书受中国历史研究院学术出版经费资助

本书获得国家社会科学基金一般项目（13BZS085）
和教育部人文社会科学基金青年项目（10YJC770120）资助

中国历史研究院
Chinese Academy of History

学 术 出 版 资 助

中晚唐五代的
河朔藩镇与社会流动

张天虹 著

社会科学文献出版社
SOCIAL SCIENCES ACADEMIC PRESS (CHINA)

中国历史研究院学术出版资助项目
出版说明

　　为了贯彻落实习近平总书记致中国社会科学院中国历史研究院成立贺信精神，切实履行好统筹指导全国史学研究的职责，中国历史研究院设立"学术出版资助项目"，面向全国史学界，每年遴选资助出版坚持历史唯物主义立场、观点、方法，系统研究中国历史和文化，深刻把握人类发展历史规律的高质量史学类学术成果。入选成果经过了同行专家严格评审，能够展现当前我国史学相关领域最新研究进展，体现我国史学研究的学术水平。

　　中国历史研究院愿与全国史学工作者共同努力，把"中国历史研究院学术出版资助项目"打造成为中国史学学术成果出版的高端平台；在传承、弘扬中国优秀史学传统的基础上，加快构建具有中国特色的历史学学科体系、学术体系、话语体系，推动新时代中国史学繁荣发展，为实现"两个一百年"奋斗目标、实现中华民族伟大复兴的中国梦贡献史学智慧。

中国历史研究院

2020 年 3 月

目　　录

序

李伯重

先师傅衣凌先生在仙逝前口授的遗作中，总结了他一生对中国传统社会的性质和特点所做的辛勤探索得出的结论，写道："由于自然生态、生产条件、种族迁徙、农村公社原有组织形态等等因素的差别，在原始社会漫长的瓦解过程之后，中国社会形态的演变进程错综复杂，社会结构新、旧交错，融为一体，出现了多种生产方式长期并存的局面。……从原始社会末期开始，中国多元的社会结构已经形成……秦汉以后，这一特点表现得更为明显。……在注意中国传统社会结构的多元化时，我们还不能忽视这种多元化是出现在经济、政治、社会发展极不平衡的辽阔国土上的。由于自然环境的差异和生态平衡的改变、历史上开发时间的先后、人口的流动和增减，以及经济重心的转移等等因素的影响，各个地区的生产技术水平、生产方式、社会控制方式和思想文化千差万别，而且还随着历史的发展而出现周期性的和不规则的变化。这种情况使多元化社会结构更为复杂，也从一个方面说明了社会经济史区域性研究的必要。"

这段话清楚地告诉我们：中国传统社会的历史，无论是在时间和空间方面，还是在内容和结构方面，都是非常复杂和不断变化的，必须从多个角度进行全方位的和动态的研究，方能窥其全豹。然而，"吾生也有涯，而知也无涯"（《庄子·内篇·养生主》），任何学者都只能选取中国历史的一个方面或者一个片段、一个局部进行研究。对于研究者来说，无论选取什么作为研究的对象，都是在为探求中国历史的真相而努力，因此可以说都同样重要，即如胡适之先生所言，"发明一个字的古义，与发现一颗恒星，都是一大功绩"。但是在历史的长河中，有一些时期、地区或者事件对整个历史的进程具有特别的意义。如果能够选取这样的时期、地区或事件作为自己研究的对象，那么研究的成果对于我们认识历史演变就有特殊的意义。本书将中晚唐五代的河朔藩镇与社会流动作为研究的主题，就是选取了这样一个具有特殊意义的时期、地点和事件对中国历史进行深入剖析，因此从选题来说，此项研究具有十分重要的学术价值。

在中国传统社会的历史上，中晚唐和五代一向被视为"乱世"。的确，自安史之乱开始，强盛的唐帝国就骤然步入衰落乃至灭亡的历史进程，直到北宋建立后，中国才重新走向和平和繁荣。职此之故，对于许多仰慕大唐盛世的历史爱好者来说，中晚唐和五代似乎是一个不值得予以关注的时期。然而对于历史学者来说，这个时期恰恰是一个具有特殊意义的时期。

虽然学界对"唐宋变革论"的看法有分歧，但是对于唐宋时期中国社会曾经发生了重要变革这一点，事实上早已形成共识。在那些并未参加"唐宋变革论"讨论的学者中，侯外庐先生很早就从经济史的角度指出："大概地说，中国封建社会可分为前期和后期两个阶段。前期从商鞅变法起，又可以战国末秦、汉之际为过渡，两汉作为一个阶段，魏、晋、南北朝、隋为一个阶段。后期可以隋和唐初为过渡，从中唐至明代中叶为一个阶段，明代末叶即自十六世纪中叶以后，至一八四〇年为又一个阶段。唐代则以建中两税法为转折点，以黄巢起义为枢纽，处在由前期到后期的转变过程中。研究唐代社会经济的变化，可以看出中国封建制社会在发展过程中的主要的问题。"钱穆先生则从制度史的角度指出："现在再略一综述唐代的制度。论中央政府之组织，结束了上半段历史上的三公九卿制，而开创了下半段的尚书六部制。论选贤与能，结束了上半段的乡举里选制，而开创了下半段的科举考试制。论租税制度，结束了上半段的田租力役土贡分项征收制，而开创了下半段的单一税收制。论到军队，结束了上半段的普及兵役制，而开创了下半段的自由兵役制。综此几点，我们可以说：唐代是中国历史上在政治制度方面的一个最大的转捩中枢。唐以后中国的历史演变是好是坏，那是另外一回事，但罗马帝国亡了，以后就再没有罗马。唐室覆亡以后，依然有中国，有宋有明有现代，还是如唐代般，一样是中国。这是中国历史最有价值最勘研寻的一个大题目。"这两位前贤虽然术业各有专攻，研究方法与风格亦各异，但他们对唐代是中国传统社会的转折点的看法却惊人的一致，可谓"英雄所见略同"。这个转折虽然是一个长期的过程，但最明显的是在中晚唐乃至唐代的余绪五代。因此，把这个时段作为研究的时间范围，是抓住了中国历史上的一个重要时期。

同时，作为华北地区主要组成部分的河北地区是华夏文明的起源地之一，因此在中国历史上占有非常重要的地位，正如西嶋定生先生所总结的那样："中国统一王朝的政治中心自古以来就在华北，文明的中心也在华北，其原因之一就在于华北农业比江淮稻作农业优越。到了隋代统一中国，开凿了大运河，把华北的政治中心地区和江南直接连结了起来，进而到了唐代，开始每年有数百万石的所谓江南上供米运往首都长安，华北的一部分粮食依靠江南的稻作农业。这就把华北农业与江南农业的历来关系颠倒了过来。这种倾向到了宋代便固定了下来，以后则江南农业生产凌驾于华北农业生产之上，中国农业的基本地区转到了江南。"即使江南取代华北成为中国最发达的经济地区之后，华北（特别是河北）仍然在诸多方面对中国的历史进程拥有不可忽视的重要意义。这一点，赵翼早已敏锐地看到了，他说："唐开元、天宝间，地气自西北转东北之大变局也。……契丹阿保机已起于辽，此正地气自西趋东北之真消息，特以气虽东北趋，而尚未尽结，故仅有幽蓟，而不能统一中原。而气之东北趋者，则有洛阳、汴梁为之迤逦潜引，如堪舆家所谓过峡者。至一二百年而东北之气积而益固，于是金源遂有天下之半，元、明遂有天下之全，至我朝不惟有天下之全，且又扩西北塞外数万里，皆控制于东北，此王气全结于东北之明证也。而抑知转移关键乃在开元、天宝时哉。"他所说的"东北"，关键就是河北，关外的契丹、女真、蒙古、满洲诸族，倘若不能得到河北，那么即如汉之匈奴、唐之突厥，虽然控弦数十万，兵锋所向，无不披靡，数次兵临长安城下，然而终未能一统天下。河北这种特殊的战略地位，使中国的政治中心，自元代以来，都不得不坐落在这里。然而，相比江南、华南乃至关中、河南等地区，学界对河北历史的研究相对薄弱。这种情况，与河北在历史上的特殊地位形成了巨大的反差。本书以河北为研究的空间范围，应当说是非常有意义的。

中晚唐和五代时期，河北地区发生的最重要历史事件，莫过于藩镇的兴起。陈寅恪先生指出："唐代中国疆土之内，自安史之乱后，除拥护李氏皇室之区域，即以东南财富及汉化文化维持长安为中心之集团外，尚别有一河北藩镇独立之团体，其政治、军事、财政等与长安中央政府实际上固无隶属之关系。"在中国历史上，地方势力割据之事时有发生，但是这些割据大多发生在以边疆少数民族为主的地区（例如南诏、大理、西夏等政权），内地中央王朝统治力所不能及；也有发生在内地的，但通常只是在中央王朝统治力量式微乃至崩溃之时（例如五胡十六国、五代十国等时期）。而中晚唐的藩镇，不仅出现在中古中国经济、文化、政治、军事诸方面的腹心要地河北，而且发生在唐王朝中央统治力量尚可控制全国大部分地区的时期，并与唐朝中央政府共存了一百多年。这一点可以说是在中国历史上绝无仅有的。因此，藩镇的兴起、存在、消亡，为我们提供了一个深入了解中国历史的切入点。

社会流动问题是历史研究的核心问题之一。所谓社会流动（social mobility），指的是个人或群体社会地位的变化，即从某一社会阶层到另一社会阶层的变化。按不同标准，社会流动可分为多种形式：（1）根据方向，可分为垂直流动和水平流动；（2）根据范围，可分为代际流动和代内流动；（3）根据规模，可分为个体社会流动和团体社会流动；（4）根据原因，可分为结构性流动和自由流动；（5）根据方式，可分为竞争性流动和赞助性流动；等等。社会学家认为，社会流动有利于人尽其才，推动人力资源使用的合理化，因此是社会进步的重要内容。同时，社会越开放，阶层的流动率越高，流动所需的时间越短，流动的幅度也越大；反之亦然。因为社会流动使处于各阶层中的人都能够在社会中找到自己合适的位置，因此可以减少社会冲突，起到"安全阀"的作用。

唐代是中国传统社会发生转折的时期，社会流动是此时期中国社会变化的主要内容之一。侯外庐先生已明确指出：唐朝推行了九等户制，使得"过去的高门大族和庶族寒门，已经一起用户等来划分，而不完全以门第来划分了"。唐代中期推行了两税法，进一步提出"以贫富为差"，其实质在于反对"以身分为差"。因此，社会等级的划分进一步趋于简单化，等级之间的界限变得模糊，出现了混一士庶的趋势。简言之，从唐代中叶开始，社会等级制度经历了一次再编造。这个再编造就是社会流动的表现和产物。

以往对唐代以降中国传统社会的社会流动的研究，集中在垂直流动的问题上，即掌握政治权力的精英阶层是根据什么样的选举制度来组成，是否具有吐故纳新的机制，从而在代与代之间形成精英阶层的循环和流动。在中国历史上的社会流动问题的研究上，海内外学者都将科举制度作为中心，并在科举制度研究方面取得了极为重要的成果。然而，正如杜希德（Denis Twitchett）、孙国栋、毛汉光等学者所指出的那样，唐代的科举考试使一批声望相对不太显赫的地方士族子弟得以入仕，但并未使普通人家的子弟在向上的社会流动方面有实质性的突破，所以科举考试只是世家大族的一种"圈内竞争"，并未成为唐代社会流动的主要动力。因此，我们对于唐代和五代社会流动的研究，还需要注意科举之外的其他流动渠道，研究不同地域社会流动的具体形式，以及社会流动的多重影响等问题。

在唐代和五代的河北地区，科举制度显然不是促成社会流动的主要渠道。陈寅恪先生早已指出了河朔地区的社会流动机制有别于唐廷控制的顺地，指出安史之乱以后的唐统治阶级的升降，"可分为中央及藩镇两方叙述"。因此，将社会流动的方法和视角与河朔藩镇统治下的地域社会经济相结合来进行研究，深入剖析藩镇统治下的河朔地域社会，对于认识唐代以及之后的华北社会的历史具有十分重要的意义。

本书选择了中国历史上一个重要的转折时期，一个在政治、经济、军事等方面具有重要意义的地区，一个社会变化的重要方面进行深入研究，因此本书的研究成果为我们提供了一种"地方性知识"（local knowledge）的"微观史学"。古尔迪（Jo Guldi）和阿米蒂奇（David Armitage）于 2014 年发表《历史学宣言》（*The History Manifesto*），指出"微观史若不与更大的历史叙事相联系，不明确交代自身的研究想要推翻什么、坚持什么，那就很容易被人称为好古癖。我们希望复兴的是这样一种历史，它既要延续微观史的档案研究优势，又须将自身嵌入更大的宏观叙事"，而"微观史档案研究与宏观史框架的完美结合将为历史研究展现一种新的境界"。我认为，本书就顺应了这种把微观史和宏大叙事结合起来的研究新潮流。

以往学界在唐代河朔藩镇研究上成果甚丰，为后人的藩镇研究奠定了坚实的基础。但也正因如此，后人要在这个研究中更上一层楼，其难度可想而知。之所以难，一个主要原因是史料问题。

余英时先生有言："史学论著必须论证（argument）和证据（evidence）兼而有之，此古今中外之所同。不过二者相较，证据显然占有更基本的地位。证据充分而论证不足，其结果可能是比较粗糙的史学；论证满纸而证据薄弱则并不能成其为史学。韦伯的历史社会学之所以有经久的影响，其原因之一是它十分尊重经验性的证据。甚至马克思本人也仍然力求将他的大理论建筑在历史的资料之上。韦、马两家终能进入西方史学的主流决不是偶然的。"因此可以说，能否获得充分和可靠的史料，乃是史学研究成败的关键。

对于一个"老"课题的研究而言，由于原有的史料大多被前辈学者搜罗殆尽，因此必须找到新的史料，才能做出新的成果。这一点，陈寅恪先生说得很清楚："一时代之学术，必有其新材料与新问题。取用此材料，以研求问题，则为此时代学术之新潮流。治学之士得预于此潮流者，谓之预流（借用佛教初果之名）。其未得预者，谓之未入流。"

唐五代的藩镇研究以及河北区域社会史研究，之所以难以深入进行，重要原因之一就在于资料不足。经过学界多年的努力，大量的碑志资料陆续得到整理出版。本书作者也做了大量的田野工作，在京津和河北各地访古，查找"漏网"的碑志资料。本书作者搜集整理了属于中晚唐五代初期河朔藩镇（763—914）的各种碑志300多方（通），加以逐个分析考证，最后选出其中翔实可靠的252方（通），成为本书研究的史料基础之一。本书作者本来已将传世史籍中的史料搜罗殆尽，再加上这批新史料，遂使得本书在史料上得以超越前贤，占有更为丰富的史料，从而也为进一步的研究奠定了基础。

史料是史学研究的基础，但仅有史料是不够的。吴承明说："即使做到所用史料尽都正确无误，仍然不能保证就可得出正确的结论。"因此，本书作者在研究中也尽力探索最为合适的方法。

刘子健先生说："有人说史无定法。这句话没说清楚。研究历史的题材不同，当然不可能有呆板一成不变的方法。其实是史采佳法。说得更清楚一点，门道很多，因题制宜。再大胆一点说，因问求法。这不是佛教徒求法。假定说提的问题，一时没有现成的方法可以采用，怎么办呢？答案是去找去，试用各种途径去寻求。科学家做实验就是这样的左试右试，就可能走出一条路来。有人怀疑，以为应当方法在先，问题在后。事实上这怀疑错了。……这'问'字尤其要紧。中国语文把学和问两个字连结起来，极为精妙。他种文字不能比美。《论语》里满篇是问，欧阳修的《易童子问》，朱熹的《四书或问》，乃至张之洞的《书目答问》，都在问。如果只是传习，待访，补遗，拾阙等等，而不发问，那怕用功日知，也不会有新生的学术，激发新的思路，去寻求新的方法。"本书作者正是遵循了这一规律，根据本书所涉及的社会流动研究、区域史研究、唐五代史研究、中国传统社会研究等诸方面的问题，寻找合适的研究方法。大体而言，他以历史学研究方法为本位，特别是在对一些基本资料的考订方面下了大功夫。同时，他对社会科学的研究方法也采取开放态度，努力学习政治学、社会学、经济学等社会科学知识，从中引入合适的方法为自己的研究服务。对于辛勤收集和整理的碑志资料，他大胆地使用了统计学的方法，进行量化研究。马克思认为："一种科学只有在成功地运用数学时，才算达到了真正完善的地步。"虽然对此我们不能做机械的理解，但是在能够运用数学来帮助我们进行研究的地方，当然应积极采用数学的方法。

由于选题重大，史料扎实，方法得当，本书研究取得了重要的成果。唐史本是中国史研究的"重头戏"之一，中外学界在此领域中名家辈出，取得了光辉成就，从而成为中国史研究的一大亮点。本书能够为其增加一份新光彩，是作者多年努力治学的结果。贾岛诗云"十年磨一剑"，本书作者为此项研究投入了十五年的光阴。在此十五年中，他心无旁骛，专力于此。这在学风浮躁的今日，洵为难得。我在"文革"中失学，幸得家父指导，自修宋史。"文革"结束后考入厦门大学，从韩国磐师专攻隋唐五代史。彼时对河朔藩镇问题甚感兴趣，想探求藩镇治下的河朔地区社会经济状况。但因选择了以江南经济史为主攻方向，这个兴趣就只好搁置起来了。后来天虹到清华大学从我攻读博士学位，因为他在宁欣教授指导下攻读硕士学位时接受了良好指导以及严格和坚实的学术训练，对隋唐五代史研究已有良好基础，因此我和他商量后，一致认为他最好继续隋唐五代史的学习和研究。因为前人关于隋唐五代史的研究成果极为丰富，做这方面研究的起点很高，但藩镇治下的河

朔社会经济史，彼时研究者尚不多，因此确定了以此为他博士学位
论文的主题。他为此全力以赴，博士论文写得很好，受到答辩委员
们的好评。毕业后，他依然锲而不舍地继续进行此项研究，不断开
拓，不断深化，最后写成此书。此书与当年的博士学位论文相比，
我读后颇有"脱胎换骨"之感。作为他当年的导师，我为他取得
的成就感到由衷欣慰，并相信他在未来的学术生涯中，一定会沿着
既定的道路走下去，日新又新，在学术上不断取得新的成就。

　　是为序。

　　　　2020 年 7 月 10 日于北京大学历史学系

绪　　论

第一节　选题缘起

中外史学界比较普遍的看法是，由唐入宋，中国社会发生了重要变革，[①] 尽管对这场变革的性质和具体时间的认识从来就未曾达成一致。围绕这一命题，学界不但做了具体深入的研究，力图回应这一历久弥新的话题，而且还从史学理论的高度对这一理论范式的由来与发展进行了全面总结，[②] 李华瑞老师[③]近年撰写长文呼吁，

---

① 参见张国刚《二十世纪隋唐五代史研究的回顾与展望》，《历史研究》2001 年第 2 期。

② "唐宋变革"论是学术史上一个非常重要的问题。20 多年来，已经有很多学者对其进行了细致的梳理。参见宫泽知之《唐宋社会变革论》，游彪译，《中国史研究动态》1999 年第 6 期；李华瑞《20 世纪中日 "唐宋变革" 观研究述评》，《史学理论研究》2003 年第 4 期；罗祎楠《模式及其变迁——史学史视野中的唐宋变革问题》，《中国文化研究》2003 年夏之卷；张广达《内藤湖南的唐宋变革说及其影响》，载荣新江主编《唐研究》第 11 卷，北京大学出版社 2005 年版，第 5—71 页；李华瑞《关于唐宋变革论的两点思考》，载卢向前主编《唐宋变革论》，黄山书社 2006 年版，第 1—20 页；柳立言《何谓 "唐宋变革"？》，《中华文史论丛》2006 年第 1 辑。就 "唐宋变革" 的话题，学界近年来还组织了多次学术讨论。参见张国刚、孙继民、李天石、杜文玉、严耀中《唐宋变革笔谈》，《江汉论坛》2006 年第 3 期；王永平、宁欣、刘后滨、李鸿宾、王赛时、勾利军《多元视野下的唐宋社会》，《河南师范大学学报》2006 年第 2 期。关于 "唐宋变革" 的成果更加系统全面的梳理，还可参阅李华瑞主编《 "唐宋变革" 论的由来与发展》，天津古籍出版社 2010 年版。

③ 正文和注释有些地方为表达凝练，省去了 "先生" "老师"（直接指导过笔者的一般称 "老师"）等敬称，敬请见谅，特此说明。

唐宋史研究应该翻过"宋代近世说（唐宋变革论）"这一页，并特别批评"唐宋变革论"和"宋元明过渡论""从北宋的 260 万平方公里转到南宋 150 多万平方公里，再转向元明江南更狭小的地区，历史的空间一步步缩小"，从而限制了人们的视线。① 重视和关注区域，本是中国社会经济史研究的一个重要方面，但上述呼吁表明，唐宋史研究对于区域的关注还不充分。地方社会的变革或延续也许才是理解中古社会的深厚基础。只有对更多的区域进行长时段的观察和深入解析，宏大的命题才能得到更加全面深刻的检验。

按照唐代"山川形便"的地域观念，② 本书所要讨论的"河朔"③ 是隋唐五代时期的一个重要区域，既为一个自然地理单位，又带有行政区划的色彩，且有狭义和广义之分。④ 在广义上，太行山以东（直至大海）、黄河以北包括今东北在内的广大地区都属于"河朔（河北道）"的范围。但在狭义上，大多数唐人观念中的"河朔"有个北界——"燕山"。⑤ 本书所关注的就是狭义上的"河朔"，即太行山以东、黄河以北、燕山以南的广大地区。清代史家赵翼曾敏锐地指出，"唐开元、天宝间，地气自西北转东北之

---

① 李华瑞：《唐宋史研究应当翻过这一页——从多视角看"宋代近世说（唐宋变革论）"》，《古代文明》2018 年第 1 期。

② 参见史念海《论唐代贞观十道和开元十五道》，载《唐代历史地理研究》，中国社会科学出版社 1998 年版，第 27—62 页；成一农《唐代的地缘政治结构》，载李孝聪主编《唐代地域结构与运作空间》，上海辞书出版社 2003 年版，第 8—59 页。

③ 在唐代，"河朔"与"河北"同义，在本书中凡不引起歧义及语句不通顺的地方，尽量统称"河朔"。

④ 同一地域称呼有广义和狭义之分，不独"河朔"，还有如"山东"，广义上指太行山以东的广大地区，狭义上则或指河南，或指河北（见张伟然《唐人心目中的文化区域及地理意象》，载李孝聪主编《唐代地域结构与运作空间》，第 342 页）。"山东"还有更为狭义的指代，即在唐后期昭义军辖区的语境中，特指河北道的邢、洺、磁三州。

⑤ 张伟然先生依据唐人诗文指出河朔"北临塞"，见张伟然《唐人心目中的文化区域及地理意象》，载李孝聪主编《唐代地域结构与运作空间》，第 341—342 页。谭其骧主编：《中国历史地图集》第 5 册《隋·唐·五代十国时期》（中国地图出版社 1982 年版，第 48—51 页）将河北道分为"河北道南部"和"河北道北部"两部分来呈现。

大变局也"。① 这个语境中的"地气",或可理解为政治和军事重心。河朔在这个政治、军事重心转移的格局中格外引人注目。特别是从安史之乱被平定（763）到北宋建立、宋辽对峙局面形成（960）这近200年间,河朔地区出现了强大的藩镇,对唐廷的中央统治集团构成了严重挑战,频频亮相于中晚唐的历史舞台,并逐步走向这个舞台的中心。五代伊始,河朔成为各种势力争夺的最主要对象。河朔南部逐渐成为后唐、后晋、后周以及北宋的立业基盘,而河朔北部的幽蓟地区则被辽割占。宋辽对峙下的河朔,一分为二,在政治、经济及文化方面彼此殊途。因此,河朔藩镇历来受到学界关注。藩镇②不仅是政治史、军事史的研究对象,更应该作为一个特定的区域,以社会经济史的视角来进行研究。本书既以河朔藩镇作为讨论的对象,就首先要对"河朔藩镇"做进一步的界定。

上面已讨论了"河朔"的四至,本书却无法将它们全部纳入讨论范围,而只能集中讨论魏博、成德、幽州、易定、沧景五镇。其中河朔三镇（幽州、成德、魏博）最具有代表性,从安史之乱以后,河朔三镇逐渐游离于朝廷之外,处于事实上的政治半独立状态。河朔三镇各自辖区在这一时段里都曾有过变化。从大历八年（773）前后开始至大历十年为止,三镇再加上淄青镇因瓜分相卫镇的战争而导致各自的辖区有所调整,此后各自的辖境基本稳定。③ 大致来说,幽州卢龙镇［至后晋天福二年（937）被契丹攻

---

① 赵翼撰,王树民校证:《廿二史札记校证》卷20,"长安地气"条,中华书局1984年版,第443页。

② 关于"藩镇"一词的由来及其别称,王寿南先生曾经做了细致的考证。他总结道:"'方镇'一辞较偏重于地理方面,而'藩镇'一辞则政治意味较浓厚。"（见王寿南《唐代藩镇与中央关系之研究》,台北:大化书局1978年版,第2页）罗凯则进一步指出"方镇（或藩镇）"有特指（节度使）、泛指（包括州刺史在内的所有地方实权派）和常指（直属中央的节度使、观察使等连帅大府、直管单州）,参见罗凯《何为方镇:方镇的特指、泛指与常指》,《学术月刊》2018年第8期。

③ 《新唐书》卷66《方镇表三》,中华书局1975年版,第1843—1860页。

占之前〕长期辖有幽、涿、瀛、莫、檀、蓟、平、营、妫等九州。① 魏博镇辖有魏、贝、博、相、澶、卫六州。成德镇长期较稳定地领有恒（镇）、赵、冀、深四州。以上是三镇相对稳定的辖区。易州、定州、沧州都一度为成德所有，建中二年（781），李惟岳被诛，易、定、沧三州由张孝忠节度，不久，沧州又从易定镇中析出，复置横海军。易、定、沧等州后来虽另立藩镇，服从朝廷，但与河朔三镇之间颇有渊源，因此，沧景、易定则可以根据情况纳入讨论范围。需要说明的是怀州和邢、洺、磁三州。它们虽隶属于河北道，但是不列入本书讨论范围。怀州在《通典》中被记为"东畿内之郡"，② 且安史乱后隶属于河阳三城节度使，"咽喉河外，承卫洛师"。③ 邢、洺、磁三州则长期隶属于跨有河东、河北两道的昭义军，唐末方从其中析置出来，自有其特点。对于昭义军，学界已有不少专门研究。④ 这两镇（河阳和昭义）都被张国刚老师归入中原防遏型藩镇，⑤ 因此，除了作为必要的背景之外，在本书中暂不对它们进行全面讨论。

在时间范围上，笔者将以安史之乱平定的宝应二年（763）至后梁乾化四年至五年（即914—915年）这150多年为中心。宋初

---

① 本应十州，但顺州寄治营州。

② 杜佑：《通典》卷178《州郡八·河内郡》，中华书局1988年版，第4694页。

③ 《唐故东都留守检校尚书左仆射赠司空崔公（弘礼）墓志》，载周绍良主编《唐代墓志汇编》，大和039，上海古籍出版社1992年版，第2123页。

④ 张正田：《"中原"边缘：唐代昭义军研究》，台北：稻乡出版社2007年版；陈翔：《关于唐代泽潞镇的几个问题》（为作者硕士论文——引者注），载《陈翔唐史研究文存》，新北：花木兰文化出版社2013年版，第151—204页；郎洁：《唐中晚期昭义镇研究》，载李鸿宾主著《隋唐对河北地区的经营与双方的互动》，中央民族大学出版社2008年版，第365—405页；森部豐「藩鎮昭義軍の成立過程について」野口鐵郎編『中国史における教と国家』東京：雄山閣、1994、207—229頁。

⑤ 张国刚：《唐代藩镇研究》（增订版），中国人民大学出版社2010年版，第42—59页。

的文人柳开说："安史横逆，唐天子弗督河朔二百年。"① 以唐朝和安史降将的妥协为基础的安史之乱的平定才是真正意义上的河朔藩镇历史的开始；后梁乾化四年幽州已被李存勖攻取，次年春魏博节度使杨师厚死，魏博军乱，不久亦被李存勖控制。此后，李存勖甚至直接坐镇魏州。成德镇此时虽然尚在王镕统治之下，但是早在后梁开平四年（910），后梁太祖欲分裂成德之时，成德镇王镕已归顺于李存勖，用"天祐"年号，此后，成德镇也逐渐被李存勖控制了。总之，从后梁乾化四年前后开始，河朔藩镇，尤其是河朔三镇原来具有的相对独立性被打破。因此这 150 多年，河朔藩镇处在一个相对独立的发展状态，② 这对于理解约 200 年间（763—960）河朔地域社会的特点的形成至关重要，是本书关注的重点。本书对河朔藩镇进行具体考察时，结合河朔藩镇发展的阶段性特征，将河朔藩镇150 多年（763—914）的历史分为两个阶段。第一阶段为安史之乱平定至河朔再叛以前（763—821），这一阶段，唐廷与河朔藩镇之间的斗争相对激烈，河朔藩镇的相对自治局面基本得到确定；第二阶段为河朔再叛至五代初期（822—914），是河朔藩镇进一步发展的时期。余下的30 多年（915—960）则可以称作第三阶段，虽不是本书研究的重点，但在分析河朔藩镇社会流动的一些发展趋势时则会有所提及。

　　这 150 多年间，河朔藩镇处于相对独立的发展状态，由此导致该地区政治、经济、社会和风俗已不同于唐廷"顺地"。③ 因此，陈寅恪先生很早就提出了开创性的意见，指出安史之乱以后的唐统治阶级的

---

　　① 《柳开集》卷 14《柳公（承昫）墓志铭并序》［以下简称《柳承昫墓志》，其他墓志也大多遵此例（"姓名＋墓志"），在不影响回检原文的情况下使用省称，特此说明］，中华书局 2015 年版，第 184 页。

　　② 关于这种状态，下文有所分析。

　　③ 唐朝把遵守朝廷政令的地区称作"顺地"。李翱（772—836）称："及贞元季年，虽顺地节将死，多即军中取行军副使将校以授之节，习以成故矣。"见李翱《李文公集》卷 11《故正议大夫行尚书吏部侍郎上柱国赐紫金鱼袋赠礼部尚书韩公行状》，四部丛刊本，第 86 页 b。

升降，"可分中央及藩镇两方叙述"。① 陈寅恪先生所提出的"统治阶级升降"实际已涉及了"社会流动"（social mobility）问题。

所谓社会流动，在本书中是指个人、家庭或群体在社会分层结构中的变动。② 社会流动反映一个社会分层系统的严格程度，是观察一个社会开放程度的重要指标。在中国封建社会，③ 最重要的社会流动是人们社会等级的变化以及与此相应的统治官僚集团的组成、流动与循环。根据侯外庐先生的看法，从唐代中叶开始，社会等级制度已在经历一次再编造。④ 唐朝推行了九等户制，使得"过

---

① 陈寅恪：《唐代政治史述论稿》上篇《统治阶级之氏族及其升降》，载《隋唐制度渊源略论稿（外二种）》，河北教育出版社 2002 年版，第 180 页。

② 关于社会流动的定义，学术界存在一定的分歧。《不列颠百科全书》对于社会流动的定义是："个人，家庭或者集团在空间上的流动或者在一个社会等级或社会分层制度中的流动。如果后一种类型的流动涉及的只是任务，特别是职业上的变化，则称之为'水平流动'，如果任务的变化涉及社会—阶级地位的变化，则称为垂直流动，垂直流动包括'向上流动'和'向下流动'。"（见中国大百科全书出版社不列颠百科全书国际中文版编辑部编译《不列颠百科全书》，中国大百科全书出版社 2007 年国际中文版修订版，第 15 册，第 471—472 页）李强指出："社会流动指人们的地位、位置的变化，更精确地说，它是指个人或群体在社会分层结构与地理空间结构中位置的变化。"（见李强《当代中国社会分层与流动》，中国经济出版社 1993 年版，第 3 页）林克雷也强调："由于社会关系空间与地理空间具有密切的联系，因此，一般把人们在地理空间的流动也归于社会流动。"（见郑杭生主编《社会学概论新修》，中国人民大学出版社 1994 年版，第 310 页）可见，个人或群体在地理空间上的变动也被称为社会流动。不过，社会学家更多的还是把它和社会分层联系起来。而且，个人、家族以及特定群体在社会等级、社会分层体系中的流动也是历史学研究的主要关注点（参见邓小南、荣新江《"唐宋时期的社会流动与社会秩序研究"专号序》，载荣新江主编《唐研究》第 11 卷，第 1—3 页）。综合以上各说，笔者在本书中所关注的社会流动是与唐五代的社会等级联系在一起的，如果不做特别说明，社会流动就是指个人或群体在社会分层结构中的流动，相应地淡化空间中的流动（对于空间的流动，笔者也将其与社会等级和社会分层的变化联系起来，不单独强调空间上的变动）。本书将人们在地理空间上的变动称为"人口流动"。

③ 本书仍然沿用了"封建社会"的习用称呼（或曰语境）。笔者认可宁可先生的看法："封建社会"带有综合各方的性质，"在没有找到更新更好的说法之前，仍然沿袭旧的说法，把延续了战国秦汉直至 20 世纪之初的两千多年，仍称之为封建社会"（见宁可《中国封建社会的历史道路·序》，北京师范大学出版社 2014 年版，第 3—4 页）。

④ 侯外庐：《中国封建制社会的发展及其由前期向后期转变的特征》，载《中国封建社会史论》，人民出版社 1979 年版，第 147—250 页。

去的高门大族和庶族寒门，已经一起用户等来划分，而不完全以门第来划分了"。① 唐代中期推行了两税法，进一步提出"以贫富为差"，其实质在于反对"以身分为差"。② 因此，社会等级的划分进一步趋于简单化，等级之间的界限变得模糊，出现了混一士庶的趋势。由此，社会流动性也逐渐增强。但是，社会流动在不同的地域是怎样表现的，还需要开展进一步的精细研究。陈寅恪先生已敏锐地指出了河朔的社会流动机制有别于唐廷控制的顺地。因此，将社会流动的方法和视角与河朔藩镇统治下的地域社会经济相结合来进行研究，深入剖析藩镇统治下的河朔地域社会，对于理解五代宋初的社会和辽金时期幽蓟地区的社会状况都有重要意义。

第二节　学术史回顾与反思

"中国历史上的社会流动"和"河朔藩镇"这两个主题，学界都有了深厚的学术积累，有必要进行回顾、总结和反思。

一　中国历史上的社会流动研究概况

（一）从社会流动的一般理论到社会流动研究的"中国化"

社会流动是社会学的一个重要领域，诞生于现代西方。自 19 世纪以来，随着工业社会的发展，西方学者就已经注意到了社会流动问题。③ 马克思尤其指出，19 世纪的美国"虽然已有阶级存在，

---

① 侯外庐：《中国封建制社会的发展及其由前期向后期转变的特征》，载《中国封建社会史论》，第 202 页。

② 参见侯外庐《中国封建制社会的发展及其由前期向后期转变的特征》，载《中国封建社会史论》，第 188 页。

③ 托克维尔就曾注意到高流动率的社会趋向于淡化阶级意识，减弱他们采取革命行动的可能性。参见托克维尔《旧制度与大革命》，冯棠译，商务印书馆 1997 年版，第 127—128 页。

但它们还没有固定下来，它们在不断的运动中不断变换自己的组成部分，并且彼此互换着自己的组成部分"。① 19 世纪末，帕累托（Pareto）和莫斯卡（G. Mosca）先后提出了"精英循环理论"② 和"统治阶级理论"，③"开创了社会流动研究的先例"。④ 在西方，最早明确地以社会流动为研究对象的学者是索罗金（Pitirim Sorokin），他指出，"社会流动意味着个人、社会事务或价值从一种社会位置到另一种社会位置的改变"。⑤ 索罗金进一步将社会流动分成了两种基本的类型——水平流动和垂直流动，后者根据流动的方向，又可进一步分为上升流动和下降流动。⑥ 垂直流动和水平流动（即社会阶层之间的流动和同一阶层内部的流动）是根据流动的方向进行划分的。垂直流动因为是指人们在一个既定的社会分层结构中不同阶层之间的变动，故与整个社会的结构性质具有很强的相关性。但研究唐五代时期的水平流动比较困难，类似当今社会的结构性职业水平流动几乎不存在。⑦ 所以，与水平流动相比，研

---

① 马克思：《路易·波拿巴的雾月十八日》，载中共中央马克思恩格斯列宁斯大林著作编译局编译《马克思恩格斯选集》第 1 卷，人民出版社 2012 年版，第 677 页。

② "'精英循环'理论指的是统治阶级周期性地由其他阶级（rank）的优秀分子来更新的过程。对帕累托来说，精英循环的障碍经常会导致统治阶级的呆滞。封闭的贵族与类似种姓的制度孕育了紧张和冲突，最终导致了社会变革。"见 Edgar F. Borgatta, *Encyclopedia of Sociology*, Vol. 4, New York：Macmillan Reference USA, 2000, p. 2623。

③ 加塔诺·莫斯卡：《统治阶级：政治科学原理》，贾鹤鹏译，译林出版社 2002 年版。

④ 林克雷语，载郑杭生主编《社会学概论新修》，第 289 页。

⑤ Pitirim Sorokin, *Social Mobility*, New York and London：Harper & Brothers, 1927, p. 133.

⑥ Pitirim Sorokin, *Social Mobility*, p. 133.

⑦ 即使将时间下限延至明清时期，研究水平流动也非常困难。"起初是平行流动，但最终却是身份的升降。"见 Ping - ti Ho, *The Ladder of Success in Imperial China*, *Aspects of Social Mobility*, *1368 - 1911*, New York：Columbia University Press, 1967, p. 53 [中译本题为《明清社会史论》，徐泓译注，台北：联经出版事业股份有限公司 2013 年版。补充说明：本书仍引用英文本，以下简称 *The Ladder of Success in Imperial China*（《中华帝国成功的阶梯》）]。

究唐五代的垂直流动更有可操作性，也更有意义。20 世纪 60 年代，布劳（P. M. Blau）和邓肯（O. D. Duncan）在这个基础上提出了影响社会流动的因素有先赋因素（ascribed factor）和后致因素（achieved factor），并采用了量化分析的方法，[1] 从而推动了社会流动研究的深入。社会流动还可以分为代内流动和代际流动。代内流动是指人一生中地位的升降变化，而代际流动则是通过同上一代人进行比较而确定的地位变化。[2] 在代际流动中往往更能清楚体现出先赋因素（即家世的影响）与后致因素的作用，因此本书着重考察的也是代际的垂直流动。

　　总体来看，社会流动的基本理论都是以西方现代资本主义社会为背景而产生的。社会分层是社会流动的前提。马克思说，“我们的时代，资产阶级时代，却有一个特点：它使阶级对立简单化了”。[3] 而“在过去的各个历史时代，我们几乎到处都可以看到社会完全划分为各个不同的等级，看到社会地位分成多种多样的层次”。[4] 等级和阶级是两种不同的分层，阶级是财富的分配，而等级是政治权力的一种分布，经济资源、社会声望与此相关。观察前资本主义时代的社会流动，焦点应置于等级。在西欧，封建制最典型的特征就是社会等级中从上到下的依附关系网。[5] 而等级制度中最重要的是贵族观念，要成为贵族等级必须具有两个条件：一是拥有自己的法律地位以保证自身的优越性，二是这种地位必须是

---

①　笔者未见原著，参见李春玲《中国城镇社会流动》，社会科学文献出版社 1997 年版，第 20—21 页；陆学艺主编《当代中国社会流动》，社会科学文献出版社 2004 年版，第 6—7 页。

②　参见郑杭生主编《社会学概论新修》，第 311 页。

③　马克思、恩格斯：《共产党宣言》，载中共中央马克思恩格斯列宁斯大林著作编译局编译《马克思恩格斯选集》第 1 卷，第 401 页。

④　同上。

⑤　参见马克·布洛赫《封建社会》下卷张绪山等译，商务印书馆 2004 年版，引言。

世袭的。① 严格的等级制度本身就会成为其社会流动程度的一种壁垒。

　　中国封建社会，也有诸多法典（例如完整流传至今的《唐律疏议》）规定了社会各种人的身份、地位和权利。所以，侯外庐先生提出，中国封建社会中对抗的阶级也是通过等级体现出来的。② 但这里的等级划分与欧洲封建社会颇有不同。例如《唐律疏议》只是规定各种人的身份，并未将其归属于更大的社会集团。李伯重老师根据《唐律疏议》的规定将唐代社会的群体进行了等级划分，并强调"依据中国法律的称谓而称呼之，更能反映中国传统社会的实际"。③ 中国封建社会与中世纪的欧洲，在等级结构及其划分方面存在很大差异，即虽也存在法律地位不平等的等级，但这些等级或等第之间的障碍却经常能够逾越。尤其是唐代以降，这种等级制度经过了再编造，等级的划分比以往简单了，④ 原有的等级之间的界限因此也有逐渐模糊的趋势。⑤ 因此，社会等级之间经常存在流动，个人、家族或特定群体在社会等级体系中的升降变迁，显然也应该成为中国历史研究的主要关注点之一。⑥

　　从研究的视角来看，前述那些西方社会流动研究侧重于社会分层体系的人员构成，适合于分析影响社会流动的因素，比较重视量化研究的技术手段。但20世纪70年代以来，西方学界出现了反对这种量化研究的声音，主张应该在更广泛的社会结构和社会分层中

---

　　① 参见马克·布洛赫《封建社会》下卷，第471页。

　　② 侯外庐：《中国封建制社会的发展及其由前期向后期转变的特征》，载《中国封建社会史论》，第181页。

　　③ 李伯重：《唐代社会等级的划分与命名》，载《千里史学文存》，杭州出版社2004年版，第1—9页。

　　④ 参见侯外庐《中国封建制社会的发展及其由前期向后期转变的特征》，载《中国封建社会史论》，第147—250页。

　　⑤ 参见李伯重《唐代部曲奴婢等级的历史变化及其原因》，载《千里史学文存》，第39—55页。

　　⑥ 参见邓小南、荣新江《"唐宋时期的社会流动与社会秩序研究"专号序》，载荣新江主编《唐研究》第11卷，第1—3页。

理解社会流动，突出社会结构的因素。① 对于中国封建社会而言，最深刻地影响社会流动的当然是社会结构，② 但仅仅观察社会结构的变迁，不进行量的描述与分析，就会流于抽象。所以，应该在社会结构的背景下分析流动，在社会流动的研究中寻找结构因素；③ 因此，唐代以降中国封建社会的社会流动中，最值得关注的是垂直流动，即掌握政治权力的精英（elite）④ 阶层是根据什么样的选举制度来组成，是否具有吐故纳新的机制，从而在代际形成精英阶层的循环和流动。

（二）中国历史上的社会流动的相关研究

清代史学家赵翼在《廿二史札记》中提到的"汉初布衣将相之局""东汉功臣多近儒""四世三公""九品中正""南朝多以寒人掌机要"等条目，也都涉及了秦汉以来中国的社会流动和精英

---

① N. 普兰查斯：《当代资本主义中的社会阶级》，转引自克洛德·泰洛特《父贵子荣？——社会地位和家庭出身》，殷世才、孙兆通译，社会科学文献出版社 1992 年版，第 1 页。

② 参见何怀宏《选举社会及其终结：秦汉至晚清历史的一种社会学阐释》，三联书店 1998 年版，第 24 页。

③ 费孝通先生指出："社会变迁可以吸收在社会继替之中的时候，我们可以称这社会是安定的。"（费孝通：《乡土中国》，三联书店 1985 年版，第 80 页）他所说的"社会继替是指人物在固定的社会结构中的流动（即社会流动）；社会变迁却是指社会结构本身的变动"（费孝通：《乡土中国》，第 78 页）。

④ 通常情况下，精英是指有政治地位的家族或个人，而士绅（gentry）侧重拥有社会或经济地位的家族或个人，前者包含后者，反之则不成立。参见 Etienne Balazs（白乐日），*Chinese Civilization and Bureaucracy*：*Variations on a Theme*，New Haven：Yale University Press，1964，p. 19；Robert M. Hartwell，" Demographic，Political，and Social Transformations of China，750 – 1550"，*Harvard Journal of Asiatic Studies*，Vol. 42，No. 2，1982，p. 380，note 19（中译本为《750—1550 年间中国的人口、政治及社会转型》，易素梅等译，载单国钺主编《当代西方汉学研究集萃·中古史卷》，上海古籍出版社 2016 年版，第 175—246 页）。本书引述仍从英文翻译或概括。瞿同祖先生根据西方学界对于"精英"的论述，指出，"我们用'elite'（精英）一词，常常指代少数社会地位高且掌握很大权力的人。这个词不掺杂任何价值判断"（参见瞿同祖《清代地方政府》，范忠信等译，法律出版社 2003 年版，第 282 页），也强调掌握权力这一标准。

阶层循环的问题。① 相比之下，"宗子之法不立，则朝廷无世臣"、②
"千年田，八百主"、③ "皇帝轮流做，明年到我家"，④ 这些说法大
致反映了中国科举时代⑤人们对社会流动现象的朴素认识。16—19
世纪，西方学者对中国的科举制度给予了很高评价，认为其具有竞
争性、公平性和开放性，对社会流动有积极促进作用。⑥ 但开始使
用社会科学方法研究中国历史上的社会流动，实际上始于 20 世纪
30 年代，海内外学者几乎无一例外地将目光投射到科举制度上：
唐代以降直至清代（618—1911），非精英阶层中的优秀分子有多
少能通过科举考试跻身精英阶层，抑或这种考试主要是精英阶层自
我再生产的一种工具。

1. 科举体制下的"流动"和"非流动"之争

　　中外学者需要考察先赋因素——家世（blood）——在社会流
动中的影响。他们首先把注意力放在直系血亲中的父子这一系上。
1947 年，柯睿格（Edward A. Kracke）应用南宋绍兴十八年

---

① 见赵翼撰，王树民校证《廿二史札记校证》卷 2，"汉初布衣将相之局"；卷
4，"东汉功臣多近儒"；卷 5，"四世三公"；卷 8，"九品中正""南朝多以寒人掌机
要" 等条，第 36—37、90、101—102、167、172—173 页。
② 程颢、程颐：《二程集·河南程氏遗书》卷 17《伊川先生语三》，中华书局
1981 年版，第 180 页。
③ 此语最早见于宋代道元和尚《景德传习录》卷 11《韶州灵树如敏禅师》［蓝
吉富主编：《禅宗全书·史传部（二）》，台北：文殊出版社 1988 年版，第 201 页］，后
随着土地所有权流动的加快广为流传。至晚清，杜文澜将其收入《古谣谚》，并说：
"第细民兴替不时，田产转卖甚亟，谚云非虚语也。"（《古谣谚》卷 27《田土谚》，中
华书局 1958 年版，第 418 页）又见李埏《"千年田换八百主"》，载李埏、李伯重、李
伯杰《走出书斋的史学》，浙江大学出版社 2012 年版，第 54—56 页。
④ 吴承恩：《西游记》第 7 回《八卦炉中逃大圣　五行山下定心猿》，人民文学
出版社 1980 年第 2 版，第 76 页。孙悟空认为玉帝不应久占天宫，说："常言道：'皇
帝轮流做，明年到我家。'"
⑤ 中国历史上的"科举时代"，从 7 世纪持续到了 20 世纪初，约 1300 年，涵盖
了隋唐五代宋元明清。
⑥ 参见 Ssu - yu Teng（邓嗣禹），"Chinese Influence on the Western Examination
System"，*Harvard Journal of Asiatic Studies*，Vol. 7，No. 4，1943，pp. 267 - 312。

（1148）和宝祐四年（1256）的进士题名录进行了研究。在总数分别为 330 名和 601 名的进士中，直系三代没有任何做官背景的中举者所占比例颇高，绍兴十八年为 56.3%，宝祐四年为 57.9%。[①] 柯睿格使用的样本数量过少，且经过宋元两朝辗转抄录，无法逐一核实每个人的家世，加之时空分布极不均匀，其结论很快便遭质疑。[②] 与之同时代的中国学者进行了更为扎实的研究。潘光旦和费孝通的著名论文《科举与社会流动》，[③] 利用了 915 份清代康熙年间（1662—1722）至清末的朱墨卷，评价了科举对清代社会流动的贡献。其分析结果是，只有十分之一强的贡生、举人和进士是从没有功名的人家中选拔出来的。作为当时中国社会学家的代表，费、潘二人既有深厚的国学根底，又很注意运用社会学、人类学的方法来分析中国历史文献，其最终归宿在于获得或深入对中国社会与文化的理解。潘光旦在 1937 年就已定稿的《明清两代嘉兴的望族》，[④] 虽然并不专门研究社会流动，但是和社会流动的主题密切相关。他将优生学理论与家谱、朱卷、地方志等文献相结合，研究了 91 个嘉兴望族及其人才盛衰情况。20 世纪五六十年代，受过潘光旦、柯睿格等人影响的何炳棣在明清科举和社会流动的研究方面做出了重要的贡献。他在《中华帝国成功的阶梯——社会流动面

---

①　Edward A. Kracke, "Family vs. Merit in Chinese Civil Service Examinations under the Empire", *Harvard Journal of Asiatic Studies*, Vol. 10, No. 2, 1947, pp. 103 – 123.

②　参见周荣德《中国社会的阶层与流动——一个社区中士绅身份的研究》，学林出版社 2000 年版，第 41 页。

③　潘光旦、费孝通：《科举与社会流动》，《社会科学》（北平）第 4 卷第 1 期，1947 年，第 1—22 页。

④　原著为商务印书馆 1947 年版。此据潘乃穆、潘乃和编《潘光旦文集》第 3 卷，北京大学出版社 1995 年版。潘光旦于书前作题记云："本书作成于 1937 年 2 月，于 1947 年 12 月由商务印书馆出版。……该馆附识：'本书成于战前，值抗战发生，国府西迁。战时后方印刷能力薄弱，而制版复多困难，迁延至今。惟原稿价值并未消失。兹当付印，谨志数言，冠于篇首。'"参见潘乃穆、潘乃和编《潘光旦文集》第 3 卷，第 250 页。

面观（1368—1911）》① 一书中，使用进士题名录作为取得学衔之
人的基本信息资料，研究了明清时期科举考试带来的社会流动。与
此前相比，何炳棣使用的样本数量大大增加，研究的时空范围也大
为扩展。他统计了 1371—1904 年这 534 年的 14562 名进士，根据
他们的曾祖父、祖父、父亲的中举情况将其划分为四种不同类型。
其中，明朝的进士中举者，其三代以内只有生员学衔或没有学衔的
占 49.5%，而清代这一比例则为 37.6%。② 作为历史学家的何炳棣
沿袭了对父子链条上社会地位变化进行数量统计的研究方法，但他
从更广泛的社会层面对明清时期的社会流动进行了分析：中国古代
选贤举能的观念、明清时期的社会结构与社会分层、影响社会流动
的经济与教育等问题、社会流动的地域差异等。其广度和深度大大
超过了以前，这也正是其副标题"社会流动面面观"的寓意所在。

　　从潘光旦、费孝通、柯睿格到何炳棣，都把对中举家庭的关注
放在直系血亲的父子关系上。20 世纪 80 年代以来，以郝若贝
（Robert M. Hartwell）为代表的学者对这种研究方法提出了怀疑。
郝若贝指出，柯睿格、何炳棣等人"过分地强调科举的成功，把
它当作传统中国政治（甚至社会）流动的主要尺度和机制，从而
转移了对更为重要的上升家族地位的决定因素的关注，扭曲了科举
考试的真实影响"。③ 他认为，个人与核心家庭是错误的社会流动
研究单位。由于无后以及过继现象的普遍存在，若将叔伯一方的家
世背景考虑进来，就会发现科举制度影响社会流动的程度并没有那
么大。科举制度实为地方士绅（local gentry）维持其政治地位的主
要手段。④ 王安（Ann Waltner）则批评何炳棣在研究社会流动的方
法选择上受到西方社会流动研究方法，也即李普赛特（Seymour

----

① Ping - ti Ho, *The Ladder of Success in Imperial China*.

② Ibid. , p. 114, table. 10.

③ Robert M. Hartwell, "Demographic, Political and Social Transformations of China
750 - 1550", *Harvard Journal of Asiatic Studies*, Vol. 42, No. 2, 1982, p. 417.

④ Ibid. , pp. 365 - 442.

Martin Lipset）和本迪克斯（Reinhard Bendix）的影响。这种方法通常比较父子链条上的职业和收入水平的差异。将这种方法应用于传统中国社会，则暗含着认为传统中国的家族网络与现代美国的亲缘关系相似，这种假设为很多学者所不能接受。①

韩明士（Robert P. Hymes）进一步认为柯睿格、何炳棣低估或忽略了家族尤其是母系亲属在科举与社会流动中的作用，因而对平民通过科举实现的社会流动率估计过高。韩明士在界定"家族"（family）时指出，他所谓的"家族"并不是一家一户，而是"一群男人和女人，无论他们是同时代的人还是因时间或世代而被分开"，只要"他们同姓并有原始材料确定其有同一个（父系）血缘关系"。他认为这种模糊性不可避免，且符合事实。此外，他还把朋友、师生、诗社以及地方武力中的合作等关系统统考虑进来，进而指出，所有证据显示，南宋抚州地区取得重要学衔的精英是来自以下家庭：拥有财富或影响力；之前就已取得科考成功；与那些已经具有影响力或官衔的家庭存在社会关系。② 艾尔曼（Benjamin A. Elman）赞成韩明士对柯睿格、何炳棣的批评，但似乎更加侧重从文化资源分配的角度来论证科举考试只是政治精英的再生产（reproduction），事实上将那些缺乏文化资源的平民排除在外，从而认为社会流动只发生在那些占有文化资源的阶层中间。③

尽管存在以上种种问难，不少中外学者仍然坚持认为能否通过

---

①　Ann Waltner, "Review Essay: Building on the Ladder of Success: The Ladder of Success in Imperial China and Recent Work on Social Mobility", *Ming Studies*, Vol. 1983, No. 17, 1983, pp. 30 – 36.

②　Robert P. Hymes, *Statesmen and Gentlemen, the Elite of Fu – chou, Chiang – hsi, in Northern and Southern Sung*, Cambridge: Cambridge University Press, 1986, pp. xii, 42, 46.

③　Benjamin A. Elman, "Political, Social and Cultural Reproduction via Civil Service Examinations in Late Imperial China", *The Journal of Asian Studies*, Vol. 50, No. 1, 1991, pp. 7 – 28；另见其专著 Benjamin A. Elman, *A Cultural History of Civil Examinations in Late Imperial China*, Berkeley: University of California Press, 2000。其新近的著作仍然坚持这一看法，参见 Benjamin A. Elman, *Civil Examinations and Meritocracy in Late Imperial China*, Cambridge, Massachusetts, London, England: Harvard University Press, 2013。

科考才是能否实现精英循环的最重要条件。戴仁柱（Richard
L. Davis）先生研究了两宋史氏家族并指出，没有迹象表明史氏早
期学衔获得者在参加乡试之前，有必要与其他精英家庭联姻，以便
获取声望。① 李弘祺先生则表示，"毕竟还是考试出身才是保障一
个人自己或家族社会地位的最可靠途径"。② 陶晋生先生也说，"自
己不认为过去关于社会流动的研究方法有严重的问题，研究社会流
动以一个人的祖先三代是否为官作为标准，其实就是宋代政府判定
一个人是否属于士族的标准。宋皇族子女的婚姻对象是士族，政府
三令五申要求皇族做这样的选择时，并不考虑一个士人的外家和妻
家"。③ 何炳棣先生晚年对韩明士和艾尔曼的批评做出回应，认为
韩明士对"家""族"的定义含混不清。自两宋以降，族对族人向
上流动所起的作用不会达到"一人得道，鸡犬升天"的程度。而
艾尔曼使用的材料广泛，却没有最能反映社会血液循环的三代履
历，因此仅有助于对科举制度本身的研究。同时，何氏坚持认为一
个家族能否维持或改进其社会地位，最主要的还是看族中有无杰出
的新血。④ 没有这种新血，则家族的衰落也就不可避免，从而进入
下降型的社会流动。而这又恰与许烺光（Francis L. K. Hsu）的观
点类似。⑤

　　以"科举制度是否带来唐宋或明清时期的社会流动"为中心

---

①　参见 Richard L. Davis, *Court and Family in Sung China, 960 – 1279: Bureaucratic
Success and Kinship Fortunes for the Shih of Ming – Chou*, Durham: Duke University Press,
1986, pp. 185 – 186。

②　李弘祺：《中国科举制度的历史意义及解释——从艾尔曼（Benjamin Elman）
对明清考试制度的研究谈起》，《台大历史学报》第 32 期，2003 年，第 250—251 页。

③　陶晋生：《北宋士族——家族·婚姻·生活》，台北：中研院历史语言研究所
2001 年版，第 316 页。

④　参见何炳棣《家族与社会流动论要》，载《读史阅世六十年》，广西师范大学
出版社 2005 年版，第 23—29 页。

⑤　许烺光先生较早地从下降型社会流动的角度，提出在实行科举考试的 1000 年
中，中国社会存在相当高频的社会流动。Francis L. K. Hsu, "Social Mobility in China",
American Sociological Review, Vol. 14, No. 6, Dec. 1949, pp. 764 – 771。

的这场争论，不论是"流动派"、"非流动派"还是"中间派"，他们所使用的方法、资料对学界的影响持续发酵。后来的学者也在材料和方法的使用上有明显沿袭上述诸学者的痕迹。于志嘉先生利用《万历三十八年庚戌科序齿录》和《万历三十八年进士题名碑录》分析了76名军籍出身的进士五代以内的社会身份的变化。[①]而郑若玲则明确表示"主要受潘光旦和费孝通的朱卷研究之启发"，利用《清代朱卷集成》对清代7000多名举子五代以内的家世背景做进一步分析，其结论是各层举子（进士、举人、贡生）五代以内均无功名的比例平均为6.1%，比费孝通、潘光旦的比例要低，但同时指出这是"统计口径的宽严不一所致"，仍然认可费、潘二人的结论。[②]徐泓先生新近研究使用的明代进士资料约为何炳棣的2.5倍，且分布更加平均，在进士的分类上也更加严格，其计算结果是明代平民出身的进士占比为56%，仍然支持了何炳棣的结论。[③]

　　婚姻关系和母系亲属对科举考试的结果以及举子的升迁有影响，这是郝若贝等"非流动派"提出的一个重要观点。后来的学者越来越多地重视对中举者母系亲属的背景进行考察，验证其影响。张杰和仓桥圭子分别从文献记载和统计分析的角度论证了传承家学、掌握文化资本的女性，在清代科举世家形成与维持中至关重要的作用。[④]林上洪也曾试图从清代朱卷履历中寻找母亲受教育状

---

　　①　参见于志嘉「明代軍戸の社會地位について—科舉任官において—」『東洋學報』第71卷第3·4号、1990年。应该特别指出，于氏注意到正文所述的两种文献记载的差异，经过考证，实际可看作军籍出身的是76人，而非其表格中所列的77人。

　　②　参见郑若玲《科举对清代社会流动的影响——基于清代朱卷作者之家世分析》，《厦门大学学报》2007年第5期，第74页。

　　③　参见徐泓《〈明清社会史论〉译注及其后续研究：重论明代向上社会流动》，载《中国社会历史评论》第17卷（上），天津古籍出版社2016年版，第1—19页。

　　④　参见张杰《清代科举家族》，社会科学文献出版社2003年版，第142—143页；仓桥圭子《科举世家的再生产——以明清时期常州科举世家为例》，载《中国社会历史评论》第9卷，天津古籍出版社2008年版，第183—194页。

况对代际社会流动的影响，然而在分析中，他实际上考察的是母系亲属的间接影响力而非母亲受教育状况和考试结果之间的相关关系。① 上述研究成果，绝大部分表明母亲及其亲属对科考结果有很重要的影响。潘光旦先生则很早就从"优生学"的角度强调了婚姻关系和贤母对明清嘉兴望族形成的作用。② 然而，即使是明清时期，寻找母亲受教育状况的直接证据仍较为困难。所以，用母亲一方的家世背景作为"替代变量"或许是较为可行的一种方法。

由此可见，父子之间的关系固然重要，但是"家"却不仅仅是父子。费孝通说，"这个'家'字可以说最能伸缩自如了。……自家人的范围是因时因地可伸缩的"。③ 家庭之上，还有家族。直到明清时期，"个人没有割断他同家族之间联结起来的脐带，正像单个蜜蜂离不开蜂房一样"。④ 考察科举和社会流动的关系，在某种程度上推动了家族史的个案研究。一些学者对明清家族史的个案研究，都不约而同地表明科举对于维持家族声望的不可替代的作用。⑤ 张杰先生则从清代普遍存在的社会现象出发，首次提出了

---

① 林上洪：《母亲受教育状况对代际流动的影响——基于清代科举人物朱卷履历的分析》，载刘海峰、朱华山主编《科举学的拓展与深化》，华中师范大学出版社2013年版，第338—348页。而郑若玲也已经考察了清代举子的母系亲属的情况。参见郑若玲《科举对清代社会流动的影响——基于清代朱卷作者之家世分析》，《厦门大学学报》2007年第5期。

② 参见潘光旦《明清两代嘉兴的望族》，载潘乃穆、潘乃和编《潘光旦文集》第3卷，第374—405页。

③ 费孝通：《乡土中国》，第23页。

④ 傅衣凌：《明清农村社会经济·明清社会经济变迁论》，中华书局2007年版，第263页。

⑤ 参见王日根、张先刚《论科举制与明清社会秩序建设的耦合——以山东临朐冯氏科举家族为例》，《湖南大学学报》2007年第4期；曹国庆《明代江西科第世家的崛起及其在地方上的作用——以铅山费氏为例》，《中国文化研究》1999年冬之卷；钱茂伟《国家、科举与家族：以明代宁波杨氏为中心的考察》，《宁波大学学报》2010年第6期；宗韵《明代家族上行流动研究——以1595篇谱牒序跋所涉家族为案例》，华东师范大学出版社2009年版。

"科举家族"的概念，① 在学界颇有影响，而郭培贵先生则进一步提出"进士家族"的概念，② 这些都反映了学界对这一领域的深耕细作。黄宽重先生在诸多宋代家族个案研究的基础上也提出，宋代家族"能否长期维持家声，科举仍是最关键的因素"。③ 联系上述明清家族史的研究成果，这一结论或许还具有更加普遍的意义。

综上所述，尽管由于单位选择的差异，学者们对于"家世"在两宋和明清时期的社会流动中的影响有不同的评估，但它无疑制约了精英循环和社会流动的速度和广度；同时，家族社会地位的维持，最终仍取决于家族成员在科举考试中所取得的名次以及在官僚体系中的地位。④

因此，面对形式上平等的科举考试，无论是要维持家声的科举家族，还是希望改变命运的平民应举者，都要为读书应考做各方面的准备。要评价各个时期科举考试与社会流动的关系，必然要评估相应历史阶段教育资源的分布、考试录取配额制度等，由此牵涉到更加广泛的政治、经济与社会问题，从而使得社会流动研究与教育史、经济史、政治史等很多领域实现了衔接和对话，成为理解中国传统社会的一条重要线索。

杜希德先生曾指出，唐初的科举考试使一批声望相对不太显赫的地方士族得以入仕，但是却没有让一般家庭的子弟在上升社会流

---

① 张杰：《清代科举家族》，第 1 页。

② 郭培贵：《明代进士家族相关问题考论》，《求是学刊》2015 年第 6 期。

③ 参见黄宽重《宋代四明士族人际网络与社会文化活动——以楼氏家族为中心的观察》，《历史语言研究所集刊》第 70 本第 3 分，1999 年版，第 627—664 页。其对宋代家族个案研究的内容后大多见于黄宽重《宋代的家族与社会》（台北：东大图书有限公司 2006 年版），引文见该书第 262 页。

④ 瞿同祖先生尽管肯定"一人得道，鸡犬升天"的现象存在，却也同时指出："一个人保护自己和家族的能力大小，主要取决于某人在官僚等级制度中所占的位置。随之而来的是，每个家族都将本族中的士绅视为全族的保护人。"（瞿同祖：《清代地方政府》，第 305 页）前述何炳棣、黄宽重等先生的论著亦有此意，不赘。

动方面有实质性的突破。① 孙国栋先生、毛汉光先生的研究都表明，科举考试并未成为唐代社会流动的主要动力，而是世家大族的一种"圈内竞争"。② 之所以如此，"大抵智识教育之独占乃门第成因之一"。③ 李弘祺和贾志扬（John Chaffee）的研究都表明了宋代教育受众的下移。④ 以何炳棣为代表的一方主要强调教育受众的下移和针对考试举子的社会资助，构成了推动明清时期社会流动的有力因素之一。⑤ 杨联陞先生也指出，南宋至清代，就连赴考的费用也一直有官方和私人的资助。⑥ 但是，以张仲礼先生为代表的一部分学者则认为科考的最大不平等在于穷人不可能承担得起多年读书应考的费用。⑦ 吴宣德先生经过细致研究发现，明代各地最终拥有的进士数，是建立在该地区有一定数量的考生重复参加会试的基础上的；而这些举人之所以能够反复参加会试，则在于他自身抑或其家庭必须拥有足以支撑其重复参加会试的经济来源。⑧ 由此可见，

---

① Denis Twitchett, "The Composition of the T'ang Ruling Class: New Evidence from Tunhuang", in Arthur F. Wright and Denis Twitchett, eds., *Perspectives on the T'ang*, New Haven and London: Yale University Press, 1973, pp. 47 – 85. 中译本题为《从敦煌文书看唐代统治阶层的成份》，何冠环译，载"国立编译馆"主编《唐史论文选集》，台北：幼狮文化事业公司 1990 年版，第 87—130 页。

② 孙国栋：《唐宋之际社会门第之消融——唐宋之际社会转变研究之一》，载《唐宋史论丛》，香港：商务印书馆 2000 年版，第 211—308 页；毛汉光：《唐代大士族的进士第》，载《中国中古社会史论》，上海书店出版社 2002 年版，第 334—364 页。

③ 孙国栋：《唐宋之际社会门第之消融——唐宋之际社会转变研究之一》，载《唐宋史论丛》，第 221 页。

④ 参见李弘祺《宋代官学教育与科举》，台北：联经出版事业公司 1994 年版，中译本导论，第 xx、xxiii 页；贾志扬《宋代科举》，台北：东大图书股份有限公司 1995 年版，第 101—142 页。

⑤ 参见 Ping – ti Ho, *The Ladder of Success in Imperial China*, pp. 194 – 212。

⑥ 杨联陞：《科举时代的赴考旅费问题》，载《中国语文札记——杨联陞论文集》，中国人民大学出版社 2011 年版，第 104—121 页。

⑦ 张仲礼：《中国绅士——关于其在 19 世纪中国社会中作用的研究》，李荣昌译，上海人民出版社 2008 年版，第 155 页。

⑧ 吴宣德：《明代进士的地理分布》，香港：香港中文大学出版社 2009 年版，第 105 页。

对于唐宋和明清时期社会流动的争论已经扩大到社会经济史的诸多层面。

　　各地教育发展水平的不平衡以及国家政策也会给社会流动以巨大影响。罗友枝（Evelyn Rawski）曾指出，到 19 世纪中期，人口增长速度超过了学校增加的速度，城乡和区域间在经济水平方面的差异也因之体现在教育资源的分布上。[①] 但从宋代开始，国家从保持社会稳定的"大公"立场出发，在科举考试中施行了区域配额制度，明朝将其进一步明确化，至清康熙五十一年（1712）更施行了按省配额的制度。[②] 这就决定了各地通过公正的考试体制所吸纳的官僚阶层人数是有限的，而且越是教育文化发达的地区，落榜率可能越高。李伯重老师指出，明清时期，在经济文化发达的江南，日益普及的教育导致了精英教育和大众教育之间的差异日益扩大。民众和落第考生接受职业教育，其目的都是获取从事其他营生的基本知识。[③] 在科考名额有限的情况下，教育普及的主要功用可能还不是帮助人们获得科考的成功，而是为其更广泛地融入社会提供一个基础。事实上，清代地方精英实现社会流动的方式已颇有区域的多样性。[④]

---

　　① Evelyn Rawski, *Education and Popular Literacy in Ch'ing China*, Ann Arbor：University of Michigan Press，1979，p. 95. 罗友枝分析清代教育的费用时，特别注意了城乡以及区域间的差异，参见该书第 54—80 页。

　　② 关于科举区域配额的研究，可参见 Thomas Hong‐chi Lee（李弘祺），"The Social Significance of the Quota System in Sung Civil Service Examinations"，《中国文化研究所学报》（香港）第 13 卷，1982 年，第 287—318 页；林丽月《科场竞争与天下之"公"：明代科举区域配额问题的一些考察》，载邢义田、林丽月主编《社会变迁》（台湾学者中国史研究论丛 5），中国大百科全书出版社 2005 年版，第 319—348 页。

　　③ 李伯重：《八股之外：明清江南的教育及其对经济的影响》，《清史研究》2004年第 1 期。

　　④ Joseph W. Esherick（周锡瑞）and Mary Backus Rankin, eds., *Chinese Local Elites and Patterns of Dominance*, Berkeley and Los Angeles：University of California Press，1990，pp. 17 – 24.

2. 社会流动研究的空间拓展：从科举之内到科举之外

中国历史上的社会流动研究，由于使用资料的不同，评价的标准存在差异，中外学者还远未达成一致的意见，但大多集中于对科举考试的中举者的种种讨论。然而，科举成功的原因往往趋同或可以穷尽，以至可能最终限制我们视野的扩大。所以，现在应该是从科举中走出来的时候了，把我们的视野从科举之内扩大到科举之外。

首先，应该在资料许可的条件下，盘活影响社会流动的社会关系网络。无论古今中外，父子之间的代际流动无疑是社会流动的关注焦点。① 因此，把中国历史上社会流动的研究单位首先放在这一链条上也是必然的、合理的。不过这一分析仍可细化。比如就中举那一个时点上而言，中举者还有哪些关系网络，也是值得关注的。最直接的一点是，其父亲或祖父的存故情况，很可能影响到相关关系网络的大小及其作用力的强弱，并进而对应举者本人科考和入仕产生影响。这方面，日本学者的研究给了我们一定的启发。中嶋敏就根据现存两种南宋登科录，关注了南宋进士登第时其祖父母和父母的存故情况，并列表分析。②

其次，应该将社会流动看得更通达一些，将眼光更多地放到科举之外。即便到了科举制十分发达的明清时期，科举考试本身并非一条宽阔的流动渠道。据吴金成的统计，明代生员参加乡试的录取率，洪武年间（1368—1398）为 1∶59，正德年间（1506—1521）为 1∶266，而明末则达到了 1∶418。③ 如此低的录取比例，注定了许多人可能终身不第。我们需要从更加宽阔的视野来看这种结果。

---

① 克洛德·泰洛特：《父贵子荣？——社会地位和家庭出身》，第 30—107 页。

② 中嶋敏「宋進士登科題名錄と同年小錄」古典研究会編『汲古』東京：汲古書院、第 26 号、1994、33—45 頁。

③ 参见吳金成『明代社会経済史研究』渡昌弘訳、東京：汲古書院、1990、61 頁。

西方学者聚焦于科举考试与社会流动的"数量"问题，① 但我们应该看到，科举考试带来的社会流动更是一种价值导向。一个实现了自下而上的流动的成功案例，往往激励着成千上万的人效仿。这是数字所无法表达的示范效应。这种社会流动不仅具有示范效应，还有蝴蝶效应。通过个人努力可以实现个人从下层通往上层的转变，这样一种价值观一旦为社会认可，会有很多人虽然不走科举通道，但会试图通过其他方式改变自己的身份和地位，这同样值得关注和研究。周荣德较早地考察了社会流动的多种渠道，如进学校受教育、行医、参军、从政、经商、高攀的婚姻等。② 虽然他分析的是20世纪40年代昆阳士绅阶层，但对于我们理解20世纪以前的中国社会流动，无疑会有帮助。何炳棣讨论过明清时期包括从军等其他形式在内的社会流动。③ 何冠环先生则考察了北宋武将的升降流动，特别强调在社会流动研究中，只重科场是不够的。④ 邓小南老师则提出既要关注社会流动中的"有形"内容（如家族的生存繁衍、婚配、功名等），又要关注其"无形"内容（主要指家族各种错综复杂的社会关系等）。⑤

最后，社会流动虽然反映着一个社会的开放程度，但并非总能带来积极正面的效应。何炳棣曾提示了明清时期科举考试所产生的

---

① 刘海峰曾指出，"从社会史的角度研究科举与社会阶层流动，是美国科举学中研究最为集中的问题"（刘海峰：《科举学导论》，华中师范大学出版社2005年版，第60页）。

② 周荣德：《中国社会的阶层与流动——一个社区中士绅身份的研究》。据出版说明和英文版前言，此书英文版是作者在博士学位论文基础上完成的，初刊于1966年。

③ Ping - ti Ho, *The Ladder of Success in Imperial China*, pp. 215 – 221.

④ 何冠环：《宋初三朝武将的量化分析——北宋统治阶层的社会流动现象新探》，载《北宋武将研究》，香港：中华书局2003年版，第1—23页。

⑤ 邓小南：《龚明之与宋代苏州的龚氏家族：兼谈南宋昆山士人家族的交游与沉浮》，载柳立言、黄进兴、刘铮云编《中国近世家族与社会学术研讨会论文集》，台北：中研院历史语言研究所1998年版，第81—109页。

社会流动的局限性。他借用唐太宗的"天下英雄入吾彀中"① 来说明，在清代大部分时期，这个"彀"不够大，不能吸收更多的有社会抱负之人，所以他进一步提出，19 世纪末至 20 世纪上半叶中国的动荡和革命是否可能与此有关。② 伊懋可（Mark Elvin）先生也说，"19 世纪和 20 世纪初，中国农村社会是世界上流动性最强的社会，没有任何身份制或等级制的束缚……竞争时时处处存在，但无益于整个社会"。他还指出，由于缺少意识形态的制约，剥削者和被剥削者彼此敌视而非和睦。③ 以往的研究似乎都过于关注社会流动所展示的社会是否开放与公平，而对社会流动的负面影响却关注不多。

唐五代还不是一个完善的科举时代，中国历史上社会流动研究的成就和一些不足，提示我们对唐五代社会流动研究的视野还可以扩展，需要关注其他的渠道，关注不同地域的社会流动的具体形式，关注社会流动的多重影响。

二　唐五代河朔藩镇研究的学术史概要

安史之乱以后的河朔地域社会变迁，藩镇是一个重点，这也是本书的研究重心所在。因此，这里十分有必要对唐代藩镇研究的学术史进行回顾和整理。与中国历史上的社会流动研究，尤其是唐五代的社会流动的研究成果相比，唐五代的藩镇研究已经取得了非常

---

① 王定保：《唐摭言》卷 1《述进士上篇》，中华书局 1959 年版，第 3 页。

② Ping‐ti Ho, *The Ladder of Success in Imperial China*，p. 262. 李弘祺也认为中国传统社会（文中讨论的对象主要集中在两宋和明清时期——引者注）不管考试制度多么公正，它所吸收进入官僚阶层的人都十分有限，因此实际是维持了社会的不平等。参见李弘祺《公正、平等与开放》，载《宋代教育散论》，台北：东升出版事业有限公司 1980 年版，第 23—34 页。

③ 参见 Mark Elvin, *The Pattern of the Chinese Past*，Stanford：Stanford University Press，1973，pp. 258 – 259。

丰硕的成果，对此学界已有不少总结和反思，[①] 可以参看。本节的侧重点一是古代（1911 年以前）[②] 学者讨论藩镇问题的价值所在；二是 20 世纪以来唐五代河朔藩镇的研究进展。

（一）古代学者对唐代藩镇的认识概观（1911 年以前）

对藩镇的关注并非从近代才开始，从宋人开始对藩镇的讨论就从未中断。观点和论证是两个层次的问题，不能因为缺少现代学术方法的论证就忽视这些观点。就藩镇的研究来说，有很多当代研究成果，恰恰源自古人的启发。简言之，我们不能奉行"近代至上"的原则，而应该把传统看法和现当代学术联系起来，加以对比，客观全面地评价相关研究成果的学术价值。[③]

---

① 最重要的两部学术史论著是：（1）高濑奈津子的《第二次世界大战以后的唐代藩镇研究》（「第二次大戦後の唐代藩镇研究」，堀敏一『唐末五代変革期の政治と経済』東京：汲古書院、2002、225—250 頁）；（2）胡戟主编的《二十世纪唐研究》"政治卷"第一章"政治事件与政治集团政治人物"9"藩镇问题"（中国社会科学出版社 2002 年版，第 50—57 页）。前者侧重二战以后（1945—2000）中日学者的唐代藩镇研究成果，附有文献目录索引。后者（综述的时间下限截至 20 世纪 90 年代末）对 20 世纪前半期唐代藩镇研究成果，尤其是国内不易找到的日本学者的研究成果有较为精要的介绍。需要指出的是，有关藩镇研究成果的介绍还散见于该书的其他部分："政治卷"第二章"帝制与官制"4"地方职官"中涉及"藩镇及其僚佐"，第三章"兵制"5"边军、行军及军职、军制"第三部分"军职和军制"基本讨论的就是藩镇的武官体制，第三章"兵制"6"藩镇军、行营（附监军、归义军军镇）"；"文化卷"第七章"考古与敦煌学"中有关于"归义军"的研究等。这些部分都可以相互参看。此外还有：刘兴云《唐代中央对藩镇控制问题研究综述》，《中国史研究动态》2011 年第 4 期；仇鹿鸣《长安与河北之间：中晚唐的政治与文化》（以下简称《长安与河北之间》）第八章"深描与重绘：中晚唐历史演进线索的再思考"，特别是第三节"藩镇研究史的反思"，北京师范大学出版社 2018 年版，第 327—335 页；拙文《唐代藩镇研究模式的总结和再思考——以河朔藩镇为中心》，《清华大学学报》2011 年第 6 期。因笔者日文水平极其有限，有关日本学者对唐代藩镇的研究成果，多参考了高濑奈津子的文章、相关著述的中文译本、《二十世纪唐研究》以及李庆《日本汉学史》（上海人民出版社 2010 年版），只在与本书直接相关的部分做征引，而学术史部分则不再重复，特此说明。

② 本书对"古代"的界定，适当宽泛些，即延至清朝结束。

③ 学界已经有了打通传统与现代的学术史整理成果。参见李华瑞《王安石变法研究史》，人民出版社 2004 年版。

　　从安史之乱结束到北宋建立的近 200 年间，藩镇在政治、军事以及经济、社会生活中扮演了重要角色，其兴衰史给后人以极其深刻的印象。北宋以降，在一定的时空背景下，仍然经常出现"藩镇"现象。北宋削藩是一个长期且复杂的过程，且西北夏州定难军李氏和府州永安军折氏并未被废，① 李氏后来建立了独立的西夏，但西夏立国多年以后，宋朝方面仍然宣称："惟西夏之小邦，乃本朝之藩镇。"② 可见，宋人对藩镇的历史特征有清晰的认识。明朝人在讨论各地军事和军变之时，每每以"唐代藩镇"做比。③ 民国初年，各省督军专权，掌控地方大权。因此徐世昌（1855—1939）说："今日督军，大半与唐之藩镇相类。"④ 唐代藩镇不再，但"藩镇"现象却时隐时现。因此，古人对它的关注往往也能反映当时的政治和军事局势。

　　有宋一代主流的唐史观，似乎都围绕着总结教训、建立防弊之政展开。在这种语境下，藩镇被认为是导致唐亡的主要"罪魁"之一。大约在南宋时期，陈藻指出，唐代的数患在于"闺门也，外国也，藩镇也，宦官也，朋党也，盗贼也"。⑤ 吕中也称："自古所以为天下患者，曰外戚也，宦官也，藩镇也，权臣也。"⑥ 叶适虽然批评宋朝失地丧师，与藩镇林立的唐代相比，可谓"同归于

---

　　① 聂崇岐：《论宋太祖收兵权》，载《宋史丛考》，中华书局 1980 年版，第 271—281 页。

　　② 《宋大诏令集》卷 232《答契丹劝和西夏书》，中华书局 1962 年版，第 901 页。

　　③ 参见陈子龙等选辑《明经世文编》卷 148《为激变地方事·辽东军变》，中华书局 1962 年版，第 2 册，第 1468—1469 页；卷 187《大同事宜疏处叛卒》，第 3 册，第 1926—1933 页；卷 202《论救都御史欧阳重御史刘臬疏汉南兵变》，第 3 册，第 2113—2114 页。《明经世文编》所选文章详于军事，如此之论，还有不少。

　　④ 徐世昌：《将吏法言》卷 1《督军·事上》，载沈云龙主编《近代中国史料丛刊续编》，台北：文海出版社有限公司 1974 年版，第 207 册，第 8 页。

　　⑤ 陈藻：《乐轩集》卷 8《策问·唐始终治乱》，《影印文渊阁四库全书》，台北：台湾商务印书馆 1986 年版，第 1152 册，第 107 页。

　　⑥ 吕中：《宋大事记讲义〈序论·治体论〉》，《影印文渊阁四库全书》第 686 册，第 188 页。

亡，则有甚矣"，但首先还是宣称"藩镇事不足追议，本朝立国，幸无前世之患"。① 而藩镇之所以祸乱天下，根本原因在于统治者的姑息。宋人的这些议论，长期影响着后人对唐代藩镇的认识。明太祖对侍臣说："唐无藩镇、夷狄之祸，国何能灭？"② 至清代的赵翼，"藩镇割据、跋扈""祸乱天下"似乎已成为一种主流的认识。③

但是，不同的声音一直存在。古代学者也有对唐代藩镇存在的合理性的发掘。藩镇作为一种地方势力，其和中央的关系是古今学者容易首先注意到的问题。古代学者往往把藩镇和中央关系的讨论纳入"郡县—封建"的语境中。陈藻的弟子林希逸（约1193—？）指出，"唐人藩镇之祸，浑然封建之势也"。④ 罗大经（1196—1252）也曾指出，"唐之藩镇，犹春秋之诸侯也"。⑤ 宋人对藩镇的态度并非一成不变，而是因人因时而异。这个问题还需深入细致的研究，因超出本书主题而不详论，聊举数例：面对靖康之耻，南宋时期的学者对郡县和封建有了更多的思考。魏了翁（1178—1237）即指出，藩镇拥有如此大的权力，对中央集权是一种威胁，但是也因此"事权专一，得以展布四体。责其成功，而人亦改视易听，不为朝不谋夕之计，可以虑终而知敝，三边隐然，为国长城，缓急有恃矣"，⑥ 因此就有了藩维中央的条件。宋太祖久任边将，在边

---

① 叶适：《习学记言序目》卷43《唐书六》，中华书局1977年版，第634页。

② 《明太祖实录》卷110，洪武九年十一月辛巳条，台北：中研院影印本1962年版，第1825页。

③ 参见赵翼撰，王树民校证《廿二史札记校证》卷16 "唐节度使之祸"条，第430页。郑炳俊指出"藩镇割据"的主流认识至赵翼才最终完成，参见鄭炳俊「唐代の観察処置使について―藩鎮体制の考察―」『史林』第77卷第5号、1994年。

④ 林希逸：《竹溪鬳斋十一稿续集》卷8《古封建唐藩镇》，《影印文渊阁四库全书》第1185册，第641页。

⑤ 罗大经：《鹤林玉露》丙编，卷2 "诸侯藩镇"条，中华书局1983年版，第271页。

⑥ 魏了翁：《鹤山先生大全文集》卷15《论州郡削弱之弊》，四部丛刊本，第14页b—第15页a。

疆防御上起到了很好的效果，在一些士人看来，宋太祖的做法"特不隆封建之名，而封建之实固已默图而阴用之矣"。① 放眼整个两宋时期，"重建藩镇"，行"封建"之实的呼声不时出现。尤其是当宋朝江山面临危急之时，不少士人便会检讨宋朝削弱藩镇的祖宗家法，藩镇的重要性便被凸显了出来。李纲、② 文天祥③在宋朝面临金、元军队大举压境的情形之下，都想到了在御敌前线用恢复唐朝藩镇的做法来达到维持宋朝政权存在的目的。甚至连秦桧都曾指出："使异日士卒精练若唐藩镇之兵……大金之于中国能必其胜哉？"④ 范宗尹（1101—1137）也在南宋"江北荆湖诸路盗益起，大者至数万人，据有州郡，朝廷力不能制"的情况下，提出"今日救弊之道，当稍复藩镇之法，亦不尽行之天下"。⑤

陆世仪（1611—1672）总结了郡县抑或封建的争论，指出"太平之时，郡县治之而有余，危乱之世，非建镇控之则不足"；⑥晚清著名学者、经学家俞樾（1821—1907）则注意到宋太祖虽然削藩，强干弱枝，却允许边将河东之折氏、灵武李氏世袭，从而保证了边疆的稳定。而宋朝后来动摇了这一策略，导致了边地的丧失，因此他得出结论说："内地郡县而边地封建，固有天下者之长

---

① 罗泌：《路史》卷 31《国名纪八·封建后论》，《影印文渊阁四库全书》第 383 册，第 437 页。

② 参见李纲《宋丞相李忠定公奏议》卷 10《备边御敌八事》。他大胆提出，在金兵大举进犯的情势下，"莫若以太原、真定、中山、河间建为藩镇。择帅付之，许之世袭，收租赋，以养将士。习战阵，相为唇齿，以捍金人，可无深入之患"。见《续修四库全书》，上海古籍出版社 1995 年版，第 474 册，第 556 页。这四个地方，有三处属于河朔地区。

③《宋史》卷 418《文天祥传》，中华书局 1977 年版，第 12535 页。

④《三朝北盟会编》卷 80，靖康二年二月十三日条，上海古籍出版社 1987 年版，第 605 页。

⑤《建炎以来系年要录》卷 33，建炎四年五月甲辰条，中华书局 1988 年版，第 639—640 页。

⑥ 陆世仪：《论学酬答》卷 1《答王登善封建郡县问》，《续修四库全书》第 946 册，第 76 页。

计也。"① 事实上，陆世仪和俞樾分别从时间和空间两个方面具体地道出了藩镇存在的合理性。晚清时期，中国面临严重的民族危机，从对付外患的角度，章炳麟主张行藩镇之法，并说："自封建之法不行于后世，于是策时事者每以藩镇跋扈为忧。是其言则孤秦陋宋之冢嗣也。"②

唐代藩镇存在的合理性不仅仅在于其抵御"夷狄"，还在于它们彼此制衡，从而形成拱卫京师之势。宋代的尹源（1005—1054）曾撰《唐说》，指出："世言唐所以亡，由诸侯之强，此未极于理。夫弱唐者，诸侯也。唐既弱矣，而久不亡者，诸侯维之也。"③ 安史之乱以后，唐王朝又能维持近150年的统治，与藩镇之间彼此牵制的格局不无关系，而唐朝灭亡的原因之一也在于这种格局的崩溃。晚清词人、学者文廷式（1856—1904）称赞尹源，"余谓论唐藩镇者，当以此说为最确"。④ 可见，宋代以来的学者已然指出对于藩镇与唐廷的关系必须做更加具体的分析。既然藩镇与唐廷的关系如此复杂，人们耳熟能详的"唐代藩镇割据"也就需要来具体研究。对此，宋人也早就有了较为客观的认识。朱熹和其学生曾有这样一段对话：

> 问："唐后来多藩镇割据，则如何？"
> 曰："唐之天下甚阔，所不服者，只河北数镇之地而已。"⑤

---

① 俞樾：《封建郡县说》，见盛康辑《皇朝经世文编续编》卷12《治体·治法上》，载沈云龙主编《近代中国史料丛刊》，台北：文海出版社有限公司1967年版，第832册，第1331页。

② 章炳麟：《藩镇论》，《五洲时事汇报》第4期，1899年。

③ 《宋史》卷442《文苑传四·尹源传》，第13082页。

④ 文廷式：《纯常子枝语》卷5，《续修四库全书》第1165册，第77页。

⑤ 黎靖德编：《朱子语类》卷105《通鉴纲目》，中华书局1986年版，第2636页。

　　朱熹已经敏锐地发现，河朔藩镇明显区别于唐朝治下的其他藩镇，这个观点在后来不断得到验证和强化。① 明清之际的学者胡承诺（1607—1681）在讨论治水问题时，也发现"唐之藩镇称跋扈者，皆在浊河左右"。② 而与谭嗣同并称"浏阳二杰"的唐才常（1867—1900）更明确地提出："其由陕至陇，亦节钺星罗，为神京拱卫，论者乌可以河北三镇之叛服不常，尽疵藩镇哉？"③ 显然，已有将河朔藩镇同其他地区的藩镇区别对待之意。

　　宋元以来的学者在将藩镇纳入"郡县—封建"语境的同时，也注意到从构成藩镇的社会基础来说，藩镇与"封建"尚存在很大差距。毕仲游（1047—1121）提出，唐代藩镇"无封建之益，而有封建之祸，是方镇亦不如封建之效也"。④ 南宋时的胡宏则进一步说"唐末藩镇跋扈，訾封建者，是皆逆贼专地抗衡，朝廷不能制其死命，不得已而授之者也。岂与三代论功德，选亲贤分土惟三者比乎？"⑤ 范祖禹（1041—1098）认为"藩镇之乱异于诸侯"是因为诸侯"皆圣贤之后"而"唐之藩镇本起于盗贼"。⑥ 将藩镇归于"盗贼"，即认为藩镇的组建方式是自下而上，从而与"三代"自上而下的"封建"区别开来。

　　因此，古代学者对唐代藩镇所发表的意见，从来就不乏真知灼

---

　　① 现当代学者，尽管主观上未必有这样的意识，但他们的研究实际上从更加科学全面的角度证实了朱熹的结论。谭凯在充分吸收中文、英语、日语世界对藩镇与唐廷关系以及藩镇类型研究的基础上，坚持认为"所有藩镇之间最大的区别存在于自立的河北藩镇与唐帝国其他藩镇之间"，见谭凯《中古中国门阀大族的消亡》，胡耀飞、谢宇荣译，社会科学文献出版社2017年版，第171页。

　　② 胡承诺：《绎志》卷8《导川篇》，《续修四库全书》第945册，第113页。

　　③ 唐才常：《觉颠冥斋内言》卷1《兵学余谈·唐宋御夷得失论附》，载沈云龙主编《近代中国史料丛刊》第327册，第124页。

　　④ 毕仲游：《西台集》卷4《封建郡县议》，《丛书集成初编》，商务印书馆1936年版，第1942册，第48页。

　　⑤ 胡宏：《皇王大纪》卷23《三王纪》，《影印文渊阁四库全书》第313册，第220页。

　　⑥ 范祖禹：《唐鉴》卷9《宪宗》，上海古籍出版社1981年版，第247页。

见，甚至对现当代的藩镇研究有非常直接的启发。但同时也应该看到，上述这些见解作为不同时势下的思想火花，尚需更加深入系统的论证。

（二）20 世纪以来唐五代河朔藩镇的研究成果

尽管可能只是一种意见，但北宋以来对藩镇的讨论已经注意到藩镇与中央的关系议题，并且不少人已敏锐地发现"河朔藩镇"的与众不同。同样，现当代的藩镇研究，一开始便把河朔藩镇推到了学术舞台的中心。

陈寅恪先生指出："唐代中国疆土之内，自安史之乱后，除拥护李氏皇室之区域，即以东南财富及汉化文化维持长安为中心之集团外，尚别有一河北藩镇独立之团体，其政治、军事、财政等与长安中央政府实际上固无隶属之关系。"[①] 河朔藩镇首先便被置于中央与地方对峙的框架下。陈寅恪并以种族和文化问题来加以解释，提出河朔藩镇"胡化"说。这一框架影响深远，直到现在仍有余绪。刘运承和周殿杰从民族关系的发展和民族融合的角度提出，藩镇尤其是河朔三镇深受少数民族的影响。[②] 近年来，森部丰研究发现，河朔藩镇内部存在一个粟特军人集团，并不断地加以论证。[③] 荣新江老师也指出，安史之乱以后，"河北地区成为粟特人的新家园"。[④] 粟特人在河朔藩镇的活动，在近二十多年来也不断得到进

---

① 陈寅恪：《唐代政治史述论稿》上篇《统治阶级之氏族及其升降》，载《隋唐制度渊源略论稿（外二种）》，第 187 页。

② 刘运承、周殿杰：《民族融合和唐代藩镇》，《学术月刊》1983 年第 6 期。

③ 森部丰：《略论唐代灵州和河北藩镇》，载史念海编《汉唐长安与黄土高原》（《中国历史地理论丛》1998 年增刊），第 258—265 页；森部丰：《唐后期至五代的粟特武人》，温晋根译，载法国汉学丛书编辑委员会编、荣新江等主编《法国汉学》第 10 辑《粟特人在中国——历史、考古、语言的新探索》，中华书局 2005 年版，第 226—234 页；森部豐『ソグド人の東方活動と東ユーラシア世界の歴史的展開』吹田：関西大学出版部、2010。

④ 荣新江：《安史之乱后粟特胡人的动向》，载纪宗安、汤开建主编《暨南史学》第 2 辑，暨南大学出版社 2003 年版，第 102—123 页。

一步的证明。① 而反对"胡化"说的学者则以方积六先生为代表。他从政治、经济、文化等方面全面系统地讨论了唐河朔藩镇社会发展的方向是"汉化"而非"胡化"。② 在唐五代时期，少数民族确实给河朔藩镇补充了新鲜血液，冲击和影响了那里的社会结构，从而使其社会流动方式与其他地区有所不同。正如邓小南老师所说，"以'汉化'或'胡化'笼统概括中唐以后民族混溶的过程，恐怕都会失之简单化"。③ "胡化""汉化"两种进程在河朔藩镇都存在，并非单向的"涵化"。

另外一种研究倾向是淡化民族的差异，而关注唐廷与河朔藩镇在政治上的关系，以谷霁光先生的研究最具有开创性和代表性。他认为河朔与唐廷之间的对立和疏离事实上可以追溯到安史之乱以前。④ 蒲立本（Edwin G. Pulleyblank）受到了谷霁光的影响，甚至将河朔与关中的对立一直追溯到北齐和北周并立东西的时代。⑤ 彼得森（Charles Allen Peterson）尽管怀疑谷霁光和蒲立本的证据不充分，但也更加愿意从"已经取得的事实上的政治自治"的视角来考虑河朔藩镇的问题。⑥ 杨劭云（Shao - yun Yang）在前人研究基础上，基于对《史孝章神道碑》的分析提出，对唐帝国的认同与尚武不冲突，与非汉族（non - Chinese）民族文化认同也并非不相

---

① 参见孙继民等《新出唐米文辩墓志铭试释》，载孙继民主编《河北新发现石刻题记与隋唐史研究》，河北人民出版社 2006 年版，第 57—69 页。

② 方积六：《唐代河朔三镇"胡化说"辨析》，载纪念陈寅恪教授国际学术讨论会秘书组《纪念陈寅恪教授国际学术讨论会文集》，中山大学出版社 1989 年版，第 432—453 页。

③ 邓小南：《论五代宋初"胡/汉"语境的消解》，《文史哲》2005 年第 5 期。林悟殊先生也有类似的观点，参见林悟殊《陈寅恪先生"胡化"、"汉化"说的启示》，《中山大学学报》2000 年第 1 期。

④ 谷霁光：《安史乱前之河北道》，《燕京学报》第 19 期，1936 年。

⑤ Edwin G. Pulleyblank, *The Background of the Rebellion of An Lu - Shan*, London: Geoffrey Cumberlege Oxford University Press, 1955, p. 79.

⑥ 崔瑞德（即杜希德——引者注）编：《剑桥中国隋唐史》，中国社会科学院历史研究所西方汉学研究课题组译，中国社会科学出版社 1990 年版，第 469 页。

容。所谓的"胡化"是一种道德上的沦丧，而不涉及民族文化认同问题。[1] 显然也是更多地从政治的视角去处理唐廷与藩镇的关系。

在以上两种深刻的研究之外，众多的现当代藩镇研究长期以来存在一种倾向，即用某一区域（主要是河朔）或某一时间段里的藩镇代表藩镇总体，从而非常自然地将"藩镇"和"割据"这两个关键词连在一起，这在 20 世纪 70 年代以前的藩镇研究成果中较为普遍。对唐代藩镇的认识基本上未能跳出传统看法的窠臼。[2] 约从 20 世纪 70 年代开始，随着学者们视野的扩展和研究的深入，将"藩镇"等同于"割据"的观点及其背后的方法论才从根本上得到修正。杜希德先生论证了唐代藩镇的各种范式，属于不同时间和空间的藩镇享有的自治程度也是不一样的。[3] 王寿南先生则专门研讨藩镇对中央采取恭顺、跋扈、叛逆等不同态度之原因，并做了大量统计工作。[4] 从今日看来，其分类统计中对"恭顺""跋扈"等的定义有些静态和拘泥，所以其统计结果与史实或有一定出入，但在

---

[1]　Shao - yun Yang, "Shi Xiaozhang's Spirit Road Stele and the Rhetorical 'Barbarization' of Late Tang Hebei", *Tang Studies*, Vol. 36, No. 1, 2018, pp. 57 - 81.

[2]　孟彦弘老师指出，20 世纪 60 年代以前对唐代藩镇的认识，基本没有超出《新唐书》的认识范围。但汪篯在 60 年代的两条札记"唐德宗至穆宗时期的军事形势""唐代方镇的三种情况"从时间和空间两个维度明确了至少在宣宗以前唐朝没有藩镇割据。藩镇可以分为河北藩镇和河北之外的藩镇，后者又可分为拥兵的藩镇和不拥兵的藩镇。孟彦弘认为这些看法学术意义重大，但非常遗憾，这种卓识到 90 年代才为学界所知（参见孟彦弘《浅议汪篯关于唐后期藩镇格局的札记》，载胡戟、杜海斌主编《汪篯百年诞辰纪念文集》，社会科学文献出版社 2020 年版，第 366—384 页）。笔者亦认为汪篯先生的看法十分独到。而且他十分注重古人对藩镇的看法，这在当时是十分难能可贵的。他提到"古人也有说唐代藩镇为祸甚烈的人，但他们对天下尽裂于方镇这个提法也不轻易使用，而只是用于唐朝末年即唐末农民战争以后"。参见汪篯《汉唐史论稿》，北京大学出版社 1992 年版，第 175 页。

[3]　Denis C. Twitchett, "Varied Patterns of Provincial Autonomy in the T'ang Dynasty", in John Curtis Perry and Bardwell L. Smith, eds., *Essays on T'ang Society: The Interplay of Social, Political and Economic Forces*, Leiden: E. J. Brill, 1976, pp. 99 - 105.

[4]　王寿南：《唐代藩镇与中央关系之研究》，初刊于嘉新水泥公司文化基金会，1969 年版。此据台北大化书局 1978 年版。

当时仍有积极的意义，表明中文世界也已开始了藩镇研究的反思。① 大泽正昭也依据唐德宗、宪宗时期唐朝与藩镇的形势将藩镇分为分立志向型、权力志向型和统一权力支持型。② 80 年代，张国刚老师依据唐代藩镇与中央政治、财政、军事关系的不同，分藩镇为河朔割据型、中原防遏型、边疆防御型、东南财源型四种，并准确地概括了河朔藩镇对唐廷兼有依附性和游离性的特征。③ 在当时中外学术交流尚不畅通的情况下，杜希德先生、大泽正昭先生和张国刚老师分别在英语世界、日语世界和中文世界各自独立地系统分析了藩镇与中央的关系，揭示了藩镇和割据没有必然联系。这种认识的得出，一定是建立在对史料的全面掌握和深入分析的基础之上，在方法论上具有更加深远的意义，即纠正了以往藩镇研究中的"选精"法与"集粹"法，④ 为继续进行藩镇个案研究以及藩镇体制下的地方社会研究提供了基础。⑤

---

① 杜希德在 "Varied Patterns of Provincial Autonomy in the T'ang Dynasty" 一文中特别提到了中文世界的王著，不过，也委婉地指出其表格尽管很有价值，却不能取代吴廷燮的《唐方镇年表》。

② 大澤正昭「唐末の藩鎮と中央權力—德宗‧憲宗朝を中心として—」『東洋史研究』第 32 卷第 2 号、1973 年、141—162 頁。

③ 参见张国刚《唐代藩镇类型及其动乱特点》，《历史研究》1983 年第 4 期。另见张国刚《唐代藩镇研究》（增订版），第 42—59 页。

④ 藩镇研究中的"选精"与"集粹"是指将唐代某个或某些藩镇的特点上升为唐代藩镇的一般特点来加以论述的做法。关于史学研究中的"选精"法与"集粹"法的讨论，参见李伯重《"选精"、"集粹"与"宋代江南农业革命"——对传统经济史研究方法的检讨》，《中国社会科学》2000 年第 1 期，此据李伯重《理论、方法、发展趋势：中国经济史研究新探》，清华大学出版社 2002 年版，第 97—126 页。

⑤ 关于藩镇类型划分的学术史，还可参见胡耀飞《初论藩镇分类的学术史梳理——从汪篯〈唐代方镇的三种情况〉谈起》，载《晚期中古史存稿》，中国社会科学出版社 2019 年版，第 258—273 页。该文所举自 20 世纪以来先贤（主要是中国学界）对于藩镇类型的观点十分全面；胡耀飞对学界"将 20 世纪 80 年代学者（关于藩镇类型的）观点奉为圭臬"的做法提出的批评也有中肯之处，这些都值得我们重视。如前所言，笔者认为若单从关于藩镇类型的观点来看，仅追溯现当代学者的看法可能还不够，古人特别是宋人的看法也值得重视（古人已将河朔藩镇区别于其他藩镇）。若从方法论及理论和概念的提炼角度来看，杜希德、大泽正昭、张国刚三人的藩镇研究似乎仍然最具代表性。

随着藩镇类型说研究而兴起的是藩镇的个案研究。在这个过程中，河朔藩镇由于长期维持着与唐廷的特殊关系自然就引发了学者们的广泛关注。黄永年先生较早地从安史之乱平定前后特定的军事形势出发讨论了河朔藩镇的重建问题。① 他还从奚、契丹的发展史的角度阐发了河朔藩镇在捍卫东北边疆方面的作用。② 学者们着力较多的是解释河朔藩镇长期割据的原因。张国刚老师提出，河朔三镇的长期割据局面得以维系，首先取决于河朔三镇自身优越的经济、政治、军事条件以及巩固的军事联盟。从朝廷的角度来看，主要是中央缺乏强大的军队，此外还有边疆形势的影响。③ 方积六先生认为，唐朝本身力量的削弱加之河朔三镇官僚地方化及地主豪强坚决要求割据是河朔三镇长期割据的政治原因，而河朔地区的习武风尚和各民族之间的融合则增强了其割据的实力。④ 樊文礼先生通过对"藩镇连兵""河朔再叛""骄兵逐帅"等历史事件和历史现象的分析，考察了河朔三镇内部矛盾和外部矛盾的发展演变，以及主要矛盾转化的具体情况。⑤ 此外，王赓武先生还专门考察了同光元年（923）以来，河朔藩镇由于其军队逐渐被整合为中央禁军而失去了原有权力的现象。⑥ 这对于我们理解河朔藩镇相对独

---

① 黄永年：《论安史之乱的平定和河北藩镇的重建》，原载于《中国古代史论丛》第 1 辑，福建人民出版社 1981 年版。此据《黄永年文史论文集》第 2 册《国史探赜（下）》，中华书局 2015 年版，第 191—207 页。

② 黄永年：《唐代河北藩镇与奚契丹》，原载于《中国古代史论丛》第 2 辑，福建人民出版社 1982 年版。此据《黄永年文史论文集》第 1 册《国史探赜（上）》，中华书局 2015 年版，第 51—120 页。

③ 张国刚：《唐代藩镇研究》（增订版），第 72—82 页。

④ 方积六：《论唐代河朔三镇的长期割据》，《中国史研究》1984 年第 1 期。

⑤ 樊文礼：《试论唐河朔三镇内外矛盾的发展演变》，《内蒙古大学学报》1983 年第 4 期。

⑥ Gungwu Wang（王赓武），"The Alliance of Ho‑tung and Ho‑pei in Wu‑tai History", in Gungwu Wang, *The Structure of Power in North China during the Five Dynasties*, Stanford, California：Stanford University Press, 1967, pp. 208‑211. 中译本见《五代时期北方中国的权力结构》，胡耀飞、尹承译，中西书局 2014 年版，第 197—202 页。以下引用仍用英文本，特此说明。

立性的消失以及河朔军人在五代中后期的作用有很大启发。

　　魏博、成德、幽州号称"河朔三镇"，但各镇的具体情况有很大差异。日本学者习用"权力构造"来分析河朔三镇的差异，① 并在近年来对中国青年一代学者产生了很大影响。② 这种视角对藩镇的政治和军事的细微解剖大有裨益，对于理解各个藩镇社会流动的情况也会有很大帮助，需要在研究藩镇统治下的地方社会时加以考虑。但三镇之间的异同还体现在经济、社会、文化等诸多方面。毛汉光先生指出，安史之乱后的河北地区，镇州暨滹沱河是很重要的社会文化分界线，邺与青齐是一条重要界线。③ 各种视角之下的河朔可能会有不同的分界线，所以，笔者还是愿意从更加广泛的视域来看关于河朔三镇的个案研究成果。目前来看，以对魏博镇的研究成果最多、水平最高。④ 韩国磐先生较早地系统研究了魏博镇对唐末五代政权递嬗的影响，并侧重从社会经济方面指出魏博之所以对政局转变有重大作用的影响因素。⑤ 毛汉光先生则考察了魏博镇

---

　　① 堀敏一：《藩镇亲卫军的权力结构》，索介然译，载张帆主编《中国古代史读本》下册，北京大学出版社 2006 年版，第 594—641 页；渡辺孝「魏博と成德—河朔藩鎮の權力構造についての再檢討」『東洋史研究』第 54 卷第 2 号、1995 年。

　　② 例如李碧妍对河朔三镇的"性格差异"的分析，即是在堀敏一，特别是渡边孝、松井秀一的基础上做的进一步阐发。参见李碧妍《危机与重构：唐帝国及其地方诸侯》（以下简称《危机与重构》）第三章"河北：化外之地的异同"，北京师范大学出版社 2015 年版，第 250—379 页。

　　③ 毛汉光：《论安史乱后河北地区之社会与文化——举在籍大士族为例》，载淡江大学中文系主编《晚唐的社会与文化》，台北：台湾学生书局 1990 年版，第 99—111 页。

　　④ 除文中引述的韩国磐、毛汉光的论文外，还可参见李树桐《论唐代的魏博镇》，载傅乐成教授纪念论文集编辑委员会编《中国史新论——傅乐成教授纪念论文集》，台北：台湾学生书局 1985 年版，第 521—532 页；方积六《唐及五代的魏博镇》，载《魏晋南北朝隋唐史资料——唐长孺教授八十大寿纪念专辑》第 11 辑，武汉大学出版社 1991 年版，第 216—226 页。

　　⑤ 韩国磐：《关于魏博镇影响唐末五代政权递嬗的社会经济分析》，《厦门大学学报》1954 年第 5 期。此据韩国磐《隋唐五代史论集》，三联书店 1979 年版，第 336—355 页。

自安史之乱迄于北宋建立这 200 年间在整个国家重心东移的过程中对中央政权的重要影响，同时特别注重考察了职业军人的性质。① 对幽州镇的研究则有马驰先生的《唐幽州境侨治羁縻州与河朔藩镇割据》，② 吴光华的《唐代幽州地域主义的形成》，③ 李凤先的《唐代幽州地区的人口流动与社会变迁》。④ 马驰对幽州境内侨治羁縻州的设置进行了详细考察，吴光华重点研究了幽州的人口移入以及文武官员的本土化，而李凤先则专论唐代幽州地区的人口流动与社会变迁。此外，还有针对河朔其他藩镇如义武军的研究。⑤ 这些个案研究无疑丰富了我们对藩镇治下的河朔地区的认识。

需要特别指出，进入 21 世纪，藩镇研究尤其是河朔藩镇研究经历了短暂的沉寂之后，在近十几年来则再度成为唐史学界关注的焦点之一，在材料的拓展和研究方法上都有明显的提升。孙继民先生对河朔藩镇的碑刻资料的重新发掘和研究，从细部证实了河朔藩镇中诸如粟特人的活动、两税法的推行等问题。⑥ 李鸿宾老师关注整个隋唐时期中央王朝与河朔地区的互动，其中，藩镇统治下河朔地区的文化分区、社会分群等问题亦是其关注的焦点之一。⑦ 卢建荣先生引入扈从主义的概念，利用文化史的研究背景，重新系统讨

---

① 毛汉光：《魏博二百年史论》，载《中国中古政治史论》，上海书店出版社 2002 年版，第 349—417 页。

② 见荣新江主编《唐研究》第 4 卷，北京大学出版社 1998 年版，第 199—213 页。

③ 见《晚唐的社会与文化》，第 201—238 页。

④ 李凤先：《唐代幽州地区的人口流动与社会变迁》，硕士学位论文，北京师范大学，2002。

⑤ 主要是一批博士和硕士学位论文。它们对笔者也有很大启发，但限于篇幅，请恕不能一一罗列。

⑥ 孙继民主编：《河北新发现石刻题记与隋唐史研究》；孙继民：《中古史研究汇纂》，天津古籍出版社 2016 年版。

⑦ 李鸿宾主著：《隋唐对河北地区的经营与双方的互动》，中央民族大学出版社 2008 年版。

论了河朔藩镇（幽州、成德、魏博）与唐廷对立的文化逻辑。① 葛德威（David A. Graff）则以幽州为研究对象，试图从它所面临的威胁和历史传统，而非仅从日本学者的权力构造理论去探讨幽州的各种问题，特别是它与唐廷的关系。② 其分析中带有国防军事学的视角，对研究河朔藩镇具有一定启发性。冯金忠先生的《唐代河北藩镇研究》广泛涉及了唐代河朔藩镇的政治制度、军事、社会、经济、文化和民族等各方面问题。③ 近五年来，藩镇研究中最为引人注目的则是李碧妍和仇鹿鸣的成果。李碧妍着重通过考察藩镇来解释安史之乱以后唐朝重建威权和统治力的过程。④ 历史地理学的背景使她非常自如地把握空间结构与权力结构之间的关系，她特别关注到了河朔藩镇的形成过程并比较了河朔三镇内部权力结构的异同。仇鹿鸣则引入了政治的"表达"与"实践"、碑刻的景观效应等概念，对晚唐河朔藩镇的政治文化进行了新的解读。⑤ 以安史之乱和藩镇为中心的河朔问题正在重新成长为唐史学界的研究热点。⑥

---

① 参见卢建荣《唐后期河北特区化过程中的抗争文化逻辑——兼论唐廷与河北为匪从主义关系说》，载中华民国史专题第五届讨论会秘书处编《中华民国史专题论文集第五届讨论会》，台北："国史馆"2000年版，第399—458页。他以此为基础，撰写了一部叙述史学著作，进一步讨论了唐后期朝廷与河朔藩镇的文化冲突，以及河朔负面形象的形成。参见卢建荣《飞燕惊龙记：大唐帝国文化工程师与没有历史的人（763—873）》，台北：时英出版社2007年版；再版以《没有历史的人：中晚唐的河北人抗争史》为题，台北：暖暖书屋文化事业股份有限公司2020年版。本书仍据2007年版。

② David A. Graff, "Provincial Autonomy and Frontier Defense in Late Tang: The Case of the Lulong Army", in Don J. Wyatt, ed., *Battlefronts Real and Imagined*, *War*, *Border and Identity in the Chinese Middle Period*, New York: Palgrave Macmillan, 2008.

③ 冯金忠：《唐代河北藩镇研究》，科学出版社2012年版。对该书的评论，见本书附录四。

④ 李碧妍：《危机与重构》。

⑤ 仇鹿鸣：《长安与河北之间》。

⑥ 参见王炳文《从胡地到战墟：安史之乱与河北胡化问题研究》，博士学位论文，清华大学，2015。本书付梓之际，得知王炳文的同名著作已于2020年12月正式出版。

　　总之，经过多年来的研究，对于唐五代河朔藩镇，学术界已经积累了丰硕的成果。以上的梳理难免会挂一漏万，比如以严耕望先生《唐代方镇使府僚佐考》[①] 为代表的大量研究藩镇体制、职官制度、军将职级的成果，[②] 恰恰是研究藩镇体制下社会流动的必要参考，因为在后面的章节（特别是第二章和第四章）中还要进行铺陈，这里就不再重复了。

　　目不暇接之余，笔者仍然感到从社会流动、精英循环的角度系统关注河朔藩镇区域社会的研究似乎还并不多见，[③] 而这正是本书的关注点。

---

　　①　载严耕望《唐史研究丛稿》，香港：新亚研究所 1969 年版，第 177—236 页。

　　②　张国刚：《唐代藩镇军将职级考略》，《学术月刊》1989 年第 5 期；陈国灿主编：《〈全唐文〉职官丛考》，武汉大学出版社 1997 年版；王永兴：《关于唐代后期方镇官制新史料考释》，载北京大学中古史中心编《纪念陈寅恪先生诞辰百年学术论文集》，北京大学出版社 1989 年版，第 267—276 页；渡辺孝「中晩唐期における官人の幕職官入仕とその背景」松本肇・川合康三編『中唐の文学視角』東京：創文社、1988、357—394 頁；渡辺孝「滎陽鄭氏襄城公房一支と成徳軍藩鎮—河朔三鎮の幕職官をじゅぐる一考察—」吉田寅先生古稀記念論文集委員會編『吉田寅先生古稀記念ァジア史論集』東京法令出版株式会社、1997、149—176 頁；渡辺孝「唐代藩鎮における下級幕職官について」『中國史學』（東京）第 11 卷、2001 年。

　　③　C. A. 彼得森提出了这方面的假设（Charles Allen Peterson, "The Autonomy of the Northeastern Provinces in the Period Following the An Lu–Shan Rebellion", A thesis submitted in partial fulfillment of the requirements for the degree of Doctor of Philosophy, University of Washington, 1966, p. 194）。王德权先生对藩镇时代文职僚佐的来源和迁转有整体性的研究（王德权：《中晚唐使府僚佐升迁之研究》，《国立中正大学学报》第 1 期，1994 年），而冯金忠专门研究了晚唐藩镇武官的迁转流动（冯金忠：《唐代地方武官研究》，新北：花木兰文化出版社 2012 年版）；渡辺孝先生以对幕职官的研究为基础，探讨了幕职官制度与新兴阶层的关系，突出了下层幕职官给社会中下阶层提供的机会 [渡辺孝「唐代藩鎮における下級幕職官について」『中國史學』（東京）第 11 卷、2001 年；「唐後半期の藩鎮辟召制についての再檢討：淮南・浙西藩鎮における幕職官の人的構成などを手がかりに」『東洋史研究』第 60 卷第 1 号、2001 年]。就河朔藩镇而言，尚缺少社会流动方面的系统研究。

第三节　研究思路及内容梗概

在充分吸收前人研究成果的基础上，笔者希望沿以下思路展开河朔藩镇社会流动研究。

首先，以等级制度再编造为中心勾勒唐五代社会流动的发展趋势，从而凸显河朔作为社会流动舞台的研究价值。魏晋以来的等级社会已经度过了其巅峰时刻。唐代等级制度变化为向简单化的方向发展，它在一定程度上为各个阶层的社会流动提供了便利，但是唐代入仕的途径以及旧士族的状况决定了唐代以长安、洛阳为核心的区域社会流动水平并不高。北宋的社会更加开放，延续了唐代中期以来等级制度再编造的发展趋势。而辽金时期的门第社会特征仍然十分明显，下层社会的人身依附关系严重。因此，与辽、北宋两个政权立国都有关系的河朔，应该成为研究晚唐五代社会流动的焦点。

其次，河朔藩镇在中晚唐五代初年具有不同于其他地区的特点，这与安史之乱以后的整个政治和军事形势相关，也是由河朔藩镇自身的经济、军事和政治条件所决定的。这是讨论河朔藩镇社会流动的前提之一。

以上也就是本书的第一、二两章的内容，虽有一些背景性铺陈，但也是展开区域社会流动所不能绕开的。

复次是本书的核心部分（第三、四、五、六章）。社会流动当然不应限于入仕做官。但中国"封建社会"最重要的社会流动始终是入仕，唐代亦然。而且受制于各种条件（特别是资料），核心部分也是围绕着河朔藩镇从上至下的文武官员的构成和循环来展开的。姑且把这批人称为"政治精英"。所谓的河朔政治精英，是指参与了河朔藩镇地方政权或军队从而在藩镇体制下拥有权力和身份之人，他们以河朔藩镇为流动的舞台并作为其仕宦经历的归宿。① 从前文的社会流动研究总结可以看出，父子链条上的社会地位变化仍然是最主要的方面，而且这方面的履历信息相对完整和丰富，而其他信息（如婚姻信息、母系亲属的信息）则是零星的或不完整的。对于婚姻关系的考察，笔者只能集中于几个具体家族和人物，来揭示河朔地方社会的一些特点。

作为核心部分，第三章讨论河朔藩镇节度使的世袭问题；第四章则运用统计和个案分析相结合的方法来讨论河朔藩镇政治精英的构成和循环，注重比较两个阶段的特点，总结趋势；第五章从一个"北走河朔"的士人的视角切入。士人"北走河朔"的经历是进一步观察河朔藩镇地域社会的绝好资料，而且在有大量统计作为参照的前提下，从诸多非节度使家族的个案当中选出较有代表性的一个来进行研究，能进一步揭示河朔藩镇社会流动的特点。

第六章则是对前面分析的河朔藩镇社会流动的趋势和特点做进一步解释，即影响河朔藩镇社会流动的因素是什么。特别是中下层政治精英和"凡庶"子弟进入藩镇体制所需要的基本条件，是在怎样的氛围中创造出来的，由此又如何形塑了河朔藩镇政治精英的特点。

最后则是对全书的总结和概括。

第四节　主要资料与研究方法

余英时先生说："史学论著必须论证（argument）和证据（evidence）兼而有之，此古今中外之所同。不过二者相较，证据显然占有更基本的地位。证据充分而论证不足，其结果可能是比较

_____

① 河朔内部诸藩镇之间的精英也有不少地理空间上的流动（如本书第五章考察的内容），但将这种流动和他们政治身份的变动联系起来才更加有意义，后者才是本书关注的重点。

粗糙的史学；论证满纸而证据薄弱则并不能成其为史学。"① 社会流动研究的资料甚为重要。从费孝通、潘光旦到何炳棣，诸位先贤都特别重视分析可用于社会流动研究的史料。其中最受重视的是"科举录"② 和朱卷。这两种文献因其官方性质且包含了研究社会流动所最需要的材料（包括祖上三代以至五代的信息），因此成为进行量化研究的绝好资料。对于唐代的社会流动研究来说，可供选择的资料却十分贫乏。

吴廷燮以《新唐书·方镇表》为纲，编成了《唐方镇年表》。③ 作者广泛征引包括金石材料在内的唐代史料，将唐代各镇节度使的除替，按时间先后附列于有关方镇之下。我们既可以对某一藩镇的节度使的任职情况一目了然，又可以根据其所注明的材料出处，翻检史源。因此，这部书为后来的学者进行唐代藩镇的研究提供了很大便利。但该表讹误不少，岑仲勉先生作《唐方镇年表正补》④ 有所修补。朱玉龙先生仿吴廷燮《唐方镇年表》例编著了《五代十国方镇年表》。⑤ 这两部方镇年表都是研究唐五代藩镇问题不可或缺的工具书与资料书，也为本书资料的搜集提供了很大的方便。

本书利用的资料一方面是一些传统的史料，如新旧《唐书》中与河朔藩镇相关的列传。这些列传主要记载了河朔藩镇节度使、重要军将（也有少部分文职僚佐）及其家族的情况。关于几个主要家族成员的事迹及世系，新旧《唐书》也记载得比较清楚，而且

---

① 余英时：《中国近世宗教伦理与商人精神》，台北：联经出版事业公司 1987 年版，自序，第 73 页。

② "科举录"是进士登科录、进士同年齿录、进士履历、进士履历便览、会试录、会试题名录、会试同年齿录、会试同年履历便览、乡试录、乡试题名录、乡试同年齿录、乡试同年履历便览、小录等的统称。参见刘海峰《科举学导论》，第 342 页。

③ 吴廷燮：《唐方镇年表》，中华书局 1980 年版。

④ 原载《历史语言研究所集刊》第 15 本，中华书局编印《唐方镇年表》时予以收录。

⑤ 朱玉龙编著《五代十国方镇年表》，中华书局 1997 年版。

对于人物的褒贬毫不掩饰。即便像田弘正这样忠于唐廷的人物，我们也能看到书中对其缺点的指摘。不过，新旧《唐书》的不足在于：第一，收入的河朔藩镇人物数量太少；第二，已经收入的人物，有一部分没有著录其祖父和父亲的简单履历（虽可处理为先世不仕，但终归有风险）。其他文献如《资治通鉴》《册府元龟》以及笔记小说等虽可增补，但亦十分有限。唐五代的藩镇研究以及区域社会史研究一度难以深入进行，重要原因之一也在于资料不足。

可喜的是，经过学界多年的努力，大量的碑志资料陆续得到整理并依据一定的分类标准结集出版。① 本书研究得以展开，正是依据了这批重要的新鲜史料。首先来看墓志。据宋凤英博士统计，截至 2015 年 4 月底，文字保存相对完整的唐志总数达 9742 合（方/件），② 气贺泽保规先生及其团队统计，截至 2015 年，已收录的唐代墓志达 12523 方（包含志石下落不明、志盖仍存的）。③ 墓志资料俨然成为唐代区域社会史研究的资料库。自 2007 年起，笔者广泛搜集属于河朔藩镇的墓志。其中借助气贺泽保规先生的《新编唐代墓志所在总合目录》和谭凯（Nicolas Tackett）先生的《唐末至宋初墓志目录》④ 汇集了本书需要的大部分墓志（2015 年之前刊布），同时也留意了两书之外的零散墓志。⑤ 其次是地上的碑刻和题记（最重要者就是《房山石经题记》）。笔者对北京、天津、河北等地近年出版的地方碑刻资料（如《涿州贞石录》《云居寺贞石录》）等进行了比较全面的搜集。此外，唐人别集、《文苑英华》、《全唐文》、明清方志以及金石文献中也有一些零散的碑志。

---

① 在参考文献和附录中，笔者会对这些出版物做一个详细的罗列。

② 参见宋凤英《唐代墓志研究》，博士学位论文，首都师范大学，2015，第 13 页。

③ 氣賀澤保規編：『新編唐代墓誌所在総合目録・前言』東京：汲古書院、2017、vii 页。

④ 谭凯：《唐末至宋初墓志目录》，著者自版 2005 年，北京大学中古史中心图书馆收藏。

⑤ 2016 年以后新公布的碑刻及墓志材料，则主要依靠笔者自己搜集。

笔者共搜集整理了属于中晚唐五代初期（763—914）河朔藩镇的各种碑志300多方（通）。但碑刻墓志不是科举录和朱卷，不可能为我们提供所需要的所有信息，而且还有一些其他类型的碑刻更有不同于墓志和神道碑的格式，呈现人物履历的形式比较复杂。所以，笔者对上述这些碑志并未都加以利用。本书实际征引的碑志为252方（通）。①

　　碑志（特别是墓志）并非研究社会流动的最佳资料。碑志文字扬善隐恶，牵强附会，攀附高门。对碑志的记载要保持警惕，几乎已成研究中古史的常识。但是，在唐五代的社会流动研究中，碑志有着其他材料不可替代的优越性：碑志中通常都有墓主的个人及家世履历（尤其是祖父、父亲的简单履历），这些都是研究社会流动不可或缺的。从可与传世文献相对照的河朔碑志来看，这些信息基本可靠。这些碑志的撰写者，通常是墓主的直系或旁系亲属、门吏（节度使的碑志多为这类人撰写）或是其同僚好友。剥离哀伤之余的溢美和惋惜之辞，他们叙述墓主生平特别是仕历时，总会有些事实依据，而且时间越靠后（9世纪以后），写实的内容越多，对代内社会流动的研究也十分有帮助。这样，我们进行河朔藩镇的社会流动研究，就有了一批相对集中的资料，使得本书的研究特别是统计工作能够得以展开。此外，笔记小说中也会偶有关于河朔政治精英的一些记载，部分内容因能得到其他文献佐证，可以使用。还有一部分记载虽不可尽信，但可以结合时代背景，作为社会观念、心态史的资料来进行分析。

　　下面再简单介绍一下本书的研究方法。笔者服膺吴承明先生所说的"史无定法"，或者说侧重历史学的"多重证据"法。以历史学研究方法为本位在本书中主要体现在对一些基本资料的考订上。同时，对社会科学的研究方法亦采取开放态度。近年来的历史研究

---

　　①　包括统计以及书中引用的。笔者在撰写博士学位论文时的统计可能并不确切，加之十几年来陆续增补，此次成书时重新进行了比较准确的统计。

越来越倾向于从政治学、社会学、经济学等社会科学中引进研究方法为历史研究服务，统计学方法就是其中最重要的方法之一。笔者在一些章节（主要是第三、四章）中根据情况，采取了定量分析与定性分析相结合的方法。

　　笔者的具体做法是将被研究者本人的任官与其先世任官建立关联，进行相应的归类，再进行计算和比较。统计的方法在中国中古史研究当中已有非常成功的先例。但是社会现象林林总总，当然不能用统计来简单机械地说明问题。[1] 吴承明先生就曾指出，在经济史研究中，用计量和统计的方法"检验已有的定性分析，而不宜用它建立新的理论。事实上，国外人用此法也大都称 test（检验），多半是检验某种假说"。[2] 对于将计量、统计的方法用于历史研究中的任何侧面，吴承明先生所言都有一定的借鉴意义。河朔藩镇的社会流动实际情况非常复杂。例如，很多人尽管有担任高官的父辈和祖辈，但他们在河朔藩镇开始攀登成功的阶梯之时，却已属"孤寒"，[3] 个人社会地位的提升完全是靠着个人的努力。机械盲目的"统计"会造成一些"冤假错案"，所以统计也需要多视角地进行。本书的描述性统计以对安史之乱以后河朔社会大环境的变化的理解为基础，同时结合了家族个案来定性地分析河朔藩镇社会流动方面的特点。要之，统计的方法不能单独使用。针对资料并不算丰厚的中古时代，我们对史料仍需进行仔细爬梳。统计只不过为中古史研究增加了一重证据，即除了以往的二重证据和合理的逻辑演绎与推测之外，再提供一重数据作为验证。进而言之，我们不妨把统

　　① 李鸿宾老师对中古史研究中统计方法的使用有综合性的介评，参见李鸿宾《墓志所见唐朝的胡汉关系与文化认同问题》，中华书局 2019 年版，第 231 页注释 1。

　　② 吴承明：《中国经济史研究的方法论问题》，《中国经济史研究》1992 年第 1 期。

　　③ 王德权先生在前人研究基础上，认为"孤寒"是指那些求仕过程当中"父祖无政治关系可运用者"与"未运用父祖之政治关系者"两类（即"孤者未必寒""寒者必定孤"），参见王德权《为士之道：中唐士人的自省风气》，台北：政大出版社 2012 年版，第 174、176 页。

计看成按照某一标准进行的资料"摸底"和系统整合，这也就是本书的一个副产品——附录二。

　　以上主要介绍了本书的选题缘起及意义，相关的学术史回顾、研究思路及研究资料和方法，以下各章将具体地从隋唐五代社会流动的趋势、河朔藩镇的特点入手，分析和研究中晚唐五代初年河朔地域社会流动的特点。

第 一 章

唐五代社会流动的发展趋势

引 言

中国的封建社会发展具有比较明显的阶段性特征。从社会结构看，东汉以前，士庶之间的分别还不十分明显，等级区分也不十分严格，社会流动也有诸多不确定性，[①] 而从魏晋开始至五代的历史则有着一条相对清晰的线索，但随着宋辽对峙的形成，不同政权下的社会流动状况又有一些不同，可能呈现多元的发展状态。

第一节 唐五代社会等级制度的发展趋势

魏晋以降至唐朝建立的近 400 年中，"举贤不出世族，用法不及权贵"[②] 的现象比较严重，社会上层形成了以家世门风自诩的门

---

① 东汉时期的大姓名士，有很多在曹魏时已经后嗣无闻，士族形成是在魏晋，只有魏晋时获得政治地位的家族才有资格位列士族，参见唐长孺《士族的形成和升降》，载《魏晋南北朝史论拾遗》，中华书局 1983 年版，第 53—63 页。

② 《资治通鉴》（以下简称《通鉴》）卷 90，晋元帝太兴元年十一月庚申条，中华书局 1956 年版，第 2863—2864 页。

阀士族。唐代前期，门阀士族有所衰落，但是他们仍然登堂入仕，成为"应议请减赎当免人等级"中的成员。在社会下层则存在较强的人身依附关系，形成了奴婢、部曲等级，[①] 位于二者之间的是"凡庶"（"良人"）等级，此外还有一个至高无上的皇帝等级，[②] 他们的政治、法律地位相差很大。宫崎市定先生指出，"中国中世可以称为身分制彻底实现的时代"，[③] 换言之，也就是等级森严的时代。

　　不过，历史发展到唐代之时，魏晋以来的等级社会已经度过了其巅峰时刻。唐前期的各项政治制度是对魏晋南北朝以来历史发展的一种总结，在很大程度上反映了南北朝以来的社会关系，但当时的社会状况已经发生了很大的变化。

　　首先来看士族。

　　这里的士族也可称为"世族"，是魏晋以来门阀士族的继续，指的是累世高官、以门阀家风自诩并享有一定特权的大家族。柳芳按地域对这些士族进行了归类：

> 　　过江则为"侨姓"，王、谢、袁、萧为大；东南则为"吴姓"，朱、张、顾、陆为大。山东则为"郡姓"，王、崔、卢、李、郑为大。关中亦号"郡姓"，韦、裴、柳、薛、杨、杜首

---

① 参见王仲荦《魏晋南北朝史（上）》，上海人民出版社 1979 年版，第 161—162 页；唐长孺《魏晋南北朝时期的客和部曲》，载《魏晋南北朝史论拾遗》，第 1—24 页。

② 李伯重老师根据《唐律疏议》中对各种群体的法律地位的规定，按高低顺序将唐代社会的人群分为皇帝等级（包含"三后"、皇太子、皇太子妃）、应议请减赎当免人等级、凡人等级、部曲奴婢等级。参见李伯重《唐代社会等级的划分与命名》，载《千里史学文存》，第 6 页。本书对唐代的等级划分参考了这一划分标准。而《唐律疏议》中对各个等级的法律规定往往是对魏晋南北朝至唐前期的社会等级发展状况的一种总结。

③ 宫崎市定：《中国史》，邱添生译，台北：华世出版社 1980 年版，第 62 页。宫崎市定的"中世"指的是从魏晋至唐末五代这段时间，但笔者认为最典型的中世身份制时代，当指魏晋至唐初这段时间。

之；代北则为"虏姓"，元、长孙、宇文、于、陆、源、窦首之。"虏姓"者，魏孝文帝迁洛，有八氏十姓，三十六族九十二姓。八氏十姓，出于帝宗属，或诸国从魏者；三十六族九十二姓，世为部落大人。并号河南洛阳人。①

柳芳的叙述基本反映了唐初世家大族的地域分布特征。隋唐以前各地士族或尚人物，或尚婚娅，或尚冠冕，或尚贵戚，但到了唐代则出现了"熔四者为一炉的趋势"，"在各种风尚中，唐时尤重婚、宦二者"。② 原有的士族可以通过袭爵、门荫以及参加科举考试走上政治舞台。士族取得官禄的门路宽广，能够长期盘踞高官之位，这是魏晋以来门阀政治的遗风和延续。另外，士庶之间不通婚媾，沿袭了魏晋以来的传统，隋唐时限制有所松弛，士庶通婚在隋及唐前期虽然存在，但少见，并为社会所轻视。钱九陇本为皇家隶人，许敬宗贪财与婚，并为九陇曲叙门阀。敬宗又为子娶尉迟宝琳之孙女，多得赂遗，为宝琳父尉迟敬德虚美隐恶，结果为人所讥。③《唐律》规定"当色为婚"，④ 这都是唐朝继承魏晋以来形成的社会现实的表现。

不过，士族最迟从南北朝后期开始就进入社会地位的下降期了。南朝以寒人掌机要，西魏、北周之际，苏绰《六条诏书》的第四条反对按门资而必须按才能选人都可为证。侯景之乱、隋灭

① 《新唐书》卷199《儒学中·柳冲传》，第5677—5678页。
② 韩国磐：《隋唐五代时的阶级分析》，载《隋唐五代史论集》，第12页；陈寅恪也称"南北朝唐代之社会，以仕婚二事衡量人物"。见陈寅恪《元白诗笺证稿》，载《隋唐制度渊源略论稿（外二种）》，第403页。
③ 参见《旧唐书》卷82《许敬宗传》，中华书局1975年版，第2764页。（《新唐书》卷223《奸臣上·许敬宗传》载，"敬宗子娶尉迟敬德女孙"，第6338页，未知孰是）及敬宗卒，定其谥号，袁思古称其"纳采问名，唯闻与黩货"，可见对其嗤之以鼻。
④ 长孙无忌撰，刘俊文笺解：《唐律疏议笺解》卷14《户婚律》，"杂户官户与良人婚"条，中华书局1996年版，第1067页。

陈朝更是从肉体上消灭了一部分腐朽的士族，这对江南士族势力是很大的打击。隋朝大索貌阅、定输籍之法以及废九品中正制都使得士族的政治和经济势力大为削减，而隋末的农民大起义再一次扫荡了士族的势力。李唐政权在夺取天下的过程中也吸收了不少庶族进来。按侯外庐先生的解释，"庶族地主是指'官有世胄，谱有世官'以外的地主阶级中的一个阶层"。① 由此，唐代上层社会的血液中有了新的因子。

这样一来，唐初士族已经在走下坡路了。新起的庶族只要参与官品，就可以和过去的士族门阀在法律上享有同等的特权，因此"混一士庶"也就有了可能。唐太宗修《氏族志》时，就明白地宣布："不须论数世以前，止取今日官爵高下作等级。"② 政治、法律特权和社会地位与官爵直接挂钩。等级制度开始有了变化，而科举制度又集中体现了这种变化，因为"特权贵族不依过去的身分来选拔，而一依科举来选拔，就意味着过去旧式等级制度遭受破坏了"。③ 从理论上讲，没有入仕为流内官（职事官、散官、卫官、勋官以及视品官、前资官等"有告身者"）④ 就不能成为"应议请减赎当免人等级"⑤，也就没有相应的特权。正如伊沛霞（Patricia Buckley Ebrey）先生敏锐地指出，旧士族作为身份集团，"他们具有优势，但不是合法的特权或垄断"。⑥ 本书以考察入仕为中心，

① 侯外庐：《中国封建制社会的发展及其由前期向后期转变的特征》，载《中国封建社会史论》，第 196 页。

② 《旧唐书》卷 65《高士廉传》，第 2444 页。

③ 侯外庐：《中国封建制社会的发展及其由前期向后期转变的特征》，载《中国封建社会史论》，第 240 页。

④ 本章中，以下凡称"官"者，含义皆如此句所指，即流内官。

⑤ 这里采用了李伯重老师对唐代社会等级的划分与命名。"应议请减赎当免人等级"即享受《唐律疏议》中"八议""应议请减"等法律特权的等级。参见李伯重《唐代社会等级的划分与命名》，载《千里史学文存》，第 1—10 页。

⑥ 伊沛霞：《早期中华帝国的贵族家庭：博陵崔氏个案研究》，范兆飞译，上海古籍出版社 2011 年版，第 137 页。

所以相应的等级划分也依此而行。①

根据《唐律疏议·名例律》中的规定，依据官爵的大小，特权会有不小的差异，所以我们还可以把属于"应议请减赎当免人等级"再略做一些等第的细分。②

五品以上之官。总体来看，他们享有比较多的特权。在这个等第内部，三品以上之官享有的特权更多，但是一般来说，只要居于五品之上，就会被视为"通贵"。③因此，这一等第具体是指从五品下阶以上之职事官、散官、勋官及封爵。

五品以下七品以上之官。《唐律疏议·八议者律》"七品以上之官（减章）"条疏议云，"此名'减章'。'七品以上'，谓六品、七品文武职事、散官、卫官、勋官等身"。④这具体是指正六品上阶至从七品下阶的所有职事官、散官、卫官、勋官。

七品以下九品以上之官。《唐律疏议·八议者律》"应议请减（赎章）"条云此适用于九品以上之官。该条疏议则曰，"……及九

---

① 毛汉光先生对唐代统治阶级的构成以士族、小姓、寒素三类来划分，对唐代社会史研究做出了非常重要的贡献。其关于三类人群的定义相对宽泛，如士族，除了有官品上的限定之外，又加进了"郡姓""虏姓"等；"小姓"中又有县姓、地方豪族、累世低品或曾有一世五品以上者（参见毛汉光《中国中古社会史论》，第36—38页）。本书的研究因为侧重对藩镇体制下的政治精英的研究，"入仕"是考察的核心，而且依据姓氏来判断身份往往会有非常大的风险，因此并不以毛汉光先生的三分法作为本书的分类依据。

② 按李伯重老师的研究，唐代四个等级内部又包括若干身份不完全相同的人，"这些不同身份的人组成各等级内部的社会集团——等第。因此，唐代社会形成了一个马克思所说的那种由不同等级与等第所组成的'多级阶梯'"。见李伯重《唐代社会等级的划分与命名》，载《千里史学文存》，第4页。

③ 长孙无忌撰，刘俊文笺解：《唐律疏议笺解》卷2《八议者律》，"五品以上妾"条疏议曰："五品以上之官，是为'通贵'。"（第156页）同书同卷"官爵五品以上（请章）"条疏议曰："官爵五品以上者，谓文武职事四品以下、散官三品以下、勋官及爵二品以下，五品以上。"（第119页）总的来看，"五品"确实是区分唐代官品的一道重要分水岭。

④ 长孙无忌撰，刘俊文笺解：《唐律疏议笺解》卷2《八议者律》，"七品以上之官（减章）"条，第128页。

品已上官者，谓身有八品、九品之官"。① 这一等第指职事官、散官、卫官中从正八品上阶至从九品下阶之官（勋官无八品及九品）。

以上这些都是唐前期的法律规定，实际上构成等第分水岭的是五品。七品至九品的内部差异相对来说要小一些，而从五品下阶以上之官可以称为"贵"，这显然与后来不同。因此，我们以五品为限，用现代的语言把它们分别表述为高级官员、中下级官员（下文具体考察升降情况之时，也用此来表述）。显然，他们的特权受到不同程度的限制，与西晋户调式"士人子孙亦如之"那种不受官爵影响的世袭特权比起来，已经是大为缩小了。但这种等级或等第的划分标准并没有将唐高宗和武后以来，尤其是安史之乱结束以降广泛出现的使职差遣盛行的局面考虑在内。唐代后期，使职差遣大量出现，原有的职事官和散官体系出现了大幅的调整。真正的权力往往在使职差遣那里。因此"开元已前，有事于外，则命使臣，否则止。自置八节度、十采访，始有坐而为使，其后名号益广。大抵生于置兵，盛于兴利，普于衔命，于是为使则重，为官则轻"。② 而这一点到宋代表现得更加明显。所以《文献通考·职官考》称："至于官人授受之别，则有官、有职、有差遣。官以寓禄秩、叙位著，职以待文学之选，而差遣以治内外之事。其次又有阶，有勋，有爵。故士人以登台阁、升禁从为显宦，而不以官之迟速为荣滞；以差遣要剧为贵途，而不以阶、勋、爵、邑有无为轻重。"③ 由此可见，由唐入宋，实际的权力日益向使职差遣倾斜，原有的散官和职事官日益"阶官化"。④ 勋官也在日益泛滥，在后文的统计和研

---

① 长孙无忌撰，刘俊文笺解：《唐律疏议笺解》卷2《八议者律》，"应议请减（赎章）"条，第133页。

② 李肇：《唐国史补》卷下，上海古籍出版社1979年版，第53页。

③ 马端临：《文献通考》卷47《职官考一》，中华书局2011年版，第1362页。

④ 参见张国刚《唐代阶官与职事官的阶官化》，载《唐代政治制度研究论集》，台北：文津出版社1994年版，第217—226页。

究中，暂不把勋官考虑在内。安史之乱以后藩镇统治下的河朔地区，是否掌握以及掌握多大的权力主要体现在他们的使职差遣上。所以，河朔藩镇内部的等级或等第划分当以使职为主，这将在第二章中加以详论。

总之，唐代士族是魏晋以来士族的继续，他们可以通过入仕为官拥有很大的政治、经济势力，至少在法律和社会地位方面，他们的特权和影响力已经直接与官爵挂钩了。韩国磐先生指出，"这是我国中世纪等级关系的一大变化，不可忽略的"。[①] 至少从法律意义上来看，唐代已经有了混一士庶的趋势。以下着重考察的是唐代社会等级之间的变动，一般不再使用"士族"概念，而只用社会等级来加以界定，这样才有利于观察社会等级之间的流动。除了入仕的官宦外，其他的等级是"凡庶"和"部曲、奴婢"。

"凡庶"在《唐律》中通常会被称为"良人""凡人""庶人""常人""百姓"等。[②] 这一等级包含范围较广，[③] 等级内部的贫富差异也比较大，有的就可以称之为平民，有的则是拥有很大的势力，但在法律上未必有合法的特权，也没有很好的家风礼仪和家学传统的土豪之类。总之，这个等级本身具有中介性，可以向两极分化。"上层的少数人进入地主阶层，下层的多数人仍居于直接生产者。"[④] 他们虽没有特权和优越地位，却也受到很多方面的基本法律保护，自由程度比较高。本书研究精英阶层的流动，实为在"凡""庶"与"贵"相对的这一层面讨论，在本书中，姑且将这

[①] 韩国磐：《隋唐五代时的阶级分析》，载《隋唐五代史论集》，第 23 页。

[②] 称"凡"和"庶"时，一般是与"贵"相对而言的。"良"是与"贱"相对而言的。参见李伯重《唐代社会等级的划分与命名》，载《千里史学文存》，第 3 页。

[③] 参见李伯重《唐代社会等级的划分与命名》，载《千里史学文存》，第 7 页。

[④] 侯外庐：《中国封建制社会的发展及其由前期向后期转变的特征》，载《中国封建社会史论》，第 188 页。

一等级命名为"凡庶"。①

　　"部曲、奴婢"等级还包括了与之地位相近的工户、乐户、官户、杂户、官奴婢等，② 这是由魏晋以来人身依附关系发展所形成的。唐初，这种人身依附关系继续存在，《唐律》对这种关系也基本上予以维护。这一等级内部也有细微差别，即部曲的地位一般高于奴婢，③ 魏晋以来一直如此。工户、乐户、官户、杂户、官奴婢等依附对象为国家，法律地位接近部曲或奴婢。唐代，国家虽然维持这种依附关系的存在，却限制着这一等级的扩大，鼓励放贱为良，禁止压良为贱。在社会上，部曲、奴婢的实际身份在不断提高，来源日益狭窄，私人占有数量减少，在生产中的地位和作用比魏晋南北朝时期大为下降。商品经济发展带来的雇佣关系的扩展，使得部曲和奴婢有了更多独立自主的谋生机会，唐代（尤其是唐代中期以来），这个等级处在逐渐消亡之中。④ 总体而言，与前代相比，唐代社会各个等级之间的界限由明晰逐渐趋于模糊，等级划分有简单化的趋势。尤其是到了均田制被彻底破坏，两税法实行、九等户制最终确立之时，整个社会的等级制度在此前的基础上又有了一次比较大的调整。两税法规定"人无丁中，以贫富为差"⑤ 实际上就是明确地提出了反对"以身分为差"。⑥ 九等户制更是表明，"过去的高门大族和庶族寒门，已经一起用户等来划分，而不完全

---

　　① "良"是与"贱"相对而言。参见李伯重《唐代社会等级的划分与命名》，载《千里史学文存》，第3页。李伯重使用的"凡人"一词在唐代语境中更加准确。不过"凡人"一词现已更多地用作神仙灵异之人的对称。为不引起误解，书中姑且统称"凡庶"。

　　② 参见李伯重《唐代部曲奴婢身份浅析》，载《千里史学文存》，第10页。

　　③ 这几乎是学界的共识。参见宫崎市定《从部曲到佃户》，载《宫崎市定亚洲史论考》中册，张学锋、马云超等译，上海古籍出版社2017年版，第750页。

　　④ 参见李伯重《唐代部曲奴婢等级的历史变化及其原因》，载《千里史学文存》，第40—48页。

　　⑤ 《旧唐书》卷48《食货志上》，第2093页。

　　⑥ 侯外庐：《中国封建制社会的发展及其由前期向后期转变的特征》，载《中国封建社会史论》，第187—188页。

以门第来划分了。等级不仅如唐太宗所说的以官爵来决定，而且以负担封建国家的赋役义务的大小来决定，即以分割地租权一部分的多寡来决定了"，[①] 户等制使等级的划分更加简化，也使其界限逐渐模糊了。

等级制度的重新编造，使等级结构向简单化的方向发展，它在一定程度上为各个阶层的社会流动提供了便利，但这只是一种可能性。

第二节　唐代科举与社会流动

陈寅恪先生指出，"南北朝唐代之社会，以仕婚二事衡量人物"。[②] "婚宦"二事紧密相连，就政治权力和社会身份而言，"宦"的意义显然更加直观和重要。在唐代，入仕的主要途径有贡举（科举）、流外入流和门资（荫）入仕。[③] 科举虽然只是入仕途径中的一种，但是却越来越具有突出的地位，被视为入仕的正途。

科举制度的创立是一个很大的进步，它宣称"以才取士"，从制度上来看，它对推动社会流动具有一定作用。

然而，在唐代，对于没有官宦的家世背景的子弟来说，科举考试的难度实在很大，门槛极高。韩愈在《赠张童子序》中备述了科举之路的崎岖与坎坷：

> 天下之以明二经举于礼部者，岁至三千人。始自县考试定其可举者，然后升于州若府。其不能中科者，不与是数焉。州

---

① 侯外庐：《中国封建制社会的发展及其由前期向后期转变的特征》，载《中国封建社会史论》，第 202 页。

② 陈寅恪：《元白诗笺证稿》，载《隋唐制度渊源略论稿（外二种）》，第 403 页。

③ 参见《旧唐书》卷 22《职官志一》，第 1804 页。

若府总其属之所升，又考试之如县，加察详焉，定其可举者，然后贡于天子，而升之有司。其不能中科者，不与是数焉，谓之乡贡。有司者总州、府之所升而考试之，加察详焉，第其可进者，以名上于天子而藏之，属之吏部，岁不及二百人，谓之出身。能在是选者，厥惟艰哉！二经章句，仅数十万言，其传注在外，皆诵之，又约知其大说。由是举者，或远至十余年，然后与乎三千之数，而升于礼部矣；又或远至十余年，然后与乎二百之数，而进于吏部矣，班白之老半焉。昏塞不能及者，皆不在是限，有终身不得与者焉。①

科举制如此之高的门槛，将不少孜孜以求的考生拦在"成功的阶梯"之外：

华良夫尝为京兆解，不送。良夫以书让试官曰："圣唐有天下，垂二百年；登进士科者，三千余人。良夫之族，未有登是科者，以此慨叹愤惋。从十岁读书，学为文章，手写之文，过于千卷。"②

即便通过了科举考试，还需要参加吏部铨选方能授官。在铨选中，"凡择人之法有四：一曰身，体貌丰伟；二曰言，言辞辩正；三曰书，楷法遒美；四曰判，文理优长"。③ 这四事基本上是向世族子弟倾斜的。尤其是"体貌丰伟"（不仅是身体强壮魁梧还要兼有气质）和"楷法遒美"二事，没有优越的家庭环境与良好的教育背景是难以培养出来的。这一门槛会使很多缺少家世背景的子弟无法通过科举走上仕途。

---

① 韩愈撰，刘真伦、岳珍校注：《韩愈文集汇校笺注》卷 10，中华书局 2010 年版，第 1065—1066 页。
② 王定保：《唐摭言》卷 2《恚恨》，第 21 页。
③ 《新唐书》卷 45《选举志下》，第 1171 页。

　　在唐代，门荫制度虽然有衰落的趋势且日益与科举制相结合，① 但是高官子弟往往能够利用祖辈和父辈积累下来的资源优势，逐渐顺应科举制的要求。唐代的有关规定也在向他们倾斜。以明经科为例，《唐六典》的"吏部员外郎"条规定："其明经各试所习业，文、注精熟，辨明义理，然后为通。正经有九：《礼记》、《左传》为大经，《毛诗》、《周礼》、《仪礼》为中经，《周易》、《尚书》、《公羊》、《谷梁》为小经。通二经者，一大一小，若两中经；通三经者，大、小、中各一；通五经者，大经并通。其《孝经》、《论语》并须兼习。"② 本条注则具体规定："诸明经试两经，进士一经，每经十帖。《孝经》二帖，《论语》八帖。每帖三言。通六已上，然后试策：《周礼》、《左氏》、《礼记》各四条，余经各三条，《孝经》、《论语》共三条，皆录经文及注意为问。其答者须辨明义理，然后为通。通十为上上，通八为上中，通七为上下，通六为中上。其通三经者，全通为上上，通十为上中，通九为上下，通八为中上，通七及二经通五为不第。"③ 但以上只是一般的规定。"弘、崇生虽同明经、进士，以其资荫全高，试亦不拘常例。"④ 而且，弘文馆、崇文馆的生徒"习一大经、一小经者，两中经者，习《史记》者，《汉书》者，《东观汉记》者，《三国志》者"⑤ 只需"读文精熟，言音典正"。⑥ 相比于其他考生为能通过帖经而必须背诵来说，他们的压力确实小多了。此外，"若本荫高者，秀才、明经上第，加本荫四阶；以下递降一等"。⑦ 由此可见，科举考试的公平性，仅从制度层面上就已经打了折扣。

---

　　① 参见吴宗国《唐代科举制度研究》，辽宁大学出版社 1992 年版，第 19 页。

　　② 《唐六典》卷 2，尚书吏部员外郎条，中华书局 1992 年版，第 45 页。原文在《周礼》后标点"，"似不妥，今改为"、"。

　　③ 同上。

　　④ 同上。

　　⑤ 同上书，第 45—46 页。

　　⑥ 同上。

　　⑦ 《唐六典》卷 2，尚书吏部郎中条，第 32 页。

　　除此之外，由于当时各种客观的条件所限，唐代的教育资源往往被名门望族垄断。唐代中后期，南北朝以来的名门望姓利用优越的文化资源和教育资源，通过科举考试登堂入仕，基本上维持住了社会地位，累世公卿仍然普遍。以范阳卢氏为例，"自兴元元年（784）甲子至乾符二年（875）乙未，凡九十二年，登进士者一百六十人，而字皆连于子"。① 而且他们一旦在朝为官，往往因缘表里，互相提携，形成比较封闭的社会关系网络。② 李德裕则直接宣称：朝廷显官"须公卿子弟为之。何者？少习其业，目熟朝廷事，台阁之仪，不教而自成。寒士纵有出人之才，固不能闲习也"。③ 宋祁等人将李德裕所说的这些话看作他反对进士科的言论。然而，李德裕所说的是"公卿子弟"在入仕方面所具有的一些客观优势，这些都是寒士所无法比拟的。

　　按陈寅恪先生的说法，北周隋唐初期的关陇集团在武则天时期开始受到挑战，然而科举制推动下的社会流动程度并不高。孙国栋先生的统计表明，唐代之名族贵胄（名族子弟、公卿子弟）、中等家庭（士族子弟、军校子弟、豪右子弟）与寒族（农民子弟、浮客，本传不及家世径由科举上达）三者，晚唐时，名族公卿由贡举进者占76.4%，寒族则仅占9.3%。④ 毛汉光先生认为科举制度促进了世家大族的"圈内竞争"。金滢坤对晚唐宰相的社会阶层出身与科第出身的综合统计则表明，科名是士族阶层升迁清望官的主

---

　　① 钱易撰《南部新书》卷己，中华书局2002年版，第83页。
　　② 我们从《唐故朝请大夫尚书刑部郎中上柱国范阳卢府君墓志铭并序》描述的卢氏的流动情况可见一斑："卢氏自北魏著为望姓，从高祖曾祖诸父兄弟时所谓清名者，相继在朝，因缘表里，二台两掖，卢氏之亲过半。"见周绍良主编《唐代墓志汇编》，大中064，第2299页。不仅是卢氏，博陵崔氏亦是如此。据伊沛霞先生研究，唐代博陵崔氏有30%—50%的男性成员能通过科举考试，而且80%的崔氏家族成员彼此之间保持紧密联系，高居显官的优势非常明显。参见伊沛霞《早期中华帝国的贵族家庭：博陵崔氏个案研究》，第112—152页。
　　③ 《新唐书》卷44《选举志上》，第1169页。
　　④ 参见孙国栋《唐宋之际社会门第之消融》，载《唐宋史论丛》，香港：香港商务印书馆有限公司2000年版，第245页。

要因素，仍然支持了"圈内竞争"论。①

　　但是唐代科举制度的关键在于提供了一种竞争机制，即便在士族中间，也是如此。② 尽管这种竞争机制未必完善和公平，但在社会上产生了示范效应和蝴蝶效应。在中晚唐科举制度浓郁的竞争氛围中，士族也都采取各种办法顺势应对。谭凯的新近研究论证了门阀大族在河朔以外的那些藩镇中，通过辟署制仍然掌握着权力。③新兴阶层的社会流动亦当另有"出口"。

第三节　北宋辽金时期社会结构与流动状况概观

　　要揭示唐五代社会流动的一般趋势，不但要前瞻，还要后顾。由唐经过五代到北宋的社会变化，是中古时期社会变迁的一条重要线索。所谓"取士不问家世，婚姻不问阀阅"。④ 与唐代科举制度不同，宋代科举制度的日趋严密，体现出来的是一种开放和平等的精神。而且由于科举制度的影响日益扩大，尽管宋朝中高级官员荫补子弟泛滥成灾，可谓"一种倒退，却并未导致门阀士族的复活"。⑤ 而就奴婢、部曲这个等级来看，在唐代后期即开始处于逐渐消亡的状态，入宋以后，这一趋势得到了延续。一个最为典型的例证是，宋人便已指出《宋刑统》照抄唐律有关奴婢的条文，例如

---

　　① 参见金滢坤《中晚唐五代科举与社会变迁》，人民出版社 2009 年版，第 164—170 页。

　　② 金滢坤非常强调这一点，并进行了深入的论证，参见金滢坤《中晚唐五代科举与社会变迁》，第 244—285 页。

　　③ 参见谭凯《中古中国门阀大族的消亡》，第 184—191 页。

　　④ 郑樵：《通志》卷 25《氏族略第一·氏族序》，中华书局 1987 年版，第 439 页。

　　⑤ 王曾瑜：《宋朝阶级结构》，河北教育出版社 1996 年版，第 3 页。

"律比畜产"等，已不适用，当予以废除。① 这必是当时社会实际状况的反映。因此，无论从社会上层政治精英的构成还是从社会下层奴婢等级的发展趋势来看，至少从制度的层面来看，北宋的社会更加开放，延续了唐代中期以来等级制度再编造的发展趋势。

由唐经过五代到北宋的历史发展，毕竟只是中古时期的一条发展线索。唐以后的历史发展中，汉族王朝、少数民族建立统治的王朝相互重叠。中国北方尤其是河朔地区，其社会面貌具有多重复杂性。

辽金时期的门第社会特征仍然十分明显。辽朝施行"以国制治契丹，以汉制待汉人"②的二元体制。契丹人入官依靠"世选"制度。③ 就幽蓟地区而言，仕辽的汉人也主要集中于韩、刘、马、赵等几个少数世家大族，颇有门第社会的特征。④ 据陶晋生先生统计，金朝统治的 120 年中，统治阶层中女真人所占比例最低为42%，最高时则达到 64%，而汉人所占比例最高时也没有超过50%。⑤ 政治精英阶层的构成中，血缘、族群身份显然都是更加重要的因素，政治精英和其他等级之间的界限仍然十分清晰。随着统治的稳定，辽、金两朝也都不同程度地推行科举考试。辽朝开科53 次，录取进士 2211 人，⑥ 年均 10.1 人。关于金朝的开科次数和录取进士人数，学界似尚未取得一致意见。⑦ 但相较于先前的研

---

① 王曾瑜先生引用了费衮、赵彦卫和宋真宗的言论来说明这一问题。参见王曾瑜《宋朝阶级结构》，第 6 页。

② 《辽史》卷 45《百官志一》，中华书局 2017 年版，第 773 页。

③ 陈述：《契丹世选考》，《历史语言研究所集刊》第 8 本第 2 分，1939 年，第181—187 页。

④ 参见萧启庆《汉人世家与边族政权——以辽朝燕京五大家族为中心》，载宋史座谈会编《宋史研究集》第 27 辑，台北：编译馆 1997 年版，第 481—541 页。

⑤ 陶晋生：《女真史论》，台北：食货出版社 1981 年版，第 37 页。

⑥ 朱子方：《辽代进士题名录》，《黑龙江文物丛刊》1983 年第 4 期。

⑦ 陈昭扬将各种不同的统计和估算列了一个详表，见陈昭扬《征服王朝下的士人——金代汉族士人的政治、社会、文化论析》，博士学位论文，新竹清华大学，2007，第 37 页。

究，陈昭扬的整理与统计更为细致、清晰：金朝从 1139 年至 1234 年共开科 31 次，录取进士 4160 名，年均 43.3 人。① 辽、金两朝年均录取的进士数量远远低于宋代的每年 124 人。② 而且，辽、金两朝，荫补往往是入仕的一个重要途径。辽代甚至八、九品的官员即有荫补权。③ 金朝荫补出身的官员占到 40%。④ 无怪乎魏复古（Karl A. Wittfogel）很早就曾指出，科举制度或许可以从下层吸收"新血"，但是它们因为"荫"的制度已被大打折扣，尤其在如辽、金等少数民族建立的王朝统治之下，"荫"的作用不可低估。⑤

就社会下层而言，与唐宋社会发展过程中奴婢逐渐向雇佣化发展而趋于消亡的趋势相反，辽金的统治下，奴婢大量地出现在生产和生活之中，严重的人身依附关系依然根深蒂固。⑥

小　结

如果从 7—10 世纪的长时段视野来看，中国社会结构与流动的趋势呈现了比较复杂的面貌。社会流动有加快的趋势，但是幅度似

---

① 陈昭扬：《征服王朝下的士人——金代汉族士人的政治、社会、文化论析》，第 41—42 页。

② Benjamin Elman, *A Culture History of Civil Examinations in Late Imperial China*, pp. 646 – 647.

③ 蒋金玲：《辽代荫补制度考》，《史学集刊》2010 年第 2 期。

④ 元好问《辅国上将军京兆府推官康公神道碑铭》载："维金朝入仕之路，在近代为最广，而出于任子者十之四。"（元好问著，狄宝心校注：《元好问文编年校注》卷 5，中华书局 2012 年版，第 773 页）这条史料被治金史者广为引用。

⑤ 参见 Karl A. Wittfogel, "Public Office in the Liao Dynasty and the Chinese Examination System", *Harvard Journal of Asiatic Studies*, Vol. 10, No. 1, 1947, pp. 13 – 40。

⑥ 傅衣凌先生较早地考察了辽代奴隶来源及其身份等，认为辽代的奴隶制开启了金元奴隶制之先。见傅衣凌《辽代奴隶考》，原载于《食货》第 11 期，1935 年，此据《休休室治史文稿补编》，中华书局 2007 年版，第 37—56 页。金代则出现了"驱口"，且金代文献中的"官户"仍然具有唐代"官户"的含义，也异于宋代。见《金史》卷 46《食货志一》，中华书局 1975 年版，第 1032 页。

乎又比我们想象的要小。与辽宋两个政权立国都有关系的河朔地区
与中央及顺地可能有不一样的趋势。以至陈寅恪先生认为安史之乱
以后，"统治之社会阶级亦必有变迁。此变迁可分中央及藩镇两方
叙述"，① 而这里所说的藩镇在很多时候是指河朔藩镇。② 所以，让
我们把历史的镜头聚焦到河朔藩镇吧！

---

① 陈寅恪：《唐代政治史述论稿》上篇《统治阶级之氏族及其升降》，载《隋唐
制度渊源略论稿（外二种）》，第 180 页。

② 笔者认为陈寅恪的这一发现已经得到谭凯新近研究的进一步支持。谭凯论证
了在河北以外的那些朝廷能控制的藩镇中，上层文职都已被京城精英（其所定义的
"京城精英"包括扎根于两京和两京之间的那些仕宦家族）把持，而唯独河朔藩镇的情
况不同，是由本地精英所控制，见谭凯《中古中国门阀大族的消亡》，第 190—191 页。

第 二 章
"自为一秦"：河朔藩镇治下的
政治、军事与经济

引 言

陈寅恪先生曾指出：

> 唐代中国疆土之内，自安史之乱后，除拥护李氏皇室之区域，
> 即以东南财富及汉化文化维持长安为中心之集团外，尚别有一河
> 北藩镇独立之团体，其政治、军事、财政等与长安中央政府实际
> 上固无隶属之关系，其民间社会亦未深受汉族文化之影响，即不
> 以长安、洛阳之周孔名教及科举仕进为其安身立命之归宿。①

陈寅恪先生强调从种族和文化角度来认识安史之乱后的河朔问题，尽
管这种视角受到各种问难，但大多数学者仍然承认唐后期的河朔在政
治、军事、文化等方面与朝廷及顺地有异。河朔藩镇与唐廷之间形成

---

① 陈寅恪：《唐代政治史述论稿》上篇《统治阶级之氏族及其升降》，载《隋唐
制度渊源略论稿（外二种）》，第186页。

这种局面，自然有河朔藩镇内部政治、经济和军事等因素，同时亦关涉到安史之乱后唐朝"放弃河北，控制其余"① 的政策。在它们的共同作用下，河朔藩镇在安史之乱后"自为一秦"，② 成为社会流动的舞台。以下在学界已有研究基础上对这几个方面的问题进行归纳和总结。

第一节　唐廷"放弃河朔"政策的形成

关于安史之乱以后形成的藩镇格局以及唐廷的藩镇政策，学界的讨论甚为详备。以"放弃河朔，控制其余"作为唐后期藩镇政策的核心，似乎是大家已达成的共识。只是关于这个政策的形成时间，尚有不同认识。按笔者的理解，"放弃河朔"即承认河朔藩镇藩帅世袭自治的"河朔故事"。关于河朔藩帅能否以及如何实现世袭，是下一章要讨论的中心问题。本节只是要讨论河朔藩镇所面临的外部政治环境即它们与唐廷之间的关系。笔者认为有两点需要注意：第一，"放弃河朔"政策是唐廷内外形势下的产物，更是唐廷与藩镇势力互动的结果；第二，这一政策的实际形成、发挥效用与朝廷的公开认可是不同层次的问题。

第一，"放弃河朔"政策是唐廷内外形势下的产物，更是唐廷与藩镇势力互动的结果。唐朝力量并不足以应对所有的边疆危机，这在安史之乱以前甚至其力量还比较强大的时候就已经显露出来，③ 在平定安史之乱的过程中更是暴露无遗。黄永年先生已经充分论证了

---

① 孟彦弘：《"姑息"与"用兵"——朝廷藩镇政策的确立及其实施》，载杜文玉主编《唐史论丛》第 12 辑，三秦出版社 2010 年版，第 115—145 页。按，以下笔者统称"放弃河朔，控制其余"。

② 语出《郑澋夫人崔氏合祔墓志》，见周绍良主编《唐代墓志汇编》，大和 049，第 2130 页。原文曰"从建中初，镇冀之间，自为一秦……"本指成德镇的割据状态，实际上用来指称河朔各藩镇的割据态势，亦不为过。

③ 陈寅恪先生指出，唐王朝受西北强敌的影响而不得不在东北地区采取消极政策［参见陈寅恪《唐代政治史述论稿》下篇《外族盛衰之连环性及外患与内政之关系》，载《隋唐制度渊源略论稿（外二种）》，第 283—312 页］。但这个消极政策却未必是真消极的，只是唐朝依靠原有体制和力量可能已解决不了。

河朔藩镇的重建，乃是唐廷与安史降将的妥协也即唐廷力量不足的结果。[①] 当一个王朝统治力量不足时，必然将其主要力量用于解决政权所面临的关键矛盾所在，正如很多研究业已指出的，维持运路畅通、应对来自西北诸蕃的军事威胁、[②] 消平顺地叛镇等才是唐廷的"当务之急"。

对于统治集团的非核心区而言，当朝廷有力量之时，可以对其直接进行统治；当朝廷力量不足时，可以采取一些安抚、羁縻的手段。这也是一个王朝常用的手段之一。推而广之，这种手段不但适用于造反者，还可适用于周边的部族和国家。施抚者和受抚者之间，地位有高下之分。[③] 节度使接受了唐廷的官爵，恰恰代表了他们服从唐廷，以唐帝为天下共主。河朔在唐帝国的统治格局中并非其政治和军事的核心区，唐廷对其管辖具有很大的伸缩空间，所以，唐廷对安史降将的妥协、重建河朔藩镇，无论是作为权宜之计，还是长久之策都并未伤及其根本。与此同时，与安史之乱以前相比，乱后的河朔藩镇仍然维持了其乱前对于唐廷的功用，并且似乎发挥得更好，并未增加对唐廷的威胁。安史之乱以前，节度使制度在河北的设立，就十分有效地应对了来自奚和契丹两蕃的威胁，保障了唐帝国东北边疆的安宁。乱后的河朔藩镇特别是幽州仍在发挥并加强了这一功能。[④] 但与此同时，像安禄山这样身兼三任节度使的危险人物和势力已因为河朔分裂成几个藩镇而不复存在。分裂之后的河朔藩镇尽管发生过"四镇称王"的事件，但是四镇（幽

---

① 参见黄永年《论安史之乱的平定和河北藩镇的重建》，载《黄永年文史论文集》第 2 册《国史探赜（下）》，第 191—207 页。

② 同样，为解决藩镇而抽调军事力量，也必然影响唐廷与西北诸蕃的关系，进一步说明唐朝力量的有限。菅沼爱语特别注意到了唐朝与吐蕃的关系和唐朝对藩镇政策的关联，参见菅沼爱语「九世紀前半の東部ユーラシア情勢と唐の内治のための外交―吐蕃との長慶会盟、ウイグルへの太和公主降嫁の背景―」『史窓』第 73 号、2016 年。

③ 参见茅海建《天朝的崩溃：鸦片战争再研究》，三联书店 2005 年版，第182 页。

④ 参见黄永年《唐代河北藩镇与奚契丹》，载《黄永年文史论文集》第 1 册《国史探赜（上）》，第 51—120 页。

州、成德、魏博、淄青）"效战国"、"肱髀相依"和"以土地传子孙"的政治诉求，只是表明他们面对唐廷不对称的军事政治压力，联合起来追求世袭的政治特权，而仍然奉唐朝为天下共主，愿意留在唐朝的政治框架之内。① 这与旨在推翻唐朝的安史之乱的性质是不一样的。一旦唐廷承认了它们的这种特权，遵从"河朔故事"，河朔藩镇就会表现出其"依附性"的一面。唐廷对"河朔故事"的因而从之，换来的是幽州节度使刘济（757—810）对朝廷的"最务恭顺"、"朝献相继"和"东北晏然"的边疆局势；② 换来的是成德节度使王士真（759—809）的"恬然守善""岁贡货财"。③ 河朔藩镇还在一定程度上推行两税法，向朝廷申报户籍；会昌灭佛期间遵守唐朝法令，在辖区内推行灭佛措施；等等。强大的河朔三镇甚至还可以成为唐廷讨伐其他叛镇时所倚重的重要力量。因此，"放弃河朔"，遵从"河朔故事"的政策，使得唐朝的统治并未因河朔藩镇的存在进一步恶化。相反，东北边疆相对稳定，唐廷就可以腾出手来更有效地控制运路，完成顺地藩镇的"去河朔化"，实际上更加稳固了自己的统治。河朔藩镇也获得了合法的存在。双方各取所需，实现了政治博弈中的"帕累托改进"④。

　　第二，政策的实际形成、发挥效用与朝廷的正式公开承认是不一样的。会昌年间，出自李德裕手笔的《赐何重顺诏》⑤ 确实是唐廷承认"河朔故事"的第一次官方的公开表态，但若以此为"放

　　① 参见孙继民《唐德宗初年的"四王"建号与割据藩镇的政治诉求》，载《中古史研究汇纂》，第 181 页。

　　② 参见拙文《也释唐幽州卢龙节度使刘济的"最务恭顺"》，《北京社会科学》2017 年第 6 期。

　　③ 《旧唐书》卷 142《王武俊附子士真传》，第 3877 页。

　　④ 这原本是经济学的概念，用在这里是想表示，在当时的历史条件下，"放弃河朔，控制其余"的政策没有使唐廷和河朔藩镇之间的任何一方境地变坏，反而至少使一方的境况得到改善。

　　⑤ 李德裕撰，傅璇琮、周建国校笺：《李德裕文集校笺·文集》卷 6，中华书局2018 年版，第 121—122 页。

弃河朔，控制其余"政策的确立，或失之过晚。① 对此，我们既要"近观"，也要"远眺"。② 正如俞樾（1821—1907）所说，"内地郡县而边地封建，固有天下者之长计也"。③ 唐廷设立河朔藩镇之后，东北边疆局势明显好转，已经证明朝廷力量所不及的地方需要设立有别于内地郡县体制的一种新的激励机制。节度使体制并非完全同于"封建"，却给了藩帅统一调配河朔当地经济、军事资源的权力，是一种激励机制。但是安史之乱的爆发表明河朔的节度使体制对朝廷存在巨大威胁，所以，需要对这种体制进行规范和调整，对双方的权利（以及权力）、义务做出约定。所以，"放弃河朔"的基本条件是唐廷与河朔藩帅之间建立了比较明确的类似"委托—代理"的关系。这种条件在四镇之乱以后的贞元年间（785—805）已经具备了，所以产生出明显的激励效果：河朔藩镇与唐廷之间开始有了良性互动。唐廷把打击的主要目标转移到顺地的叛藩。河朔藩镇也把注意力转向稳定内部统治和安定边疆局势（特别是幽州）。"放弃河朔"（也即行"河朔故事"）实际成为唐廷与河朔双方关系的稳定器，近观双方的关系，当然会发现很多跌宕起伏；但远眺之下，不难发现，唐河双方关系的波动恰恰是因为这一政策没有得到（或切实得到）遵守而产生的一些"浪花"而已，并未走得太远。但这里需要强调的一点是，所谓被唐廷"放弃"的"河朔"，其范围前后却有变化：从适用于整个河朔，并且一度扩展到淄青和淮西等镇，到长庆二年（822）以后，仅仅局限于河朔三镇，而唐末时又扩展到整个河朔，甚至更广大的地区。从中或可反映唐廷与藩镇之间的力量消长。所以，正是这种政策使得河朔

---

① 李碧妍认为"河朔故事"并非安史之乱以后确立的一个传统，而是唐廷与河朔藩镇经过 80 多年的较量之后形成的。参见李碧妍《危机与重构》，第 356—371 页。

② 关于历史研究中的"近观"与"远眺"，参见侯旭东《近观中古史——侯旭东学术自选集》，中西书局 2015 年版，自序，第 7 页。

③ 俞樾：《封建郡县说》，见盛康辑《皇朝经世文编续编》卷 12《治体·治法上》，载沈云龙主编《近代中国史料丛刊》第 832 册，第 1331 页。

（至少是河朔三镇）的半独立自治局面成为一种长期的、合法的甚至是制度性的存在。它也影响到河朔的政治、军事、经济以及社会流动等方面。

第二节　河朔藩镇自治的经济基础

河朔藩镇的自治是安史之乱以后唐廷内外形势下的产物，同时也有赖于河朔藩镇自身的各种内部条件，它们的半独立状态，离不开一定的社会经济基础。关于唐代藩镇割据的基础问题，先贤讨论甚多。经济基础和社会基础是既有联系又有区别的两个问题。河朔藩镇能够维持"自为一秦"的局面，必然首先以河朔地区殷实的生产力为基础。因此，我们还是要从长时段的角度来讨论安史之乱以后河朔地区的经济发展状况。

一　人口

隋唐五代时期，河朔地区的人口因社会发展与自然环境变迁而出现几次大起大落。今在学界已有研究基础之上，对隋唐五代河朔地区人口的数量起伏及其流动试做勾勒。

隋大业初年（606—609）户口数是魏晋以来著籍人口的最高数额，约为 900 万户。① 若按冻国栋先生的统计，以唐代的十道地

---

① 关于《隋书·地理志》各郡人口数字，《通典》卷 7《食货门·历代盛衰户口》（第 147 页并第 161 页校勘记"二七"，点校者将大业二年的"二"改为"五"）系于大业二年、《通鉴》系于大业五年（见卷 181，隋炀帝大业五年五月辛丑条，第 5645 页）。《通鉴》所记户口数为 890 万余，这个数字与据《隋书·地理志》统计的总和（9070404 户，冻国栋计算）略有出入，汪篯主前说，梁方仲、冻国栋主后说，参见汪篯《隋代户数的增长——隋唐史杂记之一》，载《汪篯隋唐史论稿》，中国社会科学出版社 1981 年版，第 38—39 页注 3；梁方仲《中国历代户口、田地、田赋统计》甲表 23，中华书局 2008 年版，第 111 页；冻国栋《中国人口史》第 2 卷《隋唐五代时期》，复旦大学出版社 2002 年版，第 130 页。因争议尚未解决，故正文用"大业初年"以蔽之。

域来计，河北道在隋大业初年有 216 万余户，位列第二，仅次于河南道。①

隋末唐初的战争导致了全国性人口减耗，南方轻，北方重。河朔作为炀帝征伐高句丽的基地、农民起义和各种势力角逐的主要战场，消耗严重，人口大幅下降，贞观十三年（639）著籍人口仅有 37 万余户，只有隋朝时的 17.1%。②

经过唐朝建立以后的休养生息，河朔人口也在恢复，至武则天圣历元年（698），已有"河朔人庶"③ 之说。据冻国栋先生的计算，从贞观十三年到天宝十三载（754）河北道的户数年递增率达到 13.07‰。这个数字在十道之中位列第四。④ 另外，贞观年间（627—649），河北道户数占唐朝总户数的 12%，天宝十一载这一比例上升到了 16%。⑤ 一般认为，唐玄宗天宝末年（751—755）的人口数量为唐代人口峰值，著籍户口应在 900 万户上下。⑥ 河朔著籍人口在 150 万户左右，根据杜佑估测的隐漏率（30%—36%）⑦，实际人口应在 214 万—234 万户，若取均值，并每户以 5 口计，则河北道人口数量大致为 1100 万，加上其他人口（僧道、奴婢等），保守估计有 1130 万人。

安史之乱及乱后的一段时间内，河朔的战火不断，人口恢复较

① 参见冻国栋《中国人口史》第 2 卷《隋唐五代时期》，第 194 页，表 4 - 5。
② 参见冻国栋《中国人口史》第 2 卷《隋唐五代时期》，第 194 页，表 4 - 5。
③ 《旧唐书》卷 89《狄仁杰传》，第 2891—2892 页。
④ 参见冻国栋《中国人口史》第 2 卷《隋唐五代时期》，第 198 页，表 4 - 7。
⑤ 百分比系据冻国栋《中国人口史》第 2 卷《隋唐五代时期》，表 4 - 7（第 198 页）计算得出。
⑥ 各学者对唐代人口峰值出现的具体时间判断并不一致：翁俊雄先生认为出现在天宝十二载（《唐朝鼎盛时期政区与人口》，首都师范大学出版社 1995 年版，第 1—25 页）；费省先生认为出现在天宝十四载（《唐代人口地理》，西北大学出版社 1996 年版，第 40 页）；冻国栋先生认为出现在天宝十三载（《中国人口史》第 2 卷《隋唐五代时期》，第 178 页）。尽管各有所依，最后大多以杜佑在《通典》中的估值为推算实际人口的依据，但都指向了天宝末年、安史之乱爆发以前。
⑦ 杜佑观察到天宝年间"浮浪日众，版图不收"，并以汉代人口数量发展做参照，提出当时天下户数保守估计"有千三四百万矣"。见杜佑《通典》卷 7《食货七·丁中》，第 157 页。

慢。但是从第二阶段开始（长庆二年以后），河朔藩镇的战争逐渐减少，甚至到黄巢起义爆发之时，受到的影响相对来说也比较小，其内部发生的军乱大多是针对节度使废立的兵变，持续时间也并不长，所以，区内的人口数量即便减少，当不如隋唐之际严重。尽管河朔藩镇依然会向唐廷上报户口，[①] 但《元和郡县图志》所载河朔人口数，当与实际人口数量相差较大，不能以该书为依据来判断唐后期河朔藩镇的人口数量。后唐孔谦（871[②]—926）甚至说"魏博六州户口，天下之半"，[③] 这里的"天下"似应指后唐控制下的北方。或许这个说法仍显夸张，但是若加上河朔其他藩镇的人口，河朔人口"北方之半"或许近于实况。根据《太平寰宇记》及已有研究，笔者保守估计，10 世纪下半叶河朔仍有著籍户数约 64 万户，[④] 每户以

---

① 参见孙继民《关于唐宪宗元和时期割据藩镇的户口申报——兼评〈中国人口史·隋唐五代时期卷〉》，载《中古史研究汇纂》，第 189—197 页。

② 关于孔谦生年推断，参见临清市博物馆《山东临清出土五代孔谦家族墓志》，载《海岱考古》第 12 辑，科学出版社 2019 年版，第 237 页。

③ 《旧五代史》卷 69《王正言传》，中华书局 2015 年版，第 1067 页。

④ 冻国栋先生根据《太平寰宇记》统计北宋初年（宋太宗太平兴国年间），河北道尚有著籍户数（主户和客户合计）586624，占诸道总户数的 8.7%，在诸道之中仍然位列第四。参见冻国栋《中国人口史》第 2 卷《隋唐五代时期》，第 208 页，表 4 - 11。根据冻国栋书中的注释提示，这一数字系直接采自梁方仲《中国历代户口、田地、田赋统计》甲表 35（第 188—198 页）。梁方仲先生特别出注说明河北道户数里没有包含通利军、易州等五州军的总户数 9670（因主客不分）；滨州（唐时属棣州）只有主户 9185 户；如果排除孟州和怀州的户数，再加上通利军、易州的户数和滨州的主户，则北宋初"河朔"共有著籍户数约 568763，但这个数据尚缺少了赵州的数字，以及原属幽州镇的除瀛、莫二州以外其他诸州的数字（因在辽境内）。赵州户数以天宝年间户数的 74%（《太平寰宇记》中镇州、冀州、深州户数所占天宝户数的均值）来估算约为 4.7 万；幽州镇户数按天宝年间户数（14 万户）的约 40% 估测（这一数字参照了魏博的两个户数之比），因瀛州、莫州（含霸州）已在前者数字里，不能重复计算，去除之后，再加进 3.1 万户，则河朔南北（北宋和辽控制的部分）约 64 万户。笔者推算的这个数字也是不准确的，但当是非常保守的估计。吴松弟先生估测北宋太平兴国年间（976—983）河北东路与河北西路著籍户数已在 62.5 万户左右（参见吴松弟《中国人口史》第 3 卷《辽宋金元时期》，复旦大学出版社 2000 年版，第 123—125 页，表 4 -2）。关于藩镇统治下的河朔人口问题尚有待深入研究。

5 口计，著籍人口约 320 万。这一估值为河朔天宝年间人口数的
1/3 强。笔者尚不确定该以怎样的比例去估算 8 世纪后半期至 10 世
纪初河朔的人口数量，只能留待更多新资料的发掘和更加科学的评
估方法。但是笔者相信藩镇治下的河朔著籍人口数量仍然可观。此
外，自隋以后的数百年间，该区域内始终存在大量的流动人口，他
们出于各种政治、经济或宗教信仰的动因，从四面八方汇集到河
朔，从而对该区域人口的民族构成产生重大影响。① 《涿州范阳县
文宣王庙之碑》记载，贞元五年（789），幽州节度使治下的涿州
"领户万，流庸附占者如之"。② 河朔其他政治和经济的中心区域
可能也会存在类似的流庸附占者。所以，对于唐后期至五代初
年的河朔人口，我们可以有保守却不应有太过悲观的估计。如
此方能比较合理地解释河朔各藩镇庞大规模的军队的存在。

二　自然环境与农牧业

（一）自然环境

河朔地区大致上由山地、丘陵和平原组成，总的地势是西北
高，东南低。山地基本在西部和北部，分别属于太行山脉和燕山山
脉，其中不乏海拔超过 2000 米的高山；平原③地区的海拔均值不
超过 100 米，大致由"北京平原"（亦称"北京湾"）、"河北平
原"、"豫东平原（黄河以北的部分）"和"鲁西北平原"组成，
从黄河北岸自西南向东北倾斜，微向渤海、黄海倾斜的冲积平原为

---

① 对此学界已多有讨论，多集中于对幽蓟地区人口流动的分析。参见宁欣、李
凤先《试析唐代以幽州为中心地区人口流动》，《河南师范大学学报》2003 年第 3 期。
② 杨卫东等编：《涿州贞石录》，北京燕山出版社 2005 年版，第 27 页。
③ 各书对平原的分类和定义似乎并不统一，如有的分为山麓平原、冲积平原、
滨海平原（孙继民主编：《河北经济史》第 1 卷，河北人民出版社 2017 年版，第 7—10
页）。山麓平原，有的又分为山麓坡地、山麓倾斜洪积平原、洪积平原（见邹翊光主
编、况鸿璋副主编《北京市经济地理》，新华出版社 1988 年版，第 9 页）。还有更为专
业的划分（见霍亚贞主编《北京自然地理》，北京师范学院出版社 1989 年版，第 88—
89 页）。兹不具列，只做位置来称呼。

黄淮海平原的一部分,① 是中国平原面积较大的区域之一。广袤的平原一方面为农业生产提供了充足的耕地,另一方面也为骑兵提供了绝佳的用武之地。

在这个区域内的主要河流有黄河、漳河、滹沱河、易水河等,分属于黄河水系和海河水系,此外还有一条人工运河——永济渠。交通便利,水利资源丰富。唐代,中国的气候整体上还处于温暖期,② 唐朝中叶以后,河朔地区的气候趋于寒冷。③ 从这一区域内有"麝"活动来看,北部森林地带环境也尚好。④ 总体而言,至少北宋以前,这一地区的自然环境还是比较优越的。

(二) 农业

自战国魏文侯时西门豹为邺令,引漳水溉邺起,⑤ 河朔农业逐渐得到发展。自东汉末年至南北朝的 400 多年间虽然历经战乱的破坏,但是在政治秩序稳定之后,这里的农业生产很快得到恢复。北朝时,河朔地区已经成为北方的主要经济区域。⑥ 隋文帝时期(581—604),河朔地区已成为京师的重要物资供给地之一。"诸州调物,每岁河南自潼关、河北自蒲坂,达于京师,相属于路,昼夜不绝者数月。"⑦ 隋唐之际的战争给整个中原地区造成了灾难。河朔地区在隋末三次成为东征高句丽的基地,贞观初年,"自伊、洛以东,暨乎海岱,灌莽巨泽,苍茫千里,人烟断绝,鸡犬不闻,

---

① 参见邹逸麟主编《黄淮海平原历史地理》,安徽教育出版社 1993 年版,第 1 页。

② 参见竺可桢《中国近五千年来气候变迁的初步研究》,《气象科学》1973 年第 1 期。

③ 参见邹逸麟主编《黄淮海平原历史地理》,第 29 页。

④ 参见王利华《中古华北饮食文化的变迁》,中国社会科学出版社 2000 年版,第 38—42 页。

⑤ 参见《史记》卷 29《河渠书》,中华书局 2014 年版,第 1698 页。

⑥ 参见宁可主编《中国经济发展史》第 2 卷,中国经济出版社 1999 年版,第 887 页。

⑦ 《隋书》卷 24《食货志》,中华书局 2019 年版,第 756 页。

道路萧条，进退艰阻"，① 隋唐之际这里又是各方势力角逐的主战场，遭受巨大破坏也在所难免。② 但是唐王朝及时采取了恢复和发展生产的措施，尤其是在这里兴建了大批的水利设施，使河朔地区的农业很快得到恢复。有唐一代农田水利工程的地理分布见表 2－1。

表 2－1　唐代农田水利工程的地理分布

单位：处

兴建规模 \ 兴建地区	关内道	河南道	河东道	河北道	山南道	淮南道	江南道	剑南道及吐鲁番地区	岭南道	陇右道及安西北庭地区	合计
兴建农田水利工程数	42	30	17	31	15	20	70	27	3	4	259
灌溉面积千顷以上	5	2	2	4	5	1	10	2	2	—	33
灌溉面积五百到千顷	3	3	1	2	2	2	2	—	—	—	15

资料来源：武汉水利电力学院中国水利史稿编写组编：《中国水利史稿》中册，水利电力出版社 1987 年版，第 25 页。

从表 2－1 可见，就唐代农田水利工程建设的数量和质量而言，河北道名列前茅。③ 总工程数目位居第三，灌溉面积五百顷以上

---

① 《旧唐书》卷 71《魏徵传》，第 2560 页。
② 参见冻国栋《中国人口史》第 2 卷《隋唐五代时期》，第 136 页。
③ 河北道的统计数字包含了孟州和怀州的两处水利工程，但作为一种比较，仍然还是有其意义的。参见《中国水利史稿》中册，第五章的附录"河北道"，第 75 页。

的有 6 处，位居前列。不过，应该指出一点，河北道的水利工程设施大部分建于安史之乱以前。① 北宋的王沿称："河北为天下根本，其民俭啬勤苦，地方数千里，古号丰实……魏史起凿十二渠，引漳水溉斥卤之田，而河内饶足。唐至德后，渠废，而相、魏、磁、洺之地并漳水者，屡遭决溢，今皆斥卤不可耕。"② 这说明安史之乱以前，河朔地区土壤品质较好，水利设施完备，农业生产条件比较好。安史之乱以后，这种情况逐渐改变。但河朔南部地区环境和土质恶化，主要是北宋初年以后，黄河、漳河、滹沱河等河流多次决溢的影响所致。③ 晚唐时期，其土壤条件应该尚可。

开元年间（713—741），唐玄宗"以郑州刺史崔希逸、河南少尹萧炅为副使，益漕晋、绛、魏、濮、邢、贝、济、博之租输诸仓"。④ 20 世纪 70 年代，在洛阳含嘉仓出土八方铭砖，依五方残存的铭文，可判断其储粮来自九个州，其中河北道就有五州，分别是冀州、邢州、德州、沧州和魏州。⑤ 安史之乱以前的河北道应当是供给洛阳、长安的重要粮食区。《通典》记录了天宝八载十道正仓、义仓和常平仓的储粮数字，尽管这些数字都有待进一步考证，⑥ 但河北道各项数字的排名都比较靠前，特别是义仓储粮超过千万石，居诸道之首，⑦ 或亦能反映河北道农业生产的发达。

---

① 参见《中国水利史稿》中册，第五章的附录"河北道"，第75—79页。

② 《续资治通鉴长编》卷104，宋仁宗天圣四年八月辛巳条，中华书局2004年版，第2415—2416页。

③ 李华瑞：《宋代救荒史稿》第六章"宋代黄河中下游水患对北方经济的破坏"（该章由郭志安撰写），天津古籍出版社2014年版，上册，第243—261页。

④ 《新唐书》卷53《食货志三》，第1366页。

⑤ 参见河南省博物馆、洛阳市博物馆《洛阳隋唐含嘉仓的发掘》，《文物》1972年第3期。

⑥ 参见杜佑《通典》卷12《食货典·轻重》，第292—294页。

⑦ 参见杜佑《通典》卷12《食货典·轻重》，第293页。

安史之乱的战火使河朔地区尤其是靠近黄河的河朔南部农业遭受很大打击。① 传统的农业经济因受到自然灾害以及战争影响而出现颓败现象，是时常有的，一旦局势好转，环境改善，加上休养生息的政策，则恢复起来亦非难事。宋太宗太平兴国四年（979）至宋真宗景德元年澶渊之盟缔结（1005 年 1 月）这段时间，北宋统治下的河朔南部（区域范围大致相当于唐代河北道南部除去幽州节度使辖区，再加上瀛、莫二州）作为宋辽对峙的前线，受战争的影响很大。太平兴国六年，河北南路转运副使田锡给宋太宗的上书提出了一个非常重要的看法：

> 使河朔之民得务三农之业，不出五载，可积十年之储。②

其上书的重要背景是河朔经过宋辽几次大战，经济残破。当和平到来之后，北宋的河北路农业很快就得到了恢复。程民生以《宋会要辑稿》《续资治通鉴长编》这两部书来做整群抽样，收集到的北宋一代各地丰收记载（不包括全国性的和不言具体地区的丰收），凡 55 次，其中河北丰收次数最多，计 24 次。③ 这或许可以作为我们分析安史之乱以后河朔农业经济恢复和发展的一个重要参照。

经过战火蹂躏的河朔各地，农业生产普遍凋零。因此，各地藩帅普遍注意恢复和发展生产，为其战争机器提供有力的经济保障。这类举措在该时期的河朔碑刻类文献中有所反映。④ 在人力资源不足的情况下，河朔藩镇的节度使采取强制手段进行劳动分工以恢复

---

① 参见《旧唐书》卷 120《郭子仪传》，第 3457 页。

② 《续资治通鉴长编》卷 22，宋太宗太平兴国六年九月壬寅条，第 498 页。

③ 参见程民生《论宋代河北路经济》，《河北大学学报》1990 年第 3 期。

④ 参见裴抗《魏博节度使田公（承嗣）神道碑》，载李昉等编《文苑英华》卷 915，中华书局 1966 年版，第 4816 页。

农业生产。史载,魏博节度使田承嗣"计户口之众寡,而老弱事耕稼,丁壮从征役,故数年之间,其众十万"。[①] 这是强制性地按"比较优势"进行的一次人力资源分配。由此,魏博镇在短期内既恢复了农业生产,又壮大了军事力量。

在安史之乱以后的 200 多年中,似乎没有证据表明河朔地区的农业生产有持续低迷、遭受严重破坏的倾向。相反,我们仍然能看到对河朔地区作为重要农业区的描述。其中,魏博地宜农桑、经济发达尤其见诸石刻类文献。吴畦的《韩国昌神道碑》就这样写道:"长河北湄,太行东隅,粤有粤壤,厥为全魏。其中土宜耕桑,物沃祼丛,瑰异珍尤,于焉郁起。"[②]

(三) 畜牧业

河朔地区不仅有发达的农业,还有比较发达的畜牧业,尤以养马业最为突出。河北道的北部,是传统的半农半牧地区。按史念海先生的考证,燕山附近的檀州、妫州、平州、营州为半农半牧地区。[③] 安史之乱以后,河朔藩镇普遍都要建立一支骑兵部队。畜牧业的发展已不限于上述地区。幽州节度使辖区本就是半农半牧地区。幽州节度使下辖诸军中,仅驻扎于幽州城内的经略军就有马5400 匹,[④] 若无发达的养马业自然不能满足其战马的需求。2013年发掘的幽州节度使刘济墓中有栩栩如生的养马图壁画,当是幽州养马业发达的一个重要佐证。成德节度使李宝臣有马 5000 匹。[⑤]他的军队中,有相当规模的骑兵部队。其武官编制中有大量的

---

① 《旧唐书》卷 141《田承嗣传》,第 3838 页。

② 吴畦:《唐赠左散骑常侍汝南郡韩公国昌神道碑》(以下简称《韩国昌神道碑》),光绪《莘县志》卷 8《艺文志》,载《中国地方志集成·山东府县志辑》第 95册,凤凰出版社、上海书店出版社、巴蜀书社 2008 年版,第 611 页。

③ 参见史念海《唐代河北道农牧地区的分布》,载《唐代历史地理研究》,第111—121 页。

④ 参见《旧唐书》卷 38《地理志一》,第 1387 页。

⑤ 《旧唐书》卷 142《李宝臣传》,第 3866 页。

"左［右］厢马军都使""马军十将"。[1] 成德军中还有"都知征马使"，[2] 是专门负责骑兵马匹的使职。杜牧在《唐故范阳卢秀才墓志》中称，范阳卢霈"自天宝后三代，或仕燕或仕赵，两地皆多良田畜马"。[3]"燕"即是指幽州，"赵"是指成德镇，这是上述两个地区发达养马业的如实写照。魏博镇也大量养马、养骡，为装备军队、运送辎重提供畜力保证。魏博镇的相州有牧场，[4] 魏博节度使罗弘信曾担任过马牧监。[5] 魏博大将米文辩（794—848）也兼管驼坊、骡坊。[6] 在藩镇统治下的河朔地区，为适应军事需要而发展起来的畜牧业，已经大大突破了安史之乱以前的农牧界线。

三　手工业

河北地区还有发达的手工业。其中，丝织业的发展水平很高。《新唐书·地理志》记载了开元、天宝年间各地的土贡情况，这其实也在一定程度上反映了各地的手工业生产情况，其中河朔地区的土贡情况见表 2－2。

表 2－2　河朔藩镇辖州的土贡统计

州郡名	土贡
魏州魏郡	花绸、绵绸、平绸、绝、绢、紫草
博州博平郡	绫、平绸

① 参见李宝臣纪功碑碑阴，沈涛：《常山贞石志》卷 10，载《石刻史料新编》第 1 辑第 18 册《地方类·河北》，台北：新文丰出版公司 1982 年第 2 版，第 13326—13329 页。

② 参见李宝臣纪功碑碑阴，沈涛：《常山贞石志》卷 10，载《石刻史料新编》第 1 辑第 18 册《地方类·河北》，第 13328 页。

③ 杜牧：《樊川文集》卷 9《唐故范阳卢秀才墓志》，上海古籍出版社 1978 年版，第 144 页。

④ 参见《新五代史》卷 46《康福传》，中华书局 2016 年版，第 583 页。

⑤ 参见《旧五代史》卷 14《罗绍威传》，第 187 页。

⑥ 参见孙继民等《新出唐米文辩墓志铭试释》，载孙继民主编《河北新发现石刻题记与隋唐史研究》，第 69 页。

续表

州郡名	土贡
相州邺郡	纱、绢、隔布、凤翩席、花口瓢、知母、胡粉
卫州汲郡	绫、绢、绵、胡粉
贝州清河郡	绢、毡、覆鞍毡
澶州	角弓、凤翩席、胡粉
镇州常山郡	孔雀罗、瓜子罗、春罗、梨
冀州信都郡	绢、绵
深州饶阳郡	绢
赵州赵郡	绢
沧州景城郡	丝布、柳箱、苇簟、糖蟹、鳢鮬
景州	苇簟
德州平原郡	绢、绫
定州博陵郡	罗、绸、细绫、瑞绫、两窠绫、独窠绫、二包绫、熟线绫
易州上谷郡	绸、绵、墨
幽州范阳郡	绫、绵、绢、角弓、人参、栗、豹尾*
涿州	无
瀛州河间郡	绢
莫州文安郡	绢、绵
平州北平郡	熊鞹、蔓荆实、人参
妫州妫川郡	桦皮、胡禄、甲榆、髇矢、麝香
檀州密云郡	人参、麝香
蓟州渔阳郡	白胶
营州柳城郡	人参、麝香、豹尾、皮骨骺

说明：豹尾为幽都土贡。

资料来源：《新唐书·地理志三》，第 1010—1023 页。

据表 2-2，不计重复的，① 上述地区的土贡共计 47 种，其中丝织品类有 21 种，② 占总品种数的 44.7%。从丝织品的分布地区来看，长城以南各州几乎均有分布，史载安史之乱爆发前，定州何名远有绫机五百张，③ 从河朔地区丝织业之发达与普及的情况来看，未必不是事实。据李伯重老师研究，在唐代，"江南的丝织品，由于工艺水平低于华北，尚难与华北丝织品在国内市场上竞一日之短长"。④ 在"华北"，河朔是丝织品的主要产地，这种地位至少维持到 11—12 世纪。⑤ 此外，在矿冶业方面，尽管杨远先生认为在唐代矿冶的重心已经转移到南方，⑥ 但这只是从趋势上笼统来说的。河朔的铜矿和银矿较为稀缺，铁矿的分布却很广泛。⑦ 冶铁业发达，也就能保证各镇基本的军需供应。

---

① 如"绫"在博州、卫州等州分别出现，但只计一种。定州有"细绫"，则可以认为是与"绫"略有差别的一种土产，故别计一种。

② 花䌷、绵䌷、平䌷、绝、绢、绫、纱、隔布、绵、孔雀罗、瓜子罗、春罗、丝布、罗、绸、细绫、瑞绫、两窠绫、独窠绫、二包绫、熟线绫。

③ "定州何名远大富，主官中三驿。每于驿边起店停商，专以袭胡为业，资财巨万，家有绫机五百张。"见张鷟《朝野金载》卷 3，中华书局 1979 年版，第 75 页。据学术界主流意见，何名远活动的主要年代应在安史之乱以前的天宝年间（742—756）。巫宝三：《试释关于唐代丝织业商人的一则史料》，《中国经济史研究》1996 年第 2 期。魏明孔老师的研究进一步支持了这一观点，并把时间进一步指向了安禄山控制河北的时期，参见魏明孔《中国手工业经济通史·魏晋南北朝隋唐五代卷》，福建人民出版社 2004 年版，第 299—391 页。

④ 李伯重：《唐代江南农业的发展》，农业出版社 1990 年版，第 181 页。又，在唐代，江南的丝织品只能在某些地方找到市场，对外输出也很有限。参见同书第 181—182 页。

⑤ 邢铁先生也说"北宋时期河北仍然是丝织业重心"（引者按：其所说的"河北"为今日河北省，比本书所说的范围要小），参见邢铁《宋辽金时期的河北经济》，科学出版社 2011 年版，第 95 页。

⑥ 杨远：《唐代的矿产》，台北：台湾学生书局 1982 年版，第 9 页。

⑦ 杨远综合新旧《唐书·地理志》、《元和郡县图志》、《太平寰宇记》以及近代方志和调查，统计了唐代各道的矿产情况。其中河朔地区的铁矿广泛分布于相州、邢州、惠州（磁州）、镇州、沧州、定州、幽州和平州，见杨远《唐代的矿产》表 1《唐代矿产地理分布》，第 15 页。

四　商业

杜牧在《战论》中称，"河北视天下犹珠玑也……珠玑苟无，岂不活身"。对于河朔藩镇来说，"出则胜，处则饶，不窥天下之产，自可封殖，亦犹大农之家，不待珠玑然后以为富也"。① 杜牧实际上指出了河朔地区在经济方面自成体系，可以自给自足。但河朔地区并未因此与其他区域中断了经济联系。《房山石经题记》所登载的幽州和涿州各行的行名，前后达 26 个之多。② 其中尤以天宝年间的幽州商业最为繁荣，这与安禄山为发动叛乱积聚财富的背景有关。③

但是，安史之乱以后，商人在河朔藩镇的活动仍然频繁。晚唐乾符年间（874—879），"江陵有郭七郎者，其家资产甚殷，乃楚城富民之首。江淮河朔间，悉有贾客仗其货买易往来者"。④ 可见河朔地区和江淮地区的经济来往比较密切。太行山东出华北平原的太行八陉，是河北道和河东道重要的通道，也因此成为重要的商业孔道。《宣室志》记载了这样一个故事。"唐贞元中，有李生者，家河朔间……少贫窘，无以自资，由是好与侠客游，往往掠夺里人财帛。常驰马腰弓，往还太行道，日百余里。一日遇一年少，鞭骏骡，负二巨囊，吾利其资，顾右皆崖岩万仞，而日渐曛黑，遂力排之，堕于崖下，即疾驱其骡逆旅氏，解其囊，得缯绮百余段，自此家稍赡，因折弓矢，闭门读书。"⑤ 这则故事中颇值得注意的是，家居河朔的李生"常驰马腰弓，往还太行道"，想必是知道这条重

---

① 杜牧：《樊川文集》卷 5《战论》，第 91 页。

② 参见于德源、富丽《北京城市发展史（先秦—辽金卷）》，北京燕山出版社 2008 年版，第 75 页。作者把天宝、贞元及元和年间出现的行都统计上了。

③ 参见姚汝能《安禄山事迹》卷上，中华书局 2006 年版，第 83 页。

④ 《太平广记》卷 499《郭使君》，引《南楚新闻》，中华书局 1961 年版，第 4097 页。

⑤ 张读：《宣室志》卷 3《现世之报》，中华书局 1983 年版，第 40 页。

要的交通孔道上往来行人及客商频繁，有利可图，因此伺机下手。此外，唐后期，奚、契丹等国，"每岁朝贺，常各遣数百人至幽州，则选其酋渠三五十人赴阙"，① 这大批滞留在幽州的使者实际上也充当了商人的角色。从唐后期整个东北亚的格局来看，当时河朔商业的中转性非常强。

这些商人中还有一些被网罗到了藩镇，为其军需供应服务。姚季仙（786—863）"幼好周游，寰瀛之内，颇曾经历，偶内货实驰务而产于蓟门，即为幽州人也"，② 他可能是因为经商来到幽州。而志文又载"会昌中，故太尉相国清河张庄公察以说直，忠不近名，一命主戳。以军令严毅，不敢再辞。释褐署节度驱使官，方知先定其身而后事也。然迺（乃）夙夜勤恪，恭守公程，固得军利博哉，帑藏之实。告成功就，却思退鳞"。③ 张庄公即张仲武，会昌二年（842）九月任幽州节度使。④ 姚季仙成为幽州节度驱使官，级别不高，但从"固得军利博哉，帑藏之实""告成功就"诸语知其亦承担筹办军需用度的诸多事宜。这种现象在整个河朔并非罕见。几乎与此同时的昭义军，在节度使刘从谏的统治下，"大商皆假以牙职，使通好诸道，因为贩易"。⑤ 藩镇统治之下的河朔，商业发展和繁荣的背后都有藩镇军人势力或明或暗地支持。藩镇把商业也作为其军费筹措的来源，而得力的商人也就成了其优越的人力资源。

商业和交换经济的发达，一个重要表现形式就是基层市场的大量出现以及市场管理的逐渐完善。唐代中后期，逐渐出现了草

---

① 《旧唐书》卷 199 下《北狄传》，第 5356 页。

② 周绍良、赵超主编：《唐代墓志汇编续集》，咸通 025，上海古籍出版社 2001 年版，第 1052 页。

③ 同上。

④ 参见《旧唐书》卷 18 上《武宗纪》，第 592 页。

⑤ 《通鉴》卷 247，唐武宗会昌三年四月辛未条，第 7979 页。

市。① 河朔地区同样出现了一些基层市场。大历七年前后，贝州永济县有"张桥行市"；② 元和十三年（818），③ 横海军节度使郑权奏："当道管德州安德县，渡黄河，南与齐州临邑县邻接，有灌家口草市一所。顷者，成德军于市北十里筑城，名福城。割管内安德、平原、平昌三县五都，置都知管勾当。臣今请于此置前件城，缘隔黄河与齐州临邑县对岸，又居安德、平原、平昌三县界，疆境阔远，易动难安。伏请于此置县。为上县，请以归化为名。"④ 草市的出现甚至引起了行政单位设置上的改动，此应该与商品交换的发达、人口流动有关系。河朔藩帅甚至还直接派人负责市场的管理。沧景镇的何载（？—809）就曾"充节度要藉权知市事。既主要务，奉公无私，阛阓骈阗，商贾霖集"。⑤ 由此可知，安史之乱后河朔的市场管理在逐步完善，可见，那里的商业和交换经济仍然还是有所发展的。

商业和市场的发展，加强了河朔与其他地区的联系，便利了经济交流，为河朔地区的经济发展增加了一重保障。

东汉时，河朔就已是王朝的"基本经济区"。⑥ 河朔地区在隋唐五代时期总体上也仍然具备很好的经济生产条件，没有遭受持续性的人为或自然的破坏。在安史之乱结束以降的一百多年中，河朔藩镇自立所需的基本人力和物力资源尚不缺乏。河朔藩镇的碑刻中，往往不经意间透露出其在经济上底气十足，足以支撑割据政权。例如，《罗让碑》称魏博镇"大河之北，太行已东，曹孟德之

---

① 参见加藤繁《关于唐宋的草市》，载《中国经济史考证》第1卷，吴杰译，商务印书馆1959年版，第304—305页。

② 王溥：《唐会要》卷71《州县改置下·河北道》，上海古籍出版社2006年版，第1495页。

③ 《唐会要》引文中原作"开元"，误。

④ 王溥：《唐会要》卷71《州县改置下·河北道》，第1497页。

⑤ 周绍良主编：《唐代墓志汇编》，元和035，第1974—1975页。

⑥ 冀朝鼎：《中国历史上的基本经济区与水利事业的发展》，中国社会科学出版社1981年版，第76页。

称孤，将成霸业；袁本初之恃众，遽创雄图"。① 同时，河朔藩镇
的经济生产既然为其军事提供基础，事实上又往往和军事活动融为
一体，因此下面一节要谈一下河朔藩镇军人集团的形成。

第三节　河朔藩镇的兵制与军人集团

较大规模的武装力量，是河朔藩镇维持自治局面，与唐廷博弈
的重要保证。河朔藩镇军人集团的出现，既与唐代兵制演变的大背
景相关，也是河朔地方社会的产物。

众所周知，唐代经历了由以府兵制为主体的兵制向以募兵制为
主的兵制的演变，前人已经讨论甚详。② 孟彦弘老师基于兵制的演
变，将唐代分为府兵制时代和节度使兵制时代，总结了 1949—

---

① 公乘亿：《罗让碑》，载任乃宏校释《邯郸地区隋唐五代碑刻校释》，第 025
号，中国文史出版社 2017 年版，第 175 页。《罗让碑》的录文，目前笔者见到四份。
第一份是陈尚君从嘉靖《大名府志》中抄录，见陈尚君辑校《全唐文补编》卷 90，中
华书局 2005 年版，中册，第 1097—1099 页。未核对拓片。第二份录文见王兴、李亚主
编《邯郸运河碑刻》，河北美术出版社 2012 年版，第 54—58 页。该书收录了新近拓
片，并依据新拓做了录文，但因为原碑有部分常年埋于地下，挖掘出土时已经漫漶，
这份依据新拓的录文错误仍然很多。第三份是仇鹿鸣据柯昌泗旧拓和原碑照片所做的
录文，见仇鹿鸣《长安与河北之间》，第 298—303 页。第四份是任乃宏先生的录文，
他参考了柯昌泗旧拓、2012 年的新拓和已有研究成果，应是目前《罗让碑》录文最好
的版本，故本书以下都使用这个版本。
② 关于唐代的兵制问题，先贤们已经有了很多讨论。滨口重国较早地关注了唐
代兵制的变化，在 20 世纪 30 年代撰写了《从府兵制到新兵制》（《史学杂志》第 41
卷，第 11、12 号，1930 年，此据胡戟主编《二十世纪唐研究》，第 118 页），基本勾勒
了唐代由唐初的以府兵制为主到以募兵制为主的兵制变化。总的来看，这方面的研究
从有关兵制资料的整理和考证开始，延及府兵制度专项研究，进而扩展到府兵以外的
其他兵制的研究。近年来，在兵制具体研究的基础上，学者们开始探讨其制度特征和
社会意义。主要论著参见唐长孺《唐书兵志笺正》，科学出版社 1955 年版；陈寅恪
《隋唐制度渊源略论稿（外二种）》第六章"兵制"；岑仲勉《府兵制度研究》，上海人
民出版社 1957 年版；谷霁光《府兵制度考释》，上海人民出版社 1978 年版。相关的重要
论文则有张国刚《唐代兵制的演变与中古社会变迁》，《中国社会科学》2006 年第 4 期。

2000 年中国大陆对唐代兵制研究的成果，认为"对府兵制时代的兵制，研究得较为充分；对府兵制向节度使兵制演变的研究也较有深度；而对节度使兵制的研究，则还处在个案研究的阶段，缺乏全面、综合性的研究。将兵制置于社会政治中来研究其意义，最为欠缺"。① 笔者认为，对于安史之乱以后的"节度使兵制"的研究仍然需要对不同性质、不同区域的藩镇做充分的个案研究，在此基础上再进行综合讨论可能比较合适。日本学者较早注意到不能用从"兵农合一"到"兵农分离"这种模式来叙述安史之乱以后的兵制。大泽正昭先生就曾分析了各地的所有制结构与藩镇兵制之间的关系，认为关中、河南土地所有制细分化，所有权转换频繁，河北三镇强力军队反映了新的生产构造中小农自立的倾向；在以江南为中心的地域，地主和佃户的依存关系，则是土团存在的重要条件。② 从经济结构来分析各藩镇兵制上的差异，是非常正确的。笔者想强调的是，安史之乱以后河朔藩镇的兵制是军事形势与当地政治、社会、经济环境共同作用的产物。经济基础决定兵制形式，但反过来，特定的军事政治形势对征兵模式，进而对经济生产形式也会产生影响。

　　安史之乱推动了唐代军队的地方化。③ 河朔藩镇依靠强大的军人集团才能在与朝廷的博弈中站稳脚跟。宝应二年，安史之乱最终被平定，河朔藩镇的割据局面也刚刚形成：李怀仙与薛嵩、田承嗣、李宝臣（张忠志）"分河朔而帅之"。④ 建立起强大的军队，是维持其各自割据的首要条件。

---

　　① 孟彦弘「五十年来中国大陆地区唐代兵制研究概观」『中國史學』（東京）第 11 卷、2001 年。

　　② 大沢正昭「唐末藩鎮の軍構成に関すゐ一考察—地域差を手がかりとして—」『史林』第 58 編第 6 号、1975 年。

　　③ 参见孟彦弘《论唐代军队的地方化》，载中国社会科学院历史研究所学刊编委会编《中国社会科学院历史研究所学刊》第 1 集，社会科学文献出版社 2001 年版，第 264—291 页。

　　④ 《旧唐书》卷 143《李怀仙传》，第 3895 页。

首先来看魏博镇。

> ［田］承嗣……计户口之众寡，而老弱事耕稼，丁壮从征役，故数年之间，其众十万。仍选其魁伟强力者万人以自卫，谓之衙兵。[1]

此段材料常为史家所引用。然殊可注意者，魏博首任节度使田承嗣对魏博辖区内人口总量、年龄结构、身体状况做了调查。《通鉴》所记与《旧唐书》略同，也强调了田承嗣"举管内户口"。[2] "举"应作"登记"解。这表明田承嗣通过统计辖区内户口，对所掌握的人力资源做了统筹，强制性地按"比较优势"进行了分配，才会有老弱耕稼、壮者从军的安排。尽管募兵过程中也会有强征现象，但笔者倾向于认为这是征兵制。田承嗣在安史之乱后期为史朝义前锋，所率安史叛军数量原本有限且伤亡也不小，同时魏博毗邻黄河，四战之地，军事形势严峻，而当地农民可能比较多，生产比较分散，[3] 这些内外形势共同促成了其兵制的形式。"老弱耕稼"与"丁壮在军"的结合是极其紧密的，以高度紧张的方式既建立了重兵集团，[4] 又恢复和发展了农业生产，建立起经济基础，是维护藩镇割据政权的一体两面。按照这样的布局，一方面，魏博家家都会有军人，是全民的军事化；另一方面，牙兵的选拔则体现了优中选优的原则，具有更加职业化的色彩。笔记小说记载，田承嗣

---

① 《旧唐书》卷 141《田承嗣传》，第 3838 页。

② 《通鉴》卷 222，唐代宗广德元年（763）六月庚寅条，第 7144 页。

③ 大沢正昭「唐末藩鎮の軍構成に関すゐ一考察—地域差を手がかりとして—」『史林』第 58 編第 6 号、1975 年。又，包括河朔魏博一带在内的华北采用复种制，部分采用了维持土地肥力的耕种方法，小农更加倾向于独立地自我生产。见大澤正昭（与前者为同一人，但两篇文章中日文汉字有差异，保留原貌——引者注）「唐代華北の主穀生産と経営」『史林』第 64 編第 2 号、1981 年。

④ 或认为 10 万人可能太多，当亦不少于 5 万人。5 万军额参见《旧唐书》卷 144《阳惠元传》，第 3914 页。

"乃募军中武勇十倍者，得三千人，号外宅男，而厚其恤养"。① 可见募兵应该只是魏博军中较精锐的那一部分。

成德节度使李宝臣在宝应二年时"有恒、定、易、赵、深、冀六州之地，后又得沧州；步卒五万、马五千匹，当时勇冠河朔诸帅。宝臣以七州自给，军用殷积，招集亡命之徒，缮阅兵仗……"② 李宝臣的军用物资比较丰盈，因此可以"招集亡命之徒"。幽州节度使李怀仙也在忙着招兵买马，广德元年仆固怀恩叛逆，李怀仙也趁机"招合遗孽，治兵缮邑"。③ 成德与幽州都吸纳了成分相对复杂的"亡命""遗孽"，④ 更像是募兵制，但其基本兵源似未见史料记载，在招纳流亡的同时，广泛征发当地农民的可能性仍然比较大。

安史之乱结束前后，河朔主要藩镇根据各自的条件补充了兵力。各有特色的藩镇军人集团成为他们割据一方所依靠的基本力量。随着藩镇格局在大历年间的初定，唐廷对各藩镇军队试图加以限定，于大历十二年五月辛亥"定诸州兵，皆有常数，其召募给家粮、春冬衣者，谓之'官健'；差点土人，春夏归农、秋冬追集、给身粮酱菜者，谓之'团结'"，⑤ 确定了藩镇军队的主体是"官健"和"团结"。这是对藩镇军队地方化的确认和规范。按照孟彦弘老师的看法，河朔是军队地方化最突出的地区。⑥

---

① 《太平广记》卷 195《红线》引《甘泽谣》，第 1460 页。

② 《旧唐书》卷 142《李宝臣传》，第 3866 页。原文"后又得沧州"后没有标点，作"后又得沧州步卒五万"，沧州一地就有步卒 5 万人，似不太可能。《旧唐书》卷 144《阳惠元传》载"李宝臣有恒、易、深、赵、沧、冀、定七州之地，有兵五万"（第 3914 页）。据此，"沧州"后面当点断。

③ 《旧唐书》卷 143《李怀仙传》，第 3895 页。

④ 李碧妍综合前人研究成果并补充自己的见解后，认为成德军在这时已经吸收了大量安史旧将，特别是蕃将，因此不需要像魏博那样大规模补充当地军士，参见李碧妍《危机与重构》，第 302—303、316 页。

⑤ 《通鉴》卷 225，唐代宗大历十二年五月辛亥条，第 7245 页。

⑥ 参见孟彦弘《论唐代军队的地方化》，载《中国社会科学院历史研究所学刊》第 1 集，第 264—291 页。

河朔三镇尽管立镇之初在兵制上可能有一些差异，但在随后的发展过程中，仍有很多的共性，即实行的都是募兵制和征兵制的混合体。

两税法推行前后，魏博镇有不少军人已完成职业化进程：

> 建中初，黜陟使洪经纶至河北，方闻悦军七万。经纶素昧时机，先以符停其兵四万，令归农亩。悦伪亦顺命，即依符罢之，既而大集所罢将士，激怒之曰："尔等久在军戎，各有父母妻子，既为黜陟使所罢，如何得衣食自资？"众遂大哭。悦乃尽出其家财帛衣服以给之，各令还其部伍，自此魏博感悦而怨朝廷。①

从宝应二年至建中元年的 18 年间，职业化的魏博军人达 7 万多人。按照田承嗣时的"老弱事耕稼，丁壮从征役"模式（以下简称"田承嗣耕战模式"），魏博应该家家既有军人，又事生产；4 万军人归农亩，田悦能以"如何得衣食自资"激怒之，这可以说明经过田承嗣、田悦的努力，魏博的农业生产得到恢复，人民得以休养生息，从而可以放弃"田承嗣耕战模式"，使军人成为专门的职业，而且数量庞大。成德和幽州在立镇之初已有不少职业军人，相信此时更是如此。

与河朔军人的职业化相伴的是军人集团中相对稳定的父子传承关系。军人的职业世袭也并非唐代特有现象。6—7 世纪拜占庭帝国的军队也大多是由职业化军士组成，从军几乎是他们唯一的收入来源。② 而且因为收入丰厚，从军成为受欢迎的职业，莫里斯一世（Maurice，582—602 年在位）为保障军人利益，允许军人子

---

① 《旧唐书》卷 141《田承嗣附任悦传》，第 3841 页。

② David A. Graff，*The Eurasian Way of War*：*Military Practice in Seventh - Century China and Byzantium*，London and New York：Routledge，2016，pp. 32 - 33.

承父业。① 在中国，父子成军更是源远流长，早期的府兵制在某种程度上就带有世兵制的色彩。② 王夫之也说，"唐之府兵，世著于伍"。③《邺侯家传》还记载随唐高祖李渊起事的"元从军老及缺，必取其家子弟、乡亲代之，谓之父子军"。④ 河朔军队地方化以后，这种职业地位的传承有固化的趋势，即所谓"年代寖远，父子相袭，亲党胶固"。⑤ 这种现象并非魏博一镇所独有，河朔其他藩镇中的世袭将校，也屡屡出现于史籍碑志中。

然而，职业化的军人并非河朔藩镇军队的唯一组成部分。即便是职业军人集团，在父子相袭的代际传承的同时，也在不断吸收"新血"。河朔藩镇存在山河子弟、乡兵等形式的军队。它们数量庞大，是衙军⑥、外镇军⑦等职业军团的辅助力量和兵源蓄水池。

近年出土的唐代河朔地区的墓志中冠以"山河"字样的将佐官称，引起了学界越来越多的注意。魏博大将米文辩曾"转山河将"。⑧ 孙继民等依据《玉海·唐山河子弟》和方以智《通雅》等文献，判断山河将可能是统领山河子弟的军将，而山河子弟可能是指民兵，由此说明魏博除了拥有包括牙军在内的常备军之外，还有

---

① Warren Treadgold, *Byzantium and Its Army*, 284 – 1081, Standford, California: Standford University Press 1995, pp. 153 – 154.

② 岑仲勉称府兵制为变通的世兵制（参见岑仲勉《府兵制度研究》，第 4—5、62 页）。这一提法曾引起争论，但是府兵制产生前的北朝长期实行世兵制，所以保守地说，早期的府兵制受到过世兵制的影响应该没有问题。

③ 王夫之：《读通鉴论》卷 22，中华书局 1975 年版，第 781 页。

④ 王应麟：《玉海》卷 138 引《邺侯家传》，江苏古籍出版社、上海书店出版社 1990 年第 2 版，第 2571 页。

⑤《旧唐书》卷 181《罗弘信附子（绍）威传》，第 4692 页。

⑥ 衙军亦作牙军，以下统称"牙军"。

⑦ 亦称"外军镇"，大多设于藩镇管内的支郡州县。如成德节度使治镇州，却有永宁军在深州。参见张国刚《唐代藩镇军队的统兵体制》，《晋阳学刊》1991 年第 3 期。

⑧ 孙继民等：《新出唐米文辩墓志铭试释》，载孙继民主编《河北新发现石刻题记与隋唐史研究》，第 58—59 页。

"预备役"力量。① 这对笔者非常有启发。"山河"一词在《罗让碑》中也曾出现。魏博节度使罗弘信的曾祖父罗秀，曾任"魏博节度押衙、左山河都知兵马使兼御史大夫"。② 罗弘信率魏博军讨伐前节度使乐彦祯之子乐从训时，战斗序列中有"左山河之骁师"。③ 在《罗让碑》中还曾出现"平难决胜""大六雄""小六雄"等文字，④ 据上下文推断，这些应该都是军号。带有上述军号的军队，其性质需要进一步加以考证。⑤ 但多个军号的出现表明，在唐朝后期，尤其是晚唐战争频仍之际，河朔强藩仅靠牙军和外镇军已经满足不了其自守和对外"争霸"的需要。黄巢之乱期间，魏博节度使韩简欲夺河阳节度使诸葛爽之地，曾率领魏博乡兵八万出征。⑥ 由此，亦可见其军队规模。

在幽州镇，幽州城安史之乱前后便是"家家自有军人"。⑦ 叛乱之后的藩镇时代，由于地域广阔，幽州辖境的各地情况并不一样。《通鉴》就曾记载，幽州北七百里的渝关（今山海关一带）至进牛口一带"旧置八防御军，募土兵守之，田租皆供军食，不入

---

① 参见孙继民等《新出唐米文辩墓志铭试释》，载孙继民主编《河北新发现石刻题记与隋唐史研究》，第 66 页。

② 公乘亿：《罗让碑》，载任乃宏等校释《邯郸地区隋唐五代碑刻校释》，第 025 号，第 175 页。

③ 同上书，第 193 页。任乃宏还据文义和拓片磨泐处字数推测"左山河"后面尚有"右山河"三字。

④ 同上。

⑤ 任乃宏先生认为"魏博下辖六州，兵源应来自六州，按州别分为六营，因此简称'六雄'"，"抑或只是因为兵士来自六州故称'六雄'"，见任乃宏等校释《邯郸地区隋唐五代碑刻校释》，第 197 页。笔者受孙继民和任乃宏两位先生的启发，倾向于认为名为大小"六雄"的军队，因更明显地带有魏博地方化的色彩，其性质或可能与"山河子弟"相近。

⑥ 《旧唐书》卷 182《诸葛爽传》载，魏博节度使韩简与诸葛爽激战正酣之时，韩简牙军奔归魏州。"爽军乘之，简乡兵八万大败，奔腾乱死，清水为之不流。"（第 4702 页）

⑦ 《通鉴》卷 222，唐肃宗上元二年三月条胡三省注（以下简称"胡注"），引《蓟门纪乱》，第 7111 页。

于蓟，幽州岁致缯纩以供战士衣"。① 这种亦耕亦战的形式长期存在，② 松井秀一先生曾据此展开讨论幽州兵农分离之困难及这种趋势对幽州政局的影响。③ 笔者认为安史之乱后幽州军队的职业化仍然存在，职业化的牙军一直都是影响幽州局势的主要力量。④ 只是的确应该注意到幽州地域的广阔性及其军队性质的多样性。

　　关于成德镇兵制的直接史料十分稀少，能够找到的材料：一是前引李宝臣"招集亡命之徒"；二是长庆二年节度使王廷凑（也作王庭凑，本书统一作"廷凑"）招纳因消兵而落籍的亡卒。⑤ 渡边孝先生据此认为，成德招纳军士的对象应该包括成德失去田地的农民和游侠等（特别是李宝臣时期）以及管内贫孤之人。⑥ 李宝臣和王廷凑均行招募，但是成德镇内外局势稳定之后，对管内是否推行过义务性的征兵制，尚不清楚。李绛曾说成德"将士百姓怀其累代煦妪之恩"。⑦ 他们参军捍卫成德地方利益的积极性应该很高，各种征兵方式或也都曾存在。

　　谷霁光先生指出："如同在封建义务兵制占主导地位时，曾存在着募佣制早期的形式一样；在募佣制盛行的时期，也有着封建义务制的穿插和遗留。"⑧ 河朔三镇的权力结构可能有很大差异，但都通过混合的兵制把管内大多数等级的人调动起来了，形成庞大的军事力量，既有代际传承性很强的职业军人集团，又有广泛征招的义务性军人。

---

　　① 《通鉴》卷 269，后梁均王贞明三年二月条，第 8812—8813 页。
　　② 本条系于后梁末帝贞明三年（917）且以"初"这种追溯的语气述之，由此可知，整个藩镇时代，幽州对此地一直沿用此种模式。
　　③ 松井秀一「盧龍藩鎮攷」『史學雜誌』第 68 編第 12 号，1959 年。
　　④ 参见本书第四章第二节第二目。
　　⑤ 参见《通鉴》卷 242，唐穆宗长庆二年二月甲子条，第 7808 页。
　　⑥ 渡边孝「魏博と成德—河朔三鎮の權力構造についての再檢討」『東洋史研究』第 54 卷第 2 号、1995 年。
　　⑦ 《通鉴》卷 238，唐宪宗元和四年七月条，第 7664 页。
　　⑧ 谷霁光：《泛论唐末五代的私兵和亲军、义儿》，《历史研究》1984 年第 2 期。

职业化的军人和招募制、雇佣制有密切的联系，容易形成代际的传承性，但是也向各个阶层打开了方便之门。李伯重老师曾经指出，安史之乱以后大规模雇佣兵的出现，给属于部曲、奴婢等级之人提供了摆脱原先身份的出路。[①] 河朔地区民族构成复杂，社会上不乏游民，河朔藩镇招募的"亡命之徒""遗孽"[②] 中，就包含了多种社会身份之人。河朔各藩镇始终面临着军事的问题，尽管三镇之间的地理环境、军事形势，包括与唐廷的关系不尽相同，但亦耕亦战应该是各镇都不可缺少的政治主题。频繁的战争或战争的压力，使得通过点集或强制征招的方式聚集的武装力量始终存在。魏博镇"每有出师，起良家子弟"。[③] 天祐三年（906），朱全忠将攻沧州之时，幽州节度使刘仁恭"悉发男子十五以上为兵，涅其面曰'定霸都'，士人则涅于臂曰'一心事主'。卢龙闾里为空，得众二十万"。[④] 显然，藩镇统治下的编户齐民才是这些军队的主要来源。由于这些性质的军队实际上会不断地向世袭军人集团输送新鲜血液，所以，数量庞大的军队不仅是支撑河朔藩镇自治的重要支柱，也是培养藩镇精英的摇篮。

第四节　"自署官吏"与官僚体系

"不待珠玑"的经济基础与"来源广泛"的地方军人集团奠定了河朔藩镇政治上自治、与唐廷博弈的基础。河朔强藩虽奉唐廷正

---

①　参见李伯重《唐代部曲奴婢等级的历史变化及其原因》，载《千里史学文存》，第 55 页。

②　参见《旧唐书》卷 142《李宝臣传》，第 3866 页；《旧唐书》卷 143《李怀仙传》，第 3895 页。

③　《马文操神道碑》，载吴钢主编《全唐文补遗》第 6 辑，三秦出版社 1999 年版，第 23 页。

④　《新唐书》卷 212《藩镇卢龙·刘仁恭传》，第 5987 页。

朔，属于唐朝治下的一级地方行政区，却是一种"特区"，这一鲜明的特征主要体现在自署官吏方面。

河朔强藩自署官吏的现象最迟至宝应二年安史之乱最终被平定就开始了。魏博田承嗣，"郡邑官吏，皆自署置"。① 成德李宝臣"意在以土地传付子孙，不禀朝旨，自补官吏，不输王赋"。② 王武俊、王士真父子接掌成德镇之后，仍然坚持"自补属吏"。③ 幽州镇在李怀仙的控制下，也是"文武将吏，擅自署置"。④ 建中三年二月，成德镇分裂，朝廷于定州置义武军，"以孝忠检校兵部尚书，为义武军节度、易定沧等州观察等使"。⑤ 《旧唐书·张孝忠传》并未言及张孝忠所属州县的人事控制情况，但是根据《唐张佑明墓志》，张孝忠为易定节度使后，张庭光⑥ "寻除易州刺史，守政十稔，字人之德，唯天降之，可以秉钧轴，可以为陶师，故太师兵权寄半"。⑦ 文中的"太师"即指张孝忠。这里虽未言明张庭光为易州刺史是由谁来"除"，但是，从张孝忠将大半兵权寄予张庭光的情形不难推知，"易州刺史"必是张孝忠所任，至少是由其奏授朝廷而得。可见，易定镇郡邑官吏的任免亦在藩帅的掌握之中。沧州后来从张孝忠的管辖区中析出，形成了沧景镇。贞元五年，沧景节度观察使程怀直"请分景城、弓高为景州，仍请朝廷除刺史。上喜曰：'三十年无此事矣！'乃以员外郎徐伸为景州刺史"。⑧ 显然，此前的沧景镇也是由藩帅自除州刺史。唐德宗喜出望外的惊呼恰好提示我们，自河朔平定之后的近三十年（宝应二年至贞元五年，共 26 年）中，河朔州县官的任免权掌握在藩帅手

---

① 《旧唐书》卷 141《田承嗣传》，第 3838 页。
② 《旧唐书》卷 142《李宝臣传》，第 3866 页。
③ 《旧唐书》卷 142《王武俊附子士真传》，第 3877 页。
④ 《旧唐书》卷 143《李怀仙传》，第 3895—3896 页。
⑤ 《旧唐书》卷 141《张孝忠传》，第 3856 页。
⑥ 关于张庭光与张孝忠是否为同族关系参见本书附录三。
⑦ 侯璐主编：《保定出土墓志选注》，河北美术出版社 2003 年版，第 79 页。
⑧ 《通鉴》卷 233，唐德宗贞元五年二月条，第 7517 页。

中。易定和沧景二镇与朝廷的关系稍稍不同于河朔三镇。但是大致来说，河朔三镇自署州县官吏的情况并未得到改变。唯一的插曲应该是元和七年田弘正为魏博节度使之后，"乃奏管内州县官二百五十三员，内一百六十三员，见差官假摄九十员，请有司注拟"，① 这是对先前状况的一种改易。唐廷也先后任命崔弘礼、胡证为卫州刺史、魏博节度副使等。② 但这种局面维持时间较短，长庆二年河朔再叛以后，又复故态。③ 以至长安士大夫认为"虽魏帅诈顺，寻亦如旧"。④

因此，从宝应二年至五代初年的 150 多年基本形势是：河朔藩镇节度使不但可以自辟使府的僚佐，还直接控制了管内州刺史、县令的任免权，其人事权力大大扩张。⑤

由于河朔藩镇的节度使在用人方面有比较大的自主权，所以他们可以不拘一格地招募人才，为其所用。仅从延入幕府之人的情况来看，⑥ 一般就有以下三种人：一是现任官员；二是获得做官资格的有出身人和考满待选的"前资"；三是布衣。⑦ 可见藩镇的用人范围非常广泛。唐代后期，朝廷曾经反复强调，幕府奏请带职者需有出身。会昌五年六月敕称：

① 《宋本册府元龟》卷 374《将帅部·忠五》，中华书局 1989 年版，第 946 页。
② 《册府元龟》卷 716《幕府部·选任》，中华书局 1960 年版，第 8522 页。
③ 在晚唐河北的吉凶书仪中仍能找到类似的佐证。参见赵和平《晚唐时河北地区的一种吉凶书仪——P. 4050 与 S. 5613 敦煌写本综合研究》，载周一良、赵和平《唐五代书仪研究》，中国社会科学出版社 1995 年版，第 191—199 页。
④ 杨倞：《马纾墓志》，载周绍良主编《唐代墓志汇编》，会昌 030，第 2231 页。
⑤ 王寿南曾指出，"使府僚佐与军将乃节度观察使属官，既兼任刺史州县官，则是将刺史州县官成为节度观察使之部属，州县更无力违抗藩镇"。参见王寿南《唐代藩镇与中央关系之研究》，第 132 页。河朔藩镇的独立性相对更高，州县长官全由藩帅任命。
⑥ 关于唐代后期的藩镇幕府问题，石云涛先生有专门研究。其中，对藩镇文职僚佐的情况研究甚详。参见石云涛《唐代幕府制度研究》第 5 章"唐后期藩镇幕府"，中国社会科学出版社 2003 年版，第 208—310 页。
⑦ 张国刚：《唐代藩镇研究》（增订版），第 133 页。

　　　　诸道所奏幕府及州县官，近日多乡贡进士奏请。此事已曾
　　　　厘革，不合因循。且无出身，何名入仕。自今以后，不得更许
　　　　如此。仍永为定例。①

　　这道敕书似乎在强调，入仕必须有出身乃是一个原则问题，"永为
定例"。然而这种反复强调恰恰说明，各个藩镇实际上并没有受此
限制。至于河朔藩镇，我们更加难以认为它们会理睬此类规定。

　　以上只是关于藩镇幕职官和州县官即文官的任用情况。至于将校，
河朔藩帅则具有更为灵活的任用权，在训练中、在战场上随时拔擢。

　　在河朔藩镇的这种体制面前，无论士庶，大唐天子似乎都离他
们太远了，只有进入当地的藩镇体制，才有攀登"成功的阶梯"
的可能。这样就很容易理解为什么河朔石刻文献中特别突出"元
戎""总戎""方伯"（这些都是藩帅的代称）等而似乎不太突出
唐朝皇帝的存在。在魏博镇，田承嗣为节度使之时（763—779），
当地人在魏州开元寺新建三门楼，碑文称，开元寺的复建，"一为
苍生之父母，一为天子之股肱"，② 殊可注意者是"天子之股肱"
而不是"天子"。而且有时直接表露藩镇体制是他们入仕的重要甚
至唯一门径，这种趋势越到唐末五代越显著。宋初的柳开说，"安
史横逆，唐天子弗督河朔二百年。魏近夸传罗绍威牙中盛大，文武
材士出其土，必试府下诸吏以起家"。③《孔谦墓志》亦云："昔者
天宝末，禄山自燕蓟犯顺，四海沸腾，首尾六十七年。逆者帝，大
者王，小者侯，跨裂土疆，各各自有，以是地产翘俊，不复得出境
而仕矣。直至天祐初，洎伪梁世亦然也。"④ 在幽州镇，《房山石经

---

　　① 王溥：《唐会要》卷79《诸使下》，第1714页。
　　② 封演：《魏州开元寺新建三门楼碑》，载李昉等编《文苑英华》卷863，第
4554页。
　　③《柳开集》卷14《柳承昫墓志》，第184页。
　　④《孔谦墓志》，见临清市博物馆《山东临清出土五代孔谦家族墓志》，载《海
岱考古》第12辑，第229页。

题记》上频繁出现"奉为司徒造"、① "奉为常侍造"② 之类的文字，而在安史之乱以前则只有"上为皇帝陛下"③ 的刻经，从而形成鲜明的对比。"司徒""常侍"乃是藩帅带职"检校司徒""检校左［右］散骑常侍"的省称，用以代指藩帅。安史乱后的《房山石经题记》表明了幽州军民对地方权威的认可，④ 也恰恰反映了他们对藩镇体制的严重依赖。至于成德的将士百姓，"怀其（指成德节度使王武俊家族——引者注）累代煦姁之恩"⑤ 也与这种体制有一定的关联。总之，上述这些现象都是河朔藩镇政治上半独立状态的充分反映。

如此，则我们对河朔藩镇社会流动状况的评估应该主要依据河朔各藩镇的官僚等级⑥体系来进行。家族的社会地位还是取决于其成员有没有进入这个官僚等级体系以及在这个体系中处于怎样的位置。所以，如何恰当地对藩镇的官僚等级体系进行划分并与唐廷的官僚等级体系"对接"，非常重要。

河朔藩镇的官僚等级体系以节度使为中心，由各类幕职官、州县官和各级将校组成。虽然自署官吏，但河朔藩镇在官职设置上与顺地藩镇仍然相类，并且还可以和晚唐五代同属割据性质且有丰富

---

① 此经的造者为史元宽，署"节度押衙摄平州刺史兼殿中侍御史"，推测当是节度使史元忠的兄弟，具体年代虽不详，然知其必为幽州镇时期刻经题记无疑。见《药师琉璃光如来本愿功德经》，载北京图书馆金石组、中国佛教图书文物馆石经组编《房山石经题记汇编》，书目文献出版社1987年版，第281页。

② 此经题记日期为"大唐会昌二年夏四月八日"。见《佛说三品弟子经》，载《房山石经题记汇编》，第259页。

③ 《咸亨五年庞怀伯等造像记》，载《房山石经题记汇编》，第3页。

④ 联系幽州动荡的政局，气贺泽保规先生认为这些内容可能反映了藩帅和幽州军将之间的矛盾（2017年1月与笔者的讨论中提出）。但根据题记的时间、刊刻者身份，笔者认为情况可能更复杂，拟将另文或在关于幽州的专著中予以探讨。

⑤ 《通鉴》卷238，唐宪宗元和四年七月条，第7664页。

⑥ 这里的"等级"二字是服务于研究展开的概念，与社会等级之"等级"的含义有所区别，仅是一种泛化的表述。这里的等级实际包含了前面讨论过的等级和等第。参见李伯重《唐代社会等级的划分与命名》，载《千里史学文存》，第1—9页。

官制资料流传下来的归义军相参照。对于藩镇官制，严耕望先生较早地对唐代府州僚佐和使府僚佐做了深入研究，[①] 中日学者对严氏的研究多有补正，不仅弄清了大部分官职的职掌，而且还对藩镇的文武体系进行了分等。[②] 所以，下面要在这些研究成果的基础上，对河朔藩镇的官僚等级体系进行划分。除了节度使作为最高一级（附录二中以"1"表示）和没有仕宦的"凡庶"（附录二中以"4"表示）之外，[③] 最需要加以说明的是中间两级，即藩镇里的高级和中低级官员之间的划分。

在武职系统中，严耕望先生曾特别强调"三都"（都知兵马使、都押衙、都虞候）为一府军政所寄，[④] 非常重要。此外，藩镇里的都教练使、都指挥使也都甚为重要。推而广之，"都"有"总"的意思，前面加有"都"的军职要高于那些同类不带"都"者，也要高于前面加"散"者。另外还有一些军职的俗称，如"都头"，尽管仍需要具体分析，[⑤] 但兼职都头者往往为高级将

---

① 参见严耕望《唐代府州僚佐考》《唐代方镇使府僚佐考》，载《唐史研究丛稿》，第103—174、177—236页。

② 参见王永兴《关于唐代后期方镇官制新史料考释》，载《纪念陈寅恪先生诞辰百年学术论文集》，第267—276页；冯培红《晚唐五代宋初归义军武职军将研究》，载郑炳林主编《敦煌归义军史专题研究》，兰州大学出版社1997年版，第94—178页；冯培红《归义军官吏的选任与迁转——唐五代藩镇选官制度之个案》，香港：香港大学饶宗颐学术馆2011年版。日文文献参见渡边孝「唐藩鎮十将攷」『東方學』第87輯、1994年。

③ 还有部曲和奴婢，见诸记载的太少，后面单独讨论。

④ 严耕望：《唐代方镇使府僚佐考》，载《唐史研究丛稿》，第177—236页。

⑤ "都头"的含义前后也有变化，可以指都知兵马使，唐末五代时也可以指称都指挥使。一般情况下是藩镇的高级军职。但据归义军中的材料，也有一些衙内文职以及散职称为都头。张国刚：《唐代藩镇军将职级考略》，《学术月刊》1989年第5期；郑炳林、冯培红：《晚唐五代宋初归义军政权中都头一职考辨》，载郑炳林主编《敦煌归义军史专题研究》，第71—93页；伊藤宏明「唐五代期における都頭について」『鹿児島大学法文学部紀要人文学科論集』第50号、1989年、1—36页。好在与河朔藩镇相关的唐代墓志中记述的结衔都比较明确，传世史籍中的记述大都有其他资料佐证，造成的困扰并不大。

领。① 唐后期藩镇军队分为牙军、驻守支州的军队（由外军镇和支郡兵组成）和县镇。② 支州的兵力也非常重要，支州的军使、防御使、团练使等也是高级将领。

笔者把带有"都"的军职，包括带有核心军事力量色彩的中军兵马使、先锋兵马使以及执掌一方的军使、防御使、团练使列为"高级"（即第二等级，附录二中以"2"表示），而其他军职则绝大多数作为"中低级"（附录二中以"3"表示）。尽管它们之间也会有差别，例如兵马使总体上地位高于"十将"，③ 但属于内部的等第差异，且越是低级将职，越到藩镇统治的后期，滥授越普遍，④ 往往有阶官化和虚誉化的倾向，⑤ 彼此之间的地位差异也就很难一概而论，将它们归在一类还是相对稳妥的。

文职系统也可以分成"高级"和"中低级"两类。按照严耕望先生的论述，幕职中的副使、行军司马、判官、掌书记在使府中的地位都甚高。石云涛先生进一步将幕职官分为四个等次，并指出巡官为幕府正职中之末职，而衙推以下至于孔目官等为"不齿于

① 参见冯培红《晚唐五代宋初归义军政权中都头一职考辨》，载郑炳林主编《敦煌归义军史专题研究》，第71—93页。
② 日野开三郎先生在《支那中世的军阀》中指出：藩帅控制下的有牙军、外镇军以及巡属州长（防、团、守捉、镇遏使）军团等（见氏著「支那中世の軍閥」東京：三省堂、1942、39—59頁）。张国刚老师则根据藩镇军队的布置，将藩镇的军队分为住在藩镇治所的牙军、驻守在支州的军队（包括外军镇和支郡兵）以及县镇。见张国刚《唐代藩镇军队的统兵体制》，《晋阳学刊》1991年第3期。
③ 张国刚：《唐代藩镇军将职级考略》，《学术月刊》1989年第5期。
④ 冯培红研究发现归义军的队中兵士也有冠加押衙、兵马使等诸种兼职头衔的。参见冯培红《唐五代归义军政权中队职问题辨析》，载郑炳林主编《敦煌归义军史专题研究》，第36—47页。
⑤ "阶官化"是张国刚老师提出来的。冯培红等以归义军的资料证明散将是虚誉的职衔，参见齐陈骏、冯培红《晚唐五代宋初归义军政权中"十将"及下属诸职考》，载郑炳林主编《敦煌归义军史专题研究》，第25—35页。受他们的启发，笔者认为某些充任非军事任务的人也获得衙前兵马使、散将等军中职务，可能是藩镇（尤其是割据藩镇）中比较普遍的一种现象，故以"虚誉化"概括之。

宾席之卑职"。① 渡边孝先生则以巡官为界，只把幕职官分为高、低两级。② 笔者非常认可石云涛、渡边孝先生的意见。魏博镇就有以巡官兼任支州刺史的例子，③ 而按赖瑞和的划分，支州刺史属于高级文官，④ 故藩镇使府中巡官实际地位并不低。所以基本可以将高级幕职官和管内支州刺史归为藩镇内的"高级"文官，其余则可归为"中低级"文官。

河朔藩镇支州刺史既有武职充任者，也有文职充任者，以前者居多。支州刺史有时会兼任本州的防御使、团练使、营田使以及外军镇军使，而有些军使尽管不兼支州刺史，但他们大体上为同等地位，⑤ 或可暂且统称为"刺史级"官员。下级幕职官和州县官、低级武职相互改任的现象很普遍。⑥ 基于这两点，笔者把河朔藩镇的文武职归入一个系统之中。

以上就是一个非常简单的河朔藩镇的官僚等级体系，形成了表2-3，需要说明以下几点。

第一，划分官僚等级，必须尊重基本的历史背景，并符合研究需要。统计是一种参照，统计标准一变，可能会有另外一种结果。所以，一定要尽可能地结合深厚的地方社会背景。中晚唐以降，文武官的分途越发清晰，⑦ 但在河朔藩镇，直到五代，文武分途还并不十分明显。本书主要考察的是个人和家族在政治和法律地位层面

---

① 石云涛：《唐代幕府制度研究》，第 277 页。

② 渡边孝「唐代藩鎮における下級幕職官について」『中國史學』第 11 卷、2001 年。

③ 参见本书第五章。

④ 刺史是在地方上治理百姓最重要的高层文官。参见赖瑞和《唐代高层文官》，中华书局 2017 年版，第 12 页。

⑤ 具有割据性质的归义军中亦是如此，参见冯培红《晚唐五代宋初归义军武职军将研究》，载郑炳林主编《敦煌归义军史专题研究》，第 94—178 页。

⑥ 参见渡边孝「唐代藩鎮における下級幕職官について」『中國史學』第 11 卷、2001 年。渡边孝先生的举例中有不少来自河朔藩镇。

⑦ 参见方震华《权力结构与文化认同——唐宋之际的文武关系（875—1063）》（以下简称《唐宋之际的文武关系》），社会科学文献出版社 2019 年版。

的升降变迁，要充分考虑河朔藩镇各个职位的实际执掌，以及在地方权力体系中的位置，而不能完全参考唐朝的官僚品级体系。①

第二，等级划分应该粗略，但对同一官称却要仔细斟酌，以实际执掌为核心，最为接近事实。各个藩镇之间还会略有差异，所以说是粗略的，比如渡边孝认为幽州的押衙地位高一些，② 从其例证来看，是因为有些押衙兼领了一些"刺史级"官衔。这和一些使职的"阶官化"有关。对于某些官职的俗称尤其需要进行甄别，因为同一官称，例如"军吏"之间有时地位相差很远。③ 如果尽可能以实际执掌为核心，不拘泥过于细致的爬梳，就可以避免把本来应该归为同一等级的人群分开。而且，本书不是藩镇官制的专论，过于细分那些使职和带职，④ 会使我们淹没于烦琐冗长的使职和带职等各类文字的汪洋大海之中。

第三，虽然"为使则重，为官则轻"，⑤ 但使职名称却并不经常出现。朝衔和宪衔等带职在确认河朔精英所属等级时具有重要参考价值。有些墓志资料上只记载了在藩镇所署的使职，而有些人只有朝衔和宪衔，这些朝衔和宪衔一般与其在藩镇内的实际执掌无关，但是往往可以反映其在藩镇文武中的地位高低。我们还要考虑河朔藩镇文武职系与三镇之外的唐廷官僚体系的对接。第一阶段（763—821）初期的河朔人物，其曾祖和祖父（若有官阶）所任大多并非藩镇官。即便在第二阶段（822—914），被研究对象的先世仍有在河朔以外任职，之后迁居河朔的。因此增加最后一列应当是比较符合实际情况的，依据官品统一到相应的等级序列中了。从实

---

① 即便对唐代官僚体系的划分也必须考虑实际执掌，不能按照品级进行"一刀切"，参见赖瑞和《唐代中层文官》，中华书局 2011 年版，第 41—42 页。

② 渡边孝「唐・五代の藩鎮にぉける押衙について（上）」『社会文化史学』第 28 号、1991 年。

③ 黎虎：《汉唐时期的"军吏"》，《阴山学刊》2006 年第 6 期。

④ 笔者将这些使职和带职放入附录之中，希望能为研究这一问题的学者提供一点线索。

⑤ 李肇：《唐国史补》卷下，第 53 页。

际地位来看，他们的官爵（散官、职事官和封爵）或带职与河朔藩镇的带职仍然具有某种相互比照的参考价值，尽管藩镇文武职系统的带职只是作为一种荣誉衔和入朝做官的依据。① 基于此，在资料不够完整时，也可以将藩镇带职作为一种参考，这也是为便于在后面相关的章节中比较父子之间的地位变化而采取的一种比较曲折的折中办法。

　　根据上面所谈的情况，可将河朔藩镇的官僚等级体系做出如下划分，见表 2 - 3。

表 2 - 3　河朔藩镇的官僚等级体系

等级	使职(或幕职)	带职及散官阶	安史之乱以前
1	节度使	略	—
2	节度副使;支使;行军司马;节度判官、掌书记、巡官;管内州刺史、州防御使、团练使;外镇军军使;本军节度都知兵马使;节度都虞候;节度都押衙;节度都知官;冠以各种名衔的都将(如营田都将等);中军、先锋等重要的兵马使、经略使;营田使、屯田(都)使;某军大将(特别是有高衔带职者)	朝散大夫、试太常卿;试太仆卿;试太子詹事;试殿中监;开府仪同三司;检校太子宾客;检校大理卿;检校国子祭酒;检校鸿胪卿	从五品下阶(含)以上之职事官、散官及封爵

① 赖瑞和先生十分细致地区分了检校官的授予对象（参见赖瑞和《论唐代的检校官制》，《汉学研究》2006 年第 1 期）。但冯培红认为唐五代官品发生变动，从而会使这一工作不可避免地遇到一些困难。在戴伟华的研究基础上，冯培红特别强调唐五代藩镇带职并非其幕职的寄禄官，而只是荣誉衔和入朝为官的依据（参见冯培红《论唐五代藩镇幕职的带职现象——以检校、兼、试官为中心》，载高田时雄主编《唐代宗教文化与制度》，京都大学人文科学研究所 2007 年版，第 133—210页；又见戴伟华《唐代使府与文学研究》，广西师范大学出版社 1998 年版，第 36—38 页）。

等级	使职（或幕职）	带职及散官阶	安史之乱以前
3	除去节度使、不仕宦以及第二等级中文武官员之外的低级文官和将校	除去第二等级对应带职以外的其他带职	从五品下阶（不含）以下之职事官、散官
4	凡庶	不仕	不仕

说明：（1）这种跨时空的等级"兑换"，是非常粗糙的。考虑到藩镇的带职是有所"贬值"的，所以与唐廷前期的官品等级不完全对称，似也比较合理。此外，安史之乱前的官员中，虽然有人官品很高，但无人能有与节度使一样独霸一方的权力，故而第1行第3列中没有罗列与节度使平级的官品。

（2）具体的使职或带职不明，但可以判断其曾任职于河朔藩镇的，归入第三等级。对藩镇时期诸镇管内州县不再区分具体的上、中、下等级，理由是藩帅管辖区毕竟有限，这些州县对其来说虽也有重要程度的不同，但都是不可或缺的要地，这从藩帅任命的州县长官的人选中便可见一斑。因此不依唐廷的相应品级定等。

（3）被研究者的先世如任非河朔藩镇的节度使，也暂且归入第一等级。

（4）唐前期，折冲府的折冲都尉与果毅都尉也是根据所在府的等级而定的，但是各府的等级情况还不得考。折冲都尉，上、中、下府的品级分为正四品上、从四品下和正五品下；果毅都尉，上府为从五品下，中府为正六品上，下府为从六品下。因此凡是可以判断被研究者主要是生活在安史之乱前的，统一划入第二等级；就果毅都尉而言，即便是上府的已经属于第二等级中的末流（从五品下），因为本书使用的是相对简单的划分，鉴于这种情况，将果毅都尉划为第三等级。安史之乱后，很多地方仍然保留折冲府的空名，这时的折冲都尉、果毅都尉等衔所代表的实际地位已经不高了，故而划入第三等级。

（5）墓志中大量存在缺字情况。如易州衙前将曹长的祖父（墓主曹弘立的曾祖）为"易州□将"（周绍良主编：《唐代墓志汇编》，咸通092，第2450页），这种情况类于传世资料中的"本州军校"等，所以曹长的祖父可归入第三等级。完全不能判断的则以"不详"计，统计时加以剔除。

（6）涉及其他等级的，如唐朝皇室等级（虽不多），则以后面加字母代替。

为了表述和统计的方便，称第一（即节度使）、第二等级为"上层政治精英"，称第三等级为"中下层政治精英"。

总之，河朔藩镇与唐廷之间这种若即若离的特殊型中央与地方的关系，使其逐渐形成了既与唐朝体系一脉相承，基本可以对接，却又以藩帅自署官吏为核心的官僚等级体系。也即河朔藩镇有可能产生有别于（却也并不完全脱离）唐廷及顺地的社会流动或精英循环机制。

小　结

安史之乱以降，唐朝在各种内忧外患之下，在与河朔藩镇的博弈过程中确立了"放弃河朔，控制其余"的政策。河朔藩镇自身的军事和经济条件也可以支撑起几个主要的藩镇政权。尽管河朔藩镇仍然是唐朝统治框架之内的地方政区，但是赋不上供、自署官吏，享有较高程度的自治，从而营造了"自为一秦"的环境。河朔士人也不时流露出"天宝年中河朔革命"① 及"礼乐征伐自诸侯出"② 的思想观念。这一切似乎都表明河朔藩镇确实可以成为一个有自身特色的社会流动的舞台。

---

① 盖□撰《刘筠墓志》，载任乃宏等校释《邯郸地区隋唐五代碑刻校释》，第032 号，第 323 页。

② 《刘如泉墓志》，载中国文物研究所、北京石刻艺术博物馆编《新中国出土墓志·北京卷壹》第 12 号，文物出版社 2004 年版，下册，第 8 页。原释文为"伊唐季复兴，大君雍王立礼乐，征伐自诸侯出"。但笔者以为应当标点为："伊唐季复兴，大君雍王立。礼乐征伐自诸侯出。""雍王"李适即唐德宗。"礼乐"显然后属更为合适。

第 三 章
社会流动视野下的"河朔故事"

引 言

　　本章以下将逐步分析关于河朔藩镇的社会流动的一些具体问题。河朔藩镇的节度使是其所辖区域的最高统治者。节度使的选任和构成与河朔政治精英的循环流动关系非常密切，因此是考察河朔藩镇社会流动必须首先考察的问题。河朔节度使的选任和继承原则是"河朔故事"。上一章已经论述了"河朔故事"作为一种政治诉求，是唐廷与河朔藩镇在特定的历史条件下博弈的稳定器。围绕着"河朔故事"的形成过程、作用及影响，学界也多有讨论。[①] 本章则将"河朔故事"置于社会流动的视角之下，试图揭示"河朔故事"在社会史层面上的意义。

---

　　① 谷川道雄：《关于河朔三镇藩帅的继承》，王媚媚译，载第一届国际唐代学术会议论文集编辑委员会编《第一届国际唐代学术会议论文集》，唐代研究学者联谊会1989年版，第903—913页；冯金忠：《地域主义与唐代河北藩镇之命运》，载《唐代河北藩镇研究》，第194—200页；孟彦弘：《"姑息"与"用兵"——朝廷藩镇政策的确立及其实施》，载杜文玉主编《唐史论丛》第12辑，第115—145页；秦中亮：《胙土封邦：河朔故事形成史论》，《江西社会科学》2020年第1期等。

第一节　"河朔故事"的内涵

"河朔故事",在唐五代的相关文献中,也称为"河朔旧事""河朔旧风""河北故事",或简称为"河朔事"。在本书中,除引文之外,一律统称为"河朔故事"。

"河朔故事"最主要之方面当是指河朔藩镇节度使的继承原则,即父死子继,朝廷不应加以干涉。

大历八年正月,相卫节度使薛嵩卒,"军吏欲用河北故事胁其子平知留后务"。①

贞元元年九月,幽州节度使刘怦卒,"军人习河朔旧事,请济代父为帅,朝廷姑务便安,因而从之"。②

贞元四年,③ 沧州横海军节度使程日华卒,其子程怀直"习河朔事,自知留后事。朝廷嘉父之忠,起复授检校工部尚书、兼御史大夫,升横海军为节度,以怀直为留后"。④

元和四年,成德节度使王士真死,"其子承宗以河北故事请代父为帅"。⑤

除了这些明确的表达之外,很多文献中所指涉的内容应该也属于"河朔故事"的范畴。元和七年八月,魏博节度使田季安卒,"季安子怀谏始十余岁,众袭故态,名为副大使,而家臣蒋士则逆虐用事"。⑥这里的"故态"显然是指父死子继意义上的"河朔故事"。因为"河朔三镇自置副大使,以嫡长为之"。⑦ 田季安在世之时,其子尚

① 《旧唐书》卷 124《薛嵩传附子平传》,第 3526 页。
② 《旧唐书》卷 143《刘怦附子济传》,第 3900 页。
③ 程日华卒年参见本书附录三《程氏家族三考》。
④ 《旧唐书》卷 143《程日华附子怀直传》,第 3905 页。
⑤ 《旧唐书》卷 148《裴垍传》,第 3991 页。
⑥ 《元稹集》卷 52《沂国公魏博德政碑》,中华书局 1982 年版,第 562 页。
⑦ 《旧唐书》卷 142《王武俊附士真子承宗传》,第 3879 页。

幼，故未及任命。及其暴卒，魏博军将遵循故事，立其子为副大使。

元和九年九月，淮西节度使吴少阳卒，长子吴元济继立。吴少阳本是沧州清池人。"初，吴少诚父翔在魏博军中，与少阳相爱。"① 吴翔乃幽州潞县人，官至魏博节度都虞候。② 贞元二年七月，吴少诚知淮西节度留后。③ 吴少阳也被邀至淮西，"则名以堂弟，署为军职"，④ 吴氏在淮西的统治使得"河朔故事"的行用范围一度扩展至此。元和四年十一月，吴少诚卒，吴少阳先前秘密杀死了吴少诚之子吴元庆，所以得以自为留后。不难想见，弥留之际的吴少诚首先想到的应该是其长子，但是此时的他"已不知人"，所以节度使之位才被吴少阳所夺。但是吴氏毕竟已经脱离河朔地区的环境，至吴少阳之子吴元济欲继立为节度使之时，李吉甫"以内地无唇齿援，因时可取，不当用河朔故事"，⑤ 派兵讨伐。结果吴元济被擒杀，"光、蔡等州平，始复为王土矣"。⑥

大和元年（827），沧景节度使李全略死，"其子同捷欲效河朔事，求代父任"。⑦ 结果朝廷讨伐，李同捷被诛。

会昌三年四月，昭义节度使刘从谏卒，其从子刘稹据潞州，邀求旄钺。朝中大臣指出，刘稹的做法在于效法河朔故事。他们认为，泽潞内地，不同河朔，应该坚决讨伐。李回和李德裕是其中的主要代表人物。李回坚决地指出，"自艰难已来，唯魏、镇两藩，列圣皆许袭，而稹无功，欲效河朔故事，理即太悖"。⑧ 在这里，刘稹以刘从谏从子的身份，意欲继承节度使之位，显然具有援引

① 《旧唐书》卷145《吴少诚附少阳传》，第3947页。
② 《旧唐书》称吴少诚为幽州潞县人，推知吴翔也为幽州潞县人。参见《旧唐书》卷145《吴少诚传》，第3945页。
③ 参见《旧唐书》卷12《德宗纪上》，第353页。
④ 《旧唐书》卷145《吴少诚附少阳传》，第3947页。
⑤ 《新唐书》卷146《李栖筠传附吉甫传》，第4743页。
⑥ 《旧唐书》卷145《吴少诚附少阳子元济传》，第3952页。
⑦ 《旧唐书》卷142《王廷凑传》，第3887页。
⑧ 《旧唐书》卷173《李回传》，第4502页。

"河朔故事"使父子相袭的意味。与此同时，李德裕却强调"河朔故事"适用于河朔三镇，从而鼓励成德、魏博两镇助讨刘稹。李德裕明确向魏博节度使何弘敬表示："泽潞一镇，与卿事体不同，勿为子孙之谋，欲存辅车之势。但能显立功效，自然福及后昆。"①

乾宁二年（895）九月，易定节度使王处存卒。"三军以河朔旧事，推其子副大使郜为留后，朝廷从而命之，授以旄钺，寻加检校司空、同平章事，累至太保。"②

我们可以明显地感觉到父死子继意义上的"河朔故事"，作为一种惯例只限于河朔藩镇，尤其是河朔三镇（第二阶段），这是朝廷所能接受的。一旦超出了这个范围，"河朔故事"的生存土壤也就消失了。

在河朔藩镇的发展过程中，"河朔故事"另外一层的含义是，河朔藩镇军民希望在政治、经济、军事上保持相对独立，不受朝廷的控制和干涉。

长庆元年十月，田布以魏博军三万七千讨王廷凑，结垒于南宫县之南。然而，"度支馈饷不继，布辄以六州租赋给军"。③ 十二月，田布继续进军，虽然取得"下贼二栅"④ 的战果，但是田布帐下时任魏博中军兵马使的史宪诚已经阴有异志。"而魏军骄偬，怯于格战，又属雪寒，粮饷不给，以此愈无斗志，宪诚从而间之。俄有诏分布军与李光颜合势，东救深州，其众自溃，多为宪诚所有，布得其众八千。是月十日，还魏州。十一日，会诸将复议兴师，而将卒益偪，咸曰：'尚书能行河朔旧事，则死生以之。若使复战，皆不能也。'"⑤ 这里的"河朔旧事"显然是指割据自立，不听朝

---

① 李德裕撰，傅璇琮、周建国校笺：《李德裕文集校笺·文集》卷6《赐何重顺诏》，第121页。

② 《旧唐书》卷182《王处存附子郜传》，第4701页。

③ 《新唐书》卷148《田弘正附子布传》，第4786页。

④ 《旧唐书》卷141《田弘正附子布传》，第3853页。

⑤ 同上。

廷驱使，不上供租赋。成德节度使王士真对"河朔故事"这一层内涵的理解和拿捏，可谓恰到好处。史载，成德节度使王士真佐父立功，"备历艰苦，得位之后，恬然守善，虽自补属吏，赋不上供，然岁贡货财，名为进奉者，亦数十万，比幽、魏二镇，最为承顺"。① 王士真"恬然守善""岁贡货财"，这是表示恭顺朝廷的举动。但是"河朔故事"的底线，王士真守住了，这就是"自补属吏，赋不上供"。而同时期的幽州节度使刘济对中央同样恭顺，史载"惟济最务恭顺，朝献相继"，但也称他"虽输忠款，竟不入觐"。② 不难理解，"河朔故事"使刘济的恭顺也是有限度的。

　　不遵守（或不理解）"河朔故事"这一原则的节度使，就难以久安其位。魏博节度使田弘正、田布父子就是如此。起初，田弘正恭顺朝廷的举动确实给魏博镇的军人带来了利益，即得到朝廷丰厚的赏赐。③ 但是，田弘正归顺唐廷以后，"军司马已下，皆请命于廷"。④ 田氏又频繁率师出征或赞助邻境，皆是对魏博民力、财力的严重消耗。方此之时，"滑以水害闻于朝，请移河于卫之四十里，且役卫工三万余，诏弘正议之。皆曰：'坏吾地，役吾人，以利他邑，古无有也。'弘正曰：'魏于滑信彼此矣，朝廷何异焉？'"⑤ 然而魏博军民心中对这种"坏吾地，役吾人，以利他邑"的行为是无法理解和认同的，只是迫于田弘正的威望，暂时没有发作罢了。长庆元年十月，在讨伐镇冀之役中，田布的做法严重地超出了"河朔故事"的底线，即"以六州租赋给军"，⑥ 这是魏博军民难以忍受的。此时，担任魏博中军兵马使的史宪诚"乘乱以河

① 《旧唐书》卷 142《王武俊附子士真传》，第 3877 页。
② 《旧唐书》卷 143《刘怦附子济传》，第 3900 页。
③ 《旧唐书》卷 141《田弘正传》，第 3848—3852 页。
④ 《元稹集》卷 53《故中书令赠太尉沂国公墓志铭》，第 575 页。
⑤ 同上。
⑥ 《新唐书》卷 148《田弘正附子布传》，第 4786 页。

朔旧事动其人心，诸军即拥而归魏，共立为帅"。① 他登上节度使之位后，"外顺朝旨，而中与朱、王（指朱克融和王廷凑）为辅车之势"，② 恢复了"河朔故事"割据独立的状态。史宪诚成功上台，靠着举起"河朔故事"的旗帜来获取魏博军民的支持，但是史宪诚似乎也并没有完全领会或牢记"河朔故事"对于一名河朔节度使的重要意义。史宪诚晚年欲分裂魏博以自保，严重损害了"河朔故事"的基本原则，命丧魏博。③

　　五代时期，约从后唐开始，朝廷对河朔地区加强了控制。但是"河朔故事"的重要影响依然存在。后唐明宗时，义武节度使兼中书令王都已经镇易定十余年，"自除刺史以下官，租赋皆赡本军。及安重诲用事，稍以法制裁之"。④ 这实际上是沿袭了"河朔故事"。后唐明宗因为王都篡其父王处直之位而"恶之"。天成三年（928）前后，契丹数犯塞，"朝廷多屯兵于幽、易间，大将往来，

---

① 《旧唐书》卷181《史宪诚传》，第4685页。

② 同上书，第4686页。

③ 关于史宪诚的死因，各书所记多有不同。《旧唐书》卷181《史宪诚传》载，大和三年沧景李同捷之乱得以平定。"宪诚心不自安，乃遣子孝章入觐，又飞章愿以所管奉命，上嘉之，乃加侍中，移镇河中……宪诚素怀向背，不能以忠诚感激其众。未及出城，大和三年六月二十六日夜，为军众所害，册赠太尉。"（第4686页）史宪诚被害的原因不仅仅在于其"素怀向背"。当时，唐文宗欲分相、卫、澶三州别为一镇，以史孝章为节度（同书同卷《史宪诚附子宪章传》，第4687页），这种分裂魏博的举动大概引发了职业军人的叛乱。同时，朝廷诏李晟之子，河东节度使李听兼帅魏博。"听迁延不即赴，魏遂乱，杀宪诚，共推大将何进滔乘城拒守。听不得入，乃屯馆陶。"（《新唐书》卷154《李晟附子听传》，第4879页）而《新唐书》卷210《藩镇魏博·史宪诚传》载，"初，宪诚将以族行，惧魏军之留，问策于弟宪忠，宪忠教分相、卫，请置帅，因以弱魏。复请诏听引军声图志沼而假道清河，帝从之。宪诚因欲倚听公去魏，及听次清河，魏人惊，宪忠曰：'彼假道取贼，吾军无负朝廷，何惧为？'乃稍安。然魏素聚兵清河，听至，悉出其甲，将入魏，魏军闻之惧，明日尽甲而出。听按军馆陶不进。众谓宪诚卖己，曰：'绐我以沽恩耶？'夜攻杀之，并监军史良佐。"（第5936页）诸书所记，虽多有不同，然都有"分相、卫、澶三州别为一镇"之事。所以，史宪诚谋忠唐室并不是其被杀的最主要原因，被魏博军士认为他分裂魏博，破坏"河朔故事"的基本原则才是根本的原因。

④ 《通鉴》卷276，后唐明宗天成三年四月条，第9017页。

都阴为之备，浸成猜阻。都恐朝廷移之它镇，腹心和昭训劝都为自全之计，都乃求婚于卢龙节度使赵德钧。又知成德节度使王建立与安重诲有隙，遣使结为兄弟，阴与之谋复河北故事"。①

前引"河朔故事"相关的记载共 12 条，针对节度使"父死子继"者有 9 条之多，显然，其主要方面当是指节度使"以土地传子孙"的世袭制。此外也指相对独立的自治原则，而且，这种自治更像是河朔军民的一种诉求。② 虽然还有一些材料并没有明确地记载为"河朔故事"，但明显是指在河朔地区被广泛接受的惯例或习俗，而且节度使对这些惯例的遵从与否会直接影响其对河朔藩镇的统治，甚至会影响其能否实现"以土地传子孙"，因此，也应纳入"河朔故事"的内容。

这些内容可能就包含藩帅与军校士卒之间在某种程度上的"比肩同气"关系。河朔藩帅虽然可以"以土地传子孙"，但是作为一镇的最高长官，他们与下级、掾属之间的尊卑关系是比较模糊的。作为藩帅，很多时候需要模糊而不是强调这种尊卑关系，并极力处理好与下级军校的关系，这也是"河朔故事"的重要内容。

《旧唐书·张延赏附子弘靖传》载，"河朔军帅冒寒暑，多与士卒同，无张盖安舆之别"。③ 长庆元年张弘靖被任命为幽州节度使之时，因为之前对"河朔故事"缺乏了解（或不屑于了解），竟然"肩舆于三军之中"进入幽州城。④ 在河朔将士的心中，藩帅应该是骑马入城的，所以坐轿子的节度使使他们感到惊骇。张弘靖之

---

① 《通鉴》卷 276，后唐明宗天成三年四月条，第 9017 页。

② 据笔者所见，C. A. 彼得森最早将"河朔故事"归纳为广义（河北藩镇的一般自治）和狭义（因世袭权力而产生的继任节度使的现象）两个层次。参见 Charles Allen Peterson, "The Autonomy of the Northeastern Provinces in the Period Following the An Lu‑Shan Rebellion", p. 104。这一提法颇具启发性。笔者认为，这两种含义都是"河朔故事"本身所蕴含的。对于河朔节度使而言，这两者是统一的，似并不存在广义和狭义之分；而对于河朔藩镇军民来说，才会突出强调自治意义上的"河朔故事"。

③ 《旧唐书》卷 129《张延赏附子弘靖传》，第 3611 页。

④ 参见《旧唐书》卷 129《张延赏附子弘靖传》，第 3611 页。

后的所作所为，也都是有违"河朔故事"的。他带来的僚佐轻肆嗜酒，"常夜饮醉归，烛火满街，前后呵叱"，① 甚至还嘲笑幽州军士只习骑射、文化知识水平低。② 因为处置失当，其僚佐殒命，自身也被囚禁，后以贬官而终。③

进士出身的任迪简，也是河朔藩镇的客居者，但他在易定节度使任上功成身退，与张弘靖的命运迥异。元和五年十月，④ 易定节度使张茂昭入朝，任迪简为义武军行军司马，"既至，属虞候杨伯玉以府城叛，俄而众杀之。将纳迪简，兵马使张佐元又叛，迪简攻杀之，乃得入"。⑤ 但此时的任迪简仍然面临着严峻的考验，能否处理好与河朔军士的关系直接关乎其身家性命。加之前任节度使张茂昭"奢荡不节，公私殚罄"，以致任迪简"欲飨士，无所取给"。⑥ 此时的任迪简稍有不慎就会引发军乱。但是任迪简很注意与军士同甘苦，早在任天德军使李景略判官时便被众人以为有长者之风。⑦ 因此，任迪简大概熟知并容易适应河朔军帅与士卒同冒寒暑的生活，"乃以粝食与士同之。身居戟门下凡周月，军吏感之，请归堂寝，迪简乃安其位"。⑧

大和三年，沧景李同捷叛乱刚刚平定。七月，⑨ 以"五经"登第的殷侑因曾担任过沧州行军司马，得以"加检校工部尚书、沧

---

① 《旧唐书》卷 129《张延赏附子弘靖传》，第 3611 页。

② 同上。

③ 参见《旧唐书》卷 129《张延赏附子弘靖传》，第 3612 页。

④ 《旧唐书》卷 14《宪宗纪上》，第 432—433 页。

⑤ 《旧唐书》卷 185 下《任迪简传》，第 4829 页。

⑥ 同上。

⑦ 《旧唐书》卷 185 下《任迪简传》，载"尝有军宴，行酒者误以醯进，迪简知误，以景略性严，虑坐主酒者，乃勉饮尽之，而伪容其过，以酒薄白景略，请换之，于是军中皆感悦"（第 4829 页）。

⑧ 《旧唐书》卷 185 下《任迪简传》，第 4829 页。

⑨ 《旧唐书》卷 165《殷侑传》作"大和四年"（第 4320 页）；《旧唐书》卷 17《文宗纪上》载事在大和三年七月癸丑（第 532 页）；《通鉴》卷 244，大和三年七月癸丑条（第 7866 页）同《旧唐书·文宗纪》，故取大和三年之说。

齐德观察使"。① 此时的沧州，"大兵之后，满目荆榛，遗骸蔽野，寂无人烟"，于是"侑不以妻子之官，始至，空城而已。侑攻苦食淡，与士卒同劳苦"。② 所以，殷侑很快稳定了局势，恢复和发展了生产。不数年，"民吏胥悦，上表请立德政碑。以功加检校吏部尚书"。③

任迪简、殷侑和张弘靖都是文官出身的士人，先前也都无在河朔的仕历，但他们在河朔地区的命运却有很大不同，能否与士卒同甘共苦，融入军旅是关键所在。所以，将帅多"与士卒同"的这种"比肩同气"关系也是河朔地区的重要惯例。这种惯例，实际上会影响到"河朔故事"的实行，从广义上来理解，或亦应属于"河朔故事"的内容。这也反映出河朔藩镇军民对节度使的忠诚和支持是有条件的。

下面将重点分析不同阶段河朔地区主要藩镇的节度使继承情况。笔者在绪论中曾将河朔藩镇历史大致分成三个阶段。在本章中，将重点分析前两个阶段（763—821、822—914）中"河朔故事"的实行情况及其演变。

"河朔故事"作为唐廷与藩镇博弈的产物，其适用范围也因形势而变化：第一阶段适用于整个河朔，并且一度扩展到淄青和淮西等镇，第二阶段时大部分时期仅仅局限于河朔三镇。唐末时又扩展到整个河朔，甚至更广大的地区，从中或可反映唐廷与藩镇之间的力量消长。但是无论这个范围怎样变化，"河朔故事"与河朔三镇的历史相始终。笔者讨论"河朔故事"的地域范围以魏博、成德、幽州三镇为中心，但具体范围因两个阶段中河朔局势的变化而有所调整。

---

① 《旧唐书》卷 165《殷侑传》，第 4321 页。
② 同上。
③ 同上。

第二节　"河朔故事"的实行

　　在第一阶段，父子相继意义上的"河朔故事"在河朔得以广泛地实现。除河朔三镇外，易定和沧景二镇的节度使也明显具有世袭性；在河朔以外，世袭色彩最显著的则是淄青，故亦可作为分析河朔时的一个重要参照。[1]

　　在第一阶段的 59 年里，河朔地区魏博、成德、幽州、易定以及沧景五镇先后共出现了 29 位节度使。[2] 其中，父亲也为本镇节度使的有 10 人，占总人数的 34.5%，而直接从父亲手中接任[3]节度使的只有 7 人，占总人数的 24.1%。

　　如果我们只考察魏博、成德、幽州三镇，这三镇先后共出现节度使 19 人，父亲曾为节度使的有 7 人，占总人数的 36.8%，而直接从父亲手中接任节度使的有 5 人，占 26.3%。河朔三镇的父子相继情况略高于河朔地区的总体水平。

　　三镇之中，幽州镇先后有 7 人为节度使，属于父子相继的只有刘济、刘总 2 人；成德镇 5 位节度使，父子相继的有王士真、王承

---

　　① 张国刚老师根据藩镇与中央的关系，将属于河朔的沧景和易定以及河朔之外的淮西和淄青都划归为"河朔割据型"藩镇，参见张国刚《唐代藩镇研究》（增订版）第 4 章"唐代藩镇的类型"，第 42～59 页。王援朝老师则将淄青和淮西划为"一度割据型"藩镇（参见王援朝《唐代藩镇分类刍议》，载史念海主编《唐史论丛》第 5 辑，三秦出版社 1990 年版，第 108 页）。但在本书所划分的第一阶段中，淮西和淄青（特别是后者）与河朔三镇性质相同；淄青在地理位置上又比邻河朔，因此可以将其作为分析"河朔故事"的一个重要参照。

　　② 见本书附录二表 A。以下有关这一阶段的各种计算以此表为基准。在本章的后几个部分中，笔者并未将相卫节度使薛嵩列入表中。因为相卫镇存在时间较短，相、卫二州很快并入魏博。

　　③ 这里所说的"接任"是指父死子继，其中还包括了各种非正常情况，如幽州刘总毒父杀兄这种"抢班夺权"的行为，因此得出的数字只高不低。下文据附录二表 B 所进行的表 3-3 亦与此同。

宗 2 人;而魏博镇直接从父亲手中接任节度使的只有田季安 1 人。

所以,"河朔故事"在实际执行的过程中表现出了一定的灵活性。不过,附录二表 A 表明:尽管"父子相继"没有完全实现,但是节度使之位基本保持在一家一姓的范围之内。

在第一阶段的大部分时间里,魏博、成德、幽州三镇分别由田氏、王氏、刘氏控制,见表 3 - 1。

表 3 - 1 第一阶段河朔三镇各家族统治时间统计

单位:年,%

镇名	藩帅	在任时间	任期	占比
魏博	田氏	763—820 821—822	约 58*	98.3
	李愬	820—821	约 1	1.7
	小计	—	59	100
成德	李氏	763—782**	约 20	33.9
	王氏	782—820	约 38	64.4
	田弘正	820—821	约 1	1.7
	小计	—	59	100
幽州	李怀仙	763—768	5	8.5
	朱希彩	768—772	4	6.8
	朱氏兄弟	772—785	13	22
	刘氏	785—821	36	61
	张弘靖	821	1	1.7
	小计	—	59	100

说明:表中只用姓氏,凡是容易引起混淆的方注明姓名。本表精确到年,为避免重复,节度使任职末年计入下任节度使任期;唯 821 年为本表末年,计入时任节度使任期之内。表 3 - 3 制表原则同此。

*毛汉光在《魏博二百年史论》中的计算有误,他以每位节度使的任期相加,得出的结果是,从田承嗣至田弘正的累计任年已达 62 年(参见毛汉光《中国中古政治史论》,第 361 页)。而 763—822 年仅有 60 年。原因在于每位节度使继任和离任发生在同一年中而计算时存在叠加,故今不取。之所以用"约",因为田布任魏博节度使仅仅数月。

**本书附录二表 A 中没有列入李惟岳,吴廷燮《唐方镇年表》亦未将其列入(第 579—580 页),因为李惟岳为成德留后,并未得朝命。从建中二年正月至建中三年正月,朝廷任命张孝忠为成德节度使,然李惟岳尚为成德镇之主,故这段时间仍可算作李氏统治时间的延续。

此外，易定张孝忠父子占据义武军节度使之位亦达 24 年，占此时间段的 40.7%，沧景程氏累计三世盘踞横海军节度使一职长达 35 年，占此时间段的 59.3%。所以，河朔藩镇在节度使之位的传递方面表现出了强烈的家族性特征。

其中，魏博节度使之位几乎完全在田氏一族中传递，非田氏成员是没有机会登上这个位置的。在成德镇，从表面上看，李宝臣统治时间占到了 33.9%，王氏占有 64.4%，似乎没有田氏一族的垄断性强，但是，李宝臣与王氏家族关系密切。李宝臣利用婚姻关系笼络成德镇的高级将领，① 将自己的女儿嫁与王武俊之子王士真。② 王氏与李氏具有姻亲关系，建中三年的更迭可以称得上是发生于内部的一次权力更替。所以，如果把王氏和李氏看成关系紧密同属一个集团的两个家族，则该集团的统治时间也达到了 98.3%。幽州镇在安史之乱结束以后一度出现动荡，节度使的继承并不是很稳定，父死子继意义上的"河朔故事"也就谈不上得到遵循。但朱泚、朱滔兄弟先后执掌节钺以后，节度使的继承逐步稳定下来，先是在朱氏兄弟中辗转，③ 接着传到了朱滔表兄弟刘怦之手，又三世至刘总归朝。虽然刘怦是被军士推举上台的，但这种传递毕竟还是有既定范围的，带有很强的封闭性。因此，若我们仍把朱氏和刘氏算作一个集团，则这个集团在幽州的统治时间占到了 83%。

淄青的李氏则在永泰元年至元和十四年也完全实现了从李正己经李纳到李师古兄弟的"以土地传子孙"。④

由此可见，在这个阶段，尽管"父子相继"没有很严格地在

---

① 李宝臣还曾将妻妹谷氏嫁与大将张孝忠。参见《旧唐书》卷 141《张孝忠传》，第 3855 页。又按，《旧唐书·张孝忠传》称宝臣"以妻妹眛谷氏妻焉"，"眛"为衍字。参见《权德舆诗文集》卷 18《唐故义武军节度度支营田易定等州观察处置等使检校司空同中书门下平章事赠太傅上谷郡王张公夫人邓国夫人谷氏神道碑铭并序》（以下简称《谷氏神道碑》），上海古籍出版社 2008 年版，第 288—290 页。

② 《旧唐书》卷 142《王武俊附子士真传》，第 3876 页。

③ 朱泚、朱滔二人在节度使之位上产生过矛盾，但毕竟没有公开化。

④ 参见《旧唐书》卷 124《李正己传》，第 3534—3541 页。

河朔（尤其是河朔三镇）得到施行，具有一定的变数，但是节度使的人选范围基本上是稳定的。它并不是开放的，实际上局限在一个家族或最多两个关系紧密的家族。

"河朔故事"强调父子相袭的原则，与少数民族部落酋长的世袭制有相通之处。河朔藩镇位于东北边地，是汉族与诸游牧民族交会的地带，各民族混居，也是安史之乱的肇始之地，因此这一惯例在河朔的出现，不但是朝廷与安史降将相妥协的结果，也是民族融合的产物。① 它依附在藩镇体制上，在河朔一带影响甚巨。

兴元元年，前魏博节度使田承嗣之子田绪杀其从兄节度使田悦，魏州城里一片混乱。田绪接任节度使之位的过程，诸书所记稍有差异。

《旧唐书》载：

> 绪惧众不附，奔出北门，邢曹俊、孟希祐等领徒数百追及之，遥呼之曰："节度使须郎君为之，他人固不可也。"乃以绪归衙，推为留后。明日，归罪于扈萼（"萼"当是"崿"，田悦行军司马——引者注），以其首徇，然后禀于孔巢父，遣使以闻。②

《新唐书》则记为：

> 悦既死，惧众不附，以其徒数百将出奔，邢曹俊率众追还。绪乃下令军中曰："我先王子，能立我者赏。"众乃共推绪为留后，归罪扈崿，斩其首以徇。③

《通鉴》卷294，兴元元年三月壬申朔条载：

---

① 参见刘运承、周殿杰《民族融合和唐代藩镇》，《学术月刊》1983年第6期。
② 《旧唐书》卷141《田承嗣附子绪传》，第3846页。
③ 《新唐书》卷210《藩镇魏博·田承嗣传附绪传》，第5932页。

　　扈崿来，及戟门遇乱，招谕将士，将士从之者三分之一。绪惧，登城而立。大呼谓众曰："绪，先相公之子。诸君受先相公恩，若能立绪，兵马使赏缗钱二千，大将半之，下至士卒，人赏百缗，竭公私之货，五日取办。"于是将士回首杀扈崿，皆归绪，军府乃安。①

　　三书记载有异（或可能只是视角的差异），但都突出了田绪作为前魏博节度使田承嗣之子的身份对事变解决的影响。《旧唐书》里魏博宿将邢曹俊等人所说的"节度使须郎君为之，他人固不可也"，实质就是对"河朔故事"的肯定和遵从。《新唐书》和《通鉴》都记载了田绪向魏博众将士喊话的情节，尽管其喊话中有赏赐将士的承诺，但他是"先王子"或"先相公之子"（"先王""先相公"均指前魏博节度使田承嗣）这句话，显然起到了相当大的作用。而且据仅见于《通鉴》的记载，魏博众军士数日后便知田绪杀兄，只是"虽悔怒，而绪已立，无如之何"。②"河朔故事"在魏博诸将士心中之重可见一斑。

　　元和七年魏博再次"军府大变"。元稹的《沂国公魏博德政碑》详细地叙述了其经过：

　　　季安子怀谏始十余岁，众袭故态，名为副大使，而家臣蒋士则逆虐用事。士众不分服，日夜相告曰："田中丞兴博大孝敬，于军谨廉，读儒家书，好言君臣事，傥可依倚为将帅乎？"闻者皆踊跃，一朝牙旗下众来捧附。兴仆地不肯起，众亦不肯去。乃大言曰："尔辈即欲用吾语，能不杀副大使，且许吾取天子恩泽，洗汝痕秽，使千万众知君臣父子之道，从我乎？"皆曰："诺。"遂杀蒋

① 《通鉴》卷230，唐德宗兴元元年三月壬申朔条，第7413页。
② 同上。

士则等十数人，以兴知留后事，移怀谏于外。①

在这个过程中，牙兵似乎有了更多的主动性，田弘正获得节帅之位则显得多少有些偶然，貌似因缘际会。但这仍是田氏家族内部的纷争。魏博节度使之位只是从田承嗣—田绪—田季安这一系转移到田廷玠—田弘正这一系。

幽州镇自朱泚任节帅以后局势基本稳定。刘氏家族内部曾因藩帅人选问题发生纠纷以及抢班夺权，但基本限于家族内部或两个家族之间，并未从根本上影响到"河朔故事"在幽州的贯彻。长庆元年，刘总归朝，张弘靖进入幽州。由于张弘靖及其手下的从事处置失当，军士发生哗变，囚张弘靖于蓟门馆，执韦雍、张宗厚辈数人以及张彻等，皆杀之。② 对此事件，学界多有关注。③ 本节所要强调的是，事件的结果是"河朔故事"在幽州仍然得到了肯定。幽州吏卒在三请张弘靖为帅而无果的情况下，"遂取朱洄为兵马留后"。④ "洄自以老且病，推克融统军务焉。朝廷寻加检校左散骑常侍，授以符节。"⑤ 朱洄乃是前幽州节度使朱滔之子。军士们推举朱洄以及朱洄因病复荐其子朱克融为帅并且得到军士们的认可，这两件事都表明，尽管朱克融主动策划兵变的证据并不充分，⑥ 但是包括朱克融在内的刘总所荐的将校因求官不得而被命复归幽州，增强了支持"河朔故事"的力量却是事实。不管幽州镇的军士是有意还是无心，父死子继意义上的"河朔故事"仍然得到了执行。⑦

---

① 《元稹集》卷52《沂国公魏博德政碑》，第562—564页。

② 参见《旧唐书》卷129《张延赏附子弘靖传》，第3612页。

③ 陈磊：《唐长庆元年幽州的军变：从史料撰写的层面看》，《兴大历史学报》第25期，2012年。

④ 《旧唐书》卷129《张延赏附子弘靖传》，第3612页。

⑤ 《旧唐书》卷180《朱克融传》，第4673页。

⑥ 《旧唐书》的记载似乎在引导读者相信是朱克融主动发起叛乱，见《旧唐书》卷143《刘怦附刘济子总传》，第3903页。

⑦ 参见孟艳红《藩镇与中唐政治》，博士学位论文，首都师范大学，1994，第157页。

　　至于易定和沧景二镇，父死子继的"河朔故事"也得以贯彻。在易定镇，从张孝忠到张茂昭，父死子继没有受到任何的怀疑。所以史载："自安、史之乱，两河藩帅多阻命自固，父死子代；唯茂昭表请举族还朝，邻藩累遣游客间说，茂昭志意坚决，拜表求代者数四。"[1] 而李绛尤其指出，"伏以茂昭举家朝觐，河北都无此例"。[2] 可见，在张茂昭举族归朝时，无论是朝廷还是易定的邻镇都认为易定镇是适用于"河朔故事"的藩镇，举族归朝一事当是特例。沧景程氏家族的情况亦与易定张氏相类。

　　在第一阶段，"河朔故事"基本上可以确定节度使的人选范围，表明血缘关系在河朔藩镇节度使继承过程中的关键性作用。但是在权力交接的过程中，依然能看到其他因素的影响。节度使个人的才干，特别是稳定军心的能力非常重要。

　　河朔藩镇各家族的首任藩帅，在登位之前屡经沙场或官场历练，登上节度使之位时大多已是中年。但依"河朔故事"推立，就难免会出现"青少年"藩帅主事这样在顺地很少发生的现象（见表 3-2）。

表 3-2　第一阶段部分河朔节度使初任节度使年龄

单位：岁

镇名	藩帅	初任河朔藩帅年龄	是否家族首任藩帅	结局
魏博	田承嗣	59	1	1
	田悦	29	0	0
	田绪	21	0	1
	田季安	15	0	1
	田弘正	49	0	0
	李愬	48	1	1
	田布	37	0	0

---

　　① 《旧唐书》卷141《张孝忠附茂昭传》，第3859页。

　　② 李绛：《李相国论事集》卷3《论张茂昭事状》，《丛书集成初编》，商务印书馆1939年版，第753册，第23页。

续表

镇名	藩帅	初任河朔藩帅年龄	是否家族首任藩帅	结局
成德	李宝臣	46	1	1
	王武俊	48	1	1
	王士真	43	0	1
易定	张孝忠	52	1	1
	张茂昭	30	0	1
沧景	程怀直	36	0	0
	乌重胤	58	1	1
幽州	朱泚	31	1	0
	朱滔	28	0	1
	刘怦	59	1	1
	刘济	29	0	0
	张弘靖	62	1	0

说明：（1）此表依据附录二表A，将初任河朔藩帅的年龄可考者单独列出。其中程怀直接任沧景节度使时间尚有疑问，但可确定在贞元二年至贞元四年之间，程怀直时年在35—37岁，姑以36岁计。李愬、乌重胤、张弘靖是元和末长庆初朝廷控御河朔之后依靠朝命而立，其出任方式应同于顺地。

（2）"是否家族首任藩帅"一项，"1"表示"是"，或可称为"创业型藩帅"；"0"表示"否"，姑且称为"守成型藩帅"。

（3）"结局"一项，"1"表示得以善终，卒于位；"0"表示不得善终，包括被逐或被杀。

创业型藩帅出任节度使平均年龄在51.4岁。张弘靖、李愬、乌重胤是元和末长庆初唐廷控制河朔时期出任的节度使，且均属移镇，排除这三位以后，创业型藩帅出任节度使时的平均年龄则为49.2岁，这与依朝命而立的那些顺地节将出任节度使的年龄已比较接近。乌重胤在元和五年四月初任河阳三城节度使，时年50岁；[1] 张弘靖首次出任节度使是在元和十一年充任河东节度使，[2]

---

① 《旧唐书》卷14《宪宗纪上》，第430页。
② 《旧唐书》卷15《宪宗纪下》，第455页。

时年 56 岁；李愬在元和十一年十二月充唐随邓等州节度使，[①] 为 44—45 岁。大约河朔创业型藩帅的登位，不仅包含先前几代人的积累，也凝聚了自身多年的努力。守成型藩帅接任节度使之时平均年龄只有 31.7 岁。根据唐代一般情况，这个年纪的士人可能才刚刚步入仕途，[②] 由此亦可见先赋因素对河朔节度使人选的强烈影响。

创业型藩帅政治、军事经验丰富，出任节度使后，也基本上能兢兢业业，稳定藩镇的局势。在第一阶段，河朔各节度使家族能够成功"守成"，除了依凭朝廷允诺的"河朔故事"之外，也与守成型藩帅自身具备的素质、藩镇的内部形势和家族策略密切相关。

守成型藩帅尽管在执掌节钺时普遍比较年轻，但是他们在河朔藩镇特定的历史条件下较早地得到了培养和历练，在政治和军事方面相对较早地成熟起来。

成德节度使王武俊家族的守成型藩帅王士真与其子王承宗、王承元在继任节度使之前经过历练，具备担任节度使的相应素质。

王武俊之子王士真早年曾是节度使李宝臣帐中亲将，"三迁至开府仪同三司，试太常卿兼左金吾卫大将军"，[③] 利用这样的高位，在李宝臣晚年屠戮诸将之时，"士真密结宝臣左右，保护其父"，后来无论是王武俊对唐廷或叛或降，大小战事都有王士真参与，故史书称他"佐父立功，备历艰苦"，可能亦因此"得位之后，恬然守善"。[④] 王士真若还可算作参与其父"创业"的一代，其子王承宗则是完全守成的一代了，史书未载王承宗年寿。他在元和十五年去世之时，接任藩帅的其弟王承元只有 18 岁，谷川道雄先生推测

---

① 《旧唐书》卷 15《宪宗纪下》，第 457 页。
② 若以文官为参照，基层官员（校书郎、正字、赤畿县尉等）任官年龄应在25—35 岁。参见赖瑞和《唐代基层文官》，中华书局 2008 年版，第 10 页。
③ 李序：《王士真墓志》，载冯金忠《唐代河北藩镇研究》，附录三，第 250 页。
④ 《旧唐书》卷 142《王武俊附子士真传》，第 3877 页。

这应是王承宗之子年幼的缘故。① 笔者甚至可以猜想，他们应该都在 10 岁以下。② 按唐开元二十二年（734）以后男性法定结婚年龄为 15 岁计，③ 则似可进一步推知元和四年王承宗继为成德节度使时年纪也不会很大，或可能也没有超过 20 岁。但他却已经"累奏至镇州大都督府右司马、知州事、御史大夫，充都知兵马使、副大使"，④ 有了非常丰富的政治和军事方面的履历。王承宗执掌成德节钺，面临的是不再是秉承"贞元故事""事物姑息"的唐德宗，而是积极用兵于藩镇的唐宪宗。双方的冲突也由此展开。在这些政治和军事冲突中，王承宗充分发挥自己的才干。面对复杂多变的形势，政治上他对唐廷或顺或逆，皆得其宜；而在军事上面对唐廷元和四年与元和十一年两次征讨，他的应对也十分得当。⑤ 特别是元和十一年至十二年这一次，"六镇讨王承宗者兵十余万，回环数千里"，却"历二年无功"，这固然是由于唐军方面"既无统帅，又相去远，期约难壹"，⑥ 但是也与王承宗捕捉战机、屡屡摧挫唐军有关。面对强敌，王承宗各个击破，并特别敢于到"敌后"作战。在浑镐率义武军全军压境时，王承宗"潜遣兵入镐境，焚掠城邑"。⑦ 浑镐军心动摇，决战中被王承宗击败。次年三月王承宗又在柏乡（昭义军邢州境内——引者注）击破昭义军郗士美，然后回师东线，"遣兵二万入东光（横海军景州境内——引者注），断白桥路"，横海军节度使程权（执恭）"不能御，以众归沧州"。⑧

---

① 参见谷川道雄《关于河朔三镇藩帅的继承》，王媚媚译，载《第一届国际唐代学术会议论文集》，第 907 页。

② 在第一阶段，唐代割据型藩镇的守成型藩帅实际继任年龄大概没有小于 10 岁者。魏博节度使田季安卒时，试图安排接任其位的田怀谏，"年十一"（参见《旧唐书》卷 15《宪宗纪下》，第 443 页），大概是同时期河朔藩镇接任节度使时年龄最小的。

③ 参见《唐会要》卷 83《嫁娶》，第 1811 页。

④ 《旧唐书》卷 142《王武俊附士真子承宗传》，第 3878 页。

⑤ 参见《旧唐书》卷 142《王武俊附士真子承宗传》，第 3879—3881 页。

⑥ 《通鉴》卷 240，唐宪宗元和十二年五月辛酉条，第 7734 页。

⑦ 《通鉴》卷 239，唐宪宗元和十一年十二月壬寅条，第 7727 页。

⑧ 《通鉴》卷 240，唐宪宗元和十二年三月乙丑、戊寅条，第 7732 页。

王承宗这一系列军事上的"胜利",在性质上当然是藩镇对抗朝廷的反叛,不过却充分展现了其出色的军事指挥能力和勇敢果决的作风。连胡三省也评论道:"王承宗之才,非诸帅所能制也。"①

魏博镇的田弘正在未登节度使之位以前,"尝于军中角射,一军莫及"。所谓"角射",按"胡注",当是一种军事竞赛。② 他的兄长田融在比赛结束之后狠狠地教训了他,批评他不知韬光养晦,大祸将临。③ 无疑,这是因为田弘正给魏博三军将士留下了极为深刻的印象。田弘正"读儒家书,好言君臣事",④ 也可能为其成为节度使的人选增加了砝码。

这一时期魏博田悦、田绪,幽州刘济(甚至其子刘总)作为守成型藩帅,也各有方略,⑤ 能比较有效地控御所在的藩镇。以下不一一展开。

第一阶段中,藩镇与唐廷的关系并不稳定。相比于唐朝能够调动的力量而言,河朔藩帅的力量是弱小的,除了小心谋划应对之外,为了凝聚力量外御强敌,必须与本镇军民结成更加紧密的关系,所以"河朔军帅冒寒暑,多与士卒同",⑥ "与骄卒杂坐,酒酣抚背,时把板为之唱歌"。⑦ 危难之时,藩帅与将士甚至断髻结为兄弟,誓同生死。⑧ 藩帅与将校、士卒之间的尊卑关系有了模糊化的趋势。谷川道雄先生曾敏锐地指出,河朔藩帅具有双重属性:一

---

① 《通鉴》卷240,唐宪宗元和十二年三月戊寅条胡注,第7732页。

② 参见《通鉴》卷239,唐宪宗元和八年正月条及本条胡注,第7699页。

③ "[田]融退而抶之,曰:'尔不自晦,祸将及矣!'"见《通鉴》卷239,唐宪宗元和八年正月条,第7699页。

④ 《元稹集》卷52《沂国公魏博德政碑》,第562—564页。

⑤ 关于刘济在幽州的作为,笔者另有专书探讨。刘济与唐廷的互动,亦可参见拙文《也释唐幽州卢龙节度使刘济的"最务恭顺"》,《北京社会科学》2017年第6期。

⑥ 《旧唐书》卷129《张延赏附子弘靖传》,第3611页。

⑦ 这是记载魏博节度使田弘正之子田牟在咸通年间(860—874)镇徐州之日的情景(《旧唐书》卷19上《懿宗纪》,第653页),似不难推想在河朔藩镇也有类似的现象。

⑧ 参见《旧唐书》卷141《田承嗣附任悦传》,第3842页。

是军人"伙伴集团"中的一员,一是朝廷的使臣。① 在第一阶段,特别是经过四镇之乱以后,河朔藩帅以土地传之子孙得到唐廷默许,朝廷使臣的身份已经得到确立,所以,其军人"伙伴集团"中一员的身份逐渐凸显出来。藩帅并不是这个军人"伙伴集团"中的普通一员,而是其领袖。领袖就必须维护和扩大集团的利益,其他伙伴则支持领袖的家族世袭作为回馈。河朔藩镇实为唐帝国的东北边地,而唐代边疆社会原本就因疆界的不稳定性而存在多重的忠诚(multiple loyalty)。② 藩镇体制又进一步"疏离"了皇帝和人民的直接联系。所以,从各方面来看,藩帅既然也是军人"伙伴集团"中的一员,河朔藩镇军民对藩帅的忠诚也就是不稳定的,在某种程度上是基于伙伴之间的互惠关系而建立起来的,姑且可以称之为"互惠之忠"(reciprocal loyalty)③。这也是笔者始终坚持认为模糊的尊卑关系在文献中虽未明言,但也属于"河朔故事"范畴的一个重要原因。

---

① 参见谷川道雄《关于河朔三镇藩帅的继承》,王媚媚译,载《第一届国际唐代学术会议论文集》,第912页。

② Zhenping Wang(王贞平),*Tang China in Multi - Polar Asia: A History of Diplomacy and War*,Honolulu HI:University of Hawaii Press,2013,p. 9. 王贞平老师特别强调唐代(特别是边地)忠义观所具有的多指向性,2019年12月29日王贞平老师与笔者的谈话。

③ 这里借用了史怀梅先生提出的一个概念,参见 Naomi Standen,*Unbounded Loyalty: Frontier Crossings in Liao China*,Honolulu HI:University of Hawai'i Press,2007,p. 112。中译本见史怀梅《忠贞不贰?——辽代的越境之举》,曹流译,江苏人民出版社2015年版,第138页(中译本译作了"互利互惠型忠",正文暂从笔者自译)。无论是史怀梅先生的"unbounded loyalty"(对于选用何种译名,学界意见不一。王贞平老师认为"跨境之忠"较为合适;吴国圣认为应该译成"不羁之忠",参见吴国圣《不羁之忠——评介 Naomi Standen,*Unbounded Loyalty: Frontier Crossings in Liao China*》,《新史学》2011年第3期),还是王贞平老师提出的"multiple loyalty"(多重忠义观),都说明唐代忠义观的多重性。就河朔藩镇而言,还未涉及跨境问题(frontier crossings)。节度使用维护藩镇集团特别是军人集团的利益换取他们对自己的忠诚,而军众以对节度使的"忠诚"和"服从"维护藩镇割据的局面,来换取自身的利益保障。河朔藩镇内部的"忠诚"是基于这样的关系建立起来的,具有互惠性。因此,正文中姑且称之为"互惠之忠"(reciprocal loyalty)。

依靠强调血缘的"河朔故事"推举藩帅，规范了藩帅人选范围，保持了藩镇的稳定，这是基于藩镇军民对某些家族社会声望的认可，也是一种期许：继续维护甚至扩大其利益。"互惠之忠"表明，只有维护军民利益的藩帅才能得到拥护。试想上文分析的王承宗如果接连败绩，可能也会像成德节度使李宝臣之子李惟岳那样失位丧命。所以第一阶段的"河朔故事"，只是保证了节度使人选的范围在某个或有密切血缘关系的一两个家族中产生。守成型藩帅还必须借助其他条件，形成自己的声望，才能真正号令"伙伴"，进而维持其家族的地位。

这些条件当中，真正有效的当然是高超的武艺、出色的理政才能及军事指挥决断能力。有些守成型藩帅因为年幼资浅，有时还必须主动或被动地借助一些其他力量。接任魏博节度使时只有 15 岁的田季安，其母本微贱，却因为被嘉诚公主（嫁季安之父绪）"蓄为己子，故宠异诸兄"，年数岁，就已充魏博节度副大使，成为接班人，而在接任藩帅之后，"惧嘉诚之严，虽无他才能，亦粗修礼法"。[1] 田季安一是借助了嘉诚公主的声望也即某种程度上相当于来自朝廷的威命来增加自己在藩镇中的威望，二是在嘉诚公主的严厉督促之下，"粗修礼法"，尽管这两点可能未必是主动的选择，田季安却基于它们最终站稳了脚跟。

无独有偶，这一时期同属于割据型藩镇的淄青镇李氏家族也面临着因守成型藩帅年少而产生的权力交接的难题。贞元八年淄青节度使李纳卒时，接任者李师古也只有 15 岁,[2] 他编出了泰山东岳大帝指认其为淄青节度使的故事，借助泰山主神东岳大帝的宗教权威来增加年轻、实力不足的藩帅的权力与声望。[3]

---

① 《旧唐书》卷 141《田承嗣附绪子季安传》，第 3847 页。
② 参见《通鉴》卷 237，唐宪宗元和元年六月条，第 7633—7634 页。
③ 参见新見まどか「平盧節度使と泰山信仰—『太平広記』所収『李納』伝を中心に—」『史泉』第 123 号、2016 年。

　　这一时期，河朔强藩诸节度使家族在接班人问题上已经有了一些策略。尽早历练接班人、合理安排接班梯队，这也是延续家族在藩镇社会声望、强化统治的重要手段之一。魏博节度使田承嗣"虑诸子不任军政，以从子悦便弓马，性狡黠，故任遇之，俾代为帅守"。① 虽然最终未能避免家族内部相残，但在大历十四年田承嗣卒时，让 29 岁的从子田悦接任而未让只有 16 岁的田绪接任魏博节度使，显然更有利于田氏家族应对魏博内外的复杂局势。淄青节度使李师古更是一针见血地指出，"人情谁肯薄骨肉而厚他人，顾置帅不善，则非徒败军政也，且覆吾族"。② 实际上，在第一阶段，河朔藩帅接班策略设计方面已然有高下之判。魏博田氏和成德王氏（武俊），堪称成功，但幽州刘氏家族则出现了问题。刘济虽然也为自己设计过接班梯队，但他的犹豫和反复，迫使兄弟入朝，不仅最终给自己带来杀身之祸，也削弱了刘氏家族在幽州的力量，多少为幽州后来的持续动荡埋下了伏笔。③

　　综上来看，在第一阶段，"父死子继"意义上的"河朔故事"尽管并没有得到严格执行，却在河朔各藩镇内基本将节度使的人选局限在一两个关系紧密的家族之内，形成了这些家族对各自藩镇的控制。河朔藩镇权力中心具有封闭性。但河朔藩镇的形势、节度使的双重身份，都使得"河朔故事"不能成为守成型藩帅非常可靠的一种依凭。"河朔故事"潜含着冲突，也渗透着贤能政治的基因。

---

　　①　《旧唐书》卷 141《田承嗣附子绪传》，第 3845 页。

　　②　《通鉴》卷 237，唐宪宗元和元年六月条，第 7633—7634 页。《新唐书》卷 213《藩镇淄青·李正己传附师道传》与此略同（第 5992 页）。

　　③　参见拙文《也释唐幽州卢龙节度使刘济的"最务恭顺"》，《北京社会科学》2017 年第 6 期。这个看法或许有点后见之明，但幽州此后持续的动荡毕竟是事实。

第三节　"河朔故事"的演变和分化

元和末长庆初，唐廷与藩镇的互动进而所形成的格局促使唐廷更加明确了"放弃河朔，控制其余"的政策。只是这个"河朔"已经局限于"河朔三镇"，因此，河朔三镇割据自治的局面，与第一阶段相比，不但没有改变，反而稳定下来了。易定镇和沧景镇也曾多次爆发军乱，然而至少在晚唐以前[①]的很长一段时间内，易定和沧景二镇受到朝廷比较强有力的控制，[②] 虽然在某些时期仍可见到"河朔故事"的痕迹，但大部分节帅的去留还是由朝廷决定的。而且关于两镇节度使的资料，流传下来的较少，保存下来的也欠完整，很多节帅甚至未能在正史中留下独立的本传，相关的出土文献也比较有限。所以，本节暂不对这两镇节度使的家世等因素进行讨论，而是以号称"河朔三镇"的成德、魏博和幽州为中心进行讨论。

一　节度使更替的统计分析

据附录二表 B 进行整理，这 93 年间，河朔三镇先后共有 34 人出任节度使，其中父亲也为本镇节度使的有 16 人，占 47.1%，直接从父亲手中接任节度使的有 12 人，占总人数的 35.3%，相比于第一阶段的 36.8% 和 26.3%，这两个比例是大大提高了。如果分镇进行计算，成德镇父子相袭的情况最明显，这段时间完全为王氏所控制。魏博镇的 11 位节度使中，父亲为节度使的有 5 人，占 45.5%，幽州镇 17 位节度使中，父亲为本镇节度使的共 6 人，占 35.3%，仍然高

---

① 对易定镇来说，是指王处存任节度使（879 年）之前；对沧景来说，当是指被幽州刘守文攻取（898 年）之前。

② 从客观上来看，这一时期易定和沧景对中央的依赖性很强。以易定镇为例，唐文宗就曾一针见血地指出："易定地狭人贫，军资半仰度支。"见《通鉴》卷 246，唐文宗开成三年十月乙巳条，第 7936 页。

于第一阶段河朔各藩镇的总体水平，但对这些数字还需要做进一步分析。表 3-3 展示的是第二阶段河朔三镇中各个家族统治本镇的时间分布情况。

表 3-3　第二阶段河朔三镇各节度使统治时间统计

单位：年，%

镇名	藩帅	在任时间	任期	占比
魏博	史宪诚	822—829	7	7.5
	何氏三代	829—870	41	44.1
	韩氏父子	870—883	13	14
	乐彦祯	883—888	5	5.4
	罗氏三代	888—912	24	25.8
	杨师厚	912—914	3	3.2
	小计	—	93	100
成德	王氏*	822—914	93	100
	小计	—	93	100
幽州	朱克融	822—826	4	4.3
	李载义	826—831	5	5.4
	杨志诚	831—834	3	3.2
	史元忠	834—841	7	7.5
	张仲武父子	841—849	8	8.6
	周綝	849—850	1	1
	张允伸父子	850—872	22	23.7
	张公素	872—875	3	3.2
	李茂勋父子	875—885	10	10.8
	李全忠父子三人	885—894	9	9.7
	刘仁恭父子	894—913	19	20.4
	周德威**	913—	2	2.2
	小计	—	93	100

说明：笔者将第二阶段的时间下限定在后梁乾化四年，理由已见前文。根据表 4-1 的制表原则，本表下限乾化四年计入当任节度使任职末年。

*王镕卒于龙德元年（921），但在本表中任期只计算至后梁乾化四年。

**周德威任期只计至后梁乾化四年。

　　根据表3－3不难发现，进入第二阶段以后，幽州、魏博两镇在节度使选任方面日趋开放。93年中，魏博镇共有六姓先后执掌节钺，何氏家族统治时间最长，但也只占44.1%，不到一半。幽州镇的节度使之位在家族之间的转移则更为频繁，若不计周德威，则93年间更替了11个家族，张允伸父子累计掌控幽州的时间最长，但也只占到了23.7%，大部分家族掌控幽州的时间在这段历史中所占的比重低于10%。从节度使之位在家族中传承代数与任数来计，魏博镇有2个家族传了3代共3任节度使（何氏和罗氏），1个家族传承了2代共2任节度使，其余3人（史氏、乐氏、杨氏）则是一代而终。幽州的11个家族中，有5个家族（张仲武、张允伸、李茂勋、李全忠、刘仁恭）传承了2代（李全忠家族出现3任节度使，其他为2任），余下6人则是一代而终。三镇中唯有成德镇的节度使之位一直为王廷凑的子孙占据，共传承了5代6任节度使。

　　我们再来看一下第二阶段河朔三镇部分节度使的年龄状况（见表3－4）。

表3－4　第二阶段河朔三镇部分节度使初任节度使年龄情况

镇名	藩帅	初任河朔藩帅年龄	是否家族首任	结局
魏博	何弘敬	35	0	1
	何全皞	27	0	0
	韩允忠	57	1	1
	罗弘信	42	1	1
	罗绍威	22	0	1
	罗周翰	10	0	0
成德	王元逵	23	0	1
	王景崇	20	0	1
	王镕	10	0	0
幽州	李载义	39	1	0
	张仲武	50	1	1
	张允伸	66	1	1

说明：数字"0""1"含义同表3－2。

创业型藩帅初任河朔三镇节度使平均年龄是 50.8 岁，与第一阶段基本持平。守成型节度使初掌节钺的平均年龄则是 21 岁。年龄可以作为资望和阅历的相似替代指标。单从数字上看，河朔守成型藩帅的平均年龄比第一阶段的更低，这似乎是造成守成型藩帅继任后权力危机的原因之一。但是这些样本不仅数量不足，而且分布不均：7 位守成型藩帅出自魏博和成德。魏博节度使继任不稳定而成德节度使继承却非常平稳，而且成德的守成型藩帅继任节度使时年龄还更小一些，所以年龄本身不能成为可供解释的因素。

渡边孝先生从权力结构的角度对三镇权力交替的差异做出解释：成德镇王廷凑家族世袭统治的成功在于对有威胁的诸将阶层的肃清。成德镇因兵依附于将而存在，拥立藩帅的主体是领兵的大将。经过李宝臣晚年大规模肃清、王承元移镇时一部分将领随行以及王廷凑上台的过程中再次大规模清洗驱离，最有力的诸将阶层被消灭殆尽。[1] 李碧妍在日本学者"权力结构"说基础上进一步分析认为，魏博左右当镇走势的决定性力量由原军将层转移到了牙兵层手中，"成德镇就始终由军将层占据权力中枢，主导当镇大权的幽州军将层中，军将人选则由牙将转为边将及土著边豪势力"。[2] 所谓的走势，最核心的应是藩帅的演替。权力结构对河朔三镇藩帅的更替会有重要影响，但除此之外，在三镇之间是否还有某些相通的因素在发挥作用？从社会流动的视角来看，这个问题或许还有进一步阐释的空间。笔者在已有讨论的基础上，从社会流动的角度对三镇做出进一步分析。因此，下面分别讨论魏博、幽州二镇和成德镇。

二　魏博和幽州节度使的流动

魏博和幽州的各方面环境有所不同，但从结果上看，其节度使

---

[1]　参见渡边孝「魏博と成德—河朔三鎭の權力構造についての再檢討」『東洋史研究』第 54 卷第 2 号、1995 年。

[2]　参见李碧妍《危机与重构》，第 544—545 页。

的更替都非常频繁，姑且放在一起讨论。

首先来看魏博镇。

长庆元年，在讨伐成德王廷凑的过程中，魏博军舍田布而立史宪诚一事是非常重要的，影响是极其深远的。不愿继续征讨成德的魏博军卒对节度使田布说"尚书能行河朔旧事，则死生以之。若使复战，皆不能也"。[①] 史宪诚则是"乘乱以河朔旧事动其人心"，[②] 结果田布被迫自杀，史宪诚则被拥立为新的魏博节度使。这表明在魏博军民的心中，"河朔故事"强调血缘上的合理合法性（"须郎君为之"）已完全让位于魏博的相对独立和地方集体利益这一原则。此后，在魏博具有累世声望的田氏子孙似乎极少再出仕河朔。[③] 渡边孝先生曾指出，魏博镇拥立藩帅的主体是"衙兵""诸军""军众"，而成德则在于领兵的大将。[④] 李碧妍认为田氏家族时期魏博与成德的权力构造相同，而到史宪诚时期才开始由牙军主导。[⑤] 这些看法都非常正确且具有启发性。但魏博牙兵拥立藩帅的主体性是逐渐形成的。在第一阶段，魏博镇同样具有"家镇"色彩。[⑥] 由于田氏家族的声望，牙兵并没有太多选择性，而是表现出了比较大的依附性。魏博的将校也并非没有力量，有时还起到很关键的作用，如田绪接任节度使的关键时刻，邢曹俊对其的喊话；田弘正上台时，牙兵"捧附陈请"的表现；大将吴希光联姻成德节度使王士真。这些都说明魏博的将校（田氏和异姓）也有

①　《旧唐书》卷141《田弘正附子布传》，第3853页。

②　《旧唐书》卷181《史宪诚传》，第4685页。

③　目前所见仅田在下一人，参见《田在下墓志》，载周绍良主编《唐代墓志汇编》，会昌043，第2242页。卢建荣和仇鹿鸣都分析过此人，这里不再赘述。参见卢建荣《飞燕惊龙记：大唐帝国文化工程师与没有历史的人（763—873）》，第189—191页；仇鹿鸣《长安与河北之间》，第200—201页。

④　渡边孝「魏博と成德—河朔三鎮の權力構造についての再檢討」『東洋史研究』第54卷第2号、1995年。

⑤　参见李碧妍《危机与重构》，第317—325页。

⑥　参见本书第五章。仇鹿鸣也有类似看法，参见仇鹿鸣《长安与河北之间》，第212页。

一定力量和声望,但是田氏家族在魏博始终具有超越其他家族的社会声望。第二阶段则不一样,没有了田氏家族的魏博,确实出现了渡边孝先生所说的"等质化"倾向,但这个"等质化"实为魏博累世将校的"等质化",而不是泛化的"等质化"。从史宪诚到何进滔、韩允忠、乐彦祯、罗弘信,这些创业型藩帅的家世背景是非常相似的:第一,累世军校,到父亲这一辈基本上跻身于魏博镇上层政治精英而没有一人出自中下层政治精英之家;第二,他们都和田氏家族没有任何亲缘(哪怕是模拟血缘)上的联系,彼此之间似也未见有血缘上的联系,也即他们都没有远承"河朔故事"的血缘优势。此外,在第一阶段魏博节度使的继任上,"河朔故事"尽管是主导原则却不是唯一根据,父死子继没有得到严格执行,可以见到贤能政治的因子发挥作用。藩帅的继承已经隐含着不完全确定性。

上述这些因素结合在一起,就加剧了他们之间的"圈内竞争"。在这种情况下,牙军作为魏博节度使最重要的"伙伴",其向背就成为一个至关重要的条件。魏博节度使所面临的难题就是如何调整自己与"伙伴集团"甚至整个魏博军民之间的关系。由于家世背景的相近,他们只有创造其他条件,争取资源来为自己获取更大的社会声望。

文德元年(888)春,罗弘信被推举为节度使一事颇能反映魏博上层政治精英之间的竞争。牙兵先是迫使藩帅乐彦祯出家而后又将其监禁,于是他们必须推举新的节度使。赵文玠(《旧五代史》作"赵文建"①)被推举为藩帅。此时,乐彦祯之子从训率兵三万来攻魏州。赵文玠按兵不出,结果被杀,之后便出现了下面一幕:

军人聚呼曰:"孰愿为节度使者?"

① 《旧五代史》卷14《罗绍威传》,第213页。

　　　　［罗］弘信即应之曰："白须翁早以命我。"

　　　　众乃环而视之，曰："可也。"①

参与拥立的军众的确不再"捧附陈请"并"皆曰'诺'"②（拥立
田弘正时的场景），而只是"环而视之"和一句"可也"，形成了
区别于几十年前拥立场景的一幅鲜活画面，但这背后仍然是上层政
治精英之间的竞争。只是，谁都不再像田绪那样首先亮出自己的家
世背景。罗弘信利用上文中所说的"白须翁早以命我"等图谶来
增加自己的声望，强调了他如何维护魏博军民的利益以及继为节度
使的合法性。③除此之外，罗弘信似乎还很愿意强调其父罗让为他
所做的"人脉积累"：

　　　　公（指罗弘信之父罗让——引者注）少立奇节，倜傥不
　　　群，交结时豪，轻死重气。虽鸡鸣狗盗靡间于交游，马圉牛医
　　　不忘于礼敬，自此乡间畏爱，遐迩依投。……虽处上不骄，临
　　　下不暴。凡曰平昔交契，未尝暂忘。④

罗让已与"冒寒暑""与士卒同"的节度使形象十分接近，反映
出魏博镇高级将校与军民之间实际上有非常积极的互动。这也反
映了魏博藩帅正在调动一切资源来调整和确认对其他伙伴的统御
关系。家世不足依凭，人脉、才干、品德等一些后致因素就显得
更为重要。

　　在调整关系的过程中，对一名藩帅来说，全面理解和掌握
"河朔故事"的另外两层内涵显得尤为重要：既要处理好与朝廷和

---

　　① 《旧唐书》卷181《罗弘信传》，第4690页。

　　② 《元稹集》卷52《沂国公魏博德政碑》，第562—564页。

　　③ 仇鹿鸣已有深入研究，参见仇鹿鸣《长安与河北之间》，第261—303页。

　　④ 《罗让碑》，载任乃宏等校释《邯郸地区隋唐五代碑刻校释》，第025号，第
175页。

邻镇的关系，又要在内部处理好与下级军校和牙兵的关系。这需要藩帅花费很多的心智。因此，想做一名维持家业于不坠的藩帅绝非易事。卢告在撰写魏博节度使何弘敬的墓志铭之时，对河朔藩镇节度使所面临的内外压力了如观火，他指出，魏博节度使作为一方“诸侯”，只有“上下不失，然后能久于其任”，[①] 而能做到如此周全的，实属少数。所以当儿子从父亲手中接过一镇的最高权力之时，他也坐到了火山口上，如果他没有这样的能力，就只能任凭能者居之。何弘敬的儿子何全皥显然就缺乏这样的能力，并没有牢记父亲的教诲，其父卒后不到五年，就失位丧命。[②] 接替何氏成为魏博节度使的韩君雄（即韩允忠）对形势看得更加清楚。吴畦撰《韩国昌神道碑》明确写道，“至于命帅临戎，非贤则德。或失其统驭，则祸必起于萧墙”，[③] 指出魏博节度使的选任，才干和德行（“非贤则德”）是最重要的，而且进一步说，“昔庐江公承袭一方，子孙三世，逮及衰季，如堕弓裘。四人切弱苦之音，六郡痛举赢之患。式遇同心，则否运忽泰，英雄奇遇类然”。[④] 庐江公，指的是前任魏博节度使何进滔。《韩国昌神道碑》客观陈述了何氏在魏博传袭三代的事实，却并不认为这种父子相袭、家族成员继为藩帅的“故事”具有必然的合理合法性，而是强调节度使一职是贤者、德者和能者居之，如果“失其统驭”，自然不能传及子孙。该碑文在阐述韩氏被立为节度使的合理性的同时，甚至还透露出韩氏对自己家族未来的担心，非常直白地表达了韩君雄为父立碑的动机：“公既获命，念衰荣无［乃］常，若不即以斯刊之贞石，无以阐高门

---

① 周绍良、赵超主编：《唐代墓志汇编续集》，咸通 032，第 1060 页。

② 《新唐书》卷 210《藩镇魏博·何进滔附弘敬子全皥传》，第 5937—5938 页。

③ 吴畦：《韩国昌神道碑》，光绪《莘县志》卷 8《艺文志》，载《中国地方志集成·山东府县志辑》第 95 册，第 611 页。

④ 同上。

之业，无以传旷古之名，因授以宾徒，俾详其事系。"① 韩君雄及其门吏吴畦等人的担心绝非多余，韩氏家族的"河朔故事"也仅仅延续至第二代。"衰荣乃常"实在是魏博镇节度使家族的真实状态。

幽州镇的情况与魏博相类。长庆元年的幽州军乱，最后以朱克融成为幽州节度使这一远承"河朔故事"的做法而平息。但仅仅六年之后，朱克融并其二子先后被杀，同样意味着父死子继的家族式统治在幽州已不再具有必然的合理合法性了。此后，幽州镇的藩帅更替更为频繁。特别是会昌元年这一次，李德裕代河东节度使荷澈致书幽州大将称：

> 比闻海内之论，幽州师有纪律，人怀义心，河朔诸军，以为模楷。今之所睹，异于是矣。窃知大将以下，初上表举陈行泰，寻又举张绛，皆云文武全才，军情悦服。今又不容张绛，斥逐而来，取舍之间，苍黄骤变。且举棋不定，《春秋》所讥，远近闻之，莫不嗤笑。旬月之内，移易三人，不可谓师有纪律矣；不俟朝旨，专自树置，不可谓人怀义心矣。②

"取舍之间，苍黄骤变""举棋不定"反映了幽州军人哗变的重要特征。诚如《旧唐书》所言，幽州藩帅和将士之间"以暴乱为事业，以专杀为雄豪，或父子弟兄，或将帅卒伍，迭相屠灭，以成风俗"。③ 父死子继意义上的"河朔故事"的基础在被一步步削弱。

---

① 吴畦：《韩国昌神道碑》，光绪《莘县志》卷8《艺文志》，载《中国地方志集成·山东府县志辑》第95册，第611页。"无"字据碑石残迹当作"乃"。阮元《山左金石志》卷13亦录作"乃"，见《石刻史料新编》第1辑第19册《地方类·山东》，第14553页。

② 李德裕撰，傅璇琮、周建国校笺：《李德裕文集校笺·文集》卷8《代荷澈与幽州大将书意》，第176页。

③ 《旧唐书》卷143，第3908页。

通过军乱上台的魏博、幽州两镇节度使，也都有重要的积累，特别是他们的父辈一般都曾担任本镇要职，如支州刺史、外镇军军使、镇遏使、牙军高级将领等（详见本书附录二表 B 以及第四章）。他们本人在执掌节钺之前，也曾长期担任这些重要职务。军中的历练、精湛的武艺、高超的指挥艺术、深广的人脉，都是登上藩帅之位的助力器。

无论是魏府牙军还是幽州的外军镇（也应包括牙军），他们的主动性在第二阶段中确实有很大的提高。严复曾说，"夫谓治人之人，即治于人者之所推举，此即求之于古圣之胸中，前贤之脑海，吾敢决其无此议也。考为上而为其下所推立者，于中国历史，惟唐代之藩镇"。①严复的这段话，无疑更加适合概括第二阶段中魏博和幽州两镇的节度使继承情况。造成这种"治人之人"为"治于人者"所推举局面的背景应是这两镇原有节度使家族分崩离析之后，上层政治精英资望上有"等质化"的倾向。军人集团所推举出来的节度使仍然是上层政治精英的子弟，军人集团的主导作用体现为加剧了这两个藩镇上层政治精英之间的"圈内竞争"。

三　成德镇王廷凑"家镇"模式再分析

"家镇"这一概念是由姜密提出来的，②用来概括第二阶段王廷凑家族 5 世 6 任节度使对成德镇的统治是很合适的。但按照成德镇将—兵的权力结构，在元和末长庆初王承元移镇、田弘正被杀之际，成德镇应该会形成诸将竞争的局面。史载"牛元翼，赵州人，材果而谋。王承宗时倚其计为强雄，与傅良弼二人冠诸将。王廷凑叛，穆宗以元翼在成德，名出廷凑远甚"，③ "故前命为深冀节度。

---

① 此语是严复翻译《社会通诠》中的按语，见甄克思《社会通诠》，严复译，载《国制不同分第十四·地方自治之制》，商务印书馆 1981 年版，第 149 页。

② 参见姜密《唐代成德镇割据的特点》，《河北师范大学学报》2000 年第 3 期。

③ 《新唐书》卷 148《牛元翼传》，第 4788 页。

及是又以成德令付之，希镇州兵士望风禀令，不战而归也"。① 不过，牛元翼的结局却是：率十余骑突深州围入朝京师，愤恚而卒，又被廷凑夷灭其家。② 所以，我们不禁要问：为什么最后是王廷凑胜出了？

第一，王廷凑的成功首先在于他与成德军众结成了更加紧密的互惠型关系，恢复成德镇的自治局面，维护成德军众的利益。田弘正自魏博移镇成德前后，"国家赏钱一百万贯，度支辇运不时至"，③ 而田弘正"兄弟子侄在两都者数十人，竞为崇饰，日费约二十万，魏、镇州之财，皆辇属于道。河北将卒心不平之"。④ "军情不悦"⑤ 是成德镇爆发军乱的重要背景。"沉勇寡言，雄猜有断"的王廷凑"每抉其细故，激怒众心"，⑥ 所以在长庆元年七月二十八日夜，趁田弘正的魏博牙队还镇之际发动兵变，杀死田弘正等人，被推立为帅。王廷凑坐稳成德节度使之位后，仍然"性至勤俭，退食燕居，布衣木器而已。婢妾之数，掌事者。留榻无累裀，庭有芳草，类寒素士大夫也"。⑦ 其勤俭的作风应该很符合成德军"伙伴"的要求。在唐廷调动大军讨伐王廷凑之时，尽管也有成德将领谋杀王廷凑，但以事泄且"坐死者二千余人"收场。⑧ "事泄"或能曲折反映成德绝大部分军士的立场和态度：支持王廷凑者可能仍是多数。而坐死人数之多（不排除史书误记或夸张的可能，这个数字相当于一支牙军的数量了）说明王廷凑的手段严酷

① 《册府元龟》卷120《帝王部·选将第二》，第1434页。
② 参见《新唐书》卷148《牛元翼传》，第4788—4789页。
③ 《旧唐书》卷142《王廷凑传》，第3885页。
④ 《旧唐书》卷141《田弘正传》，第3851页。笔记小说也说田弘正"御下稍宽而冒于财贿，诛求不息，民众怨咨"（《太平广记》卷217《卜筮二·五明道士》引《耳目记》，第1661页）。
⑤ 《旧唐书》卷142《王廷凑传》，第3885页。
⑥ 同上。
⑦ 《册府元龟》卷406《将帅部·清俭》，第4869页。
⑧ 《旧唐书》卷142《王廷凑传》，第3885页。

残忍，恩威并用，亦起到震慑部下的作用。王廷凑被推举，当然与其积极策划的阴谋有关，也与其个人才干有关。史载王廷凑"善《阴符》、《鬼谷》之书"，① 曾为"王承元衙内兵马使"，② "历军职，得士心"。③ 在长庆元年恢复"河朔故事"的军事斗争中，他以成德会府的兵力既要围攻镇内宿将牛元翼、傅良弼军，又要分兵"打援"，应对朝廷的讨伐大军，无疑是一次严峻的考验。他邀截"度支转运车六百乘"，④ 补充了自己，使唐廷的讨伐大军处境更加艰难；他制定正确的战略，与幽州朱克融、魏博史宪诚连横相应，所有这些都充分展现了其政治谋略和军事指挥能力。总之，他有能力恢复和维护成德镇的自治地位，维护"河朔故事"，从而保障成德军民的利益，因此能够受到推戴。

第二，王廷凑与王武俊家族仍有些许联系，尽管是较远的模拟血缘关系，但亦多少有利于其号令成德军众。"王廷凑，本回鹘阿布思之种族，世隶安东都护府。曾祖曰五哥之……王武俊养为假子"，⑤ "故冒姓王"。⑥ 栗原益男先生曾将唐代的假子分为集团型假子和个人型假子，文献中出现姓名且担任各级将校的都属于个人型假子，而且这种假子关系还具有传递性。⑦ 王廷凑的曾祖就属于个人型假子；王廷凑"祖父世为王氏骑将，累迁右职"，⑧ 以至晚唐笔记称王廷凑，"王武俊支属也"。⑨ 养（假）父子关系，也是一

① 孙光宪：《北梦琐言》卷2《骆山人告王庭凑》，中华书局2002年版，第34页。
② 《旧唐书》卷142《王廷凑传》，第3884页。
③ 孙光宪：《北梦琐言》卷2《骆山人告王庭凑》，第34页。
④ 《旧唐书》卷142《王廷凑传》，第3886页。
⑤ 同上书，第3884页。
⑥ 《新唐书》卷211《藩镇镇冀·王廷凑传》，第5959页。《旧五代史》卷54《王镕传》载，王镕"远祖没诺干，唐至德中，事镇州节度使王武俊为骑将。武俊嘉其勇干，畜为假子，号王五哥，其后子孙以王为氏"（第839页）。
⑦ 参见栗原益男『唐宋変革期の国家と社会』東京：汲古書院、2014、159—213頁。
⑧ 《旧唐书》卷142《王廷凑传》，第3884—3885页。
⑨ 孙光宪：《北梦琐言》卷2《骆山人告王庭凑》，第34页。

种扩大的亲族关系，养子在家族中也享有继承权。① 此时王武俊孙王承元离镇仅仅一年不到，成德镇的人心大概仍"不忘王氏"，②王廷凑被推立，与父死子继、以土地传子孙的"河朔故事"虽然只能建立起某种牵强的联系（依辈分计，王廷凑为王承元的子侄辈），但自然也能为其增加声望。

第三，利用图谶、符瑞增加社会声望。如同淄青李师古、魏博罗弘信接任节度使时一样，王廷凑也编造了自己被推为成德节度使过程中的神异故事。③ 余欣曾从政治社会史的视角解释藩镇发生这类制造符瑞行为遵循的基本政治逻辑为塑造节度使克里斯马式的领袖形象，凝聚和强化内部认同。④ 从社会阶层和流动的角度看，这些则进一步提高了王廷凑的社会声望。河朔藩镇军人"伙伴集团"要选出一个能力最强的人来作为领袖，维护和扩大其利益，王廷凑应时而造瑞应，便更有利于其在与诸将竞争中脱颖而出。

以上分析了王廷凑所能利用和调动的一切资源。成德镇此时其他的宿将，如牛元翼等接受朝命而没有维护"河朔故事"的自治体制，这是最关键的因素。除了一纸朝命之外，似乎并无其他声望上的任何优势。在唐廷严重侵害成德利益，破坏"河朔故事"的

---

① 傅衣凌先生指出，养子"虽原为血族以外的人（外来之物曰义），人们相信原始的感致巫术与染触巫术，对于血的崇拜，以为把两个人的血液混在一起，就能使他们联合为一，或成立密切的关系，这样经过人工制造，建立了亲族关系，遂作为家族的成员，加入于血族之中，于是一般人均承认他为同血族的同胞。故其在家族中的地位，亦和亲子一样，可以有继承权"。傅衣凌：《晚唐五代义儿考》，载《傅衣凌治史五十年文编》，中华书局2007年版，第67页。

② 此王承元语。其背景是"[王]承宗死，未发丧，大将谋取帅它姓。参谋崔燧与诸校计，以祖母凉国夫人李命承元嗣"。见《新唐书》卷148《王承元传》，第4787页。《旧唐书》此语作"未忘先德"，意与此同。

③ 孙光宪：《北梦琐言》卷2《骆山人告王庭凑》，第34—35页；《太平广记》卷217《卜筮二·五明道士》引《耳目记》，第1661—1662页。

④ 参见余欣《符瑞与地方政权的合法性构建：归义军时期敦煌瑞应考》，《中华文史论丛》2010年第4期。

自治底线之时，朝廷的官爵威命并不能真正地吸引成德军众，[①] 昔日勇武的声名也就难以发挥有效作用。这也再次表明，河朔节度使的权力基础并非全都来自唐廷授予，而是根植于河朔藩镇的地方集团利益之中。

王廷凑得到朝廷赦免，唐廷和成德镇都回归到了"河朔故事"所约定的轨道上。尽管《旧唐书》认为"凶毒好乱，无君不仁，未如廷凑之甚也"，[②] 但王廷凑也表现出了对唐廷"恭顺"的一面，曾"请于管内立皇帝圣德碑"。[③] 王廷凑显然更加关心如何实现"以土地传子孙"的问题。前述两个神异故事，都涉及家族传承的问题。王廷凑显然没有因为牛元翼等宿将的出奔或被杀而有任何放松。

济源骆山人告诉王廷凑：

> 向见君鼻中之气，左如龙而右如虎，龙虎气交，王在今秋。子孙相继满一百年。[④]

《耳目记》则记载了初登节度使之位的王廷凑将五明道士从魏博请至镇州之事，他们之间有如下问对：

> 公（王廷凑——引者注）曾从容问曰：某今已忝藩侯，将来禄寿，更为推之。
>
> 道人曰：三十年。愿明公竭节勤王，爱民恤物，次则保神啬气，常以清俭为心，必享殊寿。后裔兼有二王，皆公余庆之

---

① 从史籍上看，牛元翼的追随者数量有限，而且关键时刻他仅率十骑突围，弃诸将士不顾，是否更加损害和降低了其声望呢？参见《新唐书》卷148《牛元翼传》，第4788页。

② 《旧唐书》卷142《王廷凑传》，第3887页。

③ 《册府元龟》卷37《帝王部·颂德》，第417页。

④ 孙光宪：《北梦琐言》卷2《骆山人告王庭凑》，第34—35页。

　　所致也。春秋所谓五世其昌，八世之后莫之与京。

　　　　公曰：幸事已多，素无勋德，此言非所敢望。①

　　两段对话透露的某些具体信息与史实或有很大出入（如"三十年"是否应作"十三年"？因王廷凑在镇十三年），却能够反映一些情况。第一，王廷凑借符瑞、谶纬之言为其家族世袭造势；第二，王廷凑对能否久安于节度使之位颇为焦虑，更对能否以土地传之子孙感到隐隐不安。王廷凑显然没有因为牛元翼等成德宿将的清除而有任何放松。两则故事都流露出劝诫的意味，而借五明道士之口表达的这一则故事更为直接。它表明在河朔强藩世袭节度使并不具有必然的合理合法性，而是有一定前提条件。"竭节勤王，爱民恤物""常以清俭为心"与魏博镇的"上下不失，然后能久于其任"、②"命帅临戎，非贤则德"③ 颇有相通之处。谭凯近年依靠大量的墓志样本统计研究发现，中晚唐两京墓志中基于门阀大族世袭意识形态，常突出"世继贤良"的世袭风貌，而河北尽管在藩镇体制下也有一些世代为官的家族，但是在墓志（其样本主要来自幽州）中却不以此来突出墓主做官的合理性。④这显然正是藩镇治下的河朔不同于顺地的一种社会观念，而在三镇之间却有某种相通之处。

　　成德王廷凑家族之所以取得成功，在于其家族更加适应了这种趋势。

　　第一，王廷凑之后的历任王氏节度使，在接任节度使之前都经

---

　　① 《太平广记》卷 217《卜筮二·五明道士》引《耳目记》，第 1662 页。

　　② 周绍良、赵超主编：《唐代墓志汇编续集》，咸通 032，第 1060 页。

　　③ 吴畦：《韩国昌神道碑》，光绪《莘县志》卷 8《艺文志》，载《中国地方志集成·山东府县志辑》第 95 册，第 611 页。

　　④ 谭凯：《晚唐河北人对宋初文化的影响——以丧葬文化、语音以及新兴精英风貌为例》，载荣新江主编《唐研究》第 19 卷，北京大学出版社 2013 年版，第 255—285 页。

过锻炼，尤其是军中的历练，大多出任过中军兵马使、都知兵马使这样的关键职务。① 从最终效果看，守成型藩帅在接任节度使之位前尽管年轻，却有了比较丰富的阅历。同时，在成德军中继续坚持和倡导"军中用人，有劳有能"②的原则，保证王氏家族成员占据重要位置的同时，也给其他人留有上升的空间和余地，以保持中层精英结构的稳定。

第二，王氏家族有更好的家族凝聚力，在接班梯队的安排上更加合理周全。王廷凑之孙、成德节度使王绍鼎虽然"淫湎自放，性暴"，③但是在关键问题上却不糊涂。大中十一年（857）八月，④ 王绍鼎在弥留之际并没有将节度使之位传给自己的儿子王景崇，而是以兄终弟及的方式传给其同母弟王绍懿。因为那时王景崇只有11岁，⑤他大概知道，他的幼子无法掌控成德镇复杂的军事、政治形势，把握不住"河朔故事"的基本原则。如果真的出现"主幼军疑"的局面，成德节度使之位是否能在王氏家族中继续传递，当属疑问。王绍懿接任节度使之位后，在任9年，此时王景崇被任命为都知兵马使。⑥虽然，我们并没有在史籍中看到这段时间有关王景崇的什么事迹或作为，但可以肯定，他担任都知兵马使一职增加了军中履历，为其顺利接班奠定了基础。这种兄终弟及再传回兄之嫡长的模式，对维持家族稳定统治起到了重要作用。晚唐归义军与河朔藩镇性质极为相似。据荣新江老师研究，曹氏归义军历任节度使多以兄终弟及的方式交接政权，

① 参见本书附录二表B。
② 《新唐书》卷211《藩镇镇冀·王廷凑附绍鼎子景崇传》，第5962页。
③ 《新唐书》卷211《藩镇镇冀·王廷凑附元逵子绍鼎传》，第5961页。
④ 《旧唐书》卷142《王廷凑附元逵子绍鼎传》，第3889页。
⑤ 据《旧唐书》卷142《王廷凑附绍鼎子景崇传》载，王景崇卒于中和二年（882）十二月（第3890页），又据《新唐书》卷211《藩镇镇冀·王廷凑附绍鼎子景崇传》，王景崇卒时年37岁，由此推知其生于会昌六年，大中十一年八月其父王绍鼎卒时，他11岁。
⑥ 《旧唐书》卷142《王廷凑附绍鼎子景崇传》，第3890页。

政权基本保持稳定，与张氏时期兄弟相残、女婿夺权的情形大不相同。"这或许与曹仁裕与曹议金树立的榜样和家规有着密切的关系。"① 王氏家族能够长久保持其位原因之一也在于家族成员之间的团结和长远的谋划，这恰恰是其家族凝聚力的一种体现。这也是在河朔其他藩镇节度使的家族中所未能见到的现象。②

　　第三，王氏家族可能已经形成了一些比较系统全面的应对藩镇内外形势的家族战略。咸通七年（866）三月，③ 王绍懿临终之时要把节度使之位传回给侄子王景崇，王景崇此时已经 20 岁，可是他的叔叔仍然不放心，语重心长地对他说："亡兄以军政托予，以俟汝成立。今危惙如此，殆将不救。汝虽少年，勉自负荷，下礼藩邻，上奉朝旨，俾吾兄家业不坠，惟汝之才也。"④ 奉朝旨、礼邻藩甚至可以称之为王氏"家训"，实际上是王氏保持基业于不坠的法宝。或可进一步推测，这一成文或不成文的家训中可能还有对接班人进行历练的要求，因为此时王景崇可能已经在军中具有一定的影响和威信，所以王绍懿只是点拨了他该如何处理好外部的关系。

　　对家族的接班人及早进行考察和历练，合理安排接班梯队，有积极应对内外复杂局势的家训或战略，应该是第二阶段中王廷凑家族实现"河朔故事""以土地传子孙"的重要条件。

　　综上所述，第二阶段的河朔三镇都是唐廷方面宣布能够"福及后昆"的藩镇。但是与魏博、幽州二镇不同，成德镇的节度使继承表现出较强的社会不流动性。河朔三镇权力结构上的差异应是一种客观存在。先贤时俊以此来解释三镇藩帅继承方面的差

---

① 参见荣新江《归义军史研究——唐宋时代敦煌历史考索》，上海古籍出版社 1996 年版，第 237 页。

② 相比之下，幽州刘济家族的衰败，与刘济在接班人问题上反复、犹豫、猜疑有很大关系。

③ 《旧唐书》卷 19 上《懿宗纪》，第 659 页。

④ 《旧唐书》卷 142《王廷凑附元逵子绍懿传》，第 3890 页。

异,是很有说服力的。笔者想补充的是,尽管有权力结构的不同,但是三镇军民对"合格"节度使的要求可能仍有相近之处。藩帅只有维护和扩大藩镇军人集团的自治利益,才能换取"伙伴"对其藩帅地位的支持和维护(即忠诚)。所以,高超的武艺、出色的军事指挥能力、控御复杂而严峻的内部形势和灵活地处理与唐廷及邻镇的关系的能力、清俭朴素"与士卒同"的作风等,都成为一名河朔藩帅应该具备的素质。所以三镇节度使家族的命运可能也反映了,河朔三镇藩帅与军人集团结合的基础中,出身和血缘方面的因素已经越来越淡化,双方互惠的色彩更浓。在这种情况下,后致性的一些因素,特别是三镇节度使家族面对新形势应对策略的异同就显得非常重要。成德镇的王廷凑家族成功地盘踞节度使之位达五世、积有百年之久,得益于在上述这些方面处置得当,同时更加注重对接班人的培养以及有更强的家族凝聚力和合理的接班梯队设计。幽州和魏博的节度使家族则往往缺少杰出"新血",可能也缺乏这方面的培养和锻炼意识,所以其子弟在通往藩帅的阶梯上更易跌落。从社会流动的视角来看,或许仍能从河朔三镇藩帅的成败得失之中发现影响河朔藩镇节度使继承的某些相通因素。

因此这些现象可以说明,在第二阶段,河朔三镇的等级和尊卑观念进一步淡化。就节度使的继承与推立而言,"河朔故事"强化了更多的个人才干等后致因素,而相对淡化了家世等先赋因素。

第四节 "河朔故事"的影响

节度使继承所遵循的"河朔故事"中,家世因素逐渐淡化,与忠义观念在河朔地区发生的微妙变化相伴。

清代史学家赵翼指出,"至唐中叶以后,则方镇兵变,比比而是。盖藩帅既不守臣节，毋怪乎其下从而效之，逐帅杀帅，视为常事"。① 近年来，随着对碑刻研究的深入，学界对于河朔藩镇的政治文化关注渐多。仇鹿鸣曾就《罗让碑》入手剖析了魏博镇忠义意识的传播与藩镇的半独立之间的张力，在承认河朔藩镇的"忠"具有相对性和抽象性的前提下，认为节度使对朝廷的"忠"与军士对节度使的"忠"在思想上具有同构性。② 上述两种看法具有相近的逻辑，富有启发性。河朔藩镇忠义观是比较复杂的，需要具体分析。魏博田布忠于唐廷，坚守臣节而不行"河朔旧事"，以自杀告终；成德王廷凑不守臣节，对抗唐廷，恢复自治局面，"子孙相继"。河朔节度使能否获得军民的忠诚在于其与军人集团结合的紧密程度，能否维护其利益；节度使对唐廷的忠诚与否则取决于唐廷是否遵从"河朔故事"的政治默契。这两者都是有条件的，或言都是一种互惠之忠，且存在联系，③ 不过也并非同一层面的问题。在第二阶段，唐廷确定了"放弃河朔，控制其余"的政策之后，节度使和本镇军民之间结合的紧密程度，对于节度使家族地位之延续更加重要。河朔军民唯一认可的是能够维护其自治利益的节度使，他们一定要把"伙伴集团"中最强的那个人推出来。从各种文献来看，河朔诸藩镇节度使一直试图构建稳定的上下尊卑的等级秩序。在幽州镇，这种情况尤其突出。在《房山石经题记》中，幽州镇的大小官员为节度使刻经祈福的题记几乎随处可见（尤其是长庆二年以后），而同一时期也正是幽州镇上层军事动乱最为频繁的时候。④ 后来成为易定节度使的张孝忠，早在任易州刺史时，就修建池亭，并表达了此亭意在"高视可以临人……使文武毕会，

---

① 赵翼：《廿二史札记》卷 20，"方镇骄兵"条，第 431 页。

② 仇鹿鸣：《长安与河北之间》，第 261—303 页。

③ 如在两名以上竞争者争夺藩帅之位时，向朝廷输忠进而获得朝廷支持的一方，更容易增加声望获得军众支持，例如会昌元年张仲武成为幽州节度使。但前提是他不能损害、"出卖"河朔藩镇的自治利益。

④ 拟另文探讨。

尊卑有序"。① 联系河朔藩镇内部逐帅事件的不断发生，藩帅试图构造的是军民对自己的无条件的忠。不断强调"尊卑有序"的政治秩序，塑造自己忠臣孝子的形象，可能某种程度上也是对河朔军民只能给予藩帅互惠之忠的一种回应。

无论是魏博、幽州频繁地易帅，还是成德王氏在谨小慎微中延续着家族的统治，其背后凸显的都是择贤、择强而立的社会观念。费孝通先生曾提到，军队、学校、家庭都是社会抚育的基本社群；② 他还曾指出，中国传统社会里，"所谓礼治就是对传统规则的服膺。生活各方面，人和人的关系，都有着一定的规则。行为者对于这些规则从小就熟习，不问理由而认为是当然的"。③ 这一见解十分深刻。长期抚育在"河朔故事"这一规则中的军民，对于拥立藩帅的方式耳濡目染，谙熟于心。河朔藩镇的军民已经适应和熟悉了这种"治人之人"为"治于人者"所推举的惯例（"故事"）。所以，当他们从属的对象由藩帅变为皇帝之时，其行为方式仍会形成某种路径依赖。

河朔藩镇自被河东李存勖控制以后，逐渐成为五代中期以来各个政权的立业基盘（天福二年以后的幽州除外）。河朔藩镇的文士、军人大批融入了中央政权，尤其是河朔藩镇的军人被大量吸纳为中央禁军，并在禁军中具有日益强大的影响力。④ 河朔藩镇的军人集团也曾由于跋扈难治而受到过打击，然而由于他们也往往是最

---

① 王瓒：《大唐光禄大夫试太子宾客使持节易州诸军事兼易州刺史充高阳军使兼御史中丞符阳郡王张公再葺池亭记》，载陈尚君辑校《全唐文补编》卷51，第616页。

② 参见费孝通《乡土中国》，第4页。

③ 费孝通：《乡土中国》，第55页。

④ 根据王赓武先生对926—960年朝廷禁军将领和枢密使的统计，天成元年以后，河北藩镇的军队与沙陀和其他藩镇的军队逐渐整合，河北人在朝廷和禁军中获得了可观的权力和影响力。参见 Gungwu Wang, "The Alliance of Ho‐tung and Ho‐pei in Wu‐tai History", in Gungwu Wang, *The Structure of Power in North China During the Five Dynasties*, pp. 208 – 211。

有战斗力的部队之一,① 作为一种势力,他们的影响也在扩大。在五代的政治发展与延续过程中,来自河朔地区的文武官员越来越占有优势。② 尤其在禁军将领中,河朔军人占的比例越来越大。③ 后唐以降,皇位嬗替甚至政权更迭与早已形成了路径依赖的河朔军人多少都有些关系。

天成元年,魏博军乱。庄宗李存勖命李嗣源将亲军讨伐。李嗣源至邺都,讨叛诸军发生军乱:

> [三月] 壬戌,李嗣源至邺都,营于城西南;甲子,嗣源下令军中,诘旦攻城。是夜,从马直军士张破败作乱,帅众大噪,杀都将,焚营舍。诘旦,乱兵逼中军,嗣源帅亲军拒战,不能敌,乱兵益炽。嗣源叱而问之曰:"尔曹欲何为?"对曰:"将士从主上十年,百战以得天下。今主上弃恩任威,贝州戍卒思归,主上不赦,云'克城之后,当尽坑魏博之军';近从马直数卒喧竞,遽欲尽诛其众。我辈初无叛心,但畏死耳。今众议欲与城中合势击退诸道之军,请主上帝河南,令公帝河北,为军民之主。"嗣源泣谕之,不从。嗣源曰:"尔不用吾言,任尔所为,我自归京师。"乱兵拔白刃环之,曰:"此辈虎狼也,不识尊卑,令公去欲何之!"因

---

① 五代时中央禁军番号众多(参见杜文玉《五代十国制度研究》第9章,第423—424页,表10),然而最有战斗力者,往往还是由河北藩镇军队升级而成的禁军,如银枪效节都等。参见毛汉光《魏博二百年史论》,载《中国中古政治史论》,第387—395页。

② 据毛汉光研究,五代时期,经历了河南集团、河东集团和河北集团的较量和竞争,河北优势渐次形成。尤其是在后周之际,大量吸收了河北籍军人,河北地区的文武官职占比皆达40%以上,形成后周北宋初叶的河北优势。参见毛汉光《五代之政治延续与政权转移》,载《中国中古政治史论》,第418—474页。

③ 参见 Gungwu Wang, "The Alliance of Ho－tung and Ho－pei in Wu－tai History", in Gungwu Wang, *The Structure of Power in North China During the Five Dynasties*, pp. 208－211。

拥嗣源及李绍真等入城……①

从乱兵的发言可知，这些军士很可能出自魏博，或至少来自河朔，故而对"贝州戍卒思归，主上不赦，云'克城之后，当尽坑魏博之军'"② 一事甚为敏感。李嗣源当时虽遭庄宗李存勖猜忌，但尚难说已有反志。河朔军人的"不识尊卑"和强行推举在事件当中起到了重要作用。军人们推出李嗣源，让其"帝河北"而庄宗仍"帝河南"，反映出他们仍然带有藩镇时代的区域本位观念。李嗣源不管有意还是被迫，恰恰是在这群河朔军人的簇拥之下，一步步走向了皇帝的宝座。之后则是河北军人郭威和赵匡胤。两人的"黄袍加身"，在某种程度上也可以看作"河朔故事"拥立模式的翻版和升级。南宋的叶适曾经概括了从河朔藩镇里的节帅之位更替到"黄袍加身"的演变：

> 大历、贞元之间，节度使固已为士卒所立，唐末尤甚。而五代接于本朝之初，人主之兴废，皆群卒为之，推戴一出，天下俯首听命而不敢较。③

据王寿南先生统计，终唐之世，节度使共计 2222 任次，以朝命而受镇的节度使共 1893 任次，占 85%。④ 所以，叶适所描述的很可能更多的是指在河朔藩镇节度使继承过程中发生的情况。

来自河朔的军人用自己的方式将历史推进到北宋，也逐渐地完

---

① 《通鉴》卷 274，后唐明宗天成元年三月条，第 8965 页。
② 同上。
③ 叶适：《叶适集·水心别集》卷 11《兵总论二》，中华书局 1961 年版，第 781 页。
④ 拥兵据位、强藩所命、袭位和原因不明的分别只有 133、94、50、52 任次（参见王寿南《唐代藩镇与中央关系之研究》，"唐代藩镇受镇原因统计表"，第 72—74 页）。可见，节度使为士卒所立并非普遍现象。

成了它的使命，随着北宋相应制度的改革和完善，基本上铲除了包括河朔在内的藩镇滋生的土壤。"治人之人"为"治于人者"所推举的精英循环方式结束了。在严复先生所说的"治人之人"为"治于人者"所推举的藩镇中，河朔藩镇特别是河朔三镇无疑更加具有典型性。就其实现流动的方式和手段而言，河朔藩镇节度使的更替，绝不能和宋朝以后那种通过科举考试的筛选手段来实现的精英循环和社会流动相提并论，因此，在中国的社会流动史上可能并不具有典型意义；但是就社会流动的实质而言，河朔藩镇节度使的推举及其发展趋势，则似乎是和科举考试一样，自觉或不自觉地遵循了选贤举能的原则。正所谓"乱"的背后是"变"，"河朔故事"的变化，正是由唐代经过五代至宋代社会变迁的一个缩影。

小　结

"河朔故事"以宣称"父死子继"即一种强调"家世"的面貌出现，但是在河朔藩镇演变过程中，它逐渐渗透了其他因素，个人的才干，尤其是应对藩镇内外局势的能力越来越被凸显出来，并成为新的惯例，从而随着河朔军人的"中央化"，在五代中后期至北宋立国的政治演替中持续发酵。

以上是河朔藩镇节度使的选任和更替的情形，下一章笔者将考察河朔政治精英的构成和代际流动，以及具体分析一些家族的升降变迁。

第 四 章

河朔藩镇的"统治阶级升降"

引 言

　　河朔藩镇的政治精英集团（即本章标题中所说的"统治阶级"①）是由节度使、将校和文官（幕职以及州县官）构成的，他们拥有不同层次的政治权力。观察河朔藩镇的社会流动，实际上，一是该集团的构成及其成员内部的等级升降情况；二是看这一集团能否以及在多大程度上从"凡庶"中吸收"新血"。上一章分析的重点是河朔藩镇（主要是河朔三镇）节度使更替的一些基本条件和这种更替的发展趋势，而并没有分析节度使家族本身的状况。对于河朔藩镇政治精英集团的其他成员及其流动情况有待做进一步分析。河朔藩镇节度使的家族有相对完整的社会流动的过程和丰富的资料，对其进行个案分析也是我们观察河朔藩镇社会流动的"必经之路"。在这一章中，笔者先用描述性统计的方法，呈现河朔藩镇政治精英集团内部成员的升降变迁，以及从"凡庶"中吸收

---

　　① 标题借用了陈寅恪在《唐代政治史述论稿》中的上篇标题"统治阶级之氏族及其升降"。因此这里的"阶级"不是马克思所讲的"阶级"，河朔藩镇的"统治阶级"实际上是讲河朔地区的政治精英，特此说明。

"新血"的总体情况，然后结合河朔藩镇（特别是河朔三镇）几个家族的兴衰升降的个案分析，来讨论河朔藩镇社会流动的趋势。

第一节　描述性统计分析

一　统计分类的再说明与资料总体情况

笔者在第一章中对唐代的流内官依据官品大致划分了等级，第二章对河朔诸藩内部的官僚等级做了大致划分。[①]　有唐一代，可以说是"不入仕即无以为士"，[②]　本书以被研究者的代际的仕宦升降为主要研究对象，划分等级的主要依据是被研究者有无官（爵）职以及官（爵）职的大小。[③]

每一等级所包含的官职从实际执掌到享有的特权可能会有很大的差异，但这是内部的等第之分，其大致地位还是相当的。就节度使这一级别来看，也会因带职的不同、爵位的高低与食户的多少而在地位上略有差别，但就其实际执掌来看，节度使是一镇的最高权力拥有者。因此，将节度使列为最高等级当无问题。对于河朔藩镇政治精英集团中的其他两个等级来说，每一等级所包含的官称比较繁杂。河朔藩镇的相关文献记载有时并不全面，如在很多碑刻类文献中，有些人的结衔上只出现使职而无带职，有些人的结衔上只出现散职或带职而无使职，需要做出相应的处理。

---

① 参见本书第二章表 2－3。

② 参见王德权《为士之道：中唐士人的自省风气》，第 315 页。

③ 这里所说的"官职"包含了"官"和"职"两种。唐代后期"使职差遣"盛行，使职意味着实际执掌，因此本书的统计将"使职差遣"包含在内。本书的"官"包含了流内官中的职事官、散官和封爵，即有爵封者。但唐代的发展趋势是，官的作用和价值代替了爵。衡量地位高低的是官而不再是爵（吴丽娱先生从赠官的角度阐明了这一点，参见吴丽娱《终极之典：中古丧葬制度研究》，中华书局 2012 年版，第746—747 页）。同时，也不包括勋官。勋官在唐代尤其是唐后期的军中伪滥成灾，在笔者掌握的这些墓志资料中似亦较少单独出现，不宜作为身份地位的标志。

如果知其在藩镇的使职，根据使职的高低分别归入相应等级；如无使职而仅有带职的，那么结合已有使职的兼官带职情况和带职品级的高低划入对应等级（详见表 2-3），这里只稍做一些补充。

本章的统计中大量使用了墓志材料。受墓志这种体裁的影响，一些志文并没有以准确的语言描述墓主或相关人物的官称，而是使用借代文字。

第一，使用"服色"来描述官称。例如魏博镇韩稹（827—896）之子韩元佶，"幼从公官，每献忠勤，衣紫珮金，昂昂回有冲天之势"。[①] 有唐一代，紫绯均为上色，珮金则是二品以上高官的待遇。[②] 墓志记载虽有夸大之嫌，但至少可以判断其带职很高，应该是藩镇中的第二等级。再如"拾青"等，一般划入第三等级。

第二，用"右职"、"从仕军门"、"职列内衙"、[③] "宿卫之资"[④] 等概括性的语言来描述官称。对此，笔者一般从低将其归入第三等级，而没有与做官相近的语言描述时则暂时从低处理为"不仕"。例如《罗亮墓志》称墓主罗亮（830—897）的祖父罗延新"字贡美，洞晓武经，名立当代"；父亲罗秀"勇谋超辈，效节从军"。[⑤] 对比之下，志文未有一言提及墓主祖父从军入仕的经历，而明言其父"从军"，但又未表明军职，级别可能不高。因此，对祖父以不仕记，而罗秀则记为低级将校。

在进行每一种统计之前，笔者都进行了相关资料的筛选，[⑥] 从而获得数量不等的样本。碑志在本书所利用的资料中占据相当大的

① 周绍良、赵超主编：《唐代墓志汇编续集》，乾宁 005，第 1162—1163 页。
② 参见《旧唐书》卷 45《舆服志》，第 1945 页。
③ 周绍良、赵超主编：《唐代墓志汇编续集》，咸通 025，第 1053 页。
④ 周绍良主编：《唐代墓志汇编》，咸通 083，第 2443 页。
⑤ 中国文物研究所、河北省文物研究所编：《新中国出土墓志·河北卷壹》第143 号，文物出版社 2004 年版，下册，第 107—108 页。
⑥ 这一工作是利用电子表格 Excel 的 countif 和 sumproduct 等函数功能完成的，因此相关计算既没有体现在附录中，也没有体现在正文中。读者可以根据本书附录二表 C 和表 D 中的资料还原为 Excel 电子表格，然后采用函数功能计算校验。以下各表格均与此同。

比重。碑志中一般只书其祖先的最高官衔，即便有后来贬官的情况。例如，《义昌军节度使浑公神道碑》记载浑侃之父浑镐的结衔是"义武军节度易定观察使检校工部尚书，赠太子少保"。[①] 实际上，元和十一年浑镐率义武军讨伐成德王承宗不利，引发军乱，次年坐贬循州，岁余而卒。[②] 但在统计中也仍然记其最高官（即义武军节度使）。有过仕宦记录，但后来辞官退隐的，一般也将退隐之前的官衔作为其终任的履历信息，如赵逸（附录二表 C 第 22号）[③]、刘少义（表 D 第 191 号）。这样一来，定量分析得出的向上流动率，有可能会偏低，而不会偏高。

　　统计的前提应该是进行社会调查，以获取所要分析的全部信息，但中古史的人物资料却很难获取到全方位的信息。他们的家世履历信息参差不齐。在进行统计之前，我们先来看一下资料的基本情况（见表 4 - 1、表 4 - 2）。

表 4 - 1　第一阶段资料情况汇总

单位：人

祖上履历情况 ＼ 个人任官情况	总数	有终任履历信息者	有初任而无终任履历信息者
自曾祖至父亲三代皆完整	139	69	70
曾祖履历不详,但父祖两代履历完整	70	61	9
父祖两代履历完整小计	209	130	79
只有曾祖履历	1	1	0
有曾祖和祖父履历、父亲履历不详	3	1	2
有曾祖和父亲履历、祖父履历不详	3	1	2

---

　　① 路岩：《义昌军节度使浑公神道碑》，载董诰等编《全唐文》卷792，中华书局 1983 年版，第 8297 页。

　　② 参见《旧唐书》卷134《浑瑊附子镐传》，第3710 页；《旧唐书》卷15《宪宗纪下》，第 458 页。

　　③ 以下不引起混乱的地方均不再出现"附录二"字样，以求简省。通过表格名称和编号，可以迅速查到该人履历。

个人任官情况 祖上履历情况	总数	有终任履 历信息者	有初任而无终 任履历信息者
只有祖父履历	4	3	1
只有父亲履历	41	22	19
没有祖上履历	2	2	0
合计	263	160	103

说明:

以下人物履历可根据其编号回查附录二表C而得。

只有曾祖履历的是成德节度使李宝臣(第57号),其家世为两唐书所不载,李宝臣残碑(神道碑)记述了其曾祖任官,但记述其祖、父的部分刚好残损,故其祖、父履历情况不得而知。

有曾祖和祖父履历、父亲履历不详(且无法推知)的3人:王怡(第72号,王武俊从子)、王鄩(第160号,王郅从父弟)、杨弘正(第221号)。因为他们是以从子、从侄、从弟等身份出现在史籍或墓志之中,而且没有依据可以还原其父的基本官职。

有曾祖和父亲履历、祖父履历不详的3人:杨弘庆(第250号)和宋再兴兄弟(第146号、147号)。

只有祖父履历的4人:宋俨(第145号),谭忠、谭宪兄弟(第215、216号),杨璿(249号)。也暂不纳入统计。

没有祖上履历信息的2人为安元晖(第92号)、刘胜京(第235号),但有自己的仕宦经历,可作为研究其后代社会流动时的参照,且有生卒年信息可作统计之用,故仍然保留(第二阶段亦然,以下不再重复列出此项)。

表4-2 第二阶段资料情况汇总

单位:人

个人任官情况 祖上履历情况	总数	有终任履 历信息者	有初任而无终 任履历信息者
自曾祖至父亲三代皆完整	246	94	152
曾祖履历不详,但父祖两代履历完整	69	46	23
父祖两代履历完整小计	315	140	175

续表

个人任官情况 祖上履历情况	总数	有终任履历信息者	有初任而无终任履历信息者
只有曾祖履历	0	0	0
有曾祖和祖父履历、父亲履历不详	3	2	1
有曾祖和父亲履历、祖父履历不详	6	0	6
只有祖父履历	2	1	1
只有父亲履历	37	15	22
没有祖上履历	4	4	0
合计	367	162	205

说明：

以下人物履历可根据编号回查附录二表 D 获得。

有曾祖和祖父履历、父亲履历不详（且无法推断）者 3 人：张令纳（第 243 号）、赵建遂（第 331 号）、冯广清（第 355 号）。

有曾祖和父亲履历、祖父履历不详的 6 人，分别是冯广清（第 355 号）之子（第 356 号），赵建遂（第 331 号）之子（第 332—334 号）和苏子矜（第 310 号）之子（第 311—312 号）。

只有祖父履历的 2 人：赵贷（第 101 号）、苏子矜（第 310 号）。

无三代履历记载者 4 人：袁寅（第 67 号）、韩坚（第 97 号）、刘惠（第 188 号，"府君皇曾及祖至考……官勋、名讳，并于先铭具载矣，亦不重题"，因笔者没有找到先铭，统计时未能纳入）、姚季仙（第 244 号，"其五代官讳，谱牒具载，今更不叙"，亦不敢武断归类）。

根据资料的整齐程度，可分别从三个层次将人物分成三类进行统计。

对于自曾祖至父亲三代履历完整之人（以下简称"三代履历完整者"），其之前三代无一人入仕的，称为 A_3 类（最为严格的一类）；三代之内至少有一人曾为中下层政治精英但无上层政治精英的，称为 B_3 类；三代之内至少有一人为上层政治精英的称为 C_3 类。

对于父祖两代履历完整之人（以下简称"两代履历完整者"），祖、父均未入仕者称为 A_2 类；祖、父中至少有一人曾为中下层政治精英但无上层政治精英的，称为 B_2 类；祖、父中至少有一人曾为上层政治精英的，称为 C_2 类。

有父亲任官履历之人，把父亲未曾入仕的称为 A_1 类，父亲为中下层政治精英的称为 B_1 类，父亲曾为上层政治精英的称为 C_1 类。

显然，向上追溯得越远，有关家世履历的信息越完整，越可以反映政治精英的渊源，但是相应的样本数量会很少，与河朔藩镇体制的直接关联性降低；时间越近，越能看到河朔藩镇政治精英社会来源受到的藩镇体制和政治更迭的影响，样本数量增加，但有关家世的信息量则会单薄。依据上述三种情况分别进行考察，综合起来进行评估，可能在目前是一种比较可行的方法。其中，考察三代履历完整者和两代履历完整者（特别是后者）最为重要。安史之乱以后，谱牒散乱，对于家族世系的记述也会受到限制。河朔藩镇的墓志对此更是直言不讳："自大父以前，多遇荒虚不明，难为具载昭穆。"[1] 在笔者搜集到的 252 方（通）有关河朔藩镇的碑志中，有 61 方（通）是从志主（或碑主）的祖父及以下开始叙述的。

但即便如此，下面的统计结果只是表明对本书所掌握的人物资料的一个整体情况的基本描述和评估，仍属描述性统计的范畴。下面首先分别就数据本身进行描述，然后再结合河朔藩镇具体的历史背景进行解释，并试图给出一个较为合理的综合判断。

二　河朔藩镇政治精英的社会流动概况（763—821）

（一）河朔藩镇政治精英流动总体状况

第一阶段（763—821）是河朔藩镇的形成时期。

附录二表 C 共收录大致属于第一阶段的河朔藩镇人物 263 人，其中可知确切生卒年的仅有 76 人，宝应二年安史之乱结束之时，这些人的平均年龄约在 16.5 岁，其他人则都有相关资料作为依据，

---

[1] 《唐故行涿州司马金紫光禄大夫彭城郡刘公墓志铭并序》，载周绍良主编《唐代墓志汇编》，贞元 089，第 1900 页。

可以判断其主要仕宦履历属于这一阶段。①

1. 三代履历完整者

这一阶段，河朔藩镇的三代履历完整者共 139 人，其构成情况见表 4-3。

表 4-3　河朔诸镇三代履历完整者流动统计（763—821）

单位：人

所属等级 ＼ 所属类别	A_3	B_3	C_3	合计
上层政治精英	1	4	37	42
中下层政治精英	3	20	29	52
"凡庶"	4	16	25	45
合计	8	40	91	139

据表 4-3，河朔藩镇的政治精英集团，不论是上层还是中下层都是 C_3 类人，即政治精英的后代占据主要地位。而"凡庶"子弟（A_3 类）所占比例微乎其微。A_3 与 B_3 类合计，也只占到上层政治精英的 11.9%。② 但同时应该看到在中下层政治精英中，中下层政治精英和"凡庶"子弟（$A_3 + B_3$）所占比例达到了 44.2%，与上层政治精英子弟之比约为 1:1.3。

---

① 笔者搜集资料的过程中比较注意确认入选人物的主要活动年代在安史之乱以后。除了有史料依据之外，现在据附录二表 C 进行统计推断，已知有确切生卒年的 76 人，经过统计得出，他们在宝应二年安史之乱最终平定时的平均年龄为 16.5 岁，不过样本的离散程度很大，离散系数达到了 1.24。在 763 年，年龄最大者 59 岁，而最小的距其出生还有 28 年。76 人中已出生的有 59 人，其平均年龄为 24.7 岁，年龄最大者 59 岁，最小的只有 1 岁，不过，离散系数只有 0.58。但笔者无法确定这 263 人中已出生和未出生的人之间的比例，只能仍把他们放在一起进行推断。假设这些人的年龄服从正态分布，根据样本平均数的抽样分布定理，在 95% 的可靠程度（即置信度）上只能判断，宝应二年安史之乱平定之时，这 263 人的平均年龄为 11.9—21.1 岁。这个区间值太大了。但是据此却可以认为，安史之乱平定之时，他们的年龄还都是比较小的（或尚未出生），大部分人的主要仕宦经历当在安史之乱平定、河朔藩镇格局开始出现之后。

② 通常小数点后保留一位有效数字，个别地方保留两位。

　　这个统计是将被研究者的初任和终任履历信息综合在一起进行考察的。只要有过在藩镇体制里任官的经历，就会归入上层或中下层政治精英之中，但有些人物的信息是从其卒父的墓志中提取的，会产生以下一些后果。

　　第一，这些任官可能只代表了一种初始的状况，特别是一些墓主去世时年纪尚轻，其子弟尽管不仕，但未来尚不可知。

　　第二，上层政治精英的子弟出现在精英集团中的比例比较高，主要都登记在附录两表的"本人初任官"这一项，但大部分人的最终履历因资料不足无法追踪到。而且一些上层政治精英特别是节度使的子孙可能会受藩镇权力更迭的影响，但在这个统计中无法完全体现出来。

　　所以，我们进一步来参考一下有终任履历的 69 人，其结构见表 4 - 4。

表 4 - 4　河朔诸镇三代履历完整者流动统计（763—821，以终任履历为准）

单位：人

所属等级 ＼ 所属类别	A_3	B_3	C_3	小计
上层政治精英	1	4	35	40
中下层政治精英	1	5	20	26
"凡庶"	2	0	1	3
合计	4	9	56	69

　　有终任履历信息的样本数量减少，但更能反映社会流动的过程。在表 4 - 4 所列出的河朔藩镇政治精英集团中，C_3 类即上层政治精英子弟占据优势。特别是在上层政治精英 40 人中占据了 35 人；中下层政治精英的 26 人中，C_3 类人则有 20 人；中下层政治精英和"凡庶"子弟（$A_3 + B_3$）总共才有 6 人，其中 4 人为文职，2 人为武职。A_3 与 B_3 两类人之和与 C_3 类人之比为 1∶3.3。进入政治精英集团的两位"凡庶"子弟（A_3 类）分别是张光祚（第 133 号）和刘如泉（第 144 号），二人均有武职履历，而张光祚除有武职履历外，也有文官履历。

2. 两代履历完整者

对于河朔藩镇第一阶段的各位人物，笔者将统计范围缩至父、祖两代，共得两代履历完整者 209 人（见表 4-5）。

表 4-5　河朔藩镇父、祖两代履历完整者流动统计（763—821）

单位：人

所属等级 ＼ 所属类别	A_2	B_2	C_2	小计
上层政治精英	2	10	50	62
中下层政治精英	7	43	36	86
"凡庶"	9	28	24	61
合计	18	81	110	209

从两代履历完整者的统计来看，河朔藩镇的政治精英集团，上层政治精英中仍然是 C_2 类人，即上层政治精英的后代占据主要地位。而"凡庶"子弟（A_2 类）所占比例微乎其微，占上层政治精英的 3% 多一点；占中下层政治精英的 8% 多一点。但同时应该看到，在中下层政治精英中，中下层政治精英和"凡庶"子弟（$A_2 + B_2$）有 50 人，占总人数比例达到了 58.1%，已经超过了上层政治精英子弟占比（41.9%），与上层政治精英子弟之比约为 1:0.7。

我们再来看仅以终任履历信息为准的比较，见表 4-6。

表 4-6　河朔藩镇父、祖两代履历完整者流动统计
（763—821，以终任履历为准）

单位：人

所属等级 ＼ 所属类别	A_2	B_2	C_2	小计
上层政治精英	2	9	48	59
中下层政治精英	4	25	29	58
"凡庶"	6	6	1	13
合计	12	40	78	130

在有终任履历信息的 130 人中，河朔藩镇的政治精英集团，上层政治精英中仍然是 C_2 类人，即上层政治精英的后代占据主要地位。“凡庶”子弟（A_2 类）所占比例微乎其微，占上层政治精英的 3.4%，占中下层政治精英的 6.9%。但同时应该看到中下层政治精英中，中下层政治精英和“凡庶”子弟（$A_2 + B_2$）有 29 人，与 C_2 类人持平（1:1）。

3. 父子最终履历的比较

当代社会学家往往使用追踪调查的方法观察父子在达到同一年龄时的社会地位，并进行比较。英国国家儿童发展研究院追踪了 1958 年同一星期出生的 17416 人，从出生开始，直至最后一次调查的 2004 年，这些人已经 46 岁；1970 年的同生群（16571 人）一直被追踪到可以和其父辈达到相同的年龄，然后再进行职位之间的比较（2004 年时，他们 34 岁）。[1] 这种方法不能直接应用到中古史研究之中，但是我们也不妨把河朔藩镇父子最终的履历（实际上往往是最高的履历信息）做一些比较。

根据附录二表 C 整理的结果，第一阶段具有相对完整的父亲信息和个人终任履历信息的河朔藩镇人物，共有 153 人（见表 4-7）。

表 4-7　河朔诸镇父子最终履历比较（763—821）

单位：人

所属等级 ＼ 所属类别	A_1	B_1	C_1	小计
上层政治精英	4	20	48	72
中下层政治精英	16	33	19	68
“凡庶”	7	5	1	13
合计	27	58	68	153

---

① Peter Saunders, *Social Mobility Myths*, London：Civitas：Institute for the Study of Civil Society, 2010, pp. 14-15.

据表4-7，上层政治精英72人中，父亲也属于上层政治精英的 C_1 类48人，占2/3（66.7%），而 A_1 类只有4人，仅占5.6%；中下层政治精英和"凡庶"的子弟（$A_1 + B_1$）有24人，仅能占到1/3（33.3%）。但是"凡庶"和中下层政治精英（$A_1 + B_1$）之子，可以在中下层政治精英里占据多数，与上层政治精英之子之比高达1:0.4。

（二）河朔三镇政治精英流动状况

以上是河朔五镇的总体情况，下面将统计范围缩小至河朔三镇（魏博、成德、幽州）。在第一阶段，河朔诸藩镇之间的联系比较紧密，甚至有父在河朔三镇而子仕宦于易定、沧景的情况。但属于易定和沧景两镇的人物只占很小一部分（资料所限），因此，河朔三镇的相关统计与将五个藩镇做整体统计的趋势比较一致。因为河朔三镇的性质在前后两个阶段基本保持不变，把河朔三镇单列，便于将河朔三镇两个阶段的情况做直接比较。

1. 三代履历完整者

在第一阶段，河朔三镇三代履历完整者共有128人，其构成情况见表4-8。

表4-8　河朔三镇三代履历完整者流动统计（763—821）

单位：人

所属等级＼所属类别	A_3	B_3	C_3	小计
上层政治精英	1	4	31	36
中下层政治精英	3	19	26	48
"凡庶"	3	16	25	44
合计	7	39	82	128

三代履历完整者的样本数量主要出自河朔三镇，所以，表4-8所表现出来的趋势与表4-3大致是相同的。不论是上层，还是中下层都是 C_3 类人，即上层政治精英的后代占据主要地位。而

"凡庶"子弟（A_3类）所占比例微乎其微。但在河朔三镇的中下层政治精英中，中下层政治精英和"凡庶"子弟（$A_3 + B_3$）所占比例达到了45.8%，与上层政治精英子弟（C_3类）之比接近1:1.2。

同样，再来看只比较终任履历的情况（见表4-9）。

表4-9　河朔三镇三代履历完整者流动统计（763—821，以终任履历为准）

单位：人

所属等级 ＼ 所属类别	A_3	B_3	C_3	小计
上层政治精英	1	4	29	34
中下层政治精英	1	5	18	24
"凡庶"	1	0	1	2
合计	3	9	48	60

有终任履历的河朔三镇样本数量减少至60人。C_3类即上层政治精英子弟在整个精英集团中占据优势，特别是在上层政治精英34人中占据了29人。中下层政治精英的24人中，C_3类人则有18人；中下层政治精英和"凡庶"子弟（$A_3 + B_3$）总共才有6人，A_3与B_3两类人之和与C_3类人之比为1:3。

2. 两代履历完整者

第一阶段的河朔三镇，具有完整的祖父、父亲履历信息者182人，其构成情况见表4-10。

表4-10　河朔三镇父、祖两代履历完整者流动统计（763—821）

单位：人

所属等级 ＼ 所属类别	A_2	B_2	C_2	小计
上层政治精英	2	9	39	50
中下层政治精英	6	39	31	76
"凡庶"	8	27	21	56
合计	16	75	91	182

据表 4-10，河朔三镇上层政治精英中仍然是 C_2 类人，即上层政治精英的后代占据主要地位。而"凡庶"子弟（A_2 类）所占比例微乎其微，只占上层政治精英的 4%；占中下层政治精英的 7.9%。但同时应该看到在中下层政治精英中，中下层政治精英和"凡庶"子弟（$A_2 + B_2$）有 45 人，占比达到了 59.2%，已经超过了上层政治精英子弟的比重（40.8%），与上层政治精英子弟之比约为 1∶0.7。

以终任履历信息为准，河朔三镇人物有父祖履历者的情况见表 4-11。

表 4-11　河朔三镇父、祖两代履历完整者流动统计
（763—821，以终任履历为准）

单位：人

所属类别 所属等级	A_2	B_2	C_2	合计
上层政治精英	2	8	37	47
中下层政治精英	4	22	25	51
"凡庶"	5	5	1	11
合计	11	35	63	109

在有终任履历信息的 109 人中，河朔三镇的上层政治精英中仍然是 C_2 类人，即上层政治精英的后代占据主要地位。而"凡庶"子弟（A_2 类）占上层政治精英的 4.3%，占中下层政治精英的 7.8%。但同时应该看到中下层政治精英中，中下层政治精英和"凡庶"子弟（$A_2 + B_2$）共有 26 人，与 C_2 类人基本持平（25 人），两者之比为 1∶0.96。

3. 父子最终履历的比较

第一阶段的河朔三镇，具有父亲履历的共得 127 人。其本人与父亲的最终地位对比情况如表 4-12 所示。

表 4−12　河朔三镇父子履历比较情况（763—821）

单位：人

所属等级 ＼ 所属类别	A_1	B_1	C_1	小计
上层政治精英	4	16	36	56
中下层政治精英	14	29	17	60
"凡庶"	5	5	1	11
合计	23	50	54	127

在上层政治精英 56 人中，父亲也属于上层政治精英的 C_1 类有 36 人，约占 2/3，而 A_1 类有 4 人，占 7.1%；中下层政治精英和"凡庶"子弟（$A_1 + B_1$）有 20 人，约占 1/3。但是"凡庶"和中下层政治精英之子（$A_1 + B_1$），可以在中下层政治精英里占 71.7%，与上层政治精英之子之比高达 1∶0.4。

（三）本目小结

从上述数据，可以看出第一阶段河朔藩镇有以下几个方面值得注意。

第一，从上升型社会流动来看，"凡庶"子弟晋身藩镇上层政治精英集团比较困难。即便只是从父子两代来定义和考察，"凡庶"之子也很难跻身河朔藩镇的上层政治精英。更不用说把从父亲到曾祖的三代履历都进行追溯。也即通常情况下要想成为河朔藩镇的上层政治精英，其先世多半还是上层政治精英子弟。

其中应该注意：按照父、祖两代计算，确定进入上层政治精英的"凡庶"子弟有 2 人，[1] 即黄晖（第 222 号，曾祖仕历不详）[2]、张光祚（第 133 号）。这两人是之前三代皆不仕，且均仕于幽州。

---

[1]　宋俨（附录二表 C，第 145 号）仅有祖父姓名，曾祖和父亲姓名、履历均不见记载，很可能也是"凡庶"，若将其父亲也认为是"凡庶"，则为 3 人。所以，本书统计得出的社会流动值都是保守估计的。

[2]　本目所注这些人物均出自附录二表 C，故均仅注编号。

先世中至少有一位为中下层政治精英但没有上层政治精英的有 9
人：李仲昌（第 25 号，第五章对此人有详论）、王武俊（第 59
号）、郑瓒（第 99 号）、蔡雄（第 151 号），以上 4 人是三代履历
完整的；吴希光（第 18 号）、杨达（第 96 号）、耿君用（第 202
号）、石默啜（第 244 号），以上 4 人的曾祖履历不详、父祖两代
履历完整。只有一人张光朝（第 158 号），曾祖为高官（安史之
乱以前）。"凡庶"子弟多来自幽州，这种格局可能与安史余部在
河朔子区域的再分配格局有关，笔者将在幽州的专论中继续深入
探讨这一问题。

第二，关于中下层政治精英集团社会来源的比例，则因统计口
径的不同而有很大差距。

其中，比较祖、父两代履历完整者的最终仕宦履历时，可以发
现中下层政治精英中，A_2 与 B_2 类人之和与 C_2 类人已几近于平分秋
色。若仅比较父子之间的最高履历，则 A_1 与 B_1 类人之和还比 C_1 类
人略占优势。中下层政治精英和"凡庶"子弟在这里形成了与上
层政治精英子弟之间最强的竞争力。

笔者在前面已经根据有生卒年信息的 76 人，大致推断这 263
人在宝应二年安史之乱结束之时的平均年龄为 11.9—21.1 岁。[1]
据此，长庆元年，假设这 263 人仍然健在，则平均年龄应该为
70—79 岁，事实上有生卒年信息的 76 人中，只有 10 位还健在。
由此知这些人的祖父这一代仕历大多在安史之乱以前，曾祖仕历
应该在 8 世纪以前，距离藩镇时代较远。所以，重点从祖、父两
代来观察社会流动，或许更能看到藩镇体制所起到的作用。

第三，武职履历是中下层政治精英和"凡庶"子弟进身的重
要依凭，但它所包含的范围较广，不仅局限于冲锋陷阵。

从有终任履历的情况来看，上层政治精英中出自"凡庶"的 2
人都有从军的履历。张光祚虽然出任过文职，但最终仍然是担任了

---

① 在 95% 的可靠程度，并假设其符合正态分布的前提下。

武将；出自中下层政治精英子弟的 9 人中有 5 人出任武职，另外 4 人出任支州刺史，刺史既领军，又兼理民政，具有文武兼职的色彩，且 4 人中有 3 人是文职出任，有 1 人（吴希光，第 18 号）是武将。对于中下层家庭来说，一般仍需要有一些军事方面的才干，才能进入上层政治精英的行列。

中下层政治精英中，出自"凡庶"的 4 名子弟都有武职履历，但其中有 2 人曾有文官履历。值得一提的是，刘其云先后出任的贝州作坊判官和天雄军作坊副将，实际上已难以用"文武"来简单区分，看起来"判官"是文职，"副将"是武职，但职责都与藩镇的军需生产和供应等基层事务有关，天雄军作坊级别应稍高一些。这也反映出许多基层事务中文武界限并不清晰。中下层政治精英子弟维持家声，则往往可以有一些选择。如从事一些基层事务的文职类有 22 人，3 人完全从事武职。赵逸（第 22 号），祖父任官卑，父亲不仕，"寄名戎府"。程叔绚（第 43 号）的祖、父都是文职（曾祖履历不详），他出任防御押衙看似是武职，但很快有文职化的转向，所出任的作坊将领一职，亦和军需供应有密切关系。宗惟明（第 232 号）祖父为县丞小官，父亲不仕，所以也走了从军道路。

根据上述分析，结合前面三种不同统计口径得出的数据，似乎能够看出第一阶段河朔藩镇政治精英构成的如下趋势：上层政治精英群体流动性较小，来自"凡庶"和中下层政治精英之家（即 A_2 和 B_2 类）的子弟必须有一定的军事才干才能跻身其列，而且比例较低。中下层政治精英中，则有接近一半的人来自"凡庶"或中下层政治精英之家，藩镇众多的事务性工作多由他们来承担，基层军校往往由其充任，这是河朔藩镇半独立机制中最具有开放性和包容性的部分。但若再向上追溯至曾祖，则他们当中仍有相当一部分人是来自安史之乱以前唐廷的上层政治精英之家。

在表 C 中，共有 12 人因内部权力争夺、更替而被杀或被逐，基本发生在上层政治精英群体中（卒于战阵的宋俨、张光祚与他们的死因性质有所不同，故并不归为一类），以节度使及其亲族为

主；非节度使家族成员只有 3 人，即李序（第 73 号）、李献诚
（第 110 号）和王士林（第 112 号），全部来自成德镇，与成德镇
权力更迭相关。① 正如第三章所论，第一阶段，河朔藩镇节度使更
替基本局限于几个关系紧密的家族之内，实际上在某种程度上决定
了上层政治精英的构成也是基本稳定的，并未直接波及更加广泛的
社会阶层。但藩镇中下层政治精英的队伍里却正在聚集"新血"。

三　河朔藩镇政治精英的社会流动概况（822—914）

前面已经勾勒了第二阶段（822—914）河朔藩镇的发展特点，
在长庆二年以后，河朔藩镇稳定发展，在进入晚唐五代初期以后，
其独立性又逐渐被消解。就这一时期河朔藩镇的顶层权力变更状况
而言，魏博和幽州两镇极其频繁，而成德镇则较为稳定，那么当我
们将视野放宽到河朔藩镇的整个政治精英阶层，其构成情况如何呢？

（一）河朔藩镇政治精英流动总体状况

1. 三代履历完整者

第二阶段，经过筛选共得到三代履历完整者 246 人。其结构见
表 4 - 13。

表 4 - 13　河朔诸镇三代履历完整者流动统计（822—914）

单位：人

所属等级 ＼ 所属类别	A_3	B_3	C_3	小计
上层政治精英	1	12	44	57
中下层政治精英	10	20	53	83
"凡庶"	46	30	30	106
合计	57	62	127	246

---

① 另外还有一些人物因为没有任何履历信息并未纳入表格中，但他们的遭遇也
主要是和顶层权力斗争相关。

河朔藩镇的政治精英集团，不论是上层，还是中下层都是 C_3 类人，即上层政治精英的后代占据主要地位。而"凡庶"子弟（A_3 类）所占比例仍然很低。A_3 与 B_3 类合计，也只占到上层政治精英的 22.8%，但相比第一阶段已有很大提升。在中下层政治精英中，中下层政治精英和"凡庶"子弟（$A_3 + B_3$）所占比例达到了 36.1%，与上层政治精英子弟之比接近 1∶1.8，这两个数值略低于第一阶段的相应数值。

同样，我们需要来进一步看有终任履历信息且三代履历完整者的分布情况，见表 4 − 14。

表 4 −14　河朔诸镇三代履历完整者流动统计（822—914，以终任履历为准）

单位：人

所属等级 ＼ 所属类别	A_3	B_3	C_3	小计
上层政治精英	1	11	35	47
中下层政治精英	4	9	16	29
"凡庶"	8	5	5	18
合计	13	25	56	94

有终任履历信息的样本数量减少至 94 人。在河朔藩镇政治精英集团中，上层政治精英子弟（C_3 类）尽管占据优势，特别是在上层政治精英 47 人中占据了 35 人，"凡庶"子弟（A_3 类）所占比例虽然仍然很低，只有 2.1%，但若将中下层政治精英与"凡庶"子弟（$A_3 + B_3$）作为中下层一起考虑，则他们在上层政治精英中占据了 1/4 强（25.5%）。中下层政治精英的 29 人中，C_3 类人有 16 人，中下层政治精英和"凡庶"子弟（$A_3 + B_3$）也有 13 人，占总数的 44.8%，A_3 与 B_3 两类人之和与 C_3 类人之比约为 1∶1.2。

2. 两代履历完整者

我们将统计范围缩至父、祖两代，第二阶段共得两代履历完整的河朔藩镇人物 315 人，见表 4 − 15。

表4-15　河朔藩镇父、祖两代履历完整者流动统计（822—914）

单位：人

所属等级 ＼ 所属类别	A_2	B_2	C_2	小计
上层政治精英	5	13	55	73
中下层政治精英	18	31	55	104
"凡庶"	67	45	26	138
合计	90	89	136	315

从表4-15来看，河朔藩镇的政治精英集团，上层政治精英中仍然是 C_2 类人，即上层政治精英的后代占据主要地位，但中下层政治精英和"凡庶"的子弟（$A_2 + B_2$）也有了更多机会，共占上层政治精英的约24.7%。在中下层政治精英中，中下层政治精英和"凡庶"子弟（$A_2 + B_2$）有49人，占47.1%，上层政治精英子弟占52.9%。中下层政治精英和"凡庶"子弟之和（$A_2 + B_2$）与 C_2 类人之比为1∶1.1，比第一阶段稍低。原因同前，即有不少上层政治精英去世之时，其子嗣有任官，但我们却并不知道这些子嗣的终任履历情况。

父、祖两代履历完整，且有终任履历信息的河朔藩镇人物情况，见表4-16。

表4-16　河朔诸镇父、祖两代履历完整者流动统计
（822—914，以终任履历为准）

单位：人

所属等级 ＼ 所属类别	A_2	B_2	C_2	小计
上层政治精英	4	13	44	61
中下层政治精英	10	18	17	45
"凡庶"	22	8	4	34
合计	36	39	65	140

在有终任履历信息的 140 人中，河朔藩镇的政治精英集团，上层政治精英中仍然为上层政治精英的子弟，即 C_2 类人占据主要地位；"凡庶"子弟（A_2 类）所占比例尽管仍然较小，只有 6.6%，却比第一阶段的相应指标上升了近 3 个百分点；中下层政治精英与"凡庶"子弟（$A_2 + B_2$）则占到了 27.9%。在中下层政治精英中，中下层政治精英和"凡庶"子弟（$A_2 + B_2$）之和达到 28 人，占中下层政治精英的 62.2%，超过 C_2 类的人数，两者之比约 1:0.6。

3. 父子最终履历的比较

同第一阶段一样，我们集中观察一下父子两代之间的流动和地位变迁。第二阶段具有相对完整的父亲信息及本人终任信息①的河朔藩镇人物，共有 155 人，他们与父亲的地位比较见表 4 – 17。

表 4 – 17 河朔藩镇父子最终履历比较（822—914）

单位：人

所属等级 ＼ 所属类别	A_1	B_1	C_1	小计
上层政治精英	10	16	45	71
中下层政治精英	15	18	16	49
"凡庶"	26	6	3	35
合计	51	40	64	155

据表 4 – 17，上层政治精英 71 人中，父亲也属于上层政治精英的 C_1 类有 45 人，占 63.4%；中下层政治精英和"凡庶"之子（$A_1 + B_1$）也有 26 人，占了 36.6%。在中下层政治精英中，"凡庶"和中下层政治精英（$A_1 + B_1$）之子，有 33 人，与上层政治精英之子之比高达 1:0.5。

———————————

① 即拥有父亲最高官职和本人终任官职信息的人物。

（二）河朔三镇政治精英流动状况

我们从横向上再把讨论范围缩小至河朔三镇。研究第二阶段河朔藩镇政治精英的流动，做出上述调整具有比较重要的意义。这不仅是因为易定和沧景二镇在相当长的一段时间里并不具有割据型藩镇的特征，[①] 更主要的原因还在于其资料偏少。

1. 三代履历完整者

三代履历完整的河朔三镇人物，共221人。仍然按先前的分类标准列表如下（见表4-18）。

表4-18　河朔三镇三代履历完整者流动统计（822—914）

单位：人

所属等级 ＼ 所属类别	A_3	B_3	C_3	小计
上层政治精英	1	12	41	54
中下层政治精英	9	17	49	75
"凡庶"	42	24	26	92
合计	52	53	116	221

据表4-18，河朔三镇的政治精英集团，不论是上层还是中下层，都是 C_3 类人，即上层政治精英的后代占据主要地位。同时，中下层政治精英子弟所占比例也在增加，若再加上"凡庶"子弟（$A_3 + B_3$），两者合计占到上层政治精英的24.1%。在中下层政治精英中，中下层政治精英和"凡庶"子弟（$A_3 + B_3$）所占比例达到了34.7%，与上层政治精英子弟（C_3类）之比接近1:1.9。

同样，再来看只比较终任履历的情况，见表4-19。

————————

① 这类节度使由唐廷任命的河朔藩镇，节度使以下的政治精英构成情况是怎样的，笔者将在下一节讨论。

表 4 – 19 河朔三镇三代履历完整者流动统计
(822—914，以终任履历为准)

单位：人

所属等级 \ 所属类别	A_3	B_3	C_3	小计
上层政治精英	1	11	32	44
中下层政治精英	4	7	13	24
"凡庶"	7	5	5	17
合计	12	23	50	85

有终任履历的河朔三镇样本数量减少至 85 人。C_3 类即上层政治精英子弟在整个政治精英集团中占据优势。特别是在上层政治精英 44 人中占据了 32 人，但"凡庶"和中下层政治精英子弟 $(A_3 + B_3)$ 也占了 27.3%。中下层政治精英的 24 人中，C_3 类人则有 13 人；中下层政治精英和"凡庶"子弟 $(A_3 + B_3)$ 总共有 11 人，A_3 与 B_3 两类人之和与 C_3 类人之比为 1 : 1.2。

2. 两代履历完整者

将统计范围缩至父、祖两代，第二阶段共得两代履历完整的河朔三镇人物 275 人（见表 4 – 20）。

表 4 – 20 河朔三镇父、祖两代履历完整者流动统计 (822—914)

单位：人

所属等级 \ 所属类别	A_2	B_2	C_2	合计
上层政治精英	5	13	51	69
中下层政治精英	16	27	51	94
"凡庶"	62	28	22	112
合计	83	68	124	275

据表 4 - 20，在河朔三镇上层政治精英中，C$_2$ 类人即上层政治精英的后代仍然占据主要地位。而"凡庶"子弟（A$_2$ 类）占上层政治精英的 7.25%；中下层政治精英和"凡庶"子弟（A$_2$ + B$_2$）占 26.1%。在中下层政治精英中，"凡庶"子弟（A$_2$ 类）占总人数的 17%；中下层政治精英和"凡庶"子弟（A$_2$ + B$_2$）共有 43 人，占比达到了 45.7%，与上层政治精英子弟（C$_2$ 类）之比约为 1 : 1.2。

两代履历完整，且有终任履历信息的河朔三镇人物情况，见表 4 - 21。

表 4 - 21　河朔三镇父、祖两代履历完整者流动统计
（822—914，以终任履历为准）

单位：人

所属等级 ＼ 所属类别	A$_2$	B$_2$	C$_2$	合计
上层政治精英	4	13	41	58
中下层政治精英	9	15	14	38
"凡庶"	20	7	4	31
合计	33	35	59	127

在有终任履历信息的 127 人中，上层政治精英中仍然是 C$_2$ 类人，即上层政治精英的后代占据主要地位。而"凡庶"子弟（A$_2$ 类）占上层政治精英的 6.9%；中下层政治精英和"凡庶"子弟（A$_2$ + B$_2$）占 29.3%。在中下层政治精英中，"凡庶"子弟（A$_2$ 类）占 23.7%，中下层政治精英和"凡庶"子弟（A$_2$ + B$_2$）有 24 人，比 C$_2$ 类人数多，两者之比约为 1 : 0.6。

3. 父子最终履历的比较

第二阶段具有父亲最终履历及本人终任履历的河朔三镇人物，共有 139 人，见表 4 - 22。

表4-22 河朔三镇父子履历比较情况（822—914）

单位：人

所属等级＼所属类别	A_1	B_1	C_1	小计
上层政治精英	10	16	40	66
中下层政治精英	11	16	14	41
"凡庶"	24	5	3	32
合计	45	37	57	139

在上层政治精英66人中，父亲也属于上层政治精英的C_1类有40人，占60.6%；A_1类有10人，约占15.2%；中下层政治精英和"凡庶"之子（$A_1 + B_1$）有26人，占近39.4%。在中下层政治精英中，"凡庶"和中下层政治精英之子（$A_1 + B_1$）占65.9%，与上层政治精英之子之比高达1:0.5。父子之间的社会地位变化，虽然只是一种短期的波动，但仍可作为观察河朔藩镇社会流动的一种参照。

（三）本目小结

通过以上各表不难发现，长庆二年河朔藩镇格局进一步稳定的同时，中下层政治精英的子弟经过第一阶段近60年的积累，已经有少部分人进入上层政治精英的行列。这是上升型社会流动的一种体现。为进一步观察第二阶段河朔藩镇社会流动的特点（仅就数据本身的层面），需要把两个阶段的一些具体数值换成百分比和比来进行比较，或许有一定参考价值（见表4-23、表4-24、表4-25）。

表4-23 两个阶段河朔藩镇三代履历完整者的几项指标比较

口径与指标＼类别			上层政治精英		中下层政治精英	
			第一阶段	第二阶段	第一阶段	第二阶段
河朔藩镇整体	全部	A_3占比（%）	2.4	1.8	5.8	12
		B_3占比（%）	9.5	21.1	38.5	24.1
		（$A_3 + B_3$）:C_3	1:7.4	1:3.4	1:1.3	1:1.8

续表

口径与指标		类别	上层政治精英		中下层政治精英	
			第一阶段	第二阶段	第一阶段	第二阶段
河朔藩镇整体	终任履历	A_3占比（%）	2.5	2.1	3.8	13.8
		B_3占比（%）	10	23.4	19.2	31
		$(A_3 + B_3):C_3$	1:7	1:2.9	1:3.3	1:1.2
仅河朔三镇	全部	A_3占比（%）	2.8	1.9	6.3	12
		B_3占比（%）	11.1	22.2	39.6	22.7
		$(A_3 + B_3):C_3$	1:6.2	1:3.2	1:1.2	1:1.9
	终任履历	A_3占比（%）	2.9	2.3	4.2	16.7
		B_3占比（%）	11.8	25	20.8	29.2
		$(A_3 + B_3):C_3$	1:5.8	1:2.7	1:3	1:1.2

表 4 - 24　两个阶段河朔藩镇两代履历完整者的几项指标比较

口径与指标		类别	上层政治精英		中下层政治精英	
			第一阶段	第二阶段	第一阶段	第二阶段
河朔藩镇整体	全部	A_2占比（%）	3.2	6.85	8.1	17.3
		B_2占比（%）	16.1	17.8	50	29.8
		$(A_2 + B_2):C_2$	1:4.2	1:3.1	1:0.7	1:1.1
	终任履历	A_2占比（%）	3.4	6.6	6.9	22.2
		B_2占比（%）	15.3	21.3	43.1	40
		$(A_2 + B_2):C_2$	1:4.4	1:2.6	1:1	1:0.6
仅河朔三镇	全部	A_2占比（%）	4	7.25	7.9	17
		B_2占比（%）	18	18.8	51.3	28.7
		$(A_2 + B_2):C_2$	1:3.5	1:2.8	1:0.7	1:1.2
	终任履历	A_2占比（%）	4.3	6.9	7.8	23.7
		B_2占比（%）	17	22.4	43.1	39.5
		$(A_2 + B_2):C_2$	1:3.7	1:2.4	1:0.96	1:0.6

表4-25 两个阶段河朔藩镇父子代际流动几项指标比较

口径与指标		类别	上层政治精英		中下层政治精英	
			第一阶段	第二阶段	第一阶段	第二阶段
河朔藩镇整体	终任履历	A_1 占比(%)	5.6	14.1	23.5	30.6
		B_1 占比(%)	27.8	22.5	48.5	36.7
		$(A_1 + B_1):C_1$	1:2	1:1.7	1:0.4	1:0.5
仅河朔三镇	终任履历	A_1 占比(%)	7.1	15.2	23.3	26.8
		B_1 占比(%)	28.6	24.2	48.3	39
		$(A_1 + B_1):C_1$	1:1.8	1:1.5	1:0.4	1:0.6

综合三个表格，可以发现以下几个特征。

第一，对于两代履历完整者和三代履历完整者的比较。在上层政治精英中，"凡庶"和中下层政治精英子弟总的占比在第二阶段是在提升的。尽管按照三代履历来计，第二阶段"凡庶"子弟在上层政治精英子弟中的占比略有下降，但考虑到其绝对值没有变化，而且曾祖的社会政治资源对藩镇体制下的社会流动影响也比较曲折，因此，中下层子弟上升流动幅度加大的总趋势并未改变。这大致可以说明，在上层政治精英的构成中，第二阶段比第一阶段补充了更多"新血"，尽管这种补充可能是不均衡的。河朔藩镇为应对现实需要，设立了更多的基层使职，为"凡庶"和中下层政治精英家庭的子弟（特别是后者）提供了更多机会。唯一需要关注的是，不区分初任和终任履历之时，在中下层政治精英这一部分，"凡庶"和中下层政治精英子弟所占比例在第二阶段比第一阶段略有降低。原因在前面已经解释过：很多上层政治精英子弟的官职登记在"本人初任官"这一项，但其终任履历却因相关资料不足未能进行追踪。我们只能在下一节中通过一些个案的分析尝试做进一步的讨论。

第二，父子之间最终履历的比较，反映了代际社会地位的变迁，有时是一种短期的变动，不一定都是趋势所在。但即便如此，也能看到越是到藩镇统治的后期（第二阶段），河朔藩镇上层政治精英的父亲来自"凡庶"和中下层政治精英的比例越接近。

如果观察第二阶段有祖上家世背景且有终任履历的河朔藩镇政治精英的代际社会流动，可以发现以下特点。

第一，在上层政治精英中，来自三代以内皆为"凡庶"之家的只有马文操（表D①第52号）1人，为武职。而来自中下层政治精英之家的11人中，8人或多或少都有军中履历，其中4人为完全武职，4人有文职履历（其中3人充任了需兼领军务的支州刺史，另有1人邢汴，最终充任了武职）；3人完全为文职（但孔谦亦曾带过押衙衔）。11人中至少有4人明确充任过与经济生产或财务有关的使职（第174号邢汴、第239号董唐元、第283号敬延祚、第132号孔谦）。

若只考虑父祖两代，上层政治精英中，"凡庶"子弟除马文操之外，又增加3人，即第38号宗庠、第170号马良（以上两人曾祖情况不详）和第272号韩宗穗（在按祖上三代的家世统计，归为B$_3$类，曾祖为德州司马）。根据这些人的生卒年，可知其曾祖仕宦都在安史之乱以前。4人中，有3人是武职；宗庠1人为文职，自入仕起负责藩镇的手工业和财政方面的事务。中下层政治精英子弟则增加了3人，其中支州刺史2人（第254号张建章和第269号阎好问②），兼有文武履历的1人（第251号，最后也是最高任官为武职）。没有深厚家世背景的中下层政治精英的子弟在河朔藩镇充任武职，以及从事与经济生产、管理财务有关的工作，可能仍是进入上层政治精英行列不可或缺的一级重要阶梯。

第二，在中下层政治精英中，出自三代以内皆为"凡庶"的子弟共4人，其中1人从军（第196号墨君和），3人则为基层幕职或县级佐官。中下层政治精英子弟9人，3人从军，1人兼任文武职，另外5人为基层幕职或县级官员。若只考虑父、祖两代，10位"凡庶"子弟，有2人从事武职，7人为县级官员或基层幕职，1人任官性质不详（第33号李文遂"久事公门"，但未言具体官称，应是任职不高）。

---

①　本目以下人物都出自附录二表D，故只注编号。

②　阎好问的情况略有不同，因其为张仲武之甥。

若按父、祖两代来计，18 位来自中下层政治精英之家的子弟中，8 人从事武职；1 人兼有文武履历（第 326 号元工政），但主要是幕职；9 人是文职，或为基层幕职，或为州县佐官等。从总的趋势来看，河朔藩镇的"凡庶"和中下层政治精英子弟在藩镇的基层官员中占据了较多位置，承担了大量基层事务。

可以看出，尽管第二阶段河朔藩镇大部分时间对外战事减少，但是中下层政治精英的子弟要跻身上层政治精英的行列，仍需有武职或带有武职色彩（实际执掌则可能比较复杂）的履历，由此仍可见军事对于河朔藩镇的重要作用。社会流动渠道的拓宽主要还是体现在藩镇为应对大大小小日常事务而设立的那些职位上。

由此可见，河朔藩镇的半独立体制为一些中下层政治精英和"凡庶"子弟提供了上升或维持社会地位的渠道。他们通过充任基层军校，承担烦琐的基层事务，[1] 经过积累，扩大了声望。相比第一阶段，第二阶段中越来越多的"凡庶"和中下层政治精英子弟跻身于藩镇上层政治精英的行列。即便追溯到曾祖一代，仍然有这种整体性的趋势。[2] 根据上述这些数字的比较，似乎可以认为，藩镇统治下的河朔，其政治精英集团正在不断吐故纳新，吸收"新血"，这是上升型社会流动的表现之一。

第二节 个案分析：河朔藩镇若干家族的升降兴亡

统计只是帮助我们更好地去认识那些定性分析的个案的重要意义，

---

[1] 有些人虽然带军职，但从事的事务不一定限于军事，实际执掌可能非常宽泛。陈志坚在前人研究基础上提出过一个"吏化军职"的概念，非常具有启发性。参见陈志坚《唐代州郡制度研究》，上海古籍出版社 2005 年版，第 116—117 页。

[2] 由于各镇的资料分布不平衡，每个藩镇的具体情况又会有所不同，这是笔者下一步要讨论的问题，还不能在本书中详尽展开，故只能探讨一些整体的趋势。

由于资料本身的缺陷而不可避免地具有很大的局限性，何况，一两代甚至三代之内的社会流动往往会掩盖不少社会变迁。[1] 所以，我们要从更长的时段来考察流动现象，就必须做一些家族的个案分析。河朔藩镇节度使家族往往都有一个从成长到衰亡的过程，家族资料也相对丰富一些，因此，结合前面的统计，分析这些家族的社会流动，或许能帮助我们进一步窥探河朔藩镇统治下社会流动的一般趋势。

一　魏博镇

（一）田氏家族

安史之乱前，田氏家族长期活动于辽东、碣石一带，在当地具有一定的影响。[2] 但田氏家族真正步入上升的社会阶梯实乃从田承嗣开始。开元末年，田承嗣就已成为安禄山手下的得力干将，作战勇敢，并表现出善于治兵的才能。[3] 安史之乱期间，田承嗣与后来的成德节度使李宝臣（时名张忠志）等为前锋，"陷河洛"。[4] 安禄山败后，"史朝义再陷洛阳，承嗣为前导，伪授魏州刺史"。[5] 从这时开始，以魏州为中心的魏博镇雏形出现了，它成为田氏家族的基本活动区域。宝应二年，田承嗣被唐廷正式任命为魏博节度使。

---

① 参见 Ping-ti Ho, *The Ladder of Success in Imperial China*, pp. 92 - 125。

② 《旧唐书》卷 141《田承嗣传》载田承嗣祖、父皆"以豪侠闻于辽、碣"（第3837 页）。而《魏博节度使田公神道碑》载，曾祖田堪为隋州从事，祖父田璟为郑州别驾，父守义为安东副都护，赠户部尚书。（载李昉等编《文苑英华》卷 915，第 4815 页）从《新唐书》卷 210《藩镇魏博·田承嗣传》（第 5923—5924 页）来看，《新唐书》的"事增"部分可能来自此碑（参见下注），但是宋祁却并未在《新唐书》中增加承嗣的祖、父任官情况，仍然只写下"世事卢龙军，以豪侠闻"数字。本书附录的统计表中将其曾祖、祖父处理为"不仕"，因为郑州别驾一职似乎与"以豪侠闻于辽、碣"无关联，极有可能是赠官。而承嗣之父田守义之结衔则依《魏博节度使田公神道碑》所记。

③ 《新唐书》卷 210《藩镇魏博·田承嗣传》载，"尝大雪，禄山按行诸屯，至其营，若无人，已而摞甲列卒，阅所籍，不缺一人，禄山异其能，使守颍川"（第5923—5924 页）。此段记载概源于《魏博节度使田公神道碑》，载李昉等编《文苑英华》卷 915，第 4815 页。

④ 《旧唐书》卷 141《田承嗣传》，第 3837 页。

⑤ 同上。

田承嗣为图自固，一方面增强军事力量，另一方面恢复和组织生产，① 同时积极抢夺地盘，使得魏博镇的控制范围基本稳定在贝、博、魏、卫、相、澶六州。② 在这一过程中，田承嗣的兄弟子侄也因田承嗣一镇之主的地位而成为魏博镇的精英人物。田承嗣之弟田廷琳为贝州刺史。③ 田承嗣从子田悦"蚤孤，母更嫁平卢戍卒，悦随母转侧淄、青间。承嗣得魏，访获之，年十三，拜伏有礼"。④ 田悦生父于田承嗣执掌节钺时若仍然健在，应该不难位至支州刺史。⑤ 田悦则备受伯父田承嗣的赏识，授中军兵马使。田承嗣的季父田延恽一脉，也获得了重用。田延恽之子田廷玠，在田承嗣执掌节钺期间历任沧、洺、相三州刺史。⑥ 田承嗣共有十一子，其中年长的有田维、田朝和田华，留在魏博的田维位至魏州刺史，但可能早卒，而其余诸子还都很幼小，这可能是田承嗣在临终前命侄子田悦知军事的根本原因，⑦ 如第三章所论，这是维持家族地位的一个稳妥策略。大历十三年九月，⑧ 田承嗣卒，田悦以中军

①　参见本书第二章。

②　田承嗣在大历十一年（776）时尚有贝、博、魏、卫、相、磁、洺等七州。参见《旧唐书》卷 141《田承嗣传》，第 3840 页。

③　封演：《魏州开元寺新建三门楼碑》，载李昉等编《文苑英华》卷 863，第 4453 页。

④　《新唐书》卷 210《藩镇魏博·田悦传》，第 5926—5927 页。

⑤　宋人孙汝听注释《魏博节度观察使沂国公先庙碑铭》时，将田悦作为田廷琳之子，不知所本 [参见韩愈撰，刘真伦、岳珍校注《韩愈文集汇校笺注》卷 16，第 1841 页"（一九）孙汝听注"]。但从田承嗣其他兄弟任官情况来看，田悦生父若在田承嗣主政魏博的大历十年时仍然健在，获得支州刺史之位，当是在情理之中。

⑥　参见《旧唐书》卷 141《田弘正传》，第 3848 页。

⑦　《旧唐书》卷 141《田承嗣附侄悦传》载："[田] 悦勇冠军中，承嗣爱其才，及将卒，命悦知军事。而诸子佐之。"第 3840 页。

⑧　《旧唐书》卷 141《田承嗣传》载大历十三年九月卒（3840 页）；《魏博节度使田公神道碑》载其卒于大历十三年九月（《文苑英华》卷 915，第 4816 页）；《旧唐书》卷 11《代宗纪》则言大历十四年二月卒（第 315 页）；《通鉴》卷 225，唐代宗大历十四年二月条沿袭《旧唐书·代宗纪》的说法（第 7255 页）。但是否有可能田承嗣卒后一直秘不发丧，直至十四年二月，田悦地位稳固之后方报丧。另外，生卒年一般以墓志所记当不会出错，故田承嗣卒年仍取"大历十三年九月"。

兵马使的身份接任为魏博节度留后，不久，正授魏博节度使。①

　　田悦执掌节钺期间，基本上维持了魏博镇割据自立的局面。田氏家族的其他成员仍然是魏博镇上层权力的主要参与者。田悦令田承嗣的第六子田绪主牙军。田悦恐其叔父田廷玠难制，召为节度副使。② 田廷玠由节制一州的刺史改为藩帅眼皮底下的节度副使，虽是明升暗降，但仍然是魏博镇上层政治精英的一员。田悦虽然在笼络魏博军民方面下了不少功夫，也取得了一定的成效，然而由于连年征战，魏博军民"苦于兵革，愿息肩焉"。③ 而且，田悦本人"性俭啬，衣服饮食，皆有节度，而绪等兄弟，心常不足"，④ 内部矛盾正在逐渐积累。兴元元年，"朝廷宥悦，仍令孔巢父往宣慰"。⑤ 一时之间，魏博军民皆欢欣鼓舞。正在田悦放松警惕之时，他的从弟田绪采取行动，斩杀田悦全家，登上魏博节度使之位。在田氏整个家族还处于上升的时期，田悦本人则经历了由高级将领到藩帅的荣升，最后又从藩帅的位置沦至身首异处、全家被诛的境地。

　　田绪执掌魏博节钺之后，节度使之位的传承又重新回到了田承嗣这一系。田绪迎娶了代宗之女嘉诚公主。⑥ 然而田绪酒色无度，暴卒于贞元十二年四月。田绪幼子季安，因被嘉诚公主蓄为己子，得以执掌节钺。另外两位兄长田季和与田季直分授澶州刺史和魏博的衙将，⑦ 田季直的官称记载模糊，但至少也还是中级将佐。田季安执掌魏博时期，田氏家族内部的主要矛盾在于田季安对其族父、田廷玠之子田兴（即田弘正，以下都称田弘正）的猜忌，"季安以人情归附，乃出为临清镇将，欲掯撼其过害之"，⑧ "弘正阳痹瘸，

---

① 参见《旧唐书》卷141《田承嗣传》，第3840—3841页。
② 参见《旧唐书》卷141《田弘正传》，第3848页。
③ 《旧唐书》卷141《田承嗣附侄悦传》，第3845页。
④ 同上书，第3846页。
⑤ 同上书，第3845页。
⑥ 《新唐书》卷83《诸帝公主传》，第3663页。
⑦ 《旧唐书》卷141《田承嗣附子绪传》，第3846页。
⑧ 《旧唐书》卷141《田弘正传》，第3848页。

卧家不出，乃免"。① 但此时两人之间的矛盾并非对朝廷或忠或叛的立场之争，而是藩镇内部特别是田氏家族内部的权力之争。田弘正仍然担任着魏博军步射都知兵马使同节度副使这样重要的使职。② 田氏家族在魏博镇的地位仍是极其稳固的。

元和七年，田季安卒，子怀谏被立为节度副使。田怀谏年幼不能立事，不得不"召〔田弘正〕还旧职"，③ 然而，最终引发军乱，田弘正被推立为魏帅。田怀谏被送往京师，"起复授右监门卫将军，赐第一区，刍米甚厚"。④ 但从此在史籍上不见了踪影。田怀谏的三个兄弟怀礼、怀询、怀让此后亦默默无闻。对田承嗣而言，他的第三代子孙在魏博镇已经完成了下降型的流动。然而，田氏家族在魏博镇的地位至少在此时仍然没有受到动摇。田弘正执掌魏博节钺后立即表示完全服从朝廷政令。他"读儒家书，好言君臣事"，⑤ 表现出心向唐廷的倾向，可能主要还是缘于其父的影响。史载其父田廷玠"幼敦儒雅，不乐军职"，田弘正亦"少习儒书，颇通兵法""勇而有礼"。⑥ 田弘正执掌魏博节钺，并且恭顺唐廷，一时间让他自己及兄弟子侄飞黄腾达。元和八年正月，大概是由于田弘正的奏请，其兄博州刺史田融移任相州刺史。⑦ 相州位于冀州通往长安的要道，位置较博州重要，⑧ 人口亦比博州为多。⑨ 后田融迁东都留司。⑩ 尤其是元和十五年冬，"弘正移镇成德军，仍以布为河阳三城怀节度使，父子俱拥节

① 《新唐书》卷148《田弘正传》，第4782页。
② 参见《宋本册府元龟》卷177《帝王部·姑息第二》，第426页。
③ 《新唐书》卷148《田弘正传》，第4782页。
④ 《旧唐书》卷141《田承嗣附绪子季安传》，第3847页。
⑤ 《元稹集》卷52《沂国公魏博德政碑》，第562—564页。
⑥ 《旧唐书》卷141《田弘正传》，第3847页。
⑦ 参见《通鉴》卷239，唐宪宗元和八年正月癸亥条，第7698页。
⑧ 相州地处交通干线，而博州处于交通支线上，参见严耕望《唐代交通图考》第5卷《河东河北区》，台北：中研院历史语言研究所专刊之八十三，1986年版，第1641、1657、1667—1668页。
⑨ 参见《旧唐书》卷39《地理志二》，第1492、1496页。
⑩ 参见《旧唐书》卷141《田弘正传》，第3851页。

旄，同日拜命"，① 田氏父子显赫一时。然而田弘正父子在荣登高位的同时，暴露出不少弱点，"长庆之代，成德军节度田弘正御下稍宽，而冒于财贿，诛求不息。民众怨咨"。② 所以，当作为其纪纲仆的两千魏博牙军离开镇州之后，田弘正遭遇军乱被杀也就不可避免了。③唐廷希望利用田氏在魏博镇的影响伐叛，于是命田弘正之子田布移镇魏博，率军讨伐成德镇。久经赏赐的魏博军骄侈怯战，以"尚书能行河朔旧事，则死生以之。若使复战，皆不能也"④ 作为听命于田布的条件。可见，此时的魏博军人集团力量逐渐壮大，即便是根基深厚的田氏家族也难以不由规则地支配他们，田布被迫自杀。至此，田氏从魏博镇的统治集团中消失了。⑤ 田氏从平州地区来到魏博，在藩镇割据的局面下，由原来的辽碣豪侠成长为魏博镇的上层政治精英，执掌魏博节钺，但最终又在魏博乃至河朔地区的政治舞台上消失了。而这前后仅仅不过 59 年，升降兴衰之速，已然不可同于累世公卿。

（二）史氏与何氏

20 多年来，学者们研究认为，魏博镇内部可能存在一个粟特军人集团。⑥ 尽管对史氏与何氏的族属还存在一些争论，但史氏与

---

① 《旧唐书》卷 141 《田弘正附子布传》，第 3852 页。
② 《太平广记》卷 217 《五明道士》引《耳目记》，第 1661 页。
③ 《旧唐书》卷 141 《田弘正传》，第 3851 页。
④ 《旧唐书》卷 141 《田弘正附子布传》，第 3853 页。
⑤ 在一段时间内，田弘正和田布的子孙在河朔以外的顺地仍然保持了一定的地位，但那超出了本书的讨论范围。
⑥ 昭武九姓中，史氏、何氏与米氏都曾出现在魏博镇。这一说法由日本的森部丰先生提出 [参见森部丰《略论唐代灵州和河北藩镇》，载史念海编《汉唐长安与黄土高原》（《中国历史地理论丛》1998 年增刊），第 258—265 页]，并得到孙继民先生的进一步证实。参见孙继民等《新出唐米文辩墓志铭试释》，载孙继民主编《河北新发现石刻题记与隋唐史研究》，第 57—69 页。森部丰先生将多年研究论文结集为《粟特人的东方活动与欧亚世界东部历史的展开》（『ソグド人の東方活動と東ユーラシア世界の歴史的展開』吹田：関西大学出版部、2010），可以参看。有关这一问题的讨论还可参见荣新江《安史之乱后粟特胡人的动向》，载纪宗安、汤开建主编《暨南史学》第 2 辑，第 102—123 页。

何氏关系密切，当属同一集团。从各方面来看，笔者仍然相信他们属粟特集团。他们在魏博镇的活动时间长、[①] 范围广，实际上已经逐渐融入河朔地方，因此，可以作为第二阶段魏博军人家族兴衰升降的典型个案。

史氏一系，籍贯本在灵武建康。[②] 迁入河朔地区的时间最迟当在史周洛事田季安为军校之时（796—812）。[③]《旧唐书·史宪诚传》载，宪诚"祖道德，开府仪同三司、试太常卿、上柱国、怀泽郡王。父周洛，为魏博军校，事田季安，至兵马大使、银青光禄大夫、检校太子宾客、兼御史中丞、柱国、北海郡王"。《史孝章神道碑》则云："曾祖道德，赠右散骑常侍，封怀泽郡王。祖周洛，银青光禄大夫、检校太常卿、兼御史中丞、北海郡王、赠太子少保。"[④]"开府仪同三司、试太常卿""银青光禄大夫、检校太常卿、兼御史中丞"当是生前结衔，基本可以判断，史宪诚之父史周洛已经位至魏博镇的高级将领。史宪诚"始以材勇，随父历军

①　史氏和何氏先后累计执掌魏博节钺长达 48 年之久，占第二阶段的一半时间以上。

②　参见《刘禹锡集》卷 3《唐故邠宁庆等州节度观察处置使朝散大夫检校户部尚书兼御史大夫赐紫金鱼袋赠右仆射史公神道碑》（以下简称《史孝章神道碑》），中华书局 1990 年版，第 46 页。

③　《新唐书》卷 210《藩镇魏博·史宪诚传》云，史宪诚"三世署魏博将"（第5935 页）。据《史道德墓志》（载吴钢主编《全唐文补遗》第 4 辑，第 376 页），墓主卒于仪凤三年（678），若该墓主与史宪诚祖为同一人，则史道德与史周洛之间当再有一世，否则按照正常年寿，难以解释史周洛（最早 796 年始事田季安）的年龄（参见马驰《史道德的族属、籍贯及后人》，《文物》1991 年第 5 期）。另外一种可能是，《史道德墓志》的墓主与史宪诚祖父原本就是同名异人，近年来讨论史孝章墓志族属文章颇多，但无人涉及两方墓志的世系考证与接续问题，亦恐怕是资料缺乏的缘故，只能存疑待考。关于史氏迁入河朔地区的缘由考辨，参见荣新江《安史之乱后粟特胡人的动向》，载纪宗安、汤开建主编《暨南史学》第 2 辑，第 102—123 页。

④　《刘禹锡集》卷 3，第 35 页。新出《史孝章墓志》载"祖道德，皇太常卿、怀泽郡王。祖周洛，皇银青光禄大夫、检校太常卿兼御史中丞、北海郡王、赠太子太保"（见赵文成、赵君平编选《新出唐墓志百种》，西泠印社出版社 2010 年版，第 226号，第 280 页）。

中右职，兼监察御史"。① 父亲高贵的地位在史宪诚通往成功的道路上起了重要作用。史宪诚追随藩帅田弘正东征西讨，立下不少战功。田布任魏博节度使之后，史宪诚又担任了中军都知兵马使这样的重要职务。长庆二年，史宪诚"乘乱以河朔旧事动其人心"② 登上魏博节帅之位。史宪诚之弟宪忠在田弘正时期就已是牙门将，在史宪诚执掌节钺之后，官至贝州刺史。③ 史宪诚家族显荣一时，但史宪诚执掌节钺不过 7 年就失位丧命。④ 史宪忠和史宪诚之子孝章都入朝京师，⑤ 史氏在魏博镇由盛转衰，不过两代。

继史氏而起的是何氏家族。何氏祖籍在灵武建康。自曾祖至父亲都是夏州的军校，而且其父官至夏州衙前兵马使。⑥ 但是，何进滔选择了去河朔藩镇发展。⑦ 这样，他就与原来所处的优越的升迁环境脱离了直接关系。何进滔在田弘正时期多次参加作战，强悍勇猛，屡立战功。⑧ 这与其曾祖至父亲累世军校的家庭背景也许不无关联，但何进滔的升迁主要依靠的应该还是其个人才干，家世的影

① 《旧唐书》卷 181《史宪诚传》，第 4685 页。

② 《旧唐书》卷 181《史宪诚传》，第 4686 页。也有学者认为史宪诚的上台与粟特军人集团的支持有关。参见森部丰《略论唐代灵州和河北藩镇》，载史念海编《汉唐长安与黄土高原》（《中国历史地理论丛》1998 年增刊），第 258—265 页；荣新江《安史之乱后粟特胡人的动向》，载纪宗安、汤开建主编《暨南史学》第 2 辑，第 102—123 页等。这种支持固然不可或缺，然而利用"河朔故事"的基本原则争取魏博军民的广泛支持亦是重要原因，甚至是比较主要的原因。参见本书第三章。

③ 参见《新唐书》卷 148《史孝章附宪忠传》，第 4790—4791 页。

④ 参见本书第三章。

⑤ 此二人在长安以及顺地一度飞黄腾达，然后代似不见于记载。参见《旧唐书》卷 181《史宪诚附子孝章传》，第 4686—4687 页；《刘禹锡集》卷 3《史孝章神道碑》，第 35—37 页；《新唐书》卷 148《史孝章附宪忠传》，第 4790—4791 页。

⑥ 参见《旧唐书》卷 181《何进滔传》，第 4687 页。

⑦ 按荣新江老师的解释，这是"粟特人在唐朝境内的压力使然"（参见荣新江《安史之乱后粟特胡人的动向》，载纪宗安、汤开建主编《暨南史学》第 2 辑，第 102—123 页）。但具体的原因，似乎还可以继续探讨。

⑧ 史载："弘正攻王承宗，夜以兵压镇州。承宗使健将以铁冒面，引精骑千余驰魏壁。进滔率猛士逐之，几获，镇人大惧。"《新唐书》卷 210《藩镇魏博·何进滔传》，第 5937 页。

响应该是间接的。何进滔登上节帅之位的过程及原因，森部丰先生强调是由于粟特人的支持。① 在何进滔碑侧现存部分题名中，有不少疑似是粟特姓氏（曹、米、何）的文武官员。② "何"姓将校及幕职官在这些姓氏之中比例较高。尤可注意者，是这些题名中署"节度押衙"的何重荣、何重洁、何重迺、何重俨等人当与何进滔之子，即后来的魏博节度使何弘敬（被赐名前名"重顺"）同辈，或是何氏家族成员，亦有可能是其"个人型假子"。这说明何进滔夺取节度使之位应得到了一个核心力量的支持。不过，何进滔的夺权形式却是典型的军乱逐帅的模式。③ 显然，他们必须融入魏博镇的军人集团，得到更多将士的支持以及遵循河朔藩镇的惯例和规则，才能执掌魏博的最高权力。何进滔执掌魏博节钺后，中经何弘敬传至何全皞，共历三代。据《何弘敬墓志》，④ 何弘敬去世之时，他的子嗣在魏博镇的官僚体系中占有要职。但是，何全皞显然没有做到"上下不失"，⑤ 咸通十一年死于军乱。⑥ 何氏从此退出了河朔的历史舞台。

出身于粟特人的史氏与何氏家族，其经历实际上反映了迁入魏博镇之人几代间的升降起伏。史氏与何氏家族登上了河朔地区社会阶梯的顶峰——藩帅。这种情况说明，此时的河朔主客差别和民族差别观念比较淡薄，所以才有这样的机会。但不管依靠何种集团支持，他们必须能够掌控整个魏博镇的局势而不能只为其粟特集团（如果确实存在

① 参见森部丰《略论唐代灵州和河北藩镇》，载史念海编《汉唐长安与黄土高原》（《中国历史地理论丛》1998 年增刊），第 265 页。

② 参见孙继民《唐何进滔德政碑侧部分题名释录》，载杜文玉主编《唐史论丛》第 9 辑，三秦出版社 2007 年版，第 233—238 页。

③ 宋祁对这一过程描述得更为具体，或许参阅了刘昫、张昭远等《旧唐书》编纂者没有看到的材料（笔者推测，宋祁可能参看过《何进滔德政碑》）。参见《新唐书》卷 210《藩镇魏博·何进滔传》，第 5937 页。

④ 周绍良、赵超主编：《唐代墓志汇编续集》，咸通 032，第 1057—1060 页。

⑤ 周绍良、赵超主编：《唐代墓志汇编续集》，咸通 032，第 1060 页。

⑥ 这一部分已见于第三章，不再赘述。

这个集团）服务，适应并遵循魏博镇已有的各种惯例，否则就只能失位而终。事实上，史氏和何氏都没能在魏博长久地延续"河朔故事"。

（三）韩氏、乐氏与罗氏

这三个家族（的兴衰）集中反映了唐后期（822—907）魏博累世军校的社会流动情况。在第二阶段，这三个家族先后登上魏博镇的权力顶峰。韩氏的谱系最早可以追溯到名字无考的韩某（魏博节度使韩允忠的高祖父），任节度押衙。① 从韩某曾孙韩国昌的生年（786）来推测，韩某的"节度押衙"有可能还不是魏博镇的使职。第二代人韩朝便成长为魏博节度押衙、兼临清镇遏都知兵马使，带职检校国子祭酒、兼侍御史。② 此后，韩氏家族长期盘踞魏博镇高级将校之位，成为统治魏博一方的政治精英。第三代的韩□，名字虽不得见，但是可以知道其使职是魏博节度押衙、充都知兵马使，带职则为检校国子祭酒、兼御史中丞，进一步成为魏博镇核心军事力量的高级将领了。第四代韩国昌（787—852）虽然"少承祖宗之余芳"，③ 但仍从魏博的偏裨小将起家，因从何弘敬破昭义军刘稹而"迁摄贝州刺史"。④《韩国昌神道碑》记载了韩国昌自己的一段话，表示他"避授钺于他邦，止建侯于我土"，⑤ 或可见韩氏一族已深深依赖于魏博镇的体制。韩国昌共有三子，韩君雄及他的两个弟弟韩靖和韩楚。咸通十一年正月，何全皞为牙军所杀，韩君雄被推为留后，实际执掌了魏博节钺，⑥ 而韩靖和韩楚则分别担任魏博节度押衙、兼部从、检校太子宾客、兼侍御史和魏博节度押衙、兼刀斧将、检校太子宾

---

① 参见吴畦《韩国昌神道碑》，光绪《莘县志》卷8《艺文志》，载《中国地方志集成·山东府县志辑》第95册，第611页。

② 同上。

③ 同上

④ 同上书，第613页。

⑤ 参见吴畦《韩国昌神道碑》，光绪《莘县志》卷8《艺文志》，载《中国地方志集成·山东府县志辑》第95册，第613页。

⑥ 《旧唐书》卷19上《懿宗纪》，第675页。

客、兼监察御史，① 也都是魏博镇的高级军事将领。韩氏走到巅峰后，也出现了下降的征兆。乾符元年十一月，魏博节度使韩允忠卒。② 韩允忠有三子，韩记和韩谏分任魏州都督府文学和魏博镇的亲事将，③ 长子韩简则依"河朔故事"执掌魏博节钺。韩简"自其父初授戎帅，便为节度副使"，④ 虽然史书没有记载，但推测其继任节度使后对魏博镇的最初统治应该也尚称稳固。韩简的失位，主要与其趁黄巢起义唐朝无暇东顾之际的对外扩张及其失利密切相关。韩简"欲启其封疆"的做法，已与"河朔故事"稍有背离，战事不利便迅速导致军众离心，其结局可能是为部下所杀。⑤ 韩简的两个兄弟，因资料不足，不知所终。韩氏家族从中低级将校开始，长期任职于魏博，经过五代人的努力和积累，终于出了一位魏博节度使，但很快又在第六代从权力的顶峰上跌落下来。正应了《韩国昌神道碑》所言的魏博节度使家族"衰荣乃常"。这固然反映了魏博镇最上层权力的不稳定性，但也折射出魏博镇的上层政治精英的循环和流动在不断进行。

韩氏之后的乐氏（乐彦祯家族）和罗氏（罗弘信家族）登上节度使之位的背景和过程多与韩氏相类。乐氏的"衰荣"只在一

---

① 吴畦：《韩国昌神道碑》，光绪《莘县志》卷8《艺文志》，载《中国地方志集成·山东府县志辑》第95册，第613页。

② 《旧唐书》卷181《韩允忠传》，第4688页。

③ 参见纥干濬《韩允忠神道碑》，光绪《莘县志》卷8《艺文志》，载《中国地方志集成·山东府县志辑》第95册，第616页。

④ 《旧唐书》卷181《韩允忠附子简传》，第4689页。

⑤ 参见《通鉴》卷255，唐僖宗中和三年二月条，第8288页。又《旧唐书》卷19下《僖宗纪》所记韩简死因和时间与《通鉴》同。《新传》《旧传》所记韩简死因皆是"疽发于背"，而记其死亡时间则有所不同。《旧唐书》记为"中和元年十一月"，《新唐书》则曰"再世，凡十二年"（卷210《藩镇魏博·韩允中附子简传》，第5938页）。韩君雄正式任节度使在咸通十二年，如此则韩简当卒于中和三年，与《通鉴》所记相同，故韩简之死的时间取《通鉴》。至于死因，《资治通鉴考异》称"今从实录"（《通鉴》卷255，唐僖宗中和三年二月条，第8288页）。此种环境之下，韩简被部下所杀或为乐彦祯杀死的可能性较大，故正文亦暂从《通鉴》，留待后考。

代之内。① 而罗氏则因为借助了朱全忠的力量，消灭了牙兵，维持了其家族地位，② 延续节度使之位有三代之久，但魏博镇却受到严重的削弱。③ 所以当罗绍威去世、幼弱的罗周翰继任节帅之时，终为杨师厚所图。④ 罗周翰被移镇为宣义节度使，而罗绍威三子罗周敬历仕后梁、后唐、后晋，曾为同州节度使，入为诸卫上将军。⑤ 他们的后续仕历都已经脱离了河朔藩镇的环境，这里暂不讨论了。

从韩氏、乐氏和罗氏的升降流动来看，进入魏博镇上层社会的流动是一个累积的过程，而要登上藩帅之位，尤需之前几代人的积累。一旦登上权力的顶峰则面临着内外压力，而没有杰出"新血"的家族，甚至没有足够的杰出"新血"的家族，⑥ 也就不可避免地步入下降流动之路。

以上分析的是魏博镇上层政治精英流动情况。这些政治精英的流动情况其实最能反映当时魏博镇社会流动的特点。从他们的社会流动情况可以看出，整个魏博镇社会流动的频率基本趋向是加快的，但这是指下降流动。这既是家族内部争斗的结果，也是外部那些经过累世流动形成的军校家族频繁挑战藩帅之位的结果。

二　幽州镇

与魏博镇相比，幽州镇的最上层权力更迭要频繁得多，并且一

---

① 《旧唐书》卷181《乐彦祯传》，第4689页。

② 罗绍威之长子罗廷规（早卒）尚后梁太祖女安阳公主，又尚金华公主。参见《旧五代史》卷14《罗绍威传》，第218页。

③ 参见《旧五代史》卷14《罗绍威传》，第215—216页。

④ 参见《通鉴》卷268，后梁乾化元年三月条，第8740页。

⑤ 关于其仕历，《旧五代史·罗周敬传》与《罗周敬墓志》所记略有不同。参见《旧五代史》卷91《罗周敬传》，第1408页；殷鹏《罗周敬墓志》，载周阿根《五代墓志汇考》，黄山书社2012年版，第105号，第285—289页。

⑥ 乐彦祯子孙中似乎仅见乐从训，因其悖逆而败。韩允忠之子韩简尚能维持魏博局面，但韩允忠其余诸子成长情况不详，似未能控御一些重要职位。可见家族缺乏足够"新血"，亦可能导致衰败。

开始就表现出了这种倾向。① 安史之乱结束后，第一、二两任幽州节度使李怀仙和朱希彩在其一生之内便完成了各自的升降，最后的结果是身首异处。② 朱泚、朱滔兄弟担任节帅以后，幽州的形势才逐渐稳定下来。

(一) 朱氏和刘氏

朱氏乃幽州昌平人氏。史籍上的朱氏谱系最早只能追溯到朱泚的曾祖朱利，结衔是赞善大夫，第二代即朱泚的祖父朱思明，结衔是太子洗马。③ 朱泚和朱滔的父亲朱怀珪，"天宝初，事范阳节度使裴宽为衙前将，授折冲将军。及安禄山、史思明叛，累为管兵将。宝应中，李怀仙归顺，奏为蓟州刺史、平卢军留后、柳城军使"。④ 显然，朱怀珪已经成为安史之乱后幽州镇第一代高级军事将领。朱泚、朱滔两兄弟在父亲的光环笼罩之下登上幽州镇的政治、军事舞台。朱泚"以父资从军……骑射武艺亦不出人。……然轻财好施，每征战所得赏物，辄分与麾下将士，以是为众所推，故得济其凶谋。……初隶李怀仙为部将，改经略副使"。⑤ 朱泚除了依凭父亲的资荫，还用"轻财好施"来弥补军事技能方面的短板，位至幽州高级将领。他的兄弟朱滔也在朱希彩执掌幽州节钺前后"主衙内兵，亦得众心"。⑥ 大历七年军乱，朱希彩被杀，史籍上并没有记载朱泚兄弟是否策划或参与了这次行动，但是不管怎样，藩帅的位置几乎没有悬念地落在了他们手中。朱泚任幽州节度使之后，兄弟之间产生了矛盾，结果是朱泚被迫入朝，于是朱滔成

---

① 本书第三章已经对此做过简要的考察，此不赘。
② 参见《旧唐书》卷 143《李怀仙传》《朱希彩传》，第 3895—3896 页。
③ 这些结衔可能是其带职而非实任。参见《旧唐书》卷 200 下《朱泚传》，第 5385 页。
④ 《旧唐书》卷 200 下《朱泚传》，第 5385 页。
⑤ 同上。
⑥ 同上书，第 5385—5386 页。

为真正的幽州节度使。① 后朱泚僭越称帝被诛，朱滔亦一度称王，幽州镇在与朝廷的对抗中，损失很大。② 兴元元年六月，朱滔大败而归，退回幽州。此时留守幽州的乃是朱滔的姑表兄弟刘怦。可朱滔却担心刘怦"因败图己"。③ 幽州在与朝廷激烈对抗，挑战唐廷权威的同时，也淡化了藩镇内部的尊卑等级观念，削弱了幽州将帅之间的信任。这种"淡化"显然已经威胁到了节度使的统治地位。

刘怦与以往的军将不同，"闻滔将至，悉搜范阳兵甲，夹道排列二十余里，以迎滔归于府第，人皆嘉怦忠义"。④ 朱滔"上章待罪"，⑤ 获得赦免，贞元元年得以善终。刘怦对朱滔的不离不弃之举，使得他"为众所服"，⑥ 顺利地获得节帅之位，然而朱滔的子孙朱洄、朱克融仍然在幽州军中位列将校，朱氏的影响力并未从此消退。长庆元年，幽州刘总归朝，张弘靖入幽州引发军乱。"时洄废疾于家，军中素伏其谋略，至是众欲立之，洄自以老且病，推克融统军务焉。朝廷寻加检校左散骑常侍，授以符节。"⑦ 然而，仅仅6年之后，宝历二年（826）五月，幽州军乱，朱克融与其长子朱延龄一并被杀。"次子延嗣窃立，寻为大将李载义所杀。"⑧ 自安史之乱后朱怀珪成为幽州镇的高级将领算起，朱氏经过五世，产生了3位节度使，但最终败亡于宝历二年，从此幽州镇似乎再未见朱氏家族的身影。

刘氏与朱氏本是姻亲，⑨ 乃幽州昌平人。刘氏最早可以追溯到

---

① "泚内畏弟滔逼己，滔亦劝泚入朝，乃以军属滔。"见《新唐书》卷193《忠义下·蔡廷玉传》，第5548页。

② "及泚据京邑，召滔南河，至贝州，挫败而还，兵甲尽丧。"见《旧唐书》卷143《刘怦传》，第3899页。

③ 《通鉴》卷231，唐德宗兴元元年五月条，第7432页。

④ 《旧唐书》卷143《刘怦传》，第3899页。

⑤ 《旧唐书》卷143《朱滔传》，第3898页。

⑥ 《旧唐书》卷143《刘怦传》，第3899页。

⑦ 《旧唐书》卷180《朱克融传》，第4673页。

⑧ 同上书，第4674页。

⑨ 刘怦即朱滔姑之子。参见《旧唐书》卷143《刘怦传》，第3898页。

刘济的曾祖刘弘远，① 他在陇右担任过临洮军使。② 第二代的刘贡就已在幽州本地任职，"尝为广边大斗军使"，③ 属于幽州镇的高级将领。在此基础上，刘怦因为"朱滔姑之子"的关系，"积军功为雄武军使广屯田，节用，以办理称。稍迁涿州刺史"。④ 刘怦对朱滔的忠义之举，使得他在朱滔去世后非常顺利地执掌了幽州的节钺。⑤ 刘怦居位三月而卒，其长子刘济继任为节度使。刘济这位藩帅显得有些与众不同，唐廷认为他"最务恭顺"。⑥ 而且他还是"进士出身"，尤为炫目，这不仅在幽州历任的节度使之中，而且在整个河朔藩镇的节度使中，都可谓独一无二。⑦ 但军人推举他为帅，除了遵循"河朔故事"外，不一定与他的这一背景有太多的关联。"幽州俗本凶悍，尤不乐文儒为主帅。"⑧ 刘济仍是典型的河朔军人。从刘济墓的壁画《养马图》中，我们也能多少感受到墓主人刘济生前的戎马倥偬。"进士出身"只是让他更加懂得儒家思想对于稳定统治秩序的重要意义。刘济"年始弱冠"出任涿州范阳县令时，就曾兴建县学，彰显了其施政能力；⑨ 坐镇幽州期间，在招揽人才、行乡饮酒礼等方面表现得特别积极。中唐诗人王建、

---

① 刘济之弟刘源墓志记为"曾祖远"（参见豆卢次章撰《刘源墓志并盖》，载赵力光主编《西安碑林博物馆新藏墓志续编》，陕西师范大学出版总社有限公司 2014 年版，第 146 号，第 455—456 页），是为当时较为普遍的"双名单称"现象。

② "皇检校司卫卿临洮军使，袭彭城郡公，赠宋州刺史。"见《权德舆诗文集》卷 21《唐故幽州卢龙节度副大使知节度事管内支度营田观察处置押奚契丹两番经略卢龙军等使开府仪同三司检校司徒兼中书令幽州大都督府长史上柱国彭城郡王赠太师刘公墓志铭并序》（以下简称《刘济墓志铭》），第 318 页。

③ 《旧唐书》卷 143《刘怦传》，第 3898 页。

④ 同上书，第 3899 页。

⑤ 参见《旧唐书》卷 143《刘怦传》，第 3899 页。

⑥ 《旧唐书》卷 143《刘怦附子济传》，第 3900 页。

⑦ 谭凯也特别强调这一点，他认为河朔保持了整体武风，藩帅都是武将背景，只有一个特例便是刘济。参见谭凯《中古中国门阀大族的消亡》，第 180 页。

⑧ 《旧唐书》卷 193《韦雍妻兰陵县君萧氏传》，第 5149 页。

⑨ 参见韦稔《涿州范阳县文宣王庙之碑》，载杨卫东等编《涿州贞石录》，第 26—27 页。

李益等都曾入刘济幕府。刘济治下的幽州迎来了安史之乱以后最为安定的一段时光。

刘济的兄弟刘滩、刘源等亦位至藩镇的支州刺史，独当一面。然而刘氏兄弟在节度使的接班问题上产生了很深的矛盾。刘济先是许弟刘滩"代己任"，后"乃以其子为副大使"，① 结果导致刘滩于贞元十年出奔长安；② 仅仅6年之后，刘济又与时为涿州刺史的幼弟刘源兵戎相见，后者不敌，也出奔长安。③

刘济自己也未能善终，晚年被其次子刘总毒杀，他的长子刘绲也被刘总矫命杖杀。刘氏家族内部的激烈争斗削弱了其统治力量，但幽州在刘总的统治下仍然比较稳定。这可能与其家族力量仍然强大有关。近年公布的《刘泂墓志》载：

> 君讳泂，字泂，其先范阳人也。自肇有幽蓟，明哲挺生，世载勋劳……详诸家牒，略而不书。曾祖弘远，临洮军使，袭彭城公，赠宋州刺史。祖待遇，兼侍御史。考藏用，兼殿中侍御史。从兄济，幽州卢龙军节度使、司徒、兼侍中。④

刘泂（786—823）是与刘济同曾祖的刘氏家族的另外一支。所以，在刘总执掌幽州节钺的时期，刘氏家族在幽州的根基尚足深厚。刘氏家族在幽州的削弱，与刘总归朝出家有关。唐廷"授其弟约及男等一十一人，领郡符加命服者五人，升朝班佐宿卫者六人"。⑤ 刘泂等"以亲属连轨汇征，诏宠异之，拜命王府，腰金拖

---

① 《旧唐书》卷143《刘怦附子滩传》，第3901—3902页。
② 参见《通鉴》卷234，唐德宗贞元十年二月丙午条，第7550—7551页。
③ 参见《通鉴》卷235，唐德宗贞元十六年七月条，第7591页。
④ 宗珩：《刘泂墓志》，载赵力光主编《西安碑林博物馆新藏墓志续编》第162号，第499页。
⑤ 《旧唐书》卷143《刘怦附济子总传》，第3903页。

紫，为一时之贵"，死后亦葬在长安，未能归葬幽州。① 因此，刘总的归朝可能比较彻底地将刘氏家族的势力从幽州移除。虽然刘济的幼子刘约还一度出任沧景节度使，② 但随着刘约的暴卒，③ 刘氏家族在中晚唐的活动似乎不见于记载。从刘贡开始至刘约止，共传四世，先后有 4 人在河朔地区执掌节钺。从刘贡至刘济这三代是上升型流动。刘济晚年，这一家族已经呈现出败落的端倪，但刘氏家族在幽州力量强大，刘济之子刘总、刘约还先后出任幽州节度使和沧景节度使，但在他二人之后，刘氏家族的情况因文献和出土墓志资料的缺失而变得扑朔迷离。值得注意的是，在辽金时期的幽燕大族中，刘氏一门甚为显赫，偶见刘怦后人。治辽金史者对此事甚为重视，常将幽燕地区大族的历史追溯至中晚唐的藩镇时代。④ 但对这些史料需加以分析。郝经《房山先生墓铭》记载刘伯熙的家世：

> 唐卢龙节度使伓（怦）之裔孙也。自伓（怦）有幽州，传姓授节数世，入契丹，为王公数十人，如刘六符等尤其贵显者也，终始契丹，二百余年。入金源氏，为燕四大族，号刘、韩、马、赵氏，其宗党在仕途者尝数十百人。⑤

《辽史·刘景传》则记载：

---

① 参见宗珩《刘洞墓志》，载赵力光主编《西安碑林博物馆新藏墓志续编》第 162 号，第 499 页。

② 关于刘约镇沧景的时间，吴廷燮《唐方镇年表》所记多有错误，存疑待考。

③ 《新唐书》卷 182《卢钧传》载"宣宗即位，会刘约自天平徙宣武，未至，暴死。家僮五百无所仰衣食，思乱"（第 5368 页）。按，宣宗即位在会昌六年三月二日，故知刘约卒于此时。

④ 参见萧启庆《汉人世家与边族政权——以辽朝燕京五大家族为中心》，载《宋史研究集》第 27 辑，第 481—541 页；蒋金玲《辽代汉人的入仕与迁转》，《中国史研究》2013 年第 3 期。

⑤ 郝经：《郝文忠公陵川文集》卷 35《房山先生墓铭》，山西人民出版社 2006 年版，第 479 页。

> 刘景，字可大，河间人。四世祖怦，即朱滔之甥，唐右仆射、卢龙军节度使。父守敬，南京副留守。①

据此，辽代名臣刘六符当为刘怦后人。《辽史》载，刘景之子慎行，慎行之子六符。② 但是从刘怦至刘景之间的世系是中断的，尚难以拼接，只能有赖于新材料的刊布。③

（二）长庆二年以后的几个家族

1. 张仲武家族及幽州节度使上台的新模式

长庆二年至后梁乾化四年前后的幽州镇，最上层权力的更迭十分频繁。其中，张仲武家族的兴衰起伏尤值得注意，它在一定程度上反映了该时期幽州地区社会流动的诸多特点。张仲武家族乃是范阳人氏，据《张仁宪神道碑》记载的世系，张仲武五世祖张为"瀛州刺史，封清河伯，遂家于燕"。④ 其高祖张佐明，结衔"宣威将军行幽州游徼府右果毅都尉"，⑤ 曾祖张元皎结衔"宣节校尉、幽州润德府折冲都尉"。⑥ 这表明张氏在安史之乱以前就已有世仕幽州的趋势。张仲武的祖父张仁宪出生于开元二年，宝应二年安史之乱平定之时，他已年近 50 岁，张仁宪在幽州镇的具体执掌不详，只知其"尝仕本州，历居右职。贞元初，敕授银青光禄大夫太子

---

① 《辽史》卷 86《刘景传》，第 1456 页。

② 参见《辽史》卷 86《刘六符传》，第 1456—1457 页。

③ 王策、周宇《刘六符墓志简述》（《北京文博文丛》2016 年第 2 期）曾提及 2007 年北京丰台王佐镇刘六符墓出土的 6 盒墓志对于刘济、刘总以降的中晚唐至辽初的刘氏家族世系有所补正，惜未见其展开论述，亦未见相应墓志录文和拓片公布。此外，《宋史》卷 262《刘载传》载："刘载字德舆，涿州范阳人。唐卢龙节度济之六世孙。父昭，下蔡令。载，后唐清泰中举进士。"（第 9081 页）但世系也是中断的，籍贯也不相符，仍待相关石刻资料的刊布方可做进一步研究。

④ 李俭：《银青光禄大夫太子中允赠工部尚书清河张公（仁宪）神道碑铭》（以下简称《张仁宪神道碑》），载杨光主编《廊坊石刻萃编》，中国文联出版社 2018 年版，第 26 页。

⑤ 同上。

⑥ 同上。

中允。贞元四年薨于昌平之官舍，春秋七十五"。① 从其带职来看，张仁宪有可能只是幽州的一名中级将校。张仁宪嗣子（当是次子，长子早卒），即张仲武之父张光朝则已成长为幽州大将（结衔"冠军大将军、行左威卫大将军、检校国子监祭酒"）。② 张仲武之前的五代张氏祖先，尤其是其祖、父两代连续为幽州镇的将校，这已经为张仲武积累了深厚的政治声望和教育资源。在这样的家世影响下，张仲武有机会"少业《左氏春秋》"，③ 而掷笔便为"蓟北雄武军使"这样的高位，④ 执掌了幽州镇一支重要的外镇军。

会昌元年九月，"陈行泰杀节度使史元忠，权主留后。俄而行泰又为次将张绛所杀，令三军上表，请降符节。时仲武遣吴仲舒表请以本军伐叛"。⑤ 时任宰相的李德裕询问吴仲舒有关张仲武伐叛之事，吴仲舒对曰："绛与行泰皆是游客，主军人心不附。仲武是军中旧将张光朝之子，年五十余，兼晓儒书，老于戎事，性抱忠义，愿归心阙廷。"⑥ 在李德裕的《论幽州事宜状》中，吴仲舒的对答特别强调"只系人心归向，若人心不从，三万人去亦无益"。⑦ 李德裕仍然担心事有万一，张仲武无法在幽州站稳脚跟，但吴仲舒云"幽州军粮并贮在妫州及向北七镇。若万一入未得，却于居庸关守险，绝其粮道，幽州自存立不得"。⑧ 张仲武所掌控的雄武军

---

① 李俭：《张仁宪神道碑》，载杨光主编《廊坊石刻萃编》，第 26 页。
② 同上。正文引文之后尚有"□□兵部尚书"，疑为赠官。
③ 《旧唐书》卷 180《张仲武传》，第 4677 页。
④ 同上。
⑤ 同上。
⑥ 同上。
⑦ 李德裕撰，傅璇琮、周建国校笺：《李德裕文集校笺·文集》卷 17《论幽州事宜状》，第 388 页。
⑧ 同上书，第 389 页。

军城在今河北张家口市宣化区一带，当时属于妫州，[1] 但距离妫州治所怀戎还有一段距离。吴仲舒称事若不成可以退守妫州，似乎可以表明连同"清夷军"在内的整个妫州此时已在张仲武控制之下。但是张仲武身边的雄武军只有 800 人，加上土团也不过 1300 人。[2] 张仲武最终成为幽州镇的主人，一在于他及时向唐廷输诚，更重要的是其得幽州人心。"张绛初处置陈行泰之时，已曾唤仲武，欲让与留务"，[3] 可见张仲武在军中的威望。只是因为衙内有一二百人不从，未能成行。所以，张仲武并非完全依靠所谓占据妫州的军事险要，也没有规模庞大的可以直接指挥的军队，而更多的是依靠他自己以及先世在军中积累的社会声望。张仲武的先世经过多代积累，至其父张光朝这一代很可能已成为幽州的上层政治精英，这是张仲武执掌幽州节钺的基本家世背景。张仲武得位后，兄长张仲斌、季弟张仲至也都分别位至蓟州刺史、静塞军营田团练等使和涿州刺史、永泰军营田团练等使这样的高位，[4] 张仲武和张仲斌的子孙也都风光一时，获得了大大小小的使职或加官。张仲武的外甥之子（重甥）阎好问也获得了衙职。[5] 然而随着张仲武的去世，这一切很快发生了改变。张仲武子张直方绝非帅才，担心为将卒所图，大中

---

①　关于雄武军的位置，曾长期以来未得解决。按《新唐书》卷 39《地理志三》的记载，雄武军在蓟州（第 1022 页）。但张建设以充足的证据和严密的推理考出雄武军在河东道的武州文德县（参见张建设《唐代雄武军考》，载中国地理学会历史地理专业委员会历史地理编委会编《历史地理》第 12 辑，上海人民出版社 1995 年版，第 208—211 页）。武州乃唐末析妫州而置，文德县的位置即在今宣化一带。而近年来河北宣化纪年唐墓的发现，使得这一结论有了更加确切的证据。参见李鸿宾《唐幽州雄武军（城）位置再考》，载荣新江主编《唐研究》第 16 卷，北京大学出版社 2010 年版，第 249—260 页。

②　参见李德裕撰，傅璇琮、周建国校笺《李德裕文集校笺·文集》卷 17《论幽州事宜状》，第 388 页。

③　李德裕撰，傅璇琮、周建国校笺：《李德裕文集校笺·文集》卷 17《论幽州事宜状》，第 388 页。

④　李俭：《张仁宪神道碑》，载杨光主编《廊坊石刻萃编》，第 26 页。

⑤　参见周绍良主编《唐代墓志汇编》，咸通 106，第 2460 页。

三年十一月,"托言出猎,遂举族逃归京师",① 虽然丧失了在幽州的领袖地位,但是总算保住了身家性命。中和元年,张直方因谋劫杀黄巢,遭族诛。②

张仲武以外镇军将领夺位开启了幽州节度使上任的新模式(姑且命名为"张仲武模式"),为后来者所效仿。

咸通十三年正月,幽州节度使张允伸卒。二月,③ 平州刺史张公素领本郡兵赴丧。张允伸之子张简会,"知力不能制,即时出奔,遂立为帅。朝廷寻授旌节"。④ 不过数年,李茂勋用较为类似的方式复夺其位:

> 咸通末,纳降军使陈贡言者,幽之宿将,人所信服。茂勋密谋劫而杀之,声云贡言举兵。张公素以兵逆击不利,公素走,茂勋入城,军民方知其非贡言也。既有其众,遂推而立之,朝廷即降符节。⑤

有两点需加注意。其一,如纳降军之类的幽州外军镇似乎可敌节度使张公素的亲军(或牙军)。但仔细排比上下文,造成这一结果的主因是幽州军民更加信服宿将陈贡言。其二,李茂勋本是回鹘阿布思之族,会昌三年张仲武破回鹘,茂勋与本部侯王降焉,在幽州资望并不高,所以需要假借"人所信服"的纳降军使陈贡言以骗取幽州军民的支持。

"张仲武模式"作为 9 世纪以来幽州外在军事形势变化的产物,不同于河朔三镇节度使继承的一般流程,很早就为学界所

---

① 参见《通鉴》卷 248,唐懿宗大中三年十一月条,第 8401 页。
② 参见《旧唐书》卷 200 下《黄巢传》,第 5394 页。
③ 《旧唐书》卷 19 上《懿宗纪》,第 679 页。
④ 《旧唐书》卷 180《张公素传》,第 4680 页。
⑤ 《旧唐书》卷 180《李可举传》,第 4681 页。

关注。① 值得注意的是，张仲武身后，在节度使张直方与张公素之间的两位藩帅周綝和张允伸仍是以牙将身份为军士推立或由藩帅指定接任的。② 周綝家世背景史料缺载，而张允伸"世仕幽州军门"，"曾祖秀，檀州刺史。祖岩，纳降军使"，③ 但张允伸本人则一直效力于幽州城内的牙军，"累职至押衙，兼马步都知兵马使"。④ 张仲武、张允伸被推为幽州藩帅，主要仍在于其军中的声望和家世的积累。李茂勋上位节度使的过程，关键的细节可能也更在于其借助了陈贡言在幽州军民中的声望。幽州北部或南部涿州、瀛州的重要军事将领对幽州会府的威胁，的确是值得注意的现象，但对这些将领的家世背景以及社会关系网络还需做进一步分析，否则也难以想象领兵在外的纳降军使陈贡言何以在幽州军民中享有如此高的威望，《旧唐书》的文字流露出的显然是幽州军民看到领兵进城的不是陈贡言从而被迫推立李茂勋的无奈。后顾前瞻，"张仲武模式"可能只是表明，幽州上层政治精英之间的竞争因增加了一个外部因素的维度而更加激烈。

2. 刘仁恭家族

唐末动荡的局势中，幽州的刘仁恭家族的兴衰值得注意。刘仁

---

① 松井秀一先生很早就注意到幽州地方势力，特别是北部支州和外军镇对幽州会府的挑战。李碧妍在此基础上也进一步展开了论述，指出从 9 世纪后期开始，威胁节帅位置的已由牙将逐渐变为属州或外镇的将领。参见松井秀一「盧龍藩鎮攷」『史學雜誌』第 68 編第 12 号、1959 年、1—37 页；李碧妍《危机与重构》，第 348—355 页。笔者撰写博士学位论文时在未能参考松井秀一先生论著的情况下，也曾根据基本史料，得出过与之类似的结论（但相比之下，显得非常浮于表面），认为幽州"统外镇军的军使或州刺史往往与掌握牙兵的高级将领具有均等的机会登上节帅之位，甚至比他们机会还多"。参见拙文《河北藩镇时期的社会流动：以 763—914 年为中心》，博士学位论文，清华大学，2008，第 88 页。

② 参见《旧唐书》卷 18 下《宣宗纪》，第 625、627 页；《旧唐书》卷 180《张允伸传》，第 4679 页。关于张允伸接任幽州节度使，《旧唐书·宣宗纪》和《旧唐书·张允伸传》所记略有不同，前者记为军人推立，后者记为"周綝表允伸留后，朝廷可其奏"，但这两者并不矛盾。

③ 《旧唐书》卷 180《张允伸传》，第 4679 页。

④ 同上。

恭本是深州乐寿人，① 因为其父刘晟"客范阳，为李可举新兴镇将，故仁恭事军中"。② 光启元年（885）三月，幽州节度使李可举"遣其将李全忠将兵六万攻易州"，③ 刘仁恭是李全忠的部将之一，"号'窟头'，稍迁裨校"。④ 在攻易州城的过程中，刘仁恭"穴地入城，遂克之"，⑤ 表现出"多智数"⑥ 的能力。幽州军得易州后，因为骄怠为王处存所败，李全忠"惧可举罪之，收其余众，反攻幽州"。⑦ 刘仁恭显然亦在反攻的队伍中。李可举"举族登楼自焚死"，⑧ 李全忠遂为幽州节度使。李全忠任幽州节度使仅1年，光启二年八月，"幽州节度使李全忠卒，三军立其子匡威为留后"。⑨面对幽州节度使走马灯式的更换，"多智数"且素有大志的刘仁恭"尝自言：'梦大幡出指端，年四十九，当秉旄节。'"⑩ 因此，受到新任节度使李匡威的猜忌，而补"景城令"，但刘仁恭凭借自己的能力先后平定瀛州叛乱，又率领军士戍守蔚州，结果"逾期未代，士皆怨"。⑪ 李匡威和李匡筹兄弟相争，刘仁恭则想趁乱取胜，但刘仁恭靠一己之力夺取幽州却不可能，最终是靠河东李克用的支持才成为幽州之主。⑫

刘仁恭所处的时代，形势已经发生了很大的变化。河东李克用与河南朱全忠这两大强藩已然出现，河朔兵力虽强，却不能不日益受制于这两大强藩，幽州也不例外。刘仁恭四处扩张，一度兼并了

---

① 《旧五代史》卷135《僭伪列传·刘守光传》，第1799页。
② 《新唐书》卷212《藩镇卢龙·刘仁恭传》，第5985页。
③ 《通鉴》卷256，唐僖宗光启元年三月条，第8321页。
④ 《新唐书》卷212《藩镇卢龙·刘仁恭传》，第5985页。
⑤ 《通鉴》卷256，唐僖宗光启元年五月条，第8312页。
⑥ 《新唐书》卷212《藩镇卢龙·刘仁恭传》，第5985页。
⑦ 《旧唐书》卷180《李可举传》，第4681页。
⑧ 《通鉴》卷256，唐僖宗光启元年六月条，第8313页。
⑨ 《旧唐书》卷19下《僖宗纪》，第725页。
⑩ 《新唐书》卷212《藩镇卢龙·刘仁恭传》，第5985—5986页。
⑪ 同上书，第5986页。
⑫ 参见《新唐书》卷212《藩镇卢龙·刘仁恭传》，第5986页。

沧州，却在与两大强藩的较量中处于下风。这种形势使刘仁恭家族
开始面临以前诸多幽州节度使所没有遇到过的外部威胁，再加上家
族内乱，这都给刘仁恭家族的未来蒙上了一层阴影。从史书上看，
刘仁恭有三子，长子刘守文曾任沧州节度使，但在讨伐其弟刘守光
时被擒杀。① 次子刘守光囚父杀兄，虽一度被后梁晋封为燕王，②
但终不敌河东李存勖，天祐十一年，刘仁恭、刘守光父子及其在幽
州的亲族都被害了，只有刘守光的庶子刘继颙幸存，"削发为浮
图，后居五台山"；③ 刘仁恭的第三子、时任平州刺史的刘守奇，
在刘守光囚父的时候逃至契丹，④ 后又辗转回到后梁，卒于沧州节
度使任上。⑤ 刘守奇的后人在辽金时期连绵不绝，屡为高官，是辽
金时期有一定影响的汉人世家。⑥ 而近年来的考古发现似乎表明，
刘仁恭的子嗣不止三个，至少当有五个。⑦ 除刘守奇之外，还另有
人逃至契丹，他们的后代在辽金时期成为汉人"世家"。"燕人苦
刘守光残虐，军士多归于契丹"，⑧ 后来成为辽金时期幽蓟地区汉
人世家的家族多半是这一时期从幽州进入契丹的。作为晚唐五代之
际最后一个幽州节度使家族，刘仁恭一族的兴起和衰落与幽州镇半
独立性的逐渐消解几乎是同步的。刘仁恭家族的败落表明，晚唐五
代之际的幽州，同其他河朔藩镇一样最终未能单独树立起一面旗
帜。以逃归契丹的方式，包括刘仁恭之子刘守奇等在内的大量幽蓟
汉人得以存续。事实上，韩、刘、马、赵虽然后来成为辽金时期的

---

　　① 《通鉴》卷 267，后梁开平三年五月甲申条，第 8710 页；《旧五代史》卷 135
《僭伪列传·刘守光传》，第 1803 页。

　　② 参见《通鉴》卷 267，后梁开平三年七月条，第 8713 页。

　　③ 《新五代史》卷 70《东汉世家第十·刘旻附子承钧世家》，第 982 页。

　　④ 参见《辽史》卷 1《太祖纪》，第 3 页。

　　⑤ 《旧五代史》卷 133《高季兴传附从诲传》，第 2041 页；王成生：《辽宁朝阳
市辽刘承嗣族墓》，《考古》1987 年第 2 期。

　　⑥ 王成生：《辽宁朝阳市辽刘承嗣族墓》，《考古》1987 年第 2 期。

　　⑦ 参见辽宁省文物考古研究所《朝阳市林四家子辽墓发掘简报》，《北方文物》
2013 年第 2 期。

　　⑧ 《通鉴》卷 269，后梁贞明二年十二月条，第 8808 页。

汉人世家，但是目前尚没有可靠资料可以证明他们的先世在藩镇时代的幽州有很深的根基，他们出现并登上成功的阶梯，本身即是幽州镇社会流动的结果。

三　成德镇

第三章已经对成德镇的王氏家族进行了分析。从宝应二年至后梁龙德元年，成德镇的最高层权力结构基本稳定，基本上由李氏和"二王"家族先后控制。虽然在长庆元年前后一度由田弘正担任藩帅，但田弘正很快丧命。长庆二年以后，王廷凑一系连亘不绝，直到龙德元年二月，王廷凑五世孙王镕死于军乱，王氏家族才遭到了彻底的打击。[①] 王氏在成德镇内部形成了一种"家镇"的管理模式。[②] 在这种模式下，成德镇的上层社会是比较典型的"社会不流动"，王氏家族成员都可坐享高位，平步青云。这也是成德镇不同于魏博、幽州二镇之处。然而，即便如此，"选贤举能"的故事在成德镇还是频繁上演。成德节度使王景崇"尝欲引母昆弟为牙将，其佐张位曰：'军中用人，有劳有能，若私其人，厚畀田宅禄食可也，何必以官。'景崇谢"。[③] 王氏家族虽基本掌握了最高权力，并占据了上层政治精英之位，但仍给成德镇其他阶层的上升留下了足够的空间，所以宽阔的上升流动之路在关注藩帅更替的视野中容易被掩盖。

很多出身贫寒之人在成德镇中获得了上升流动的机会。《太平广记》记载了墨君和的故事：

> 真定墨君和，幼名三旺，世代寒贱，以屠宰为业。母怀妊之时，曾梦胡僧携一孺子，面色光黑，授之曰："与尔为子，他日必大得力。"既生之，眉目棱岸，肌肤若铁。年十五六，赵王镕初即

---

① 参见《旧五代史》卷54《王镕传》，第839—845页。
② 参见姜密《唐代成德镇割据的特点》，《河北师范大学学报》2000年第3期。
③ 《新唐书》卷211《藩镇镇冀·王廷凑附绍鼎子景崇传》，第5962页。

位，曾见之，悦而问曰："此中何得昆仑儿也？"问其姓，与形质相应，即呼为墨昆仑，因以皂衣赐之。是时常山县邑屡为并州中军所侵掠，赵之将卒疲于战敌，告急于燕王李匡威，率师五万来救之。并人攻陷数城。燕王闻之，躬领五万骑，径与晋师战于元氏。晋师败绩。赵王感燕王之德，椎牛酾酒，大犒于藁城。輦金二十万以谢之。燕王归国，比及境上，为其弟匡俦所拒。赵人以其有德于我，遂营东圃以居之。燕主自以失国，又见赵主之方幼，乃图之。遂从下矣上伏甲。俟赵王旦至，即使擒之。赵王请曰："某承先代基构，主此山河，每被邻寇侵渔，困于守备。赖大王武略，累挫戎锋，获保宗祧，实资恩力。顾惟幼懦，夙有卑诚，望不忽忽，可伸交让。愿与大王同归衙署，即军府必不拒违。"燕王以为然，遂与赵王并辔而进。俄有大风并黑云起于城上。俄而大雨，雷电震击。至东角门内，有勇夫袒臂旁来，拳殴燕之介士，即挟负赵主，逾垣而走，遂得归公府。王问其姓名，君和恐其难记，但言曰："砚中之物。"王心志之。左右军士，既见主免难，遂逐燕王。燕王退走于东圃，赵人围而杀之。明日，赵王素服哭于庭，兼令具以礼敛。仍使告于燕主。匡俦忿其兄之见杀，即举全师伐赵之东鄙。将释其愤气，而致十疑之书。赵王遣记室张泽以事实答之。其略曰："营中将士，或可追呼？天上雷霆，何人计会？"词多不载。赵主既免燕主之难，召墨生以千金赏之，兼赐上第一区，良田万亩，仍恕其十死，奏授光禄大夫。终赵王之世，四十年间，享其富贵。当时间里，有生子或颜貌黑丑者，多云："无陋，安知他日不及墨昆仑耶？"①

景福二年（893）墨君和救王镕一事，《旧唐书》、②《旧五代史》③

---

① 《太平广记》卷192《墨君和》引《刘氏耳目记》，第1442—1443页。
② 参见《旧唐书》卷180《李全忠附李匡威传》，第4682页。
③ 参见《旧五代史》卷54《王镕传》，第841页。

均有记载，事情经过与《太平广记》所载基本相同，唯《太平广记》所载更加详尽，可见，墨君和其人其事似非虚妄。墨君和出身很低，在"凡庶"中也当属下层。① 故事中墨君和之母托梦之事，或可不必深究，然而墨君和强悍的形质给藩帅留下了深刻印象，于是便很容易地进入仕途。"因以皂衣赐之"，② 说明墨君和可能获得了一个低级将校的职位。在李匡威胁持王镕的事变中，他英勇救主，由此登上了"成功的阶梯"。更为重要的是，墨君和的成功在其原来生活的环境中产生了示范效应："当时闾里，有生子或颜貌黑丑者，多云：'无陋，安知他日不及墨昆仑耶？'"③ 与墨君和同处于"凡庶"阶级的邻里，似乎对他们的孩子的前途有了一种更加乐观的预期。

看来，成德镇的社会流动并未因王氏家族占据权力顶峰而陷入停滞。

四 易定和沧景

易定和沧景二镇本是从成德镇分裂出来的，④ 因而，受"河朔故事"的影响很大。尤其是在第一阶段，它们同样表现出河朔三镇的某些重要特征：自署官吏，赋不上供。⑤ 在第二阶段中，这两个藩镇在很长一段时间内受到了朝廷的有力控制，藩帅大多由朝廷

---

① 在唐代，"凡庶"等级内部分化其实还是比较严重的，有等第之分。参见李伯重《唐代社会等级的划分与命名》，载《千里史学文存》，第1—9页。

② 《太平广记》卷192《墨君和》引《刘氏耳目记》，第1442页。

③ 同上书，第1443页。

④ 建中三年二月先由成德镇中析出，由张孝忠任易定沧等州观察等使。兴元元年一次军乱之后，程日华（当时名程华）被推为沧州刺史。"未几，朱滔合武俊谋叛，沧、定往来艰阻，二盗遂欲取沧州"，程华接受录事参军宇文的建议，请求自以一州为使。"德宗深嘉之，拜华御史中丞、沧州刺史。复置横海军，以华为使。寻加工部尚书、御史大夫，赐名日华，仍岁给义武军粮饷数万，自是别为一使。"沧景别为一镇后，又陆续合并了德州和棣州。参见《旧唐书》卷143《程日华传》，第3903—3905页。

⑤ 张国刚老师将这二镇也归入河朔割据型藩镇。参见张国刚《唐代藩镇研究》（增订版）第4章"唐代藩镇的类型分析"，第44页。

委派。关于这两镇的传世文献和碑刻墓志比较有限，① 我们主要观察一下易定张氏及与其关系密切的陈氏家族，再者便是定州的程氏家族。

（一）张氏与陈氏

张氏与陈氏长期盘踞易定镇，构成一个相对封闭的集团。《张孝忠遗爱碑》记载，"其先燕人。八代祖奇，北齐右北平太守，封右北平王，齐季丧乱，实开边隙，代有长技，轶于外区。曾王父靖，乙失活部落节度使"。② 与《旧唐书·张孝忠传》能够对应的世系应该是从张孝忠的曾祖张靖开始的。③ 张孝忠的父亲张谧时，张氏家族归于唐王朝。张氏归唐的具体时间不详，只记载是开元年间。张谧获得了员外官——鸿胪卿同正。但其后人的墓志都记载了张谧曾任平州刺史。④ 学界曾认为"鸿胪卿同正"是其任官，而平州刺史是赠官。⑤ 事实上另外一种解释或许更为合理：唐廷任命其

① 指的是有本人及祖、父履历（或至少有父亲的履历）这样完整资料的个体。

② 《权德舆诗文集》卷11《唐故义武军节度使营田易定等州观察处置使开府仪同三司检校司空同中书门下平章事范阳郡王赠太师贞武张公遗爱碑铭并序》（以下简称《张孝忠遗爱碑》），第184页。

③ "张孝忠，本奚之种类。曾祖靖、祖逊，代乙失活部落酋帅。"见《旧唐书》卷141《张孝忠传》，第3854页。

④ 参见《权德舆诗文集》卷21《唐故河中晋绛慈隰等州节度使支度营田观察处置等使开府仪同三司检校太尉兼中书令河中尹上柱国延德郡王食邑三千户赠太师张公墓志铭并序》（以下简称《张茂昭墓志》），第322页；窦克良《张茂宣墓志》亦载张茂宣"祖谧，平州刺史，北平郡王，赠太子太傅"（参见李宗俊、周正《唐张茂宣墓志考释》，《中国边疆史地研究》2015年第4期）。新浪新闻公布的《张茂宗墓志》也载："王父谧，皇开府仪同三司、试鸿胪卿、平州刺史、北平郡王、洺州刺史、户部尚书、赠太子太傅。"新浪博客，http://blog.sina.cn/dpool/blog/s/blog_ 14c9b 6ed70102yui2. html，最后访问日期：2020年5月1日。

⑤ 李宗俊、周正认为平州刺史是赠官的理由仅是因此官不见于《旧唐书》。参见李宗俊、周正《唐张茂宣墓志考释》，《中国边疆史地研究》2015年第4期。墓志和正史叙述官称，实官在前，赠官在后，《张茂昭墓志》《张茂宣墓志》以及网络公布的《张茂宗墓志》都与此式相合，似不能以"平州刺史"不见于正史记载就将其判定为赠官。相比之下，郁贤皓先生以存疑的语气仍据《张茂昭墓志》将张谧所任平州刺史系于开元年间（713—741）。参见郁贤皓《唐刺史考全编》卷120《平州》，安徽大学出版社2000年版，第1633页。

为东北边州刺史，寄以重任，"鸿胪卿同正"可能是其带职。① 平州亦在范阳节度使所辖之内。由此似乎也更容易解释张孝忠早年事安禄山的履历。他生于开元十年，弱冠从军，② 作战勇敢，与王武俊齐名。③ "天宝末，以善射授内供奉。安禄山奏为偏将。破九姓突厥，先登陷阵，以功授果毅折冲。"④ 安史之乱期间，张孝忠先后充当了安禄山、史思明的前锋。安史之乱平定之后，可能是由于与李宝臣有旧交的关系，⑤ 得以入其帐下为将。张孝忠在李宝臣帐下表现出卓越的军事才能，为李宝臣守冀州，后又为易州刺史。李宝臣将妻之妹谷氏嫁与张孝忠。⑥ 李宝臣晚年诛杀大将，李献诚等人均未能幸免，而张孝忠却巧妙地逃脱了，⑦ 表现出了比较高超的政治智慧。李宝臣死后，子李惟岳阻兵不受命，张孝忠则归于朝廷。这时的张孝忠在成德镇复杂的政治与军事斗争中积累了经验，而这些都不是其祖辈和父辈所能影响的范围。

建中三年二月，⑧ 唐廷"以孝忠检校兵部尚书，为义武军节

---

① 《张茂宗墓志》则记为"试鸿胪卿"，或可为一佐证。

② 《张孝忠遗爱碑》载，张孝忠"年未弱冠，入侍明庭，才为异伦，射必命中"。见《权德舆诗文集》卷11，第184页。

③ "时号张阿劳、王没诺干，二人齐名。阿劳，孝忠本字。没诺干，王武俊本字。"见《旧唐书》卷141《张孝忠传》，第3854—3855页。

④ 《旧唐书》卷141《张孝忠传》，第3854页。

⑤ 《张孝忠遗爱碑》载："初，公与宝臣，感概于少年之场，周旋于多难之际，迎导善气，切劘良规。若骖有靳，如热斯濯，异时自代，前定于公。且曰：'舆师之心，勠力之冠也。'"见《权德舆诗文集》卷11，第185页。

⑥ 参见《旧唐书》卷141《张孝忠传》，第3855页；《权德舆诗文集》卷18《谷氏神道碑》，第288—290页。

⑦ "宝臣使孝忠弟孝节召焉，孝忠命孝节复命曰：'诸将无状，连颈受戮，孝忠惧死不敢往，亦不敢叛，犹公之不觐于朝，虑祸而已，无他志也。'孝节泣曰：'兄不行，吾归死矣。'孝忠曰：'偕往则并命，吾留无患也。'乃归，果无患。"见《旧唐书》卷141《张孝忠传》，第3855页。《新唐书》载："然宝臣素善孝忠，及病不能语，以手指北而死。"（卷148《张孝忠传》，第4768页）似取材于《张孝忠遗爱碑》（见《权德舆诗文集》卷11，第185页）。《新唐书》的记载为我们留下了更多的悬念。但有一点可以肯定，李宝臣此时对张孝忠已经失去了控制能力。

⑧ 《旧唐书》卷12《德宗纪上》，第333页。

度、易定沧等州观察等使"。① 张孝忠依靠他的才干成为易定镇的
主人。张氏的兄弟子侄也都受惠于斯，得道升天。张孝忠之子茂
昭、茂和、茂宗、茂宣都至显位。② 长子张茂昭于贞元七年继张孝
忠之后为义武军节度使。然而，元和五年冬，随着张茂昭举族归
朝，张孝忠嫡系子孙在河朔地区的活动基本告止，但是张氏家族的
支系张庭光一脉却仍然活跃在易定镇的舞台上。③ 张庭光在张孝忠
为易定节度使之后，便被任命为易州刺史。④ 从已出土的墓志资料
看，张庭光有两子：张英杰和张佑明。张英杰官至"义武军节度
押衙兼侍御史"；⑤ 张佑明"弱冠之岁，总戎任公署以节度要
籍"，⑥ 终至易州都押衙，带职朝散大夫、检校太子宾客。张佑明
有两子张守行、张守礼，仕宦经历无考。张英杰妻陈氏乃"司空
之女弟"，⑦ 司空可能是指陈楚，由此得知，张氏与陈氏可能通过
姻亲关系组成了一个集团。张英杰共三子，两子出仕河朔以外的地
区，另外一子张政文为永清军使，卒于战阵。⑧ 而张政文之子张锋
官至易定节度押衙充知军兼监察御史，张锋卒时，他的两个弟弟，
张铢任义武军节度衙前虞候，张锡大概未曾入仕，这两人的终任官

---

① 《旧唐书》卷 141《张孝忠传》，第 3856 页。

② 《新唐书》卷 148《张孝忠附子茂昭传》载张茂昭复有一弟昇璘，未知是指茂
宗抑或茂和，或另有一人。补注：近年公布的《张茂宣墓志》引起学界关注。村井恭
子认为张昇璘即是张茂宣，并解释了《张茂宣墓志》记载的事迹与张昇璘事迹不合之
处（参见村井恭子《大唐西市博物馆新藏唐〈张茂宣墓志〉考》，载董邵伟主编《中
华历史与传统文化研究论丛》第 2 辑，中国社会科学出版社 2016 年版，第 159—176
页），但考虑到张茂宣为张孝忠第八子（对此村井认为张孝忠之子中尚有其与谷氏之外
其他女性婚育之子），笔者认为仍需要更多的证据来证成此事。

③ 张庭光与张孝忠是否具有亲缘关系，如果有的话，是什么样的亲缘关系，此
问题待考。参见附录三《张庭光家族世系小考》。

④ 参见《唐张佑明墓志》，载侯璐主编《保定出土墓志选注》，第 79 页，附录 E。

⑤ 载周绍良主编《唐代墓志汇编》，大中 006，第 2256 页。

⑥ 《唐张佑明墓志》，载侯璐主编《保定出土墓志选注》，第 79 页。

⑦ 《唐上谷郡张府君墓志铭并序》，载周绍良主编《唐代墓志汇编》，大中 026，
第 2270 页。

⑧ 同上书，大中 026，第 2270—2271 页。

不详。张锋有两子，在张锋卒时尚幼，后续情况不明。① 张庭光家族的社会流动情况见表4-26。

表4-26　张庭光家族在河朔地区的社会流动情况一览

世代	姓名	初任官	终任官
1	张庭光	不详	易州刺史
2	张英杰	不详	义武军节度押衙兼侍御史
	张佑明	义武军节度要籍	易州都押衙
3	张政文	不详	永清军使
	张守行	不仕	不详
	张守礼	不仕	不详
4	张锋	不详	易定节度押衙充知军兼监察御史
	张铢	义武军节度衙前虞候	不详
	张锡	不仕	不详

资料来源：本书附录二表C及表D。

　　与张氏具有密切姻亲关系的陈氏，久在定州。我们可以查到的陈氏第一代人物是陈璋，官终至平州司马。② 陈璋之子陈恒，《陈君赏墓志铭》称其"以军功累官至检校工部尚书、御史大夫、易州刺史"。③ 陈恒娶了张孝忠之女。在易州刺史这样重要的位置上，张孝忠安排的都是其亲属。这从陈恒的前任是张庭光这一点便可看出来。所以，陈恒终至易州刺史，应该和他与张氏的姻亲关系有关。陈氏的第三代，陈恒之子陈楚凭张茂昭之甥的身份，再加上"少有武干"，所以"为义勇牙将，事茂昭，每出征伐，必令典精

　　①　《唐上谷郡张府君墓志铭并序》，载周绍良主编《唐代墓志汇编》，大中026，第2270—2271页。

　　②　崔黯：《陈君赏墓志铭》，载吴钢主编《全唐文补遗》第9辑，三秦出版社2007年版，第405—406页。

　　③　同上书，第406页。

卒。随茂昭入朝，授诸卫大将军"。① 本来陈楚就此脱离了河朔，但是元和十二年，"义武军节度使浑镐丧师，定州兵乱，乃除楚易定节度"。② 因为陈楚与定州颇有渊源，"军中部校皆楚之旧卒"，③ 所以军乱很快得到平定，"人情大悦，军卒帖然"。④ 不久，陈楚再一次离开易定镇，转河阳三城节度使，其嗣子陈君赏随他一起离镇。长庆三年陈楚去世。陈君赏与其父陈楚有类似的经历，父子二人被唐廷授为义武军节度使的一个重要原因是朝廷希望借助他们在易定的影响来结束那里的动荡局势，稳定军心、民心。陈君赏早年在易定镇，因为父亲为藩帅的缘故，"授定州司法参军，后为军之大将"。⑤ 他作战勇敢，具有一定的影响力。陈君赏自随陈楚入朝以后，长期在顺地担任州刺史等要职。"大和九年秋，拜右金吾卫将军。"⑥ 在甘露事变中，他对维护京城长安的稳定起到了重要作用，"于是名益重"。⑦ 开成五年（840）易定再次发生军乱，陈君赏成为义武军节度使的合适人选。他到镇后，"尽诛为乱者七百人"。⑧ 会昌元年八月，"易定军乱，逐节度使陈君赏。君赏鸠合豪杰数百人，复入城，尽诛谋乱兵士，军城复安"。⑨ 陈君赏在处理易定的军乱中，使用了高超的政治与军事手腕，在其任内基本控制住了易定镇的局势。

除陈楚之外，易州刺史陈恒尚有陈邕和陈雍两子。陈邕官至涿州刺史，⑩ 陈雍官至平州刺史，⑪ 都任职于幽州镇。可见陈氏家族

---

① 《旧唐书》卷 141《陈楚传》，第 3862 页。

② 同上。

③ 同上。

④ 同上。

⑤ 崔黯：《陈君赏墓志铭》，载吴钢主编《全唐文补遗》第 9 辑，第 405—406 页。

⑥ 同上。

⑦ 同上；又参见《旧唐书》卷 17 下《文宗纪下》，第 563 页。

⑧ 崔黯：《陈君赏墓志铭》，载吴钢主编《全唐文补遗》第 9 辑，第 405—406 页。

⑨ 《旧唐书》卷 18 上《武宗纪》，第 585 页。

⑩ 周绍良、赵超主编：《唐代墓志汇编续集》，广明 001，第 1141 页。

⑪ 同上书，咸通 098，第 1110 页。

第三代，尚在河朔藩镇发展。

但是陈氏家族第四代（自陈璋算起），除陈君赏一度任易定节度使外，已基本脱离了河朔的人际网络。[1] 其余几位陈氏后代都在顺地任职：陈君仪（陈邕子）"延州刺史、检校左散骑常侍、御史大夫、右龙武大将军"；[2] 陈君奕（陈楚长子）"凤翔节度使"；[3] 陈君从"振武节度使"；[4] 陈君实"黔南观察使"；[5] 陈君佐（陈雍子）"泰宁军左厢部押衙兼青州长史，侍御史"。[6] 而陈氏家族第五代子弟中，尚有一人即陈邕之孙、陈君仪之子陈询在易定镇供职，官至"定州安喜尉"。[7] 陈氏家族基本中央化以后，在易定的社会声望可能已经比较微弱。

（二）定州程氏

定州安喜的程氏，最早可以追溯到程元皓。程元皓"事安禄山为帐下将，从陷两京，颇称勇力，史思明时为定州刺史"。[8] 程士庸墓志铭也称墓主"高祖皓，定州刺史"，[9] 与正史所记暗合。只是墓志撰者韩义宾可能为尊者讳，不会写上这个定州刺史是伪署的。虽然是伪署，但毕竟为程氏日后在定州一带的发展打下了基础。程元皓之子程华，继续在这块土地上"耕耘"，"少事本军，

---

① 新近公布的陈君赏长女墓志亦可佐证陈楚—陈君赏一系注重经营长安、洛阳一带的人际网络。参见李鸢《河南府偃师县令元建故夫人颍川陈氏墓铭并序》，载毛阳光主编《洛阳流散唐代墓志汇编续集》第 368 号，国家图书馆出版社 2018 年版，第 744—745 页。

② 周绍良主编：《唐代墓志汇编》，大中 133，第 2355 页。

③ 《新唐书》卷 148《陈楚传》，第 4772 页。

④ 周绍良主编：《唐代墓志汇编》，大中 133，第 2355 页。

⑤ 同上。

⑥ 周绍良、赵超主编：《唐代墓志汇编续集》，咸通 098，第 1110 页。

⑦ 同上书，广明 001，第 1142 页。

⑧ 《旧唐书》卷 143《程日华传》，第 3903 页。

⑨ 韩庶子（韩义宾）：《唐定州别驾程君士庸墓志铭》，载程敏政辑撰《新安文献志》卷 62（上），黄山书社 2004 年版，第 1477 页。

为张孝忠牙将"。① 张孝忠授义武军节度使之后，程华成了张孝忠的得力牙将。② 兴元元年正月，程华有了一次人生际遇。沧州本属成德军，既移隶义武，张孝忠遣程华赴沧州校验，结果沧州军士作乱，杀死请还的沧州刺史李固烈，推程华为刺史。张孝忠也只得承认既成事实。③ "未几，朱滔合武俊谋叛，沧、定往来艰阻，二盗遂欲取沧州"，④ 程华接受录事参军李宇的建议，请求自以一州为使。"德宗深嘉之，拜华御史中丞、沧州刺史。复置横海军，以华为使。寻加工部尚书、御史大夫，赐名曰华，仍岁给义武军粮饷数万，自是别为一使。"⑤ 程日华卒后，其子程怀直以"河朔故事"继任节度使。然而程怀直荒于畋猎，不恤军政，为其从父兄程怀信所逐，归朝。⑥ 程怀信执掌节钺有年而卒，横海军的最高权力又转回到程怀直的儿子程执恭手中。⑦ 程执恭为横海军节度使之后，对唐廷很恭顺，改名程权，元和十三年归朝，当年六月，迁检校司空、邠州刺史、邠宁节度使。⑧ 元和十四年卒。程权有一子程士庸，虽然"权兄弟子侄在朝列宿卫者三十余人"，⑨ 但程士庸还是回到了程氏的故地——定州。乾符六年，义武军节度使王处存"下车之始"便辟其为掌书记，转定州别驾。⑩ 中和元年十月，程

① 《旧唐书》卷 143《程日华传》，第 3903 页。

② 实际上，程日华担任的是押衙一职，很得张孝忠重用。《旧唐书》卷 143《程日华传》载，斩杀李固烈的乱军"相与诣华曰：'李使君贪鄙而死，军州请押牙权领。'"（第 3904 页）

③ 参见《旧唐书》卷 141《张孝忠传》，第 3857 页。

④ 《旧唐书》卷 143《程日华传》，第 3904 页。

⑤ 同上。

⑥ 参见《旧唐书》卷 143《程日华附子怀直传》，第 3905 页。事件发生的具体时间待考，参见附录三《程氏家族三考》。

⑦ 关于程执恭生父的考证，参见附录三《程氏家族三考》。

⑧ 参见《旧唐书》卷 143《程日华传附程执恭传》，第 3905 页。

⑨ 《旧唐书》卷 143《程日华传附程执恭传》，第 3905 页。

⑩ 韩庶子（韩义宾）：《唐定州别驾程君士庸墓志铭》，载程敏政辑撰《新安文献志》卷 62（上），第 1478 页。

士庸卒。程士庸墓志上记载其有一子名严，并未载其结衔，或可能此时尚未做官。后梁乾化元年八月，刘守光僭称大燕皇帝。十二月，李存勖"遣德威率步骑三万出飞狐，与镇州将王德明、定州将程严等军进讨"。[1] 从时间上来看，此时距中和元年已经三十年，程士庸之子此时应该已经进入壮年。在《旧五代史·周德威传》中，程严的官称是"定州将"，以此来看，此程严应当就是程士庸之子"程严"。[2] 可见程氏在易定镇的社会流动，表现出了连绵不断的特征。

从地方与中央的关系来看，易定镇在第二阶段中已不属于一个非常典型的"河朔型"藩镇。易定镇的张氏、陈氏和程氏三个节度使家族也先后入朝，但这三个家族的支系仍然有不少人长期活跃在易定镇的政治舞台上，是这里的政治精英，在义武军中仍然具有深厚的社会声望。尤其是陈氏家族和张氏家族在易定二州仍有相当势力，陈楚之子陈君赏再次出任义武军节度使，实为一种远承"河朔故事"的做法，而且对安抚易定局势起到了很好的效果。由此可见，其在地方社会的影响仍不容忽视。

小　结

本章采用定量分析与个案分析相结合的方法，具体考察了中晚唐五代初期河朔政治精英的升降流动。安史之乱结束以后的 150 多年中，河朔藩镇的社会流动性逐渐增强。藩镇治下设置的大量中低级幕职官和将校为藩镇的中下层政治精英和"凡庶"子弟提供了社会流动的空间。在承担藩镇的一些基层事务方面，他们具有最强

---

[1]　《旧五代史》卷 56《周德威传》，第 871 页。

[2]　参见韩庶子（韩义宾）《唐定州别驾程君士庸墓志铭》，载程敏政辑撰《新安文献志》卷 62（上），第 1479—1481 页。

的竞争力，这也成为他们攀登成功的阶梯的开始。经过代际的传承，在第二阶段，他们不但继续在藩镇的中下层政治精英中占有很大比例，同时，已有一些人进入上层政治精英行列，进而还有一些家族围绕藩镇的最高权力而产生了彼此之间的竞争，形成"衰荣乃常"之势。这在幽州镇和魏博镇表现得最为明显。成德镇王氏家族独传五世，垄断了最高权力，但是成德镇中下层政治精英和"凡庶"子弟依然活跃在社会流动的舞台上。易定和沧景二镇的资料虽然较少，但其社会流动方面的特点有类似河朔藩镇的一般特征。在第二阶段，易定和沧景二镇在大部分时间里对朝廷比较恭顺，藩帅一般由朝廷任命，较少有上层政治精英之间的激烈竞争。已经入朝的张氏、陈氏和程氏节度使家族，其子孙仍能较多地成为易定镇的政治精英，表现出连绵不断的特征，展示了河朔地域社会的包容性。总的来看，从宝应二年到后梁乾化四年，河朔藩镇社会趋向灵活和开放，但是这种开放是在社会升降的缓缓细流中逐渐释放出来的。

　　在结束本章之前，笔者还要重申一下，本书主要关注的是父子关系链条上社会地位的变化，而没有全面考察婚姻关系在社会流动中的作用。河朔藩镇与唐廷皇室、河朔藩镇与其他藩镇之间、河朔藩镇彼此之间、河朔诸藩镇内部的婚姻关系是一个非常重要的问题，这些错综复杂的婚姻关系，一方面是维持藩镇之间、藩镇与朝廷之间以及藩镇内部稳定关系的黏合剂；[①] 另一方面，从社会流动的角度来看，也是确保家世、维持家族既有社会地位的一种手段。在本书汇集的资料中，关于婚姻方面的信息虽然并不少，但关于妻子家世的资料却很不均衡，无法形成有效的对比分析。而且，我们很难确认婚姻关系的缔结与政治权力和地

---

　　① 参见金滢坤《论中晚唐河朔藩镇割据与联姻的关系——以义武军节度使陈君赏墓志铭为中心》，《学术月刊》2006 年第 12 期；新見まどか「唐代後半期にぉける『華北東部藩鎮連合體』」『東方學』第 123 輯、2015 年；新見まどか「唐代河北藩鎮に対する公主降嫁とウイグル」『待兼山論叢・史学篇』第 47 輯、2013 年。

位获得之间的时间顺序和内在联系，由此也就较难从社会流动的
角度来做出全面的分析和判断。下一章分析"北走河朔"的士人
个案，多少具备了一些条件，将会讨论他们的婚姻状况，以期更
好地观察河朔藩镇的社会流动。

第 五 章

"北走河朔" 的士人：一个重要个案

引　言

　　第四章对河朔藩镇政治精英阶层的分析主要集中于描述性统计和对节度使家族的个案分析，对于其他个人或家族则未能着墨。这一章将从一个"北走河朔"的士人的视角展开论述，以期进一步窥探河朔藩镇社会流动的特点。

　　陈寅恪先生在分析安史之乱以后的唐代政治社会史时，提出过士人"北走河朔"的问题。[①]他着重分析了两个人：一个是登进士第的李益，"不得意，北游河朔，幽州刘济辟为从事"；[②]一个是未中进士的董邵南。陈氏指出，"虽已登进士第之李益以不得意之故

---

　　① 陈寅恪：《唐代政治史述论稿》上篇《统治阶级之氏族及其升降》，载《隋唐制度渊源略论稿（外二种）》，第187—189页。此外，学界在讨论唐代士人入幕时，对此问题也多有涉及，参见张国刚《唐代藩镇研究》（增订版）第11章"唐代藩镇使府辟署制度"，第132—144页；宁欣《中华文化通志·制度文化典·选举志》第5章第2节，上海人民出版社1998年版，第237—253页；石云涛《唐代幕府制度研究》；等等。

　　② 《旧唐书》卷137《李益传》，第3771页。

犹去京洛，而北走范阳"，① 而未中进士的董邵南之游河北，"盖
是当日社会之常情，而非变态"，② 进而说"若举进士不中，而
欲致身功名之会者，舍北走河朔之外则不易觅其他之途径也"。③
但是陈氏只举出上述两例，而且并未分析北游之后的士人在河朔
藩镇的起伏升降。士人"北走河朔"的经历在一定程度上既是
唐后期社会流动的反映，也是进一步观察河朔藩镇地域社会的绝
好资料。

　　在本书汇集的 252 方墓志中，《李仲昌墓志》④ 包含了丰富的
历史信息。李仲昌虽不见于史籍记载，⑤ 但他作为一个"北走河
朔"的士人，⑥ 先后在昭义和魏博两镇供职，并两任魏博镇的支州

----

　　① 陈寅恪：《唐代政治史述论稿》上篇《统治阶级之氏族及其升降》，载《隋唐
制度渊源略论稿（外二种）》，第 189 页。

　　② 同上。

　　③ 同上书，第 187 页。

　　④ 此墓志现收藏于千唐志斋博物馆，拓片图版见中国文物研究所、千唐志斋博
物馆编《新中国出土墓志·河南叁·千唐志斋壹》（以下简称《新中国·河南叁》）第
258 号，文物出版社 2008 年版，上册，第 258 页。今对照拓片，重新做了录文，见附
录一。本章引文未标出处的地方皆引自附录一《李仲昌墓志》。

　　⑤ 张彦远《历代名画记》卷 9 中记有一"李仲昌"，乃是画家尹琳弟子。尹
琳"［唐］高宗（650—683 年在位）时得名"（《丛书集成初编》，中华书局 1985
年版，第 1646 册，第 295 页）。据此，则此"李仲昌"与墓主的生活时代相距较
远，且志文中无片言提及墓主书画方面的才能，应非一人。又《北京图书馆藏中国
历代石刻拓本汇编》中收有《李仲昌等题名》。此题名上书"朝议郎行太子司议郎
兼华阴县令李仲昌"，一同题名的尚有韦瀚、韦允、崔頠、苏准等人。图录下的注
释称："此题名为广德二年三月刻。石在陕西华阴华岳庙，刻于北周天和二年十月
十日《华岳颂碑》左侧……韦瀚正书。"（载北京图书馆金石组编《北京图书馆藏
中国历代石刻拓本汇编》第 27 册，中州古籍出版社 1989 年版，第 35 页）然墓志
撰者自称"忝公姻末，幸陪从事"，应该对墓主的仕历十分熟悉。他对墓主的任官
记载十分详细，尤其是记载了其"四任县大夫"，如果墓主曾任"华阴县令"，他
似乎不应漏掉；此题名中的另外四人在史籍中的记载十分简略或未见记载，且尚未
见他们与该方墓志志主有关的任何线索。因此，该方墓志志主"李仲昌"概亦非彼
题名之"李仲昌"也欤？

　　⑥ 志文中有多处信息可以表明李仲昌的士人身份，如"阅经籍如敬师傅"等。

刺史；此外，李仲昌妻郑氏的合祔墓志也一同出土。① 两方墓志比较完整地揭示出李仲昌在"北走河朔"之后的沉浮起降，从而能够进一步丰富我们对安史之乱后士人"北走河朔"的认识，也能加深我们对河朔藩镇社会流动的一些理解。

第一节　"北走河朔"士人的家世与出身

从家世和出身两方面看，"北走河朔"的士人范围甚广。

《李仲昌墓志》虽然称"其先陇西人"，"识乎竹帛，式曰品族"，可能有陇西李氏的大族背景，但无法确切查证。但同时，此方墓志毫不避讳称李仲昌"起于寒栖之间"，因为他的曾祖李泰"皇河南府福昌县尉，夫人范阳卢氏"，祖父李澄"皇岐州司法参军，夫人荥阳郑氏"，父亲李祐"邢州参军，夫人范阳卢氏"。其曾祖父、祖父和父亲亦不见于史籍记载，② 虽然他们一直任官，但品阶都较低，分别为正九品下、③ 从七品下④和从九品上。⑤ 按照我

① 此墓志的拓片图版未见刊布，但有释文印行。见《唐故魏博节度判官、监察御史里行、赐绯鱼袋李府君（仲昌）夫人荥阳郑氏合祔墓志铭并序》（以下简称《郑氏合祔墓志》），载吴钢主编《全唐文补遗·千唐志斋新藏专辑》，三秦出版社 2006 年版，第 362—363 页。

② 史籍中有"李澄""李祐"二人，与墓主的祖父、父亲同名，然经考乃同名异人。《旧唐书》卷 123《李澄传》载："李澄，辽东襄平人，隋蒲山公宽之后也。居京兆。父镐，清江太守。"（第 3656 页）；《旧唐书》卷 76《庶人祐传》载："庶人祐，太宗第五子也。"（第 2657 页）；《旧唐书》卷 161《李祐传》载："李祐，本蔡州牙将"（第 4226 页）。

③ 《旧唐书》卷 42《职官志一》载："正九品下阶……京兆河南太原府诸县尉。"第 1802 页。

④ 岐州即凤翔府，"天宝领县九，户五万八千四百八十六"（《旧唐书》卷 38《地理志一》，第 1402 页）。按李仲昌卒年推算，其祖父可能任职于天宝年间（742—756）。据《唐六典·三府督护州县官吏》，户满四万为上州。上州司法参军的品阶为从七品下。参见《唐六典》卷 30《三府督护州县官吏》，第 745—746 页。

⑤ 邢州为上州（参见《旧唐书》卷 39《地理志二》，第 1449 页）。上州参军事若干员，秩从九品上。参见《唐六典》卷 30《三府督护州县官吏》，第 746 页。

们前面的归类，李仲昌应该属于 B₃ 类，即之前三代至少有一人为中下层政治精英但并无上层政治精英，因此可以称李仲昌为中下层政治精英子弟。

相比之下，李益则具有非常深厚的家世背景。《李益墓志铭》明确记载道："给事赠兵部尚书讳宣即公曾王父也，皇朝虞部郎中讳成绩即公之大父也。烈考讳存，皇大理司直赠太子少师。"① 李益的曾祖父和祖父的任官都在五品上下，② 属于高官，享有门荫等特权。但李益之父的品阶已经降为从六品，③ 说明李益虽有家世背景，但呈衰落趋势。至于李益的族父李揆，虽身为肃宗朝宰相，但似乎不愿提携族人。④ 李益之兄李皆尚且"滞于冗官，竟不引进"，⑤ 李益与李揆的关系更远，自然难以攀附。李益后官至礼部尚书致仕，当时的太子庶子与其同名，尽管李益"兼门地焉"，但"时人谓尚书为文章李益，庶子为门户李益"。⑥ 可见，李益的家世背景与其仕宦升迁的直接关联并不紧密。

至于董邵南，尚未见有表明其家世背景的史料，具有显赫家世背景的可能性似乎不会太大。

我们再来看一下他们的出身。

李仲昌"贞元中，以门荫授唐州参军"。虽然家世不显，但他却有"门荫"作为出身。唐代的门荫制基本上针对三类人：一是高爵，二是皇亲，三是高级品官（五品以上）。⑦ 李仲昌父、祖的

---

① 释文见王胜明《新发现的崔郾佚文〈李益墓志铭〉及其文献价值》，《文学遗产》2009 年第 5 期。这方墓志的发现，纠正了《新唐书·宰相世系表》对于陇西李氏姑臧大房世系的错误记录。

② "给事中"为正五品，参见《旧唐书》卷 42《职官志一》，第 1804—1805 页；"虞部郎中"为从五品，参见《旧唐书》卷 43《职官志二》，第 1841 页。

③ 《旧唐书》卷 42《职官志一》，第 1797 页。

④ 《旧唐书》卷 137《李益传》，第 3771 页。

⑤ 《旧唐书》卷 126《李揆传》，第 3560 页。

⑥ 赵璘：《因话录》卷 2，上海古籍出版社 1979 年新 1 版，第 78 页。

⑦ 参见《旧唐书》卷 42《职官志一》，第 1805 页；另见张泽咸《唐代的门荫》，载《文史》第 27 辑，中华书局 1986 年版，第 47—59 页。

官品皆在六品以下，并不符合此类严格的门荫制。但门荫制的范围在唐后期有进一步扩大的趋势。低品官（六品以下、九品以上）的子弟无高荫可庇，但可以通过品子身份叙阶入仕。《新唐书·选举志下》载：

> 凡品子任杂掌及王公以下亲事、帐内劳满而选者，七品以上子，从九品上叙……九品以上及勋官五品以上子，从九品下叙。①

以品子身份充任各种杂职掌，考限一般为十数年，考满后经过本司简试合格，可以获得散官出身，再依散官参选的有关规定，经若干次简选，有可能获得流外乃至低级官职。② 李仲昌可能走的是这一条途径。如其就任，根据唐代一般的迁转程序，上达的机会很少。

李益"大历四年，年始弱冠，进士登第"，③ 之后虽有一些升迁，但是"由监察殿中历侍御史"④ 后便长期不见迁改。可见，李益在唐廷确实"不得意"。⑤

董邵南也是"举进士，连不得志于有司"。⑥

由此可见，安史之乱后士人不论家世背景如何，不计是进士出身抑或门荫出身，在中央不得意，难以升迁，到河朔藩镇谋求发展不失为一个选择。正如陈寅恪先生所言，此为"当日社会之常情"。⑦

---

① 《新唐书》卷45《选举志下》，第1172页。

② 同上书，第1174页；另可参见宁欣《唐代选官研究》，台北：文津出版社1995年版，第136—137页。

③ 王胜明：《新发现的崔郾佚文〈李益墓志铭〉及其文献价值》，《文学遗产》2009年第5期。

④ 同上。

⑤ 《旧唐书》卷137《李益传》，第3771页。

⑥ 韩愈撰，刘真伦、岳珍校注：《韩愈文集汇校笺注》卷4《送董邵南游河北序》，第1055页。

⑦ 陈寅恪：《唐代政治史述论稿》上篇《统治阶段之氏族及其升降》，载《隋唐制度渊源略论稿（外二种）》，第189页。

第二节 "北走河朔"士人的宦海浮沉

"北走河朔"的士人在河朔地区的升降起伏和命运如何？长期以来，我们只知道李益被"幽州刘济辟为从事，常与济诗而有'不上望京楼'之句"。①《李益墓志铭》虽然详细记载了李益的家世、家庭、婚姻和仕宦，但是详于李益被召入长安后的经历，对于他在幽州的活动，有效的信息也只有"复为幽州营田副使，检校吏部员外郎，迁检校考功郎中，加御史中丞，以金印紫缓副焉"②数语，而"卒使逆流再顺"等语，则更像是长安士人的主观期待，似有待查考。③ 至于董邵南，则尚未见到其河朔经历的任何记载。

但是，李仲昌在河朔的浮沉升降却详细地记载在其墓志中，难能可贵。

并未上任的李仲昌，首先投奔了昭义军。结果"昭义节度使司空公李公，器其高族之良，抑以从事。公感知己之至，就洺州司仓参军"。此"司空公李公"当为李抱真。④ 所谓"器高族之良"似乎仍在强调李仲昌家世门望的背景。但昭义军节度使李抱真"欲招致天下贤隽，闻人之才善，必令持货币千里邀致之。至与语

① 《旧唐书》卷 137《李益传》，第 3771 页。
② 王胜明：《新发现的崔郾佚文〈李益墓志铭〉及其文献价值》，《文学遗产》2009 年第 5 期。
③ 因为此语与"不上望京楼"的诗句似乎有矛盾。韩愈《送幽州李端公序》也称李益"为人佐甚忠"，还讽喻他规劝刘济恭顺唐廷。见韩愈撰，刘真伦、岳珍校注《韩愈文集汇校笺注》卷 10，第 1129 页。所以"使逆流再顺"之事，仍待详考。
④ 李抱真自建中元年二月起受昭义节度使，直至其病卒（见《旧唐书》卷 12《德宗纪上》，第 325 页）。昭义原为河北相州军号，薛嵩死后，移往邢、磁，至李抱真领昭义，遂合泽、潞、邢、洺、磁为一（参见吴廷燮《唐方镇年表》卷 4《昭义》，第 475 页）。"朱滔之败"，李抱真"迁司空"（穆员：《相国义阳郡王李公墓志铭》，《全唐文》卷 784，第 8 册，第 8194 页）。

无可采者，渐退之"。① 而且彼时李抱真"雄视山东"，② 正在用人之际。李仲昌受洺州司仓参军，之后又"表为曲周县令"（曲周为洺州属县③），都是任职于洺州（昭义军的"山东"部分）。唐朝后期是一个等级制度再编制的时代，④ 原有以血缘为纽带的门第观念有所消退，却仍然保持着影响。多为军人出身的藩帅也大多愿意和世家大族建立联系，考察家世门望。但藩镇（尤其是河朔地区）内外的繁杂事务也使得他们非常看重"才干"。所以仕于成德镇的郑溧（746—792）⑤，其墓志上说他"以才地称"。⑥ "才地"是才干和门第的合称，短短数语，正反映了那个时期河朔及周边藩镇用人方面的特征。李仲昌可能有家世的背景，但其影响不可高估，如果有这方面的影响，也有一种可能是李抱真基于现实的考虑：李仲昌之父曾任"邢州参军"（邢州属昭义辖区），从而李仲昌直接或间接地对昭义军的"山东"地区或有所了解。总之，李仲昌若无真才实学，便不可能得到李抱真的提拔。

至此，李仲昌虽然已经任职于河朔，但还没有进入割据型的河朔藩镇。安史之乱以后的河朔地区，不但有唐廷与藩镇的战争、藩镇之间的战争，还有藩镇内部的军乱，这些都会对藩镇体制中的士人前途产生多方面的影响。《李仲昌墓志》云："李公薨，兵变于广平。公知势终不可固，乃缘东而趋于魏。"李公即是指李抱真，卒于贞元十年，⑦ 其子李缄欲仿"河朔故事"袭领昭义军节度使，

---

① 《宋本册府元龟》卷 413《将帅部·礼贤》，第 1052 页。

② 《旧唐书》卷 132《李抱真传》，第 3647 页。

③ 《旧唐书》卷 39《地理志二·河北道》，第 1497—1498 页。

④ 参见侯外庐《中国封建制社会的发展及其由前期向后期转变的特征》，载《中国封建社会史论》，第 201 页。

⑤ 郑溧与妻子博陵崔氏的合祔墓志称郑溧卒于贞元十二年，参见《唐故冀州阜城县令兼□□□史赐绯鱼袋荥阳郑府君夫人博陵崔氏合祔墓志铭并序》，载周绍良主编《唐代墓志汇编》，大和 049，第 2130 页。

⑥ 《唐冀州阜城县令荥阳郑君墓志铭并序》（以下简称《郑溧墓志》），载周绍良主编《唐代墓志汇编》，贞元 110，第 1917 页。

⑦ 参见《旧唐书》卷 132《李抱真传》，第 3649 页。

还希图取得成德节度使王武俊的支持,但遭到了王武俊的严词责让。① 朝廷则将昭义军中之事授以王延贵,李缄外不得河朔强藩支持,内不得本军拥立,只好入朝东都。② 但李仲昌的主官、时为昭义行军司马、摄洺州刺史的元谊对唐廷的安排不满,"表请以磁、邢、洺别为一镇",③ 并"阴结田绪"。④ 田绪时为魏博节度使,虽然田绪子"季安纳谊女为妻"⑤ 在此事之后,但元谊和田绪的关系在贞元十年之时应该已经非常密切。⑥ 由于昭义军内部以王延贵为首的河东集团和以元谊为首的河朔洺州集团存在激烈矛盾,最终爆发了分裂战争。关于这次战争,正史皆有著录,而《册府元龟·将帅部·讨逆》记载得最为详细:

> 王虔休为昭义军节度留后。贞元十年七月,昭义行军司马元谊据洺州以谋乱。八月,虔休统兵赴临洺以攻元谊。是月,谊除饶州刺史,不行,故虔休率兵攻之。谊又上疏,请率洺州军士防秋于京西,德宗许之,而未敢出。虔休以大兵临城,城中出师御之,颇相杀伤。虔休又引洺水以灌城,分兵收鸡泽。九月,虔休遣将李庭芝破元谊兵将李同悦于长桥,残杀居人男女数百口,同悦走魏州。庭芝进收鸡泽,又杀居人男女数百口,鸡泽守将、官吏悉走魏州,自是平息。洺水等数县将吏、居人闻虔休兵至,悉走魏州。十二月,虔休以洺州潼(漳)濠冰合,发卒数千人逾濠,搏城急攻之。元谊自城上督战,矢石乱下,又出兵拒斗。虔休军稍却,会日暮冰解,涉濠者多沉

---

① 《旧唐书》卷132《李抱真传》,第3649页。
② 参见《旧唐书》卷132《李抱真传》,第3649—3650页。
③ 《通鉴》卷235,唐德宗贞元十年七月条,第7562页。
④ 《旧唐书》卷13《德宗纪下》,第380页。
⑤ 《宋本册府元龟》卷177《帝王部·姑息第二》,第426页。
⑥ 洺州一度是魏博的支州,在地缘上和魏博的关系更为密切,田绪介入此事也就不难理解了。

溺。大将张沛、来浩皆中流矢，士卒死伤大半。自是虔休引漳、洺二水以灌之。①

广平即洺州，②《李仲昌墓志》所记与《册府元龟》相合。王虔休的军队在洺州境内引水灌城，残杀居民，以致"洺水等数县将吏、居人闻虔休兵至，悉走魏州"。③贞元十二年正月庚子，元谊、李文通等"兵五千人及其家人万余口奔魏州"。④综上，李仲昌作为元谊洺州集团的成员之一，兵败后逃到魏博镇，时间应该不晚于贞元十二年正月。至此，李仲昌才开始了真正意义上的"北走河朔"，其仕宦生涯也有了更多的机遇和挑战。

唐廷方面在元谊入魏博之后不再追究，"命田绪安抚之"。⑤可能根据这种安抚的措置，李仲昌署"贝州录事参军"，"领印如旧"。

贞元十二年四月，田绪卒。⑥其子田季安依"河朔故事"继任为魏博节度使。此后李仲昌先"改卫州录事参军"，又"迁相州尧城县令"，"转魏州大都督府录事参军、兼元城县令"，"寻为冠氏县令。离弊既复，再为录事参军"，随着任官地移向魏博镇治所魏州，他也一步步接近魏博镇的权力中心。

不久，田季安"请充节度巡官，权知博州刺史、兼防御使"。巡官在唐中叶藩镇使府僚佐系统中很常见，节度使、观察使下皆有巡官。⑦巡官也是士人入幕的初任幕职（或称幕府正职中之末职⑧），但是延请之仪隆重，需要一定的名

---

① 《册府元龟》卷 423《将帅部·讨逆》，第 5037 页。
② 参见《旧唐书》卷 39《地理志二》，第 1497—1498 页。
③ 《册府元龟》卷 423《将帅部·讨逆》，第 5037 页。
④ 《通鉴》卷 235，唐德宗贞元十二年正月庚子条，第 7570 页。
⑤ 同上。
⑥ 参见《旧唐书》卷 141《田承嗣附子绪传》，第 3846 页。
⑦ 参见严耕望《唐代方镇使府僚佐考》，载《唐史研究丛稿》，第 199—200 页。
⑧ 石云涛：《唐代幕府制度研究》，第 277 页。

望、才学和人脉关系才能得到。[1] 巡官的职务虽然多样化且很有弹性，[2] 但是用作阶官兼官的却很少见。张国刚老师曾指出，唐代后期使职有阶官化的趋势，在藩镇使府僚佐体系中，以押衙用作带职、兼官的现象十分普遍。[3] "河北之俗，刺史阙，其帅辄以僚属将校自为之，不请者有年矣。"[4] 李仲昌既以僚属身份担任支州刺史，节度巡官当类似"押衙"的性质，象征李仲昌在魏博镇节度使府中与藩帅的亲密关系，而博州刺史、兼防御使才是李仲昌的真正执掌。以何种藩镇使职兼官很可能具有一定的偶然性，或也反映了河朔藩镇节度使在用人方面具有较高的灵活性。唐后期藩镇军队分为牙军、外军镇（亦称外镇军）、支郡兵和县镇。[5] 博州的驻军应是支郡兵。李仲昌兼防御使，即表示他统领本州兵马。河北刺史治军戎始于先天二年（713）。玄宗以敕的形式宣布"河北诸州，加团练兵马，本州刺史押当"。[6] "至德之后，中原用兵，刺史皆治军戎，遂有防御、团练、制置之名。"[7] 府主又为其"拜监察御史里行"，这是巡官的常带宪衔而非刺史的一般带职，[8] 表明这个刺史虽非朝廷正授，但府主却又不得不为李仲昌的幕职在中央奏授一

---

① 参见赖瑞和《唐代基层文官》，第 210 页。

② 参见赖瑞和《唐代基层文官》，第 240—247 页。

③ 参见张国刚《唐代藩镇军将职级考略》，《学术月刊》1989 年第 5 期。

④ 李翱：《金紫光禄大夫检校礼部尚书使持节都督广州诸军兼广州刺史兼御史大夫充岭南节度营田观察制置本管经略等使东海郡开国公食邑二千户徐公行状》，《文苑英华》卷 976，第 5137 页。

⑤ 日野开三郎曾经指出，藩帅控制下的有牙军、外镇军以及巡属州长（防、团、守捉、镇遏使）军团等（日野開三郎『支那中世の軍閥』東京：三省堂、1942、39—59 頁）。张国刚老师则根据藩镇军队的布置，将藩镇的军队分为驻在藩镇治所的牙军，驻守在支州的军队（包括外军镇和支郡兵）以及县镇。参见张国刚《唐代藩镇军队的统兵体制》，《晋阳学刊》1991 年第 3 期。

⑥ 王溥：《唐会要》卷 69《都督刺史已下杂录》，第 1436 页。

⑦ 《旧唐书》卷 38《地理志一》，第 1389 页。代宗即位后，推行改革，将防御使改为团练使，陈志坚指出此意在表明全国由战争状态进入和平时期（参见陈志坚《唐代州郡制度研究》，第 16 页）。但河朔地区似乎并没有受此影响。

⑧ 唐中后期刺史一般所带的宪衔是御史大夫，此例不胜枚举，姑且从略。

个相应的宪衔，由此折射出的正是魏博作为典型的河朔藩镇与唐廷若即若离的微妙关系。李仲昌的仕宦任官与这一背景密不可分。李仲昌又改相州刺史，任期三年，所以《李仲昌墓志》称其"两牧大郡"。此后，他又"加节度判官"。判官在幕府文职系统中地位仅次于节度副使和行军司马，[①] 李仲昌的幕职由巡官升任判官，在使府中的地位进一步提高。

唐后期州刺史一般兼领本州团练使或防御使等武职，所以武将为州刺史的情况比较普遍，在河朔藩镇尤其如此。田承嗣家族统治魏博时期，支州刺史多为武人。

《旧唐书·田承嗣附侄悦传》载："魏将邢曹俊者，承嗣之旧将，老而多智，颇知兵法，悦昵于扈蕚，以曹俊为贝州刺史。"[②]

《旧唐书·代宗纪》载，大历十年十一月丁酉，"田承嗣所署瀛州刺史吴希光以城降"。[③] 又《新唐书·代宗纪》称"魏博将吴希光以瀛州降"。[④] 瀛州刺史吴希光当为武人，其女嫁成德军节度使王士真。[⑤]

《通鉴》载，建中三年正月，"河阳节度使李芃引兵逼卫州，田悦守将任履虚诈降，既而复叛"。[⑥] 守将任履虚即是卫州刺史。[⑦]

田承嗣家族统治魏博时期的另外一个特点是，各州刺史或州县级军事要职多为田氏家族成员所据，具体情况见表 5-1。

---

①　参见严耕望《唐代方镇使府僚佐考》，载《唐史研究丛稿》，第 182—194 页。

②　《旧唐书》卷 141《田承嗣附侄悦传》，第 3842 页。

③　《旧唐书》卷 11《代宗纪》，第 308 页。

④　《新唐书》卷 6《代宗纪》，第 178 页。

⑤　刘幼复：《王士真妻吴氏墓志》，载吴钢主编《全唐文补遗》第 5 辑，三秦出版社 1998 年版，第 35 页。

⑥　《通鉴》卷 227，唐德宗建中三年正月条，第 7313 页。

⑦　郁贤皓：《唐刺史考全编》卷 101《卫州》，第 3 册，第 1422 页。

表 5－1　田氏家族成员担任的魏博镇各州刺史及地方军事要职情况（763—821）

姓名	与节帅关系	任职
田廷琳	田承嗣之弟	贝州刺史
田廷玠	田承嗣从父兄弟	洺州刺史、相州刺史
田维	田承嗣之子	魏州刺史
田季和	田绪之子	澶州刺史
田弘正	田绪从父兄弟	临清镇将

资料来源：本书附录二表 C。

表 5－1 仅列举了田氏成员掌管魏博镇地方武力的情况，而事实上，在魏博牙军的高级将领中，也有不少田氏成员。在田季安为魏博节度使期间，其弟田季直为衙将；田弘正也曾为衙内兵马使。[①] 可见，田氏统治魏博期间也在一定程度上采取了“家镇”模式。[②]

李仲昌一介文人，如何能“两牧大郡”“加节度判官”，从而跻身于主要由田氏家族成员构成的上层政治精英集团呢？这一方面确实与李仲昌本人的才干有关，另一方面很可能与魏博内部特定的政治形势有关。李绛曾指出：“臣窃观两河藩镇之跋扈者，皆分兵以隶诸将，不使专在一人，恐其权任太重，乘间而谋己故也。”[③] 在本书第三章和第四章中已经提到，田季安统治魏博期间，确实要依靠田氏家族成员紧紧抓住魏博镇的权力，但田氏内部也有矛盾。田季安在魏博镇的统治事实上并不是很得人心，田兴因曾规讽田季安，赢得军心。于是“季安以人情归附，乃出为临清镇将，欲捃

① 参见《旧唐书》卷 141《田弘正传》，第 3848 页。

② “家镇”这一概念是由姜密提出来的。参见姜密《唐代成德镇割据的特点》，《河北师范大学学报》2000 年第 3 期。

③ 《通鉴》卷 238，唐宪宗元和七年八月辛亥条，第 7692 页。

撼其过害之"。① 可见，田季安对田氏宗亲多有猜忌。对田季安来说，这时更为实际有效的做法就是利用另一个集团来牵制掌握魏博权力的田氏家族的其他成员。李仲昌以巡官的幕职先后出任博、相两州刺史，或许可以从这一背景中寻找原因。李仲昌是元谊在洺州时的旧部，又与元谊一同投奔魏博，而元谊是田季安的岳父，田季安重用一部分元氏旧部，就是利用妻族势力牵制田氏宗亲。河朔藩镇的支州刺史在藩镇的军事权力结构中往往举足轻重，在唐后期，魏博镇和幽州镇都发生过担任支州刺史的武将领兵夺取节度使之位的事情。② 相比之下，巡官则是使府正职中较低的文幕职，③ 李仲昌以此身份出任支州刺史，对藩帅的依附性就非常强。所以田季安的意图应该是通过他执掌地方武力，以起到以小制大、文武相维的作用。

元和七年八月田季安死后，④ 历事田绪、田季安的李仲昌，面临新的抉择。

此时，元谊之女召诸将，欲立己子田怀谏为节度副大使，"众皆唯唯"，⑤ 而"怀谏幼，未能御事，军政无巨细皆取决于私白身蒋士则，数以爱憎移易将校"。⑥ 最终，牙军哗变，拥立田弘正为节度使。田弘正杀掉蒋士则等十数人，"移怀谏于外"。⑦

这是当时魏博镇上层一次重大的权力变动，受到朝廷方面的密

---

① 《旧唐书》卷141《田弘正传》第3848页。

② 在魏博镇，乐行达（乐彦祯）以澶州刺史夺得韩简的节度使之位，参见《旧唐书》卷181《乐彦祯传》，第4689页。在幽州镇，支州刺史夺位之事则屡见不鲜。如张仲武、张公素以及李可举之夺位，多是以支州的外军镇为依凭。参见本书第四章第二节第二目。

③ 严耕望认为巡官仅位于衙推、孔目官、逐要等之上。参见严耕望《唐代方镇使府僚佐考》，载《唐史研究丛稿》，第177—236页。赖瑞和先生则认为巡官"可说是使府正职当中最低一级的文官"。参见赖瑞和《唐代基层文官》，第240页。

④ 《旧唐书》卷15《宪宗纪下》，第443页。

⑤ 《旧唐书》卷141《田承嗣附绪子季安传》，第3847页。

⑥ 同上。

⑦ 《元稹集》卷52《沂国公魏博德政碑》，第562—564页。

切关注。节度使父死子继的"河朔故事"作为一种习俗和惯例，在这个时期具有很强的稳定性。① 而且，李仲昌本是元谊旧部，很有可能最初也赞成立元氏之子田怀谏为帅。只是此方墓志仅用了"军府大变"四个字来描述魏博镇这次重要的权力更替，使得我们无法得知李仲昌在这次事件中到底有何作为。

田弘正为魏博节度使之后，立刻表示服从唐廷。唐宪宗"仍令中书舍人裴度使魏州宣慰，赐魏博三军赏钱一百五十万贯"。② 所以志文中的"公奉新命，祗讶制使"，很可能是指李仲昌奉田弘正之命前往迎接裴度等人。但是，元和七年九月八日，李仲昌"善殁于卫州汲县之传舍"。是年十月，裴度等人才到达魏博。③ 关于李仲昌的死因，墓志撰者说是"肤腠颠疢"，并指出其得以善终。唐代墓志中一般有墓主寿数的记录，而这方篇幅长达1000余字的墓志中却恰恰没有留下这一信息。根据郑氏的生卒年（780—838），参照姚平先生统计的随时代变化的夫妻年龄差距（831—850年去世的，平均差距为7岁），④ 李仲昌的死亡年龄可能在40岁左右。郑氏的墓志中又称"监察遭祸"，⑤ 似乎又与"善殁"的表述相左。加之，志文对李仲昌在"军府大变"中的表现竟无一言，这些都使得李仲昌之死显得有些扑朔迷离。这可能和墓志撰者王建有一定关系。《李仲昌墓志》的作者"王建"很可能就是中唐诗人王建，目前来看，似乎只有这个推断，才能使墓志中所有的困惑都得到有效解释。而且，此时身处魏博的中唐诗人王建也是一个"北走河朔"的士人，其经历与李仲昌颇多相近之处，亦颇值得玩味。

---

① 参见本书第三章。

② 《旧唐书》卷141《田弘正传》，第3849页。

③ 《通鉴》卷239，唐宪宗元和七年十月条，第7696页。

④ 参见姚平《唐代妇女的生命历程》，上海古籍出版社2004年版，第98—99页。

⑤ 《郑氏合祔墓志》，载吴钢主编《全唐文补遗·千唐志斋新藏专辑》，第363页。

第三节　"北走河朔"士人的婚姻与家庭

　　正如第四章结语部分所提及的那样，本书没有专门考察（特别是以统计的方式）河朔地区政治精英的婚姻状况，而是主要关注了其仕宦以及从军等问题。观察"北走河朔"之后的士人的婚姻状况，可以从侧面更加生动地揭示中晚唐河朔地区的社会面貌。因此，本节对"北走河朔"的士人婚姻做一描述，以此来窥见藩镇统治下的河朔地域社会的一般情形。

　　《李仲昌墓志》对墓主家庭情况记载较为简略："夫人荥阳郑氏……有子四人：孟曰赟，仲曰卞，叔曰元，季曰宗文。幼女在室，亦读诗书。"这四子在史籍中均不见记载。《郑氏合祔墓志》则记载较为详细，"庶子二人：长曰赟，次曰□"，[①] 另有"庶女一人"。[②] 郑氏所生两子，"长曰丕，前任沣州慈利县令。次曰茉，而行义有闻"。[③] 两方墓志所记载的子嗣名字有所出入。但"庶子""庶女"表明，李仲昌并非只娶了郑氏一人。郑氏开成三年卒，享年五十有九，[④] 推知其约生于建中元年。郑氏"既嫁十六年，而监察遘祸"。[⑤] 李仲昌卒于元和七年，则郑氏嫁给李仲昌的时间可能在贞元十二年至十三年，这一年郑氏 18 岁左右，是唐代女性的平均婚龄。[⑥] 郑氏为"皇颍川郡太守讳长裕之曾孙，殿中侍御史讳欢

---

① 《郑氏合祔墓志》，载吴钢主编《全唐文补遗·千唐志斋新藏专辑》，第 363 页。

② 同上。

③ 同上。

④ 参见《郑氏合祔墓志》，载吴钢主编《全唐文补遗·千唐志斋新藏专辑》，第 363 页。

⑤ 《郑氏合祔墓志》，载吴钢主编《全唐文补遗·千唐志斋新藏专辑》，第 363 页。

⑥ 姚平先生据 299 方有婚龄的墓志得出唐代妇女的平均结婚年龄是 17.6 岁。参见姚平《唐代妇女的生命历程》，第 92 页。

之孙，魏州大都督府参军讳季熊之女"。① 郑长裕、郑欢、郑季熊
皆见于《新唐书·宰相世系表》（以下简称《新表》），为北祖郑
氏一系，且郑长裕和郑欢的官称与志文上的官称相合。② 又，郑欢
还有子郑叔向。③《崔程墓志》云："公两娶一门，女弟继室，即颍
川太守长裕之曾孙，殿中侍御史欢之孙，洺州司兵叔向之长女。今
相国余庆、河南尹珣瑜、信安守式瞻、高平守利用，皆诸父也。"④
其所载郑叔向世系与《新表》正合。即郑叔向是李仲昌之妻郑氏
的叔父。据《崔程墓志》，崔程的卒年在贞元十四年，可知郑叔向
的活动年代亦在贞元年间。李仲昌时为洺州司仓参军。郑叔向任洺
州司兵时，极有可能与任洺州司仓参军的李仲昌共事元谊。或许正
是存在这样一层关系，李仲昌来魏博镇不久，⑤ 便有了这门亲事。
郑氏的父亲郑季熊可能早逝，⑥ 但毕竟参与了魏博镇的地方政权。
联系这种背景，李仲昌和郑氏缔结婚媾，固然是联姻了世家大族，
沿袭了传统的门第观念，但更重要的意义恐怕在于他能及时向魏博
镇的政治精英阶层靠拢。在中晚唐的河朔藩镇内部，藩帅与文武僚
佐以及各级僚佐彼此之间，往往通过联姻交织成各自的势力网，即
所谓"姻党盘互"。⑦ 元谊的洺州集团进入魏博镇后，要迅速地融
入这个网络，与魏博藩帅、文武官员的联姻便必不可少。所以，元
谊将其女嫁给田季安。《李仲昌墓志》的作者王建交代他写这篇墓
志铭的缘起在于"夫人以建忝公姻末，幸陪从事"。"姻末"是面
对姻亲长辈的一种自我谦称。可见，这是一个婚姻圈。因此，李仲

---

① 《郑氏合祔墓志》，载吴钢主编《全唐文补遗·千唐志斋新藏专辑》，第362页。
② 其中郑欢的官称，《新表》云"侍御史"，正是"殿中侍御史"的简称。见
《新唐书》卷75上《宰相世系表》，第3321—3322页。
③ 《新唐书》卷75上《宰相世系表》，第3322页。
④ 《崔程墓志》，载周绍良主编《唐代墓志汇编》，贞元096，第1906页。
⑤ 前文已考证出李仲昌来魏博镇的时间不晚于贞元十二年正月。
⑥ 《郑氏合祔墓志》称："夫人幼失所怙，慈亲所育。"参见吴钢主编《全唐文
补遗·千唐志斋新藏专辑》，第363页。
⑦ 《新唐书》卷210《藩镇魏博·罗绍威传》，第5942页。

昌的婚姻或许仍带有士族婚姻的门第特征，但更是沾染了河朔藩镇内部政治联姻之风。因此，作为一个"北走河朔"的士人，其婚姻行为可看作政治行为的一种延续。

小　结

"北走河朔"反映的是地理空间上发生了流动（从中央和顺地进入河朔地区）之后的人们面临的升降变迁。士人"北走河朔"后，如何在河朔藩镇谋求发展和上升流动，恰恰可以在某种程度上更加清晰地揭示河朔藩镇社会流动方面的一些特点。《李仲昌墓志》与《郑氏合祔墓志》一起，为我们勾勒了"北走河朔"之后士人的婚宦生涯。

河朔藩镇内部政治斗争起伏跌宕，与中央和邻镇的关系变动不居，相应地，河朔地方社会也发生着剧烈的变动：选贤举能和门第观念此消彼长的同时，盘互交错的关系网络也在形成。但这种关系网络已经不同于士族门阀之间的联姻，而更多的是对现实政治关系的一种维系。这一切都使得"北走河朔"的士人面临着更多的机遇和挑战。尽管只是一个个案，李仲昌的仕历、婚姻以及死因之谜，都展现了唐中期以来处于变动中的河朔地方社会的一个侧面，揭示了人们在河朔攀登成功的阶梯的基本机制。参照第四章的统计，在第一阶段，李仲昌作为中下层政治精英子弟能够跻身藩镇上层，除了自身的才干之外，还有特定政治形势的助力。大部分中下层政治精英和"凡庶"子弟，很难有跨越性较大的流动，仍然徘徊在藩镇的中下层政治精英之中。但是，这仍是一种重要的积累。对于河朔藩镇（特别是三镇）所创设的大量将校和基层幕职，中下层政治精英和"凡庶"子弟需要通过培养相关的技能，以自己的才干来充任，而这种才干的培养和锻炼与河朔藩镇特定的氛围及其创设的条件密切相关，这是第六章所要讨论的问题。

第 六 章

"书剑双美"：影响社会流动的因素

引 言

前面的研究表明，在河朔藩镇，从顶层的节度使到一般的文武官员，其充任者从来不乏政治精英世家。在河朔藩镇，这种重家世的倾向也不时地有所显露。"地望"、①"门望"② 以及是否为"名家子"，③ 也都是河朔藩镇节度使选拔人才的一个重要参考。然而，先秦以来的选贤举能的观念，④ 在面临内外压力的河朔藩镇中也得到了更好的落实。

河朔藩镇的节度使始终面临着巨大的内外压力，他们用人看重家世，但更需要处理藩镇内外纷繁事务的人才。既有家世背景又具才干之人是藩帅的首选。所以，郑澣"以才地称，释褐奏授沧州长

---

① 周绍良主编：《唐代墓志汇编》，贞元 118，第 1923—1924 页。

② 《唐张佑明墓志》，载侯璐主编《保定出土墓志选注》，第 79 页。

③ 周绍良主编：《唐代墓志汇编》，大和 066，第 2144 页。

④ 许倬云先生认为春秋战国时期儒家、法家、墨家的观念都是支持能干之人从底层升至高位，从而支持社会流动的，而道家尽管不鼓励人们追求高位，但对既定道德观念的指责，有利于破坏社会结构。参见许倬云《中国古代社会史论——春秋战国时期的社会流动》，邹水杰译，广西师范大学出版社 2006 年版，第 168—169 页。

芦县尉"。① 此后，郑潇多次升迁，"当道节度使王公表荐充节度巡官"。② 这里的王公当指王武俊，③ 他非常重视人才的选拔。"才地"是才能和门第的合称。即便将"谀墓"的因素考虑进来，这也至少说明那时河朔的社会观念中，才干已是用人取人的最重要原则了。大约同一时期，王武俊还试图拔擢现场作《射鸭歌》的刘言史，④ 足见其对真才实学之重视。曹彦约（1157—1228）说"唐藩镇固是弊法，而其识拔名士，尚仿佛三代举选本意，固有士行修于家，而辟命达于朝，出而赞戎幕者，多奇才。入而居王官者，多宿望"，⑤ 肯定了藩镇在选贤举能方面的作用。

就推动社会流动的家世和才干因素而言，河朔藩镇从上到下，似乎越来越向重才干而轻家世的方向发展。藩帅选人方面如此，藩帅自身的继承方面更是如此。"河朔故事"的一个重要内容在于强调河朔藩镇节度使"父死子继"。⑥ 这一"故事"是以强调血统的面貌出现。但是，在魏博、幽州等镇，真正能延续这一"故事"的家族，比例并不高。⑦ 比较成功地实现了"河朔故事"的成德镇王廷凑家族也如履薄冰，在节度使的继承问题上丝毫不敢有所懈怠。⑧ 大量的中下层政治精英和"凡庶"子弟也依才进入藩镇体制，承担了很多重要的事务。

既然才干在河朔藩镇的社会升降变迁中日益重要，那么，它们又是在怎样的环境中造就和锻炼出来的呢？

---

① 《郑潇墓志》，载周绍良主编《唐代墓志汇编》，贞元 110，第 1917 页。

② 同上。

③ 王武俊 782—801 年为成德镇节度使，从郑潇的生卒年来看，其是供职于王武俊执掌成德节钺期间。

④ 计有功：《唐诗纪事》卷 46《刘言史》，上海古籍出版社 1987 年新 1 版，第 697 页。

⑤ 曹彦约：《昌谷集》卷 15《江西安抚司机宜厅壁记》，《影印文渊阁四库全书》第 1167 册，第 188 页。

⑥ 关于"河朔故事"的含义，参见本书第三章。

⑦ 参见本书第三章。

⑧ 参见本书第三章。

正如谭凯所指出的,河朔藩镇政治精英的墓志书写中主要不是强调世袭门风,[①] 而是更愿意突出自己"书剑双美"(文武双全)。这实际上反映了河朔藩镇政治精英更加强调自己身份的取得与自己在"文"和"武"方面的造诣有关,这些方面的才能才是节度使真正需要的。所以,意欲攀登成功阶梯的河朔子弟,需要在这两个方面下功夫,而河朔藩镇为他们培养这些能力提供了条件。这些条件可以分为侧重加强身体素质、提高武艺等体力方面的军事训练和与脑力活动有关的文化教育。[②]

第一节 河朔藩镇的军事训练

一 以武立镇与耕战结合

恩格斯曾说:

> [普鲁士]为转入战时做好了一切周密的准备。因而平时编制的军队就像一所学校,国民在这里学习使用武器,进行操练。有人认为,这种制度规定所有适合服兵役的男子在战时都将编入军队,因此采用这一制度的国家似乎在遭受任何袭击时都能保证安全;可是情况远非如此。采用这种制度,只能使国家拥有比在采取法国或者奥地利的征兵制时几乎多百分之五十的兵员。正因为这样,一个人口不超过1700万、领土不大、既无海军又不直接进行海外贸易的农业国

---

① 谭凯:《晚唐河北人对宋初文化的影响——以丧葬文化、语音以及新兴精英风貌为例》,载荣新江主编《唐研究》第19卷,第255—285页。

② 这里不简单分为文和武,因为在识字读书方面其实又可以分很多层次。有识字教育,有兵学方面的教育,也有儒学和吏事等方面的教育,兵学等方面的教育恰恰也是为军事服务的。

家，一个工业不太发达的国家，才有可能在一定的程度上保持欧洲大国的地位。①

　　这对于我们理解河朔藩镇的军事训练或许有某种启发意义。从军事训练学的角度来看，"以农业生产为主要经济形式的社会中，兵农合一的思想则是所有兵制所共同遵循的一个基本指导思想，由此而产生的训练方式则主要表现为耕战结合"。② 在尚属于冷兵器时代的唐代，兵器也没有同生产工具完全分开，河朔藩镇人民的生产和军事训练十分容易结合到一起，军队也就是学校，而这个学校的训练场地既可以是军民自家的庭院，也可以是田园、森林，当然也有公共的训练场地（如下文讲到的球场等）。这样的解释也可以适用于同时代的其他地方。河朔藩镇的不同之处在于它所面临的形势：与唐廷若即若离的微妙关系建立在其军事和经济实力之上。河朔藩镇唯有"习耕战以自庇"。③ 面对军事和经济资源数倍于其的唐廷，④ 河朔藩镇哪怕全民皆兵，却仍不能算作"人力密集型"的军队。所以，严格训练是非常重要的。河朔诸镇对军队作战素质都极为重视，"完器甲以彰有备，训卒伍以示有严"。⑤

　　这应该是河朔藩镇军民军事训练得以展开的基本背景。

------

　　① 恩格斯：《欧洲军队》，载中共中央马克思恩格斯列宁斯大林著作编译局编译《马克思恩格斯全集》第 11 卷，人民出版社 2016 年版，第 493 页。

　　② 赵建中主编：《预备役军事训练学》，军事科学出版社 2006 年版，第 61—62 页。

　　③ 豆卢次章：《刘源墓志并盖》，载赵力光主编《西安碑林博物馆新藏墓志续编》第 146 号，第 455—456 页。这虽然是描述刘源为涿州刺史的情况，但也应是河朔藩镇的普遍情形。

　　④ 即便在天宝最盛时，河北道总著籍户数也只占到唐代总户数的 17% ［据冻国栋《中国人口史》第 2 卷《隋唐五代时期》，表 4 - 7（第 198—199 页）计算得出］。唐后期河朔藩镇的人口数字虽然不详，但河朔地区人口占全国人口的比例似不太可能超过此数字。

　　⑤ 纥干潽：《韩允忠神道碑》，光绪《莘县志》卷 8《艺文志》，载《中国地方志集成·山东府县志辑》第 95 册，第 615 页。

二 训练项目与人才选拔

对于一支军队来说，军将是核心。陈子龙（1608—1647）曾总结军令畅通的根本保障在于，"将者，贤于人者也。大将者，贤于诸将者也。……是以为将者必有一二事可以震服群下之心，然后令之而必从，诛之而不怨"。① 以军人集团为支柱的河朔藩镇，固然也要讲究内部的等级和服从，但上至藩帅下至各级将校必须具有足够的才干，方能从这个集团中脱颖而出，树立自己的威权。其中，武艺就是"震服群下之心"的重要手段，需要通过训练方能获得。河朔藩镇中与人才选拔关系密切的军事训练有以下几种。

1. 习射

陈寅恪先生对河朔藩镇的将校有一段精辟的总结：

> 要而言之，家世或本身曾留居河朔及长于骑射二事则大抵相类，斯实河朔地域之胡化演变所致者也。②

陈氏将河朔藩镇当作一个种族文化问题来加以理解，可能有其特定的历史语境，③ 在这里我们不做讨论。骑射的确是北方游牧民族的强项，亦对中原地区的军事活动有重大影响，然而，河朔地区的骑射风尚却不能简单地理解为完全是"胡化"所致。骑射作为一项重要的军事技能，一定是在长期的军事训练和军事斗争中培养和训练出来的。弓弩能够以较远距离杀伤敌人，在冷兵器时代所具有的

---

① 陈子龙：《安雅堂稿》卷9《武经论·能使贤者居上不肖者居下则阵已定矣》，台北：伟文图书出版社有限公司1977年版，第554页。

② 陈寅恪：《唐代政治史述论稿》上篇《统治阶级之氏族及其升降》，载《隋唐制度渊源略论稿（外二种）》，第204页。

③ 参见王家范《中国历史通论》，华东师范大学出版社2000年版，第363页。

特殊优越性是其他近身武器所不能比拟的。① 所以，先秦两汉时，习射就在军事训练中受到重视。在汉代的都试中，射箭是一项重要的考评指标。②

在唐朝的军队编制中大量配置了使用弓弩的部队。③ 唐前期，府兵"其居常则皆习射，唱大角歌。番集之日，府官率而课试"。④ 可见，唐朝对军队中的习射训练有一套包含考核在内的完整制度。

安史之乱平定之后，昭义军（泽潞镇）成为控扼河朔藩镇的前沿。大历十二年，李抱真领怀泽潞留后。他"密揣山东当有变，上党且当兵冲，是时乘战余之地，土瘠赋重，人益困，无以养军士。籍户丁男，三选其一，有材力者免其租徭，给弓矢，令之曰：'农之隙，则分曹角射；岁终，吾当会试。'及期，按簿而征之，都试以示赏罚，复命之如初。比三年，则皆善射"。⑤ 所谓"角射"，按胡三省的注，当是一种军事竞赛。⑥ 泽潞镇面临的主要敌人是河朔藩镇，李抱真加强射箭方面的训练，可能是迫于河朔藩镇军事压力而采取的一种应对措施。同时，他的这项举措也会对与之相邻的河朔藩镇产生影响，迫使河朔诸军也必须努力提高其战斗力。其结果必然是，河朔藩镇和邻镇都会狠抓部队的军事训练，尤其重视习射。

魏博镇"军中尝分曹习射"，⑦ 而《通鉴》也记载魏博镇"尝

---

① 这是就其射程远的特点而言的。在战斗中，弓弩部队同样需要持其他兵器的军士的配合，否则难以发挥战斗力。

② 关于这些内容，参见武普照、王忠君《先秦两汉的习射风气》，《山东师大学报》1989 年第 6 期。

③ 参见李筌《神机制敌太白阴经》卷 4《器械篇第四十一》，《丛书集成初编》，商务印书馆 1937 年版，第 943 册，第 99—100 页。

④ 《旧唐书》卷 43《职官志二》，"兵部尚书"条，第 1834 页。

⑤ 《旧唐书》卷 132《李抱真传》，第 3647 页。

⑥ 参见《通鉴》卷 239，唐宪宗元和八年正月条胡注，第 7699 页。

⑦ 《新唐书》卷 148《田弘正传》，第 4784 页。

于军中角射"。① 综合这两条记载，魏博镇中当有经常性的习射训练与比赛。这种训练和比赛可能更加贴近实战，② 进而达到提高全军弓弩射杀水平的目的。

安史之乱后期，史朝义杀史思明之后幽州城内的争夺战可展示幽州地区的习射水平：

> 战斗皆在坊市间巷间，但两敌相向，不入人家剽劫一物，盖家家自有军人之故，又百姓至于妇人小童，皆闲习弓矢，以此无虞。③

在幽州镇，习射几乎成了人人必备的一项安身立命的技能。参照当代射箭运动员的科学选拔特征来看，初级选才的对象是身体开始发育、没有接触射箭或刚刚接触射箭训练的 13—15 岁儿童少年。④ 上文《蓟门纪乱》中所说的"小童"，想来也应接近这个年龄段，应在 10 岁以上。据《教射经》，习射中，"矢量其弓，弓量其力，无动容，无作色。和其支体，调其气息，一其心志，谓之楷式，知此五者为上德"。⑤ 据当代科学研究，协调性作为一种脑机能而非身体素质"是学习和掌握射箭机能的第一素质"，也即习射者应该有"弓感"。身体协调性发展有一个快速敏感期。儿童早期的活动，对增强身体协调性具有重要作用。⑥ 射箭除了对脑机能要求甚高之外，对力量和稳定性要求也较高

---

① 《通鉴》卷239，唐宪宗元和八年正月条，第 7699 页。

② 在敦煌的壁画中，也有不少反映中古时期习射训练和比赛的内容，如莫高窟第 290 窟的窟顶"佛传故事画"第 62 幅（参见李重申《敦煌古代体育文化》，甘肃人民出版社 2000 年版，第 20—21 页并图五），或亦有助于我们对河朔藩镇习射活动的理解或想象。

③ 《通鉴》卷 222，唐肃宗上元二年三月条胡注引《蓟门纪乱》，第 7111 页。

④ 参见中国国家体育总局编《射箭》，人民体育出版社 2001 年版，第 114 页。

⑤ 《通典》卷 149《兵典二·法制》引王琚《教射经》，第 3817 页。

⑥ 《射箭》，第 62 页。

（稳定性可人为地分为弓的稳定性和身体稳定性，但最终取决于上肢、腰腹、下肢等部位的力量）。而且射箭训练是多次重复单一的技术动作。① 这些技能和品质的获得都要求优秀的射手必须自幼练习，经过长期的训练才能达到。②

唐代河朔藩镇军人的墓志中往往不会明确地讲明墓主什么时候开始习射。但河朔藩镇的将校，通常是少年从军。例如魏博镇的王德（779—856）"少年从仕，卓立辕门……弓开闪疾，箭发雷奔"；③ 环平（784—851）"长自河朔。族本良家，艺精弧矢。少从戎旅，效迹藩方"。④ 总之，河朔藩镇浓郁的习武从军氛围，使得那里的儿童"闲习弓矢"，从长期来看，对其军人战斗素质的培养和提高都是有益的。

正如马克思所说："战争也是狩猎，不过是对人的狩猎，是更为发展的狩猎。"⑤ 与习射相应，适度的"田猎""狩猎"也是一种军事上的训练和展现军人才干的机会。成德节度使王武俊"尝与宾客猎，一日射鸡兔九十五"。⑥ 习射最终的要求是有准确率和杀伤力，⑦ 这样的硬指标是有利于人才的公平竞争的。而且从有限的资料来看，河朔藩镇对习射的训练项目，静动结合，可谓极其

---

① 参见《射箭》，第65—68页。

② 每个人的身体条件会因为家庭的社会经济条件差异进而带来营养条件的不同而产生差异，由此会产生在训练起点上的不平等。但这已是另外层次的问题了。

③ 《王德张氏夫人合祔墓志》，载《新中国出土墓志·河北卷壹》第130号，下册，第98页。

④ 《环平墓志》，载吴钢主编《全唐文补遗》第8辑，第185页。

⑤ 马克思：《经济学手稿（1861—1863年）》，载中共中央马克思恩格斯列宁斯大林著作编译局编译《马克思恩格斯全集》第47卷，人民出版社2016年版，第291页。

⑥ 《新唐书》卷211《藩镇镇冀·王武俊》，第5952页。

⑦ 参见《通典》卷149《兵典二·法制》引王琚《教射经》，第3817页。宋代仍然沿袭唐代的一些训练方式和考核要求。参见丁度等编《武经总要·前集》卷2《教弓法》，载中国兵书集成编委会编《中国兵书集成》第3册，解放军出版社、辽沈书社1988年版，第107—108页。

务实。

2. 角抵

冷兵器时代的对抗是以人力（肌肉的力量）和畜力为基本动力的，对于作战人员来说，肌肉力量的训练就显得十分重要。《事物纪原》载，角抵"今相扑也"，[①] 即摔跤运动，是军中较力的主要项目之一。幽州李载义"有勇力，善挽强角抵，刘济为幽州节度使，见而伟之，致于亲军，从征伐"。[②] 看这里的语境，刘济应是在日常的训练或比赛活动中发现的李载义。这项活动可以展示参与者的力量，有勇力者即从中脱颖而出。

3. 击鞠

"击鞠"是一种打马球的运动。《宋史》云"打球，本军中戏"，[③] 在军事上，具有锻炼骑兵策马作战的技能技巧、反应能力以及模仿骑兵作战演习的作用。善于击鞠之人可以通过这样的活动而进身。"周宝字上珪，平州卢龙人……会昌时，选方镇才校入宿卫，与高骈皆隶右神策军，历良原镇使，以善击球，俱补军将……自请以球见，武宗称其能，擢金吾将军。"[④] 河朔藩镇普遍重视击鞠运动。幽州节度使"〔李〕载义延中使击鞠，志诚亦与焉，遂于鞠场叫呼谋乱"。[⑤] 可见，幽州有固定的"鞠场"，且应是军队经常举行活动和训练的场所。

《罗让碑》记载了文德元年魏博罗弘信与乐从训（前节度使乐彦祯之子）交战的很多细节。其中，记载罗弘信招集魏州军士的一幕称，"未逾顷刻，投状者数逾十万，遂于小球场内一一阅

---

① 高承：《事物纪原》卷9《博弈嬉戏·角抵》，中华书局1989年版，第492页。

② 《旧唐书》卷180《李载义传》，第4674页。

③ 《宋史》卷121《礼志二十四·军礼·打球》，第2841页。

④ 《新唐书》卷186《周宝传》，第5415页。

⑤ 《旧唐书》卷180《杨志诚传》，第4675页。

视"。① 看来魏州的球场面积不小，甚至可以作为检阅军士的场所。

成德镇，"唐贞元中有李生者，家河朔间，少有膂力……至于击鞠饮酒兼能之，雅为太守所重"。②

类似的例子还能举出一些，击鞠是河朔藩镇经常进行的一种军事体育活动，有利于提高军队的机动力。同时，这一活动的举行，也为选拔军事人才提供了舞台。

河朔藩镇的这种氛围往往使得武艺娴熟之人脱颖而出。要在河朔藩镇成为出色的军事人才，大多"及乎攻武，便得穿杨"。③ 登上节度使之位以前的田弘正，在魏博镇的"军中角射"中，"一军莫及"。④ 镇守成德镇乐寿的大将傅良弼"以射冠军中"。⑤ 王武俊"一日射鸡兔九十五"的战果，也使得"观者骇伏"。⑥ 幽州李载义，不论其是否确为皇室之后，⑦ 但是他因"有勇力，善挽强角抵"，⑧ 引起刘济的注意，开始了其社会阶梯的登攀。

杜牧曾在《注孙子序》里借用了汉高祖关于打猎的比喻："指踪者人也，获兔者犬也。"⑨ 方震华先生对此做出了分析，认为杜牧对军事的兴趣实局限于书本知识，轻视与战斗相关的技能。士大夫可以作为指挥官，运筹帷幄，战场之上的具体战事则可以交给武

---

① 公乘亿：《罗让碑》，载任乃宏等校释《邯郸地区隋唐五代碑刻校释》，第 025 号，第 193 页。

② 张读：《宣室志》卷 3《现世之报》，第 40 页。

③ 周绍良主编：《唐代墓志汇编》，元和 061，第 1961 页。

④ 《通鉴》卷 239，唐宪宗元和八年正月条，第 7699 页。

⑤ 《新唐书》卷 148《牛元翼附傅良弼传》，第 4789 页。

⑥ 《新唐书》卷 211《藩镇镇冀·王武俊》，第 5952 页。

⑦ 《旧唐书》卷 180《李载义传》称其为"常山愍王之后"（第 4674 页），《新唐书》卷 212《藩镇卢龙·李载义传》则在"常山愍王之后"前加上了"自称"，所以，李载义的身份有待进一步推定。

⑧ 《旧唐书》卷 180《李载义传》，第 4674 页。

⑨ 杜牧：《樊川文集》卷 10《注孙子序》，第 152 页。

将处理，从而将"兵学"和"武艺"对立起来。① 这种解读颇有深意。葛德威也曾指出，唐中后期"在战场上给对方直接杀伤对一个指挥官来说，不再像唐前期那么重要"。② 这都是建立在以长安、洛阳为中心的士人的文化倾向基础之上的。唐后期，长安的文士排斥与武艺相关的活动。③ 事实上，不仅文士排斥，与武艺相关的活动至少在长安一带也受到很大的限制。例如，唐廷宣布"习弓矢者有罪"，对于坊曲习射，多次要求"宜令禁断"。④

但是，这个趋势没有在河朔藩镇出现。无论是正史笔记，还是碑刻墓志，在描述河朔军将和藩帅时，并未因突出其高超的指挥艺术而将精湛的武艺边缘化，这恰恰是河朔藩镇有其特点的部分（可能也正因为如此，河朔才会给陈寅恪等诸多前辈史家留下深刻的印象）。

唐代选取强兵的一般标准如《大唐卫公李靖兵法》所载，"须简取强兵，并令试练器仗。兵须胜举衣甲，器仗须彻札陷坚。须取甲，试令斫射，然始取中"。⑤ 这并非所有人都能达到。而要成长为一名武艺出众的将官，则更需要长期坚持不懈的训练，正如明代嘉靖年间（1522—1566）的何良臣所言："大凡人之气力……日用则强，日惰则脆。"⑥ 唐后期的战争仍然以冷兵器为对抗形式。河

---

① 参见方震华《才兼文武的追求——唐代后期士人的军事参与》，载《唐宋之际的文武关系》，第249—250页。

② David A. Graff, "The Sword and Brush: Military Specialisation and Career Patterns in Tang China, 618–907", *War & Society*, Vol. 18, No. 2, Oct. 2000, pp. 9–21.

③ 参见方震华《才兼文武的追求——唐代后期士人的军事参与》，载《唐宋之际的文武关系》，附录，第251页。

④ 《唐会要》卷72《军杂录》，第1539、1541页。张荣芳先生从武器管制的角度论述唐廷对于长安习武、弋猎等活动的管制趋严（也曾使用这些史料），参见张荣芳《唐代中央的武器管制措施》，载中国唐代学会编辑委员会编辑《第二届国际唐代学术会议论文集》下册，台北：文津出版社1993年版，第1351—1366页。

⑤ 《通典》卷148《兵典一·选择》引《大唐卫公李靖兵法》，第3790页。

⑥ 何良臣：《阵纪》卷1《教练》，载中国兵书集成编委会编《中国兵书集成》第25册，解放军出版社、辽沈书社1994年版，第670页。

朔藩镇为维持自立局面，必然要有强大的军队，而军队的强大必然需要有出色的将校。在这种形势下，在河朔藩镇脱颖而出的将校，武艺必须出众，只有付出努力，经过长期的军事训练，才能取得这样的成就。可以说，各种条件决定了河朔藩镇要为军事人才的培养创设环境。

第二节　河朔藩镇的文化教育

如前所述，这里所说的"文化教育"是一个宽泛的概念，包含一切与脑力活动相关的教育。大体上包括基本的识字教育，以及在此基础上的兵学与忠义观教育、儒学与吏事教育等。

一　河朔藩镇的文化教育资源

对中国封建社会人民的识字和受教育问题的探讨是非常有难度的。按照罗友枝的功能性识字（functional literacy）概念，清代成年男子的识字率可以达到30%—45%，女子识字率可以达到2%—10%。[1] 李伯重老师根据中国 20 世纪 50 年代扫盲运动以及西德尼·甘布尔（Sidney Gamble）对汉字使用频率的统计，认为在明清时期认识 1000 个汉字可以应付日常生活的需要。[2] 他们的论述都比较侧重讨论明清时期教育资源的分布，这给笔者以很大的启发。虽然我们无法直接研究河朔藩镇的识字率等问题，但仍可以结合有限的资料，从文化教育资源供给以及河朔藩镇的实际需要等维

---

[1]　Evelyn S. Rawski, *Education and Popular Literacy in Ch'ing China*, p. 140; Evelyn S. Rawski, "Functional Literacy in Nineteenth-Century China", in Daniel P. Resnick, eds., *Literacy in Historical Perspective*, Washington Library of Congress, 1983, pp. 85 – 103.

[2]　李伯重：《八股之外：明清江南的教育及其对经济的影响》，《清史研究》2004年第 1 期。

度来尝试展开讨论。

河朔原本是儒家文化的中心之一，读书在民间有久远的传统。所以，天宝末年颜杲卿称河朔地区"衣冠礼乐，天下无敌"。[1] 据毛汉光先生研究，河朔地区虽有若干士族家庭不失家学家风，[2] 但河北大士族著支向两京一带迁移的迹象却最为明显。[3] 而且晚唐以前，知识教育资源往往为世家大族所垄断，社会中下阶层入学以及得书都很困难。[4] 在这种情况下，河朔藩镇的教育资源从何而来？下面从学校与教师（即人力资源）以及"教材"的流通两个方面来试做讨论。

（一）学校与教师

自安史之乱结束那一刻起，河朔地区和唐廷顺地的文化往来就从未中断过。从家世和出身两方面看，"北走河朔"的士人范围甚广，[5] 士人"北走河朔""盖是当日社会之常情，而非变态"，[6] 而且河朔地区的士人对待科举考试的态度积极。刘琴丽曾统计出中晚唐河朔地区的举子有 65 人，[7] 虽然这个数字尚待进一步评估，[8] 但可以推测，应有不少应举者回到河朔诸藩镇任职。

河朔本地仍有一些文化精英，也是教育方面现实或潜在的人力

---

① 《通鉴》卷 217，唐玄宗天宝十四载十二月条《考异》引《河洛春秋》，第 6946 页。

② 参见毛汉光《论安史乱后河北地区之社会与文化——举在籍大士族为例》，载《晚唐的社会与文化》，第 99—111 页。

③ 毛汉光：《从士族籍贯迁移看唐代士族之中央化》，载《中国中古社会史论》，第 331—332 页。

④ 参见孙国栋《唐宋之际社会门第之消融——唐宋之际社会转变研究之一》，载《唐宋史论丛》，第 221—229 页。

⑤ 参见本书第五章。

⑥ 陈寅恪：《唐代政治史述论稿》上篇《统治阶级之氏族及其升降》，载《隋唐制度渊源略论稿（外二种）》，第 189 页。

⑦ 参见刘琴丽《中晚唐河北举子研究》，《史学集刊》2009 年第 2 期。

⑧ 因为其表二中的人物虽在河朔地区有刻经题记或撰写墓志铭，但无法据以判定其生长于河朔地区；而表一中的贾岛在幽州的时间也较短暂。

资源。例如，"镇州有儒者黄建，镇人敬之，呼为先生"。那位"生年二十，未知有人曰周公、孔夫子者"的范阳卢霈正是从黄建这里了解了"先王儒学之道"。① 据仇鹿鸣推断，这位就是王元逵墓志的撰写者、成德节度掌书记黄建。② 如果这一推断成立，说明幕府高级文职官员就是潜在的"教书先生"。从卢霈的例子来看，他们并非高高在上，也乐于在基层传道授业。

魏博永济的刘筠（约736—820），据其墓志铭所云的"示以木铎，秉以浩度"来推断，③ 也有可能是一位教书先生。在《何弘敬墓志》中，撰者卢告特别记录了他作为怀州刺史（怀州东接魏博卫州）的一段听闻："何某教诸子，皆付于先生。"④

当时之河朔教育可能仍主要以家庭为中心。上述这些"先生"也不一定都是专职，有可能是使府幕职官兼任，但是河朔藩镇应该已有一个教书人群体存在了。

此外，僧道两家的教育资源亦值得注意。柳宗元在《送文畅上人登五台遂游河朔序》中指出：

> 今燕、魏、赵、代之间，天子分命重臣，典司方岳，辟用文儒之士，以缘饰政令。服勤圣人之教，尊礼浮屠之事者，比比有焉。⑤

"北走河朔"的除了士人之外，还有僧侣。柳宗元认为即将赴河朔

---

① 杜牧：《樊川文集》卷9《唐故范阳卢秀才墓志》，第144页。

② 参见仇鹿鸣《长安与河北之间》，第321页。

③ 盖□撰《刘筠墓志》，载任乃宏等校释《邯郸地区隋唐五代碑刻校释》，第032号，第324页。任乃宏先生据此认为刘筠身份为教书先生，以教书育人为业。见同书第327页注释18。笔者认为这个判断基本可以成立，序文中"公幼而好学，错综文史；长而弘道，□绝浮饰"等语可能也暗示了墓主的这一身份。

④ 周绍良、赵超主编：《唐代墓志汇编续集》，咸通032，第1060页。

⑤ 《柳宗元集》卷25《送文畅上人登五台遂游河朔序》，中华书局1979年版，第668页。

的文畅上人，将"统合儒释"。① 寺观在唐后期私学教育中的地位向来受重视，② 河朔藩帅大多崇佛尊道，③ 所以寺观在河朔的文化教育中似乎也应该发挥一定作用。

河朔诸藩镇节度使广泛设立学校，对于文化教育事业比较重视。涿州、镇州、定州、魏州等地也都是文化的中心。幽州节度使刘济早在任范阳县令时就设立县学文宣王庙，使得涿州成为培养幽州文人的渊薮。④ 契丹人接收幽蓟地区后宣布，"燕赵间学校，俱仍唐旧，间罹兵燹，十存二三"。⑤ 可见，幽蓟地区在晚唐五代时应有不少学校。随着朝廷逐渐承认河朔藩镇的半独立状态，河朔诸镇内部的斗争更趋激烈。父子兄弟、将帅之间"迭相屠灭，以成风俗"⑥ 不仅仅是幽州藩帅面临的困境，也是河朔藩帅为树立自己威权所要处理的普遍难题。他们都希望通过文化教育确立其割据政权存在的合法性，希望在藩镇内部塑造明尊卑、守秩序的氛围。所以他们对于开设学校，也都表现得比较积极。这类一般以乡校为形式的学校在第二阶段（822—914）的河朔藩镇普遍设立起来。魏博节度使韩允忠（814—874）就曾"立乡校以劝学，敦儒术而奖

---

① 《柳宗元集》卷25《送文畅上人登五台遂游河朔序》，第669页。

② 严耕望：《唐人习业山林寺院之风尚》，载《唐史研究丛稿》，第367—424页。

③ 幽州镇将帅对佛教的尊崇可以从《房山石经题记》中窥见一斑。此外，魏博节度使和成德节度使对寺院的建设与修复的支持、对高僧的礼遇、对宗教的虔诚也屡见记载。参见封演《魏州开元寺新建三门楼碑》，载李昉等编《文苑英华》卷863，第4553—4454页；周绍良、赵超主编《唐代墓志汇编续集》，咸通040，第1066页；《旧五代史》卷54《王镕传》，第843页。

④ 后文提到的"聚书至万卷"的张建章，其父曾出任涿州别驾。赵其昌先生据此推知，张建章少年时期可能在涿州度过（参见赵其昌《唐〈张建章墓志〉续考》，载《首都博物馆丛刊》第18辑，北京燕山出版社2004年版，第15—30页）。由此或可进一步推知，他有可能在范阳县学接受了良好的教育。

⑤ 厉鹗：《辽史拾遗》卷16《学校》引《宣府镇志》，《丛书集成初编》，商务印书馆1936年版，第3897册，第333页。

⑥ 《旧唐书》卷143，第3908页。

善"。① 成德镇也有乡校。史载,"乌震,冀州信都人也。少孤,自勤于乡校。弱冠从军,初为镇州队长"。②

(二)"教材"的传播

1. 纸质读物

这方面的记载同样非常少。当时社会中下层虽然得书困难,但随着雕版印刷的逐渐推广和商品经济的活跃,这种情况也在逐渐发生变化。③ 元稹说:"扬、越间多作书模勒乐天及予杂诗,卖于市肆之中也。"④ 著名文人的诗文也还有多种灵活的传播渠道。"开成中物价至微。村路卖鱼肉者,俗人买以胡绡半尺,士大夫买以乐天诗一首兼与之。"⑤ 通过这种买一赠一的乡间贸易,白居易的诗文广为传诵。晚唐时代,"江淮河朔间,悉有贾客仗其货买易往来者",⑥ 如此则亦当有书籍北流至河朔。

唐代的童蒙教材大多发现于敦煌。⑦ 但这些童蒙教材大多来源于中原,依上面的分析,不难推测,这些童蒙教材也当流行于河朔。目前可证实者,是童蒙教材《兔园策府》(也称《兔园册》)在晚唐五代河朔藩镇得以流传。《北梦琐言》载:

> 宰相冯道,形神庸陋,一旦为丞相,士人多窃笑之。刘岳

---

① 纥干潏:《韩允忠神道碑》,光绪《莘县志》卷8《艺文志》,载《中国地方志集成·山东府县志辑》第95册,第615页。

② 《旧五代史》卷59《乌震传》,第918页。

③ 孙国栋先生曾指出,晚唐时代,社会上的书籍已经不聚于世家大族,而是开始向安史之乱以后兴起的武臣聚集(见孙国栋《唐宋之际社会门第之消融——唐宋之际社会转变研究之一》,载《唐史史论丛》,第257页),但对于这一过程仍需加以讨论。

④ 《元稹集》卷51《白氏长庆集序》,第555页。

⑤ 冯贽编:《云仙散录》条146《胡绡半尺》引《丰年录》,中华书局2008年版,第83页。

⑥ 《太平广记》卷499《郭使君》引《南楚新闻》,第4097页。

⑦ 参见汪泛舟《敦煌古代儿童课本》,甘肃人民出版社2000年版;郑阿财、朱凤玉《敦煌蒙书研究》,甘肃教育出版社2002年版;郑阿财、朱凤玉《开蒙养正:敦煌的学校教育》,甘肃教育出版社2007年版。

与任赞偶语，见道行而复顾。赞曰："新相回顾何也？"岳曰："定是忘持《兔园册》来。"道之乡人在朝者，闻之告道，道因授岳秘书监，任赞授散骑常侍。北中村墅多以《兔园册》教童，以是讥之。然《兔园册》乃徐庾文体，非鄙朴之谈，但家藏一本，人多贱之也。①

冯道生长于河朔瀛州，他的读物或可以反映河朔藩镇读书人手中读本的一般情况。《旧五代史·冯道传》还记载了冯道对任赞的一段回应："《兔园册》皆名儒所集，道能讽之。中朝士子止看《文场秀句》，便为举业，皆窃取公卿，何浅狭之甚耶！"② 近几十年来，学界多集中于对敦煌本《兔园策府》的研究。③ 上述两段文字也是学者们判断《兔园策府》一书性质和价值而经常引用的史料。④ 从敦煌本《兔园策府》残存的部分来看，这部教材包罗内容甚广，郑阿财称其"是中古时代一部记叙自然名物、社会名物、人文仪礼、政事征讨等有关掌故方面的综合性蒙书"。⑤ 因有应试的性质，该书可能仍需具备一定的文字基础方可读通，颇类于今日的考试宝典，将当时自然、社会各方面的知识加以系统化。关于冯道对嘲笑他的中朝士人子弟的回应，王赓武先生和陆扬先生皆有精彩的分析。⑥ 河朔藩镇的读书人在宋代以降的史家眼中，不一定是合格的

---

① 孙光宪：《北梦琐言》卷 19《诙谐所累》，第 349—350 页。

② 《旧五代史》卷 126《冯道传》，第 1925 页。

③ 参见屈直敏《敦煌写本〈兔园策府〉叙录及研究回顾》，《敦煌学辑刊》2016年第 3 期。

④ 参见郭丽《〈兔园策府〉考论——兼论唐代童蒙教育的应试性倾向》，《敦煌研究》2013 年第 4 期。其文介绍了围绕这段史料从王国维、吕思勉到郑阿财的论述，可以参看。

⑤ 郑阿财、朱凤玉：《敦煌蒙书研究》，第 263 页。

⑥ Gungwu Wang，"Feng Dao：An Essay on The Confucian Loyalty"，in *The Chineseness of China：Selected Essays*，New York：Oxford University of Press，1991，pp. 41 - 63；陆扬：《论冯道的生涯——兼谈中古晚期政治文化中的边缘与核心》，载《清流文化与唐帝国》，北京大学出版社 2016 年版，第 165—212 页。

儒者，但他们不尚浮薄。冯道的回应可能也反映了河朔藩镇读书人对《兔园策府》普遍认可的务实态度。尽管这本书的儒学知识在深度上可能十分有限，但是在广度和实用知识方面似并无硬伤。《兔园策府》在河朔藩镇很可能就是作为识字教育基础之上的一种进阶读物。该书对于河朔人民的功用，除了应试之外，可能主要在于帮助人们掌握仕于藩镇的各种必要知识。

仕于河朔的士人也收藏其他书籍，甚至自有著述。华封舆（788—846）十六举进士，"有才无时，三上不第"，① 因其母在幽州，故而来投，② 历事节度使刘济、刘总、朱克融、李载义、杨志诚、史元忠、张仲武，并"著文集十卷，百行之源，教化之端，历历在其中矣"。③ 蓟州刺史张建章（806—866）"聚书至万卷，所居有书楼"，④ 而且还将自己出使渤海国的经历著成《渤海记》。⑤ 田弘正的门客也曾为其著《沂公史例》10 卷。⑥ 魏博节度使田弘正"闻前代忠孝立功之事，于府舍起书楼，聚书万余卷"。⑦ 节度使罗绍威也曾"聚书万卷，开学馆，置书楼"。⑧ 最迟至唐末五代初，幽州已有了书市，所以向慕汉文化的东丹王曾"令人赍金宝私入幽州市书，载以自随，凡数万卷"。⑨ 书籍作为商品开始流通，其所带动的文化市场对幽州以至整个河朔藩镇文化资源的传播与分布都有积极影响。另外，河朔藩镇军人普遍阅

---

① 中国文物研究所、北京石刻艺术博物馆编：《新中国出土墓志·北京卷壹》第 29 号，下册，第 21—22 页。

② 同上。

③ 同上。

④ 孙光宪：《北梦琐言》卷 13《张建章泛海遇仙》，第 276 页。

⑤ 周绍良主编：《唐代墓志汇编》，中和 007，第 2511 页。按，此方墓志所载张建章曾出使渤海的经历与《北梦琐言》所记相合，故知其为同一人。

⑥ 参见《旧唐书》卷 141《田弘正传》，第 3850 页。

⑦ 参见《旧唐书》卷 141《田弘正传》，第 3850 页。

⑧ 《旧五代史》卷 14《罗绍威传》，第 217 页。

⑨ 叶隆礼：《契丹国志》卷 14《诸王传·东丹王传》，中华书局 2014 年版，第 172 页。

读兵书（见下文），亦可见这些书在当时河朔一带可能并不难以获得。

2. 石刻读物

石碑，尤其是高大的石碑在河朔诸藩镇均有分布。笔者初步统计了传世文献记载和依然屹立于地的中晚唐河朔地区的碑刻，大约有 24 通。其中不乏朝廷重臣、社会贤达、书法名家所作之碑。例如王缙（700—781）就曾撰写了李宝臣神道碑。① 需要指出的是，这些石碑，往往不仅形制巨大，而且书法遒美，文字硕大且刚劲有力，如李宝臣纪功碑至今大部分文字仍清晰可见。② 这些巨型碑刻面对广大军民，其政治宣示的景观效应，仇鹿鸣等时俊已有言及。③ 这里想要补充的是，巨型石刻上的文字，其实也是一份很好的教材。在造纸和印刷还不够发达的唐代中后期，巨大的石碑无疑可以成为军民的绝好读本和抄写对象。④ 所以，这些石碑就是文化教育最直观的教材。

因此，中晚唐河朔藩镇仍然具备了一些基本的人力和物质的教育资源。唐末五代"幽蓟多文士"⑤ 这类的评价，必是渊源有自。河朔文化发达，教育事业隆盛，实际上还吸引过一些人北来求学，中唐诗人王建就是其中之一。⑥ 从这些教育资源的供给状况来看，河朔藩镇应该有能力为一般的民众提供一些基础的识字教育。河朔

---

① 冯金忠、陈瑞青：《唐成德军节度使李宝臣残碑考释》，《中国历史文物》2009年第 4 期。

② 参见郭玲娣、樊瑞平、杜平《唐李宝臣纪功碑考述》，《文物春秋》2005 年第 5 期。笔者亦曾于 2010 年、2017 年两次到现场识读此碑，尽管时隔千年，大部分文字依然十分清晰。

③ 参见仇鹿鸣《长安与河北之间》，第 261—303 页。

④ 碑志的抄写和流传在中古时期的地方社会非常盛行。参见荣新江《石碑的力量——从敦煌写本看碑志的抄写与流传》，载荣新江主编《唐研究》第 23 卷，北京大学出版社 2017 年版，第 307—324 页。

⑤ 《旧五代史》卷 60《王缄传》，第 934 页。

⑥ 参见拙文《重论中唐诗人王建与魏博幕府的关系——兼谈〈李仲昌墓志〉的作者》，《首都师范大学学报》2018 年第 3 期。

藩镇的政治精英以及经济条件较好的"凡庶"之家，仍有进一步学习兵学、儒学等方面知识的条件。

二　兵学与忠义观教育

"河塞地耿，人心好兵"，① 不仅是指河朔人民热衷于武艺的练习，也是指他们热衷于兵书的研读。

河朔藩镇涌现了不少精通兵法的将领。如魏博镇邢曹俊"老而多智，颇知兵法"；② 田弘正"少习儒书，颇通兵法"。③ 已出土的河朔藩镇时期的墓志、碑刻经常对墓主（或墓主的亲属等）有如下描述："幼习军书"，④ "洞晓武经"，⑤ "最好孙吴术，读黄石书"，⑥ "通三略"，⑦ "能习礼容，又闲兵法"，⑧ "好读兵书"。⑨ 意在说明墓主重视军事经典著作的研读。其中，出任平州刺史、卢龙节度留后的周玙（787—856），墓志上记载他"十岁诵孙吴兵书数十万言。弱冠又著长城集十三篇，藏于家。大略集古之名将得时为长城也"。⑩ 墓主是否真的 10 岁能背诵兵书，弱冠之年便完成皇皇巨著，尚不可确定。然而，这却可以反映出河朔藩镇的将帅们特别注重汲取历史上的军事经验，希望能为己所用。"六韬""阴符经""三略""司马法等"，都是由太公的言

---

① 《故鄜王府谘议参军陈专墓志铭并序》，载毛阳光、余扶危主编《洛阳流散唐代墓志汇编》第 286 号，国家图书馆出版社 2013 年版，第 575 页。

② 《旧唐书》卷 141《田承嗣附佺悦传》，第 3842 页。

③ 《旧唐书》卷 141《田弘正传》，第 3848 页。

④ 周绍良主编：《唐代墓志汇编》，大中 026，第 2270 页。

⑤ 《新中国出土墓志·河北卷壹》第 143 号，下册，第 107 页。

⑥ 吴畦：《韩国昌神道碑》，光绪《莘县志》卷 8《艺文志》，载《中国地方志集成·山东府县志辑》第 95 册，第 611—612 页。

⑦ 周绍良、赵超主编：《唐代墓志汇编续集》，大历 029，第 711 页。

⑧ 周绍良主编：《唐代墓志汇编》，大历 051，第 1793 页。

⑨ 纥干潗：《韩允忠神道碑》，光绪《莘县志》卷 8《艺文志》，载《中国地方志集成·山东府县志辑》第 95 册，第 614 页。

⑩ 周绍良、赵超主编：《唐代墓志汇编续集》，大中 056，第 1009 页。

论记录编写而成。从河朔藩镇文武的墓志来看，其读物多为兵家系统的作品。按高明士先生的研究，唐代的武学最终并未落实到教育制度上，但唐代开创了武举，开元十九年以姜太公为武成王，设立武庙，仍寓有教育之意。① 尽管河朔藩镇设立武庙的情况目前尚无相关资料，但河朔藩帅、将校及其子弟研习兵书却十分普遍。

值得指出的是，武庙自唐开元十九年设置以来，一直是太公庙制，至明洪武二十年（1387）而罢，去武成王号，太公但从祀帝王庙。代之而起的是关帝庙。关帝庙制强调"忠义"精神，其与太公庙制强调兵家系统，截然有别。②

唐代边疆社会和那里的人民，往往存在多重的忠诚（multiple loyalty），③ 且不是非常稳定。位于唐代东北边疆的河朔藩镇，这个问题也非常突出，忠义观的教育就显得十分重要。在这里，忠义观的培养以另外的形式实现。其中应注意的是，河朔藩镇的军人除了研读兵学著作之外，所读较多的则是《春秋》及《春秋》三传（尤其是《左氏春秋》）。

魏博节度使田弘正"颇好儒书，尤通史氏，《左传》、《国史》，知其大略"。④

成德军节度使宅务专当官赵公亮（842—884）"幼攻左氏之书，长擅右军之笔"。⑤

幽州节度使张仲武，"少业《左氏春秋》，掷笔为蓟北雄武军使"。⑥

---

① 参见高明士《唐代的武举与武庙》，载《第一届国际唐代学术会议论文集》，第 1057 页。

② 同上书，第 1059 页。

③ Zhenping Wang, *Tang China in Multi-polar Asia：A History of Diplomacy and War*, p. 9.

④ 《旧唐书》卷 141《田弘正传》，第 3850 页。

⑤ 《新中国出土墓志·河北卷壹》第 139 号，下册，第 104 页。

⑥ 《旧唐书》卷 180《张仲武传》，第 4677 页。

"唐乾符末，范阳人李全忠少通《春秋》，好鬼谷子之学。"①

"张希崇，字德峰，幽州蓟县人也。……少通《左氏春秋》，复癖于吟咏。天祐中……希崇乃掷笔以自效，［刘］守光纳之，渐升为裨将。"②

类似的例子还可以举出不少。《春秋》一书，在安史之乱以后受到不少武人的喜爱，当然不仅仅限于河朔藩镇。甚至连浑瑊家奴出身的高固，在"有膂力，善骑射"的同时，也"好读《左氏春秋》"。他的姓名"高固"便是"取《左氏传》高固之名也"，③可见《左氏春秋》流传甚广。但《春秋》《左氏春秋》（以下简称《左传》）在河朔藩镇的流传，似乎还有某种特殊的意义。

安史之乱后的河朔藩镇，相对独立性很强，尤其是河朔三镇在第一阶段（763—821）时常与唐廷处于对峙的状态。建中三年，王武俊斩杀李惟岳，成为成德节度使，幽州节度使朱滔攻下深州。但是朝廷以王武俊为恒州刺史，又以李宝臣故将康日知为深、赵两州观察使，"是以武俊怨赏功在日知下，朱滔怨不得深州，二将有憾于朝廷"。④这时，与马燧、李抱真军激战数月之久的魏博军，已经难以为继。魏博节度使田悦洞察到朱滔是可以利用的对象，于是派人游说朱滔以唇亡齿寒之理：

> 若魏博全，则燕、赵无患，田尚书必以死报恩义。合从连衡，救灾恤患，《春秋》之义也。春秋时诸侯有危者，桓公不能救则耻之。今司徒声振宇宙，雄略命世，救邻之急，非徒立义，且有利也。尚书以贝州奉司徒，命某送孔目，惟

---

① 孙光宪：《北梦琐言》卷 13《李全忠芦生三节》，第 274—275 页。
② 《旧五代史》卷 88《张希崇传》，第 1334 页。
③ 《旧唐书》卷 152《高固传》，第 4077 页。
④ 《旧唐书》卷 141《田承嗣附侄悦传》，第 3843 页。

司徒熟计之。①

朱滔"欣然从之"，② 于是率军救助魏博镇。《宋俨墓志》的撰者
站在幽州镇的立场上记载了这次"救危济困"的战争经过：

> 建中二年七月出蓟城，奉恩命，元戎朱公我神将，府君宋
> 公亲领甲兵，收掌恒定，围深州，克伏。其年十一月，破恒定
> 节度张（李）惟岳十万余人，积尸遍野，收聚尸骸，埋筑丘
> 冢。何期国家负德，不与功勋，反祸燕师，授太原河东节度马
> 遂恶奏，先领朔方兵甲，陇右道李怀光领秦兵及殿前兵马同廿
> 余万，屯营魏、博御河西侧。我幽州节度并以恒冀兵马，建中
> 三年三月，离深州至魏贝，相去秦兵十里屯营，鼙鼓烈（列）
> 阵，弓矢相交。六月卅日，破马遂兵马廿余万，积尸遍野，血
> 流御河。③

此方墓志撰者认为，幽州镇在讨平李惟岳之乱时付出了巨大代价，
但唐廷在处置成德镇旧土的问题上对其不公，因此，幽州军队反戈
与唐廷军队作战。撰者在志文中称己方为"燕师"，而本来代表
"王师"的马燧和李怀光的军队也被看成"诸侯的军队"（"秦
兵"）。此外，对于"秦兵"的一败涂地，撰者丝毫没有隐晦和曲
笔，或许还夸大了幽州军的战果。

这样一来，河朔三镇与唐廷之间的关系就被比拟成了春秋时期
诸侯与天子之间的关系，甚至有时还不能把唐廷比附成"周"而
只能称为与"燕赵魏"并列的"秦"。于是，朱滔和王武俊合兵援
救魏博的田悦，就合乎了所谓"《春秋》之义"。换言之，"《春

---

① 《旧唐书》卷141《田承嗣附侄悦传》，第3843页。
② 同上。
③ 周绍良主编：《唐代墓志汇编》，建中018，第1833页。

秋》之义"，建立在河朔藩镇的一些政治精英对于时局的认知和判断的基础之上，进而成为维持其割据自治的理论武器。在某种程度上说，忠义观教育颇类似要解决其军民的"思想政治"（也即"为谁而战"）问题。①

《左传》本身的内容，并非本章所要讨论的议题。也许，这里的"《春秋》之义"被田悦或田悦的僚佐歪曲了，或者是田氏（及其僚佐）的牵强附会。不过《左传》的内容确实十分丰富，至少包含很多春秋时期的经典战例，也包括很多处理诸侯之间以及诸侯与周天子之间关系的经验。当时河朔三镇所面临的局势和春秋时期大国争霸的局面庶几有所相近，正如宋代罗大经所指出，"唐之藩镇，犹春秋之诸侯也"。② 而且，"《春秋》之义"又可以作为激发士兵忠诚的宣传和教育资源。河朔藩镇军乱频繁，节度使也在试图用思想武器构建稳定的统治秩序，即"学，所以知君臣父子之义者"。③ 会昌元年九月，幽州军乱，陈行泰杀节帅史元忠，结果陈行泰又被次将张绛所杀，局势陷入混乱。李德裕指责幽州军士，"取舍之间，苍黄骤变。且举棋不定，《春秋》所讥，远近闻之，莫不嗤笑"。④ 李德裕或许比较了解一向标榜奉行"《春秋》之义"的河朔藩镇，因此，会以"《春秋》所讥"来讽喻幽州将士。

简而言之，河朔藩镇的将校从《春秋》以及《左传》中汲取对他们有益的资源。因此，即便从"攻守战斗之事"的立场出发，河朔藩镇的将校们也有习字读书的内在动力和外在压力。从另外一

---

① 显然，该书对个体产生的影响是非常复杂的。有些人选择忠于唐廷，有些人继续效力藩镇。

② 罗大经：《鹤林玉露》丙编卷2"诸侯藩镇"条，第271页。

③ 韦稔：《涿州范阳县文宣王庙之碑》，载杨卫东等编《涿州贞石录》，第27页。

④ 李德裕撰，傅璇琮、周建国校笺：《李德裕文集校笺·文集》卷8《代荀澈与幽州大将书意》，第176页。

个方面来看，《左传》又是一部儒家经典。这样一来，河朔藩镇的政治精英（主要是武人）自觉或不自觉地接触了儒家经典，从而成为他们在文化方面继续前行的基础。

三　儒学和吏事教育

河朔依然延续了儒学文学教育传统。河朔藩镇相关文士墓志当中，"幼以儒业修其身，长以礼义立其节，文翰歌诗，琴酒内经外传无不洞达于襟怀"，[①] "家习儒翰，坟史为规"，[②] "世传儒墨"[③]之类的记载不胜枚举。即便是武人，通过从军入仕改变了身份之后，也会有"欲广闻见、增智虑"[④]的读书需求，这是比较容易理解的。但是，对于识字和读书的分析，总要与一定的社会经济条件结合起来才更加有意义。[⑤] 读书和识字是推动社会流动的重要动力。对于中晚唐河朔识字与读书问题的探讨，同样还是要以河朔藩镇的实际状况特别是藩镇体制对人才的需要来展开。

在中晚唐，特别是第二阶段（822—914），河朔藩帅往往表现出"喜尚文学、雅好儒生"、[⑥] "好延儒术之士"[⑦]的倾向。士人出

---

① 墓主韩穑（827—896），参见《唐故南阳郡韩府君墓志铭并序》，载周绍良、赵超主编《唐代墓志汇编续集》，乾宁005，第1162—1163页。

② 这是说崔方拣（779—861）妻刘氏的先祖的情况，参见《崔方拣夫人河间刘氏合祔墓志》，载《新中国出土墓志·河北卷壹》第125号，下册，第91页。

③ 这是说的义昌军后院军头刘元政（791—867）之父刘应莒，见《新中国出土墓志·河北卷壹》第131号，下册，第99页。

④ 《续资治通鉴长编》卷7，宋太祖乾德四年五月甲戌条，第171页。

⑤ 刘永华先生借鉴了欧洲史学家和人类学家对识字问题的看法，对清代民众识字问题的研究有相当精彩的分析和归纳总结。参见刘永华《清代民众识字问题的再认识》，《中国社会科学评价》2017年第2期。其中，文中提到的布莱恩·斯特里特（Brian V. Street）将识字与具体的社会经济的条件结合起来考察的方法，对笔者颇有启发。参见 Brain V. Street, *Literacy in The Theory and Practice*, New York：Cambridge University Press，1984，pp. 1–16。

⑥ 《太平广记》卷200《武臣有文·罗昭（绍）威》引《罗昭（绍）威传》，第1507页。

⑦ 《册府元龟》卷416《将帅部·传檄》，第4961页。

仕河朔藩镇，确实可以儒学和文学方面的才能做藩帅的文学侍从，吟诗作赋。但是，更重要的工作应该是撰写实用性的章表书檄。据吴丽娱先生研究，中晚唐之际，这类文书的"实际社会功用远过诗赋"。[①] 为藩帅充当文翰的确是大量文人的出路。但是，具备基本文学知识的士人仍需要经人教授，并学习一段时间之后，方可上手这类实用文体的写作。《旧五代史·孙骘传》提供了这方面的线索：

> 孙骘，滑台人。嗜学知书，微有辞笔。唐光启中，魏博从事公乘亿以女妻之，因教以笺奏程式。时中原多难，文章之士，缩影窜迹，不复自显。亿既死，魏帅以章表笺疏淹积，兼月不能发一字，或以骘为言，即署本职，主奏记事。[②]

孙骘在出仕魏博之前已具有文学基础，但因其岳父魏博从事公乘亿的教授，才学会撰写实用性笺奏章表。可见儒学之士，即便是满腹经纶，在进入河朔的藩镇幕府之前，也仍然要学习和掌握一些实用文体的写作等必要技能。

而且，这样的文翰职位不一定很多。从孙骘的例子来看，相应的学习和培训机会也可遇不可求。大部分士人，特别是中下层政治精英和"凡庶"子弟仍以学习"吏事"为进入藩镇体制的进身之阶。

"以诗书仁孝为业"的李岸（734—807），其嗣子李季阳（表C第71号）后出仕成德军节度作坊判官，[③] 主要负责与手工业生产相关的事务。

魏博镇的宗庠（798—852，表D第38号），"幼习文武，长攻郡艺"，这里的"郡艺"应该是治理州郡的各种技能。宗庠最初担

---

①　吴丽娱：《唐礼摭遗：中古书仪研究》，商务印书馆2002年版，第112页。

②　《旧五代史》卷24《孙骘传》，第372页。

③　《大唐故李府君夫人徐氏合葬墓志铭并叙（序）》，载周绍良主编《唐代墓志汇编》，元和095，第2015—2016页。

任的职务是"判献奉作坊事""加节度要籍，司掌钱谷"，最后位至天雄军司马，"主务殷繁，军司最大，六州枢要，咸莫由司"。① 可见，他后来主要学习的是与响应军需、筹措租税有关的知识，属于广义上"吏事"的范畴。

这样的例子还可以举出很多，因本书列有附录，这里不详列。

河朔藩镇的高度军事化，对军需供给也提出了更多的需求，藩镇使府为此设立的各种使职差遣便成为河朔藩镇中下层政治精英和"凡庶"子弟追求的主要官职。这些职务基本上是围绕藩镇所要解决的实际政务问题而产生。

河朔藩镇确实具备儒学和文学教育的条件，但大部分中下层读书人在河朔谋求进取之路，却不是通过儒学和诗赋创作等。河朔中下层政治精英与"凡庶"子弟在具备了基础的文字知识和简单计算等技能之后，一般要再学习一些和"吏事"有关的知识，然后出仕于河朔藩镇，攀登成功的阶梯。祖上世居河朔，后成为北宋开国宰相的赵普，以"半部论语治天下"的"佳话"已被学界证明为"神话"。② 成长于五代河朔藩镇的赵普，③ "少习吏事"、④ "以吏道闻"。⑤ 所以，"略通儒术，少习吏事"⑥ 可能才是中晚唐五代初期河朔文士的一种比较普遍的成长模式。

---

① 《唐故魏博节度天雄军司马南阳郡宗府君（庠）墓志铭》，载《新中国出土墓志·河北卷壹》第 129 号，下册，第 97 页。

② 洪业：《半部论语治天下辨》，载《洪业论学集》，中华书局 1981 年版，第 405—426 页；张其凡：《"半部论语治天下"探索》，载《宋代人物论稿》，上海人民出版社 2009 年版，第 74—79 页。

③ 赵普生于幽州蓟县，后又至常山（成德军）生活多年，参见张其凡《赵普早年事迹考辨》，载《宋代人物论稿》，第 56—63 页。

④ 《宋史》卷 256《赵普传》，第 8940 页。

⑤ 《续资治通鉴长编》卷 7，宋太祖乾德四年五月甲戌条，第 171 页。

⑥ 此语说的是德州平原人张可复，他于唐末梁初（原书作"梁末"，当有误，因罗绍威卒于后梁太祖开平四年，即 910 年）"薄游于魏，邺王罗绍威表为安阳簿"。见《旧五代史》卷 131《张可复传》，第 2004 页。

第三节　文武并重的人才培养观念

从河朔藩镇政治精英的代际流动情况来看，由文入武和以武改文都比较常见。

据《刘仲合祔墓志》记载，墓主刘仲（818—864）的曾祖刘华"志高威猛，好习弓裘，曾定难边，方分忧阃外，因兹竭节，累历荣班，日往月来，授幽州永安军使"，① 已是幽州镇的军事将领。而刘仲的祖父刘谅"家唯一身，业攻三传，精研道义，十赴礼闱，果遂前心，选得沧州平原县令"，② 开始业儒了。刘仲之父的情况，在志文上没有明确记载。刘仲本人则"幼习儒风，苦辛云水"，③ 继续向"文"的方向发展。

魏博节度故步军左厢都知兵马使米文辩（794—848），长子米存遇为经略副使，次子米存简则为"兼节度要籍、兼词令官"，④ 向文职发展，而且米氏的墓志上还说其诸子"皆学习礼经，以期乡秀"。⑤ 显然，米氏对子孙文化素质的培养是非常重视的。

成德军节度押衙、兼御史中丞端公、知衙前都虞候马良（810—883）的墓志上，其子嗣的名字磨灭不清，无法辨认。虽然子承父业，"始命节度子弟。授步军右胜武将事，又命知左武锐将事。旋又命为知左鼓角将"。⑥ 但是其子"幼亲诗礼，长习箕裘，

---

① 周绍良、赵超主编：《唐代墓志汇编续集》，光启 001，第 1150 页。
② 同上。
③ 同上。
④ 孙继民等：《新出唐米文辩墓志铭试释》，载孙继民主编《河北新发现石刻题记与隋唐史研究》，第 60 页。
⑤ 同上。
⑥ 《新中国出土墓志·河北卷壹》第 138 号，下册，第 103—104 页。

武略滋身，攻修克备"，① 显然也有了文化学习方面的追求。

易定镇也有类似的情况。罗亮（830—897）的祖父"洞晓武经"，父亲"效节从军"，罗亮本人可能不仕。他的长子罗元实任易州州军里的判官，已经有半文半武的转化；孙子罗师琼、罗师诂、罗师礼、罗师严等，"并始学鲁书，即之鸿渐"。② 可见，武将子弟的文质教育可能在逐步深化。

在幽州镇，幽州节度衙前讨击副使温令绥（806—874）的两个儿子向文、武两个方向发展，长子温景修"署节度要籍；幼而雅默，长习儒书"，③ 次子温景衡"孝悌知名，谦恭知节，弯弧学剑，颇有佳声"。④

以文改武的也比比皆是，比较典型的则有"赵人"陈专（792—839）"历世为儒"，他自己"少习周公、孔氏之业"，但因"不为甄录"，乃"脱然弃官……袖剑投戎。始习孙吴百战之略"。⑤

在河朔藩镇，更普遍的情况是墓志中称墓主接受了文武的全方位教育，文武双全（常用"书""剑"来代替"文""武"）。虽然这有可能是一种模式化的书写，有夸张不实的成分，但是军中历练是成长为藩镇上层政治精英和藩帅的必经之路。成德节度使李宝臣之子李惟岳，在继任节度使之前只有文散官衔，⑥ 似没有军中履

---

① 《新中国出土墓志·河北卷壹》第 138 号，下册，第 103—104 页。

② 同上书，第 143 号，下册，第 108 页。

③ 周绍良、赵超主编：《唐代墓志汇编续集》，咸通 102，第 1114 页。

④ 同上书，第 1114—1115 页。

⑤ 《故郿王府谘议参军陈专墓志铭并序》，载毛阳光、余扶危主编《洛阳流散唐代墓志汇编》第 286 号，第 575 页。

⑥ 李宝臣纪功碑碑阴有"仆射男中大夫试太常（下缺）□□岳　朝议大夫试鸿胪卿李惟（下缺）（上缺）殿中（缺）惟诚（上缺）左金吾卫（下缺）军（下缺）（上缺）卫兵曹参军李□□　试大理评事李（下缺）"。沈涛据《旧唐书·李宝臣传》指出："考诸人当是宝臣子弟，所云仆射即宝臣也。"据此，不但李惟岳只有文散官衔，李宝臣其余诸子也只有文散官衔。见沈涛《常山贞石志》卷 10，载《石刻史料新编》第 1 辑第 18 册《地方类·河北》，第 13326、13330 页。

历，其最终失位丧命或与此有关。① 浓郁的军事氛围可能还有助于处理政务时雷厉风行作风的养成。《方镇编年》载："魏博田承嗣签治文案如同流水，吏人私相谓曰：'世罕有此旋风笔也。'"② 田承嗣办理文案的高效模式，正是这种氛围下的一种产物。

　　与此同时，河朔藩镇还有大量琐碎的事务需要处理，并非都能靠"马上"解决。石神福（表 C 第 117 号），"及乎攻武，便得穿杨"，"迁授大将，为征马事"。③ "征马"在某种意义上也是属于保障军需的事务。"明阴符，善司马法"的马寔（表 C 第 194 号），起家却是"范阳军要籍"；④ "书剑颇闻"的魏博程叔绚（表 C 第 43 号）虽初署"防御押衙、经略副使……寻转作坊将领"，"事总繁丝"，"响应军须"。⑤

　　在河朔藩镇，作为抽象的概念，"书剑"至少可以包含武艺、兵学、儒学、文学与吏事等多方面内容。业儒与习武，都与河朔长期以来的地域文化传统有关系，绝非社会流动所能涵盖。但是，在唐代中后期的藩镇体制下，无论是"武"还是"文"，在客观上都是谋求上升型社会流动或维持家族现有地位的一种后致因素。文武兼修在河朔藩镇会有更宽的晋升渠道，这也是一种现实的需要。河朔藩镇的很多事务也很难用"文""武"来简单区分，特别是在基层领域，交叉"混溶"的情况十分普遍。⑥ 这些大小事务中，最重

---

　　① 李宝臣诸子普遍缺乏军中历练，可能是其家族最终为王武俊家族所取代的重要原因。关于这一点，张建宁已在《从〈李宝臣纪功碑〉看成德军的早期发育》（载李鸿宾主著《隋唐对河北地区的经营与双方的互动》，第 277 页）一文中有所提及，今不敢掠美，特此注明。

　　② 冯贽编：《云仙散录》条 144《旋风笔》引《方镇编年》，第 82 页。

　　③ 《石神福墓志》，载周绍良主编《唐代墓志汇编》，元和 061，第 1961 页。

　　④ 欧阳詹：《欧阳行周文集》卷 4《马寔墓志》，四部丛刊本，第 6b 页。

　　⑤ 安阳市文物考古研究所、安阳博物馆编著《安阳墓志选编·附：安阳博物馆藏墓志》第 25 号，科学出版社 2015 年版，拓片第 145 页，录文第 250 页。

　　⑥ 笔者目力所见，似是渡边孝先生最早指出唐末成德镇军职、吏职和文职之间相混淆的状况（见渡边孝「魏博と成德—河朔三鎮の權力構造についての再檢討」『東洋史研究』第 54 卷第 2 号、1995 年）。从墓志资料来看，这种状况在河朔藩镇比较普遍，出现的时间也较早，或许是与河朔藩镇相始终的。见本书第四章。

要的，一是军事，二是政务（尤其是和财政有关的）。已有资料表明，中下层政治精英和"凡庶"子弟充任最多的就是基层将校或使职，要么冲锋陷阵，要么承担藩镇日常行政与经济生产中的各种事务。他们往往也以军事和财务两事为最大。

《新五代史》卷30《杨邠传》载：

> 杨邠，魏州冠氏人也。少为州掌籍吏，租庸使孔谦领度支，补邠勾押官，历孟、华、郓三州粮料院使。……邠虽长于吏事，而不知大体，以谓为国家者，帑廪实，甲兵完而已，礼乐文物皆虚器也。①

这段史料在某种程度上可以反映晚唐五代河朔藩镇体制培养出来的人才特点。他们知道河朔藩镇最主要的生存支柱是军事和财政两事。河朔藩镇政治精英的培养过程中，军事训练自不待言，与河朔藩镇的高度军事化紧密相连；而识字、读书也主要不是为阅读文学作品、修习儒家经典，而是与修习兵家经典（这一点仍和军事有关）、藩镇使府的文书写作、大大小小的吏事（特别是和社会经济有关的事务）更加密切相关，从而具有较强的功利主义和实用主义面相。

这些都是河朔藩镇人才培养的优势，从而使河朔藩镇的人才更能够适应唐末五代复杂的政治和军事形势，也容易营造出一种"能者上、庸者下"的公平的社会流动机制。但其不足也显而易见，即这种功利主义氛围下培养出来的人，视野往往可能会比较狭窄。宋人对出自河朔的赵普的批评——"不博知""寡学术"，②恐怕也是中晚唐五代河朔藩镇人才成长过程中暴露出来的普遍问

---

① 《新五代史》卷30《杨邠传》，第377页。
② 参见张其凡《"半部论语治天下"探索》，载《宋代人物论稿》，第74—79页。

题。尽管河朔有儒学、经史的传统，但是在博雅之士看来，中晚唐五代的河朔可能仍然是儒家文化滋养不足的地方。"寡学术""不博知"的印象，被极端化和抽象化之后，还是会出现"年至三十，方能行立"① 这类带有一些偏见的笑话。

小　结

在河朔藩镇，与家世背景相比，才干越来越成为进入精英集团的主要因素。河朔地区的军事参与率普遍较高，而这些才干是在河朔藩镇的政治、军事与文化环境中得到培养和造就的。习射、角抵、击鞠都是河朔藩镇生活中不可或缺的活动，也是一种绝好的军事技能训练，技艺精湛者往往脱颖而出，成为军人集团中的精英。河朔地区从军习武之氛围浓厚，民间军事组织与军事活动十分活跃，为造就军事人才提供了很好的条件。甚至在一向被认为军事孱弱的北宋时期，河朔一带依然延续了这种风气。苏轼称，"今河朔西路被边州、军，自澶渊讲和以来，百姓自相团结为弓箭社，不论家业高下，户出一人，又自相推择家资武艺众所服者为社头、社副录事，谓之头目。带弓而锄，佩剑而樵，出入山坂，饮食长技与北虏同。私立赏罚，严于官府。分番巡逻，铺屋相望，若透漏北贼及本土强盗不获，其当番人皆有重罚"。② 他们"骁勇敢战，缓急可用。先朝名臣帅定州者，如韩琦、庞籍皆加意拊循其人，以为爪牙耳目之用"。③ 可见，河朔一带军民自发组织弓箭社，习武巡逻，保一方安宁，在北宋仍然是边帅可以倚重的重要后备力量。

武艺只是河朔政治精英及其子弟维持其地位的一个方面，在内外

---

　　① 孙光宪：《北梦琐言》卷 13《韩简听书》，第 271 页。

　　② 《苏轼文集》卷 36《乞增修弓箭社条约状二首》，中华书局 1986 年版，第 1025 页。

　　③ 同上。

压力之下，他们研习军事著作，接受文化教育，从而拓宽了社会流动的渠道。河朔藩镇的政治精英中既有人弃文从武，也有人由武改文。这种转换有时在一代之内完成，有时则在代际实现，甚至还有复合型人才的出现。他们适应了唐末五代的社会形势，但是也有自身的局限。

中晚唐五代宋初的历史发展，其结果是"关中本位"最终为"河北优势"所取代。① 中央化的河朔文武在形成优势的同时，自身可能也在经历"痛苦改造与调适"，② 这个过程可能持续了很久。北宋建立后，宋太祖先后13次到"玉津园""迎春苑"宴射或阅诸军骑射，③ 甚至希望文臣也能有强悍的武艺，④ 是其崇尚武艺的不时流露；而同时"欲武臣尽读书以通治道"。⑤ 诚如邓小南老师所说："在宋太祖的心目中，理想的人才状态似乎是武将懂文治，而文臣通武干。"⑥ 联系中晚唐以来河朔藩镇的历史，出身于河朔军人世家的宋太祖表现出这种倾向，或许可以从更为广泛的历史背景中得到解释。

---

① 据毛汉光研究，五代时期经历了河南集团、河东集团和河北集团的较量与竞争，河北优势渐次形成。参见毛汉光《五代之政治延续与政权转移》，载《中国中古政治史论》，第418—474页。而何冠环统计，北宋太祖、太宗、真宗三朝籍贯可考的武官共757人，其中河北籍军官259人，占34.21%，何冠环所指的河北系今日中国行政区划的河北省，若以本书所界定的"河朔"地区来计，则此数值当更高。参见何冠环《宋初三朝武将的量化分析——北宋统治阶层的社会流动现象新探》，原刊于《食货月刊》复刊第16卷第3、4期合刊，1986年，第19—31页。此据何冠环《北宋武将研究》，第1—23页。

② 这里借用了邓小南老师的话。其原意是说，五代时期经历了一个自重用"文吏"向重用"文士"转化的过程，文士自身经历了痛苦的改造与调适（参见邓小南《祖宗之法：北宋前期政治述略》，三联书店2006年版，第142页）。笔者受此启发，认为河朔政治精英在五代后期至北宋初年，可能经历了更加痛苦的改造和调适，付出了更高的代价。

③ 参见《宋史》卷113《礼志十六·嘉礼四·游观》，第2695页。

④ "王嗣宗……太祖时举进士，与赵昌言争状元于殿前，太祖乃命二人手搏。"结果王嗣宗胜，宋太祖以王嗣宗为状元。见司马光《涑水记闻》卷3《王嗣宗》，中华书局1989年版，第47页。

⑤ 《宋史》卷1《太祖纪一》，第11页。

⑥ 邓小南：《谈宋初"欲武臣读书"与"用读书人"》，《史学月刊》2005年第7期。

余　论

第一节　河朔藩镇社会流动的积极影响

何炳棣先生曾在《明清社会史论》的结语中特别强调，从长时段来看中国的社会和社会流动，唐代是一个重要的转型期（transition）。[1] 但几乎所有学者都强调旧士族在唐末之前仍然是支配的势力，而关于北宋，尽管存在本书绪论中所述的那些争论，但大多数意见仍然认为北宋以降中国的社会流动性大大加强。至少，从唐至宋统治集团出现了"断层"。[2] 王赓武、毛汉光的研究初步表明，这个断层是在唐末五代时由河朔集团去填补的。[3] 但是河朔政治精英集团的形成及其特点，仍然要在晚唐五代的历史进程中去寻找。

唐太宗说，"不须论数世以前，止取今日官爵高下作等级"，[4]

---

①　Ping-ti Ho, *The Ladder of Success in Imperial China*, p. 259.

②　这几乎已成学界普遍的看法。姜士彬（David G. Johnson）先生对相关中文、日语及英语世界的研究有系统梳理，参见姜士彬《中古中国的寡头政治》，范兆飞、秦伊译，中西书局 2016 年版，第 160—199 页。

③　参见毛汉光《五代之政治延续与政权转移》，载《中国中古政治史论》，第 418—474 页。

④　《旧唐书》卷 65《高士廉传》，第 2444 页。

试图让"天下英雄入吾彀中"。[①] 等级制度的再编造、科举制度的实行，给了人们更多改变社会身份的希望。可是，唐朝的"彀"并不够大，特别是唐代后期，以长安、洛阳为中心的仕进之路依然缺少宽度。河朔藩镇作为唐朝的一个"特区"，由于与唐廷特殊的政治关系以及自身的经济与军事条件，成为社会流动的又一个舞台。尽管家世背景作为先赋因素仍然起着或隐或现的作用，但是"选贤举能"的观念也越来越得到认可。河朔藩镇的社会流动有以下表现：一是在顶层权力交替方面，节度使的"父死子继"不再理所当然，他们与军民之间结成的上下关系也不再那么固定，从而使不少上层政治精英家族面临巨大的下降型流动的压力，加剧了他们之间的"圈内竞争"；二是在河朔藩镇有一个富有生机活力的中间层，笔者把它称为中下层政治精英。围绕藩镇体制的存续，产生了繁复琐碎的各种军政事务，藩镇也在用其"自署官吏"的优势，设立大大小小的使职，将大量中下层政治精英和"凡庶"子弟吸纳进来，为他们提供了更广大的社会流动空间，也使得河朔藩镇的精英集团在不断补充"新血"。按照前面的统计数据，在第一阶段（763—821），若比较三代履历完整者的最终履历（以下均比较最终履历），上层政治精英中只有12.5%的人来自中下层政治精英和"凡庶"之家；而第二阶段这一数字则为25.5%（据表4-23，以下数据亦出此），提升了一倍。这里所说的"凡庶"是指三代以内都没有入仕的（A_3类）；而中下层政治精英则是指三代之内至少有一人曾为中下层政治精英但无上层政治精英的（B_3类）。这个定义是比较严格的，但仍可见河朔藩镇上层政治精英的构成中"新血"补入甚为明显，而若只考察父、祖两代，则相应数字都会变大，趋势不变。同时，还应该看到，中下层政治精英这一群体，若按三代履历来计，在第一阶段只有3.8%的人来自"凡庶"之家（A_3类），而这一比例在第二阶段则提升到了13.8%（若仅考虑河朔三

---

① 王定保：《唐摭言》卷1《述进士上篇》，第3页。

镇，则这一数字由 4.2% 提升至 16.7%），也是有较大增长。若不考虑样本总量，这一数字已经比较接近清代科举体制下的社会流动的参考值。根据潘光旦、费孝通依据 915 份朱卷的统计，按照三代履历来计，只有 16.61% 的贡生、举人和进士来自三代之内都没有功名的家庭。本书所定义的中下层政治精英是一种过渡性较强的政治身份。若再把中下层政治精英自己的子弟（B_3 类）考虑进来，则两者合计（$A_3 + B_3$）在第二阶段已经占到了中下层政治精英的 43.3%，在这个群体中，他们形成了与上层政治精英子弟之间的最强竞争力。

河朔藩镇作为"特区"，其人才选拔和使用上有更多的灵活性，进而表现出了更强的包容性。[1] 前面论述河朔政治精英的构成和流动时，考察范围中身份最低的就是"凡庶（良人）"了。实际上，属于部曲、奴婢这一等级之人在河朔藩镇里也有流动的空间，因为反映他们事迹的资料较少，所以仅在余论这部分稍作提及，以聊作补充。《太平广记》中曾经记载了不少唐后期豪侠的故事，这些豪侠中，有一些身份非常低下。"唐潞州节度使薛嵩家青衣红线者善弹阮咸，又通经史。嵩乃俾掌其笺表，号曰内记室。"[2] "青衣"是奴婢的异称。[3] 因此，能文能武的女侠红线实为相卫节度使薛嵩[4]的奴婢。当时的河朔地区藩镇局面初步形成，但局势并不稳定。据"红线"的故事记载，魏博节度使田承嗣有吞并薛嵩辖境

---

① 周鼎通过对晚唐回图务的研究，提出藩镇作为一种社会机制，起到了对不同阶层和职业人群加以整合的作用（参见周鼎《晚唐五代的商人、军将与藩镇回图务》，《中国经济史研究》2020 年第 3 期）。笔者研究河朔藩镇，亦有同感，并认为应该在对藩镇进行深入透彻的个案研究基础上去全面理解晚唐五代藩镇的社会经济史意义。

② 《太平广记》卷 195《红线》引《甘泽谣》，第 1460 页。

③ 参见李伯重《唐代奴婢异称考》，载《千里史学文存》，第 73 页。以下关于奴婢异称的词语考证均参考此著作，特此注明。

④ 《太平广记》中的"潞州"可能是小说作者误书。此时的薛嵩为相卫节度使，辖境为相、卫、洺、邢四州，并没有河东道的潞州（参见《旧唐书》卷 124《薛嵩传》，第 3525 页）。小说作者可能误将安史之乱平定时相卫的昭义军与后来地跨河东与河北两道的昭义军相混了。

的野心。① 薛嵩忧心忡忡之时，红线自告奋勇，只身前往魏州，如入无人之境，盗取田承嗣"床头金合为信"，果然对田承嗣起到震慑作用，避免了相卫与魏博之间的一场战争。② 这个武侠故事的具体情节或有虚构之处，然而很可能有其原型，并非完全臆造。在河朔藩镇，即便是属于奴婢、部曲最低等级之人也有机会在河朔藩帅的麾下效力，通过自己的才能和对藩帅的忠诚，完成特定的任务从而改变自己的命运，获得一定的社会地位。魏博节度使罗绍威为牙兵所逼，天祐二年七月十四日夜，罗绍威"率厮养百十辈"③ 与朱温派来的军校马嗣勋合攻牙军，杀之殆尽。这些"厮养"（即奴婢）实际上成了罗绍威的新任亲军。奴婢、部曲这个等级之人摆脱其原有身份的主要出路之一便是参加雇佣军。④ 河朔藩镇频繁的内外军事斗争以及对"亡命""遗孽"的招募，确实在一定程度上给了他们机会。这样的事例尽管不多，不过连奴婢、部曲这个等级之人都可以在河朔藩镇通过自己的努力，以自己的才干实现上升流动，从而改变身份，这足以体现出河朔藩镇不同于长安集团的用人倾向：不拘一格，功利主义的面相非常明显。在一定范围内，可改变的关系、不固定的身份确实使得河朔藩镇的政治精英集团更加有生机和活力。

或许也正是因为这样一种流动机制的激励，河朔地区逐渐形成了自己的人才优势。北宋元丰年间（1078—1085），李邦直说："盖自唐末更五代，天下之民缠于兵火之毒者二百余年，至太祖、太宗起河北有天下，垦除祸害，提携赤子，而置之太平安乐之地，累圣

---

① 此亦非小说作者肆意编造，田承嗣真的就在薛嵩死后对相卫镇展开了兼并战争。参见《旧唐书》卷 11《代宗纪》，第 307 页。

② 《太平广记》卷 195《红线》引《甘泽谣》，第 1460—1462 页。

③ 《旧唐书》卷 181《罗弘信附子罗（绍）威传》，第 4691 页。关于此事，其他史料记载为"绍威率奴客数百与［马］嗣勋同攻之"（参见《旧五代史》卷 14《罗绍威传》，第 216 页）。"厮养"亦是奴婢代称，参见李伯重《唐代奴婢异称考》，载《千里史学文存》，第 73 页。

④ 参见李伯重《唐代部曲奴婢等级的历史变化及其原因》，载《千里史学文存》，第 39—55 页。

继之，以休养生息为事，其顾指左右，驾驭驰骋，莫非一时之豪杰。考诸国史，则累朝将相，颇多河北人。"① 已经留意到北宋初年河朔的人才优势，但是把这种现象归结为是宋太祖、宋太宗提携的结果。同时，他也注意到了河朔地区的风土民情对这些世家的影响。② 现代学者则更加详细地论证了北宋初年"河北优势"的形成过程。其中，毛汉光先生通过具体的统计和大量文献分析了五代以降政治更迭的背后，实际上存在三个地域社会集团，即河南集团、河东集团和河北集团的较量和斗争，而渐次形成的是五代末年和北宋初期的"河北优势"。③ 河朔北部的幽州成了辽朝统治区。尽管治辽金史者认为辽金时期幽蓟地区出现了汉人世家，而这些世家（韩氏、赵氏、马氏、刘氏，尤其是刘氏）多起于幽州藩镇，④ 但前文的分析已经表明，至少就目前的资料来看，他们的世系还很难追溯得更远。藩镇体制下的幽州，其上层政治精英已经更换了几波。辽金时期的汉人世家，多为刘仁恭、刘守光时期出现的，与此前的政治精英之间的联系似乎很小。以刘仁恭家族来说，其子孙中有一两支在辽金时期延绵不绝，但是刘仁恭本是深州人，其父刘晟客居幽州，在幽州的根基原本并不深。因此，从目前的材料看，辽金时期幽蓟地区的汉人世家，其世系很难与幽州镇较早的政治精英拼接在一起，其本身的出现可能就是中晚唐五代初期幽州地区较为频繁的社会流动的结果。

因此，社会流动使得河朔藩镇的政治精英集团在晚唐五代时不断吐故纳新，更加富有生机活力。当这一集团彻底取代原有的门阀士族集团时，文化和精神世界也都会发生相应的变化。

---

① 庄绰：《鸡肋编》卷中，中华书局 1983 年版，第 61 页。

② 参见庄绰《鸡肋编》卷中，第 61 页。

③ 参见毛汉光《五代之政治延续与政权转移》，载《中国中古政治史论》，第 418—474 页。

④ 萧启庆：《汉人世家与边族政权——以辽朝燕京五大家族为中心》，载《宋史研究集》第 27 辑，第 481—541 页。

第二节 河朔藩镇社会流动的失序

河朔藩镇的社会流动，无论是节度使的更替，还是其他政治精英的循环，都有一定之规，体现出了选贤举能的倾向，这是其社会流动积极的一面。然而，具体的流动过程则不时处于一种失序的状态，激烈的变动中难免有血腥与杀戮。

兴元元年，田绪向其从兄田悦夺位，"手刃悦并悦妻高氏，又杀悦母马氏"，[①] 极其残忍。所以，史书上说"自河北诸盗残害骨肉，无酷于绪者"。[②]

唐末，罗绍威惧牙兵之逼，勾结朱温共诛牙军，"凡八千家，皆赤其族，州城为之一空"。[③] 不但当兵者本人身首异处，还连带家属一同受戮。魏博镇的相对独立性被消解之后，这种情况仍未得到改变，反而愈演愈烈。天成三年，魏博银枪效节军的"九指挥三千余家数万口，驱至漳水上杀之，漳水为之变色。魏之骄兵，于是而尽"。[④]

幽州镇的藩帅和将士之间更是"以暴乱为事业，以专杀为雄豪，或父子弟兄，或将帅卒伍，迭相屠灭，以成风俗"。[⑤]

成德镇被认为是内部比较稳定的河朔藩镇，然而其内部权力更迭之时，仍然经常流血。长庆元年七月二十八日夜，王廷凑乃结牙兵噪于府署，"迟明，尽诛弘正与将吏家族三百余人。廷凑自称留

---

① 《旧唐书》卷 141《田承嗣附子绪传》，第 3846 页。
② 同上。
③ 《旧五代史》卷 14《罗绍威传》，第 216 页。
④ 《新五代史》卷 46《房知温传》，第 576 页。
⑤ 《旧唐书》卷 143，第 3908 页。

后、知兵马使"。① "镇州大将王位等谋杀廷凑事泄，坐死者二千余人。"② 长庆元年成德镇之乱，王廷凑网开一面，大将牛元翼"率十余骑突围出深州赴阙，深州将校臧平以城降，廷凑责其固守，杀将吏一百八十余人"。③ 牛元翼的家属被扣留在成德镇。长庆四年三月，④ 牛元翼卒，王廷凑乃尽屠其家。成德镇王氏家族统治末年，王镕为藩帅。因为亲事偏将苏汉衡以兵谏的形式强迫宿于鹊营庄的王镕归府，从而引发了一系列军乱。龙德元年二月，⑤ 王镕令其子昭祚与张文礼以兵围李弘规及行军司马李蔼宅，⑥ 并族诛之，"诖误者凡数十家。又杀苏汉衡，收部下偏将下狱，穷其反状，亲军皆恐，复不时给赐，众益惧"。⑦ 张文礼遂率亲事军十余人入杀王镕，并赤其族。⑧

　　由此可见，河朔藩镇尤其是河朔三镇内部的剧烈变动经常与暴力和血腥纠缠在一起。然而该如何看待河朔藩镇社会流动的这种失序？跳脱道德的评价，这可能正是那个时代统治精英集团得以换血的终极模式。门阀士族退出历史舞台，其基本原因仍是黄巢起义、白马之祸、唐朝灭亡对长安、洛阳门阀士族的毁灭性打击，由此带来其整个旧的文化世界相应也被摧毁。⑨ 唐代等级制度再编造，又行科举制度，但是门阀士族却仍然是社会的统治阶层。这在某种程度上是否颇类似托克维尔所说的"摧毁一部分中世纪制度，就使

---

① 《旧唐书》卷142《王廷凑传》，第3885页。

② 同上。

③ 同上书，第3887页。

④ 参见《旧唐书》卷17上《敬宗纪》，第508页。

⑤ 《通鉴》卷271，后梁均王龙德元年二月条，第8864页。

⑥ 《通鉴》卷271，后梁均王龙德元年二月条载，王镕"委政于其子昭祚。昭祚性骄慢，既得大权，向时附弘规者皆族之"（第8864页）。

⑦ 《旧五代史》卷54《王镕传》，第844页。

⑧ 参见《旧五代史》卷54《王镕传》，第844页。

⑨ 黄巢起义与唐朝灭亡带来的这一影响，几成定论。近来谭凯以统计为基础的研究进一步证明了这一点。参见谭凯《中古中国门阀大族的消亡》，第200—252页。

剩下的那些令人厌恶百倍？"① 森严的等级制度松动与政治精英的实际构成状况并不相和。谭凯还指出，唐朝末期以门阀大族为政治唯一性，是以牺牲底层人民为代价达成的，这也是导致唐末大动荡的原因。② 所以，森严的等级制度开始松动和调整的时候，可能也是最容易引发动荡的时候，有序的出口还未能完全建立，社会流动的浪潮就可能以其他某种方式（甚至是失去控制的方式）夺路而出。河朔藩镇的"以暴乱为事业""专杀为雄豪"或许还可以在这样的背景中得到一些解释。那是一个时代的局限！河朔藩镇只是在史家笔下被推上了风口浪尖。

进入五代中后期，这种社会流动越发处于失序的状态，不少河朔士人已经对这种失序有所反思。宋初文人柳开，乃是大名府人。其祖父柳舜卿在五代的战乱中，"隐居邺。人号柳长官者，谓其德行，人伏若邑郡长官也"。③ 父亲柳承翰（903—965）也不愿意做官，"书考二十，绝有纤失。事十帝四十年，非不爱公王将相名位，徒见以乱易乱，若覆杯水。不如田家树一本疏木，尚得庇身荫族，积久存也"。④ "以乱易乱，若覆杯水"的社会流动，显然不是人民所能承受的。柳承翰晚年总结了在乱世之中的自保之道：

> 同吾事帝者，半为王侯。其后番番相倾，朝为贱人，夕为贵臣，面垢未除，顶冠峨焉；门朱未干，尸血流焉。初昵比比，渐异索索；以侵以谍，以陷以削；逐之以离，灭之以夷；因小败家，及大累国。吾苟与斯辈同，安有渠得今日见眼前耶？载金连车，不如教子读书。弯弓骑马，功成无价。弹丝吹竹，身衣罔覆。累棋奕奕，举口莫食。杯酒是味，不贼而毙。在家了了，出门皎皎。养儿胜虎，犹患不武。多学广智，少宦

---

① 托克维尔：《旧制度与大革命》，第 73 页。
② 参见谭凯《中古中国门阀大族的消亡》，第 250 页。
③ 《柳开集》卷 14《柳承翰墓志》，第 183 页。
④ 同上书，第 181 页。

谐事。为官纳货，莫大此祸。侮文弄法，天诛鬼杀，以私害
公，反必及躬。①

"朝为贱人，夕为贵臣"，"门朱未干，尸血流焉"，这种社会流动
给人们带来的是极其飘忽不定的身份，甚至会有性命之忧。晚唐河
朔藩镇社会流动中那种无序的因子在五代中后期被放大了。可能它
对某些人仍然有诱惑力，但是给人们带来更多的恐怕是焦虑感和紧
张感。人们更期待一个更加合理有序的社会流动模式。随着北宋的
建立与稳定，科举制度的公平公正性进一步得到体现，这个秩序逐
渐地稳定下来，河朔藩镇的社会流动模式得到了扬弃。

第三节　代结语：河朔藩镇、社会流动与"唐宋变革"

　　唐宋时代的等级制度再编造，只有通过社会群体之间的流动才
最终实现。越来越多的研究表明，科举考试始终还不是推动唐代社
会流动的主要机制，② 社会流动的渠道必是另有他途。本书聚焦安
史之乱后的河朔藩镇，河朔藩镇（特别是河朔三镇）作为政治、
经济、军事、文化上不同于唐廷及顺地的区域，容纳了各个阶层之
人。他们在这里或是登上成功的阶梯，或是从这个阶梯上跌落。尽
管上升流动和下降流动并非同一节奏，但是它们一起构成了完整的
循环体系。河朔藩镇的特定形势，将"选贤举能"的观念更加落
到实处，也为才干的培养提供了更多条件。决定个人和家族前途的
越发是才干，而家世的影响在逐渐淡化。伴随着五代时期河朔地区
相对独立性的日渐消解，河朔政治精英在社会舞台上越来越形成优

---

① 《柳开集》卷 14《柳承翰墓志》，第 183 页。
② 参见本书第一章所列举的毛汉光等人的研究成果。

势，这种趋势融入整个社会变迁的宏潮巨浪之中，进一步推动了等级制度模糊化的发展趋势，甚至对当时北方主要政治变动都产生了一定的影响。但是这种社会流动又时常伴随着暴力和血腥，经常处于失序的状态。河朔藩镇体制具有某种特殊性，这种现象在后世较少如此长期地存在。因此，与北宋以后，尤其是明清时期通过科举体制形成的社会流动相比，在流动的具体方式和手段方面，河朔藩镇的社会流动可能并不具有典型意义。[①] 但是就社会流动的实质而言，身份的不固定性、选贤举能的原则却与科举考试"取士不问家世""一切以程文为去留"的原则近乎一致。

北宋建立后，藩镇在逐渐淡出历史舞台的同时，其社会流动中选贤举能的精神却合流到了改进后的科举考试中。最高统治者也意识到，保持统治精英集团的开放，能够从"凡庶"之中补充"新血"，实际上是维持王朝稳定的重要条件。与前代相比，宋代社会竞争性更强，开放度更高。在科场上，名门望族想努力维持其家声，却仍难摆脱兴衰的周期。[②] 在沙场上（至少是宋初三朝），贵胄之家要想垄断高、中级武官的职位，也几乎不可能。[③] 于是，我们便开始看到一个与魏晋隋唐以来不太相同的社会面貌。河朔北部幽蓟地区的汉人世家，似乎展现的是不同于唐—宋发展的一条轨迹。然而回溯历史，8 世纪中期至 10 世纪，幽州地区的社会流动同样剧烈。相比于藩镇统治下的幽州，辽金时期的汉人世家可能也已是另有新人出焉。

从河朔藩镇的社会流动史来看，无论是北宋初年的"河北优

---

① 前文提出社会流动具有"蝴蝶效应"。通过个人努力可以实现个人从下层通往上层的转变，这样一种价值观一旦为社会所认可，会有很多人虽然不走科举通道，但会试图通过其他方式改变自己的身份和地位。所以各个时代也都有科举之外的其他形式的社会流动，参见本书绪论部分。

② 参见黄宽重《科举社会下家族的发展与转变》，载荣新江主编《唐研究》第 11 卷，第 337—353 页。

③ 参见何冠环《宋初三朝武将的量化分析——北宋统治阶层的社会流动现象新探》，载《北宋武将研究》，第 1—23 页。

势”，还是辽金幽蓟地区的汉人世家政治，都是在社会流动之中逐渐调整和发生的。"唐宋变革论"可能不足以囊括和解释这些变化，但重要的是，应该关注和研究这些变化本身。宏观结论需要微观基础。本书正是试图基于微观的、地方的研究，去观察区域社会的变化。从社会流动的角度出发，立足于地方社会的深厚土壤，我们会看到中古时期社会变化的更多侧面。

自从唐代开启了等级制度的再编造，社会阶层之间的升降流动就变得日益频繁，唐朝以后的统治者，特别是明太祖以后的统治者也越来越认识到一定范围的社会流动对王朝的稳定至关重要。[①] 中晚唐五代河朔藩镇的社会流动告诉我们，社会流动若不能通过规范有序的渠道，也会以其他的方式实现。唐代以后的 1300 多年中，较高的社会流动性已然成为中国社会的一个重要特征。学界新近的一项研究表明，1952 年以降的 50 年中，中国社会较低阶层的子女在高等精英教育生源中逐渐占据相当比重，从而推动了中国社会的进步。[②] 今日高等精英教育生源中的多样化表明了中国社会的流动性。正如珀金斯（Dwight Perkins）所言，中国的历史映照着中国的今天，"过去" 的影子可以见诸众多方面。[③] 研究晚唐五代河朔藩镇的社会流动，不仅对于理解 8—10 世纪的社会变迁具有重要价值，对于认识今天的中国社会，理解"中国特色"，建立公平、规范、有序的社会流动机制，无疑也具有一定的启发意义。

---

① Ping-ti Ho, *The Ladder of Success in Imperial China*, p. 258.

② 梁晨、李中清等：《无声的革命：北京大学与苏州大学学生社会来源研究（1952—2002）》，《中国社会科学》2012 年第 1 期。

③ 参见 Dwight Perkins, *China's Modern Economy in a Historical Perspective*, Stanford：Stanford University Press, 1975, p. 1。

参考文献

说　明

1. 本部分的中文文献分为四类

"古代文献"指 1911 年以前刊布的文献（包括后来重印、影印、校注、辑录）。"碑刻墓志"是本书的重要资料，现单独列为一类。"地方志"遵循惯例，只列成书年代（以年号代）、方志名称和版本等信息，不列作者。"近代文献"则指 1911 年以后出版的文献。所有中文文献均按作者姓名或其译音（少数情况如方志，按照文献名称，统一列在最后）的汉语拼音字母顺序排列。近代文献中，同一学者的论著则尽量按出版时间先后顺序排列；若论文和论文集作者为同一人，且引用该论文集的论文超过两篇，则只列出论文集的相关信息。

2. 外文文献分为英文文献和日文文献两类

英文文献按照作者姓氏的拉丁字母顺序排列；日文文献按作者姓氏的日文五十音图顺序排列。

3. 一些古代文献的版本出现频率较高，为节省篇幅，使用简称：

如"丛书集成初编本""影印文渊阁四库全书本""四部丛刊本""续修四库全书本"，正文页下注释中已经出现过出版社、出版年、册数等信息，这里不再重复。

一　中文文献

（一）古代文献

1. 基本文献

白居易撰，朱金城笺校：《白居易集笺校》，上海古籍出版社
1988 年版。

毕仲游：《西台集》，丛书集成初编本。

曹彦约：《昌谷集》，影印文渊阁四库全书本。

陈邦瞻：《宋史纪事本末》，中华书局 1977 年版。

陈藻：《乐轩集》，影印文渊阁四库全书本。

陈子龙等选辑：《明经世文编》，中华书局 1962 年版。

陈子龙：《安雅堂稿》，台北：伟文图书出版社有限公司 1977
年版。

程颢、程颐：《二程集》，中华书局 1981 年版。

程敏政辑撰《新安文献志》，黄山书社 2004 年版。

道元和尚：《景德传习录》，载蓝吉富主编《禅宗全书·史传
部（二）》，台北：文殊出版社 1988 年版。

丁度等编：《武经总要·前集》，载中国兵书集成编委会编
《中国兵书集成》第 3 册，解放军出版社、辽沈书社 1988 年版。

杜甫撰，仇兆鳌注：《杜诗详注》，中华书局 1979 年版。

杜牧：《樊川文集》，上海古籍出版社 1978 年版。

杜文澜：《古谣谚》，中华书局 1958 年版。

杜佑：《通典》，中华书局 1988 年版。

段成式：《酉阳杂俎》，中华书局 1981 年版。

范祖禹：《唐鉴》，上海古籍出版社 1981 年版。

房玄龄等：《晋书》，中华书局 1974 年版。

冯贽编：《云仙散录》，中华书局 2008 年第 2 版。

高承：《事物纪原》，中华书局 1989 年版。

韩琦：《安阳集》，明正德九年张世隆刻本。

韩愈撰，刘真伦、岳珍校注：《韩愈文集汇校笺注》，中华书局 2010 年版。

郝经：《郝文忠公陵川文集》，山西人民出版社 2006 年版。

何良臣：《阵纪》，载中国兵书集成编委会编《中国兵书集成》，解放军出版社、辽沈书社 1994 年版。

胡承诺：《绎志》，续修四库全书本。

胡宏：《皇王大纪》，影印文渊阁四库全书本。

计有功：《唐诗纪事》，上海古籍出版社 1987 年版。

李翱：《李文公集》，四部丛刊本。

李白撰，王琦校注：《李太白全集》，中华书局 1977 年版。

李德裕撰，傅璇琮、周建国校笺：《李德裕文集校笺》，中华书局 2018 年版。

李昉等编：《太平广记》，中华书局 1961 年版。

李昉等编：《文苑英华》，中华书局 1966 年版。

李纲：《宋丞相李忠定公奏议》，续修四库全书本。

李吉甫：《元和郡县图志》，中华书局 1983 年版。

李绛：《李相国论事集》，丛书集成初编本。

黎靖德编：《朱子语类》，中华书局 1986 年版。

李林甫等：《唐六典》，中华书局 1992 年版。

李筌：《神机制敌太白阴经》，丛书集成初编本。

李焘：《续资治通鉴长编》，中华书局 2004 年版。

李心传：《建炎以来系年要录》，中华书局 1988 年版。

李延寿：《南史》，中华书局 1975 年版。

李肇：《唐国史补》，上海古籍出版社 1979 年版。

林希逸：《竹溪鬳斋十一稿续集》，影印文渊阁四库全书本。

柳开：《柳开集》，中华书局 2015 年版。

刘昫等：《旧唐书》，中华书局 1975 年版。

刘禹锡：《刘禹锡集》，中华书局 1990 年版。

柳宗元：《柳宗元集》，中华书局 1979 年版。

陆世仪：《论学酬答》，续修四库全书本。

吕中：《宋大事记讲义》，影印文渊阁四库全书本。

罗大经：《鹤林玉露》，中华书局 1983 年版。

罗泌：《路史》，影印文渊阁四库全书本。

马端临：《文献通考》，中华书局 2011 年版。

欧阳修、宋祁：《新唐书》，中华书局 1975 年版。

欧阳修：《新五代史》，中华书局 2016 年版。

彭定求等：《全唐诗》，中华书局 1960 年版。

戚继光：《练兵实纪·杂集》，中华书局 2001 年版。

钱易：《南部新书》，中华书局 2002 年版。

权德舆：《权德舆诗文集》，上海古籍出版社 2008 年版。

盛康辑：《皇朝经世文编续编》，载沈云龙主编《近代中国史料丛刊》，台北：文海出版社有限公司 1967 年版。

司马光：《资治通鉴》，中华书局 1956 年版。

司马光：《涑水记闻》，中华书局 1989 年版。

司马迁：《史记》，中华书局 2014 年版。

宋敏求：《唐大诏令集》，商务印书馆 1959 年版。

宋敏求：《长安志》，三秦出版社 2013 年版。

苏轼：《苏轼文集》，中华书局 1986 年版。

孙光宪：《北梦琐言》，中华书局 2002 年版。

唐才常：《觉颠冥斋内言》，载沈云龙主编《近代中国史料丛刊》，台北：文海出版社 1967 年版。

脱脱等：《金史》，中华书局 1975 年版。

脱脱等：《宋史》，中华书局 1977 年版。

脱脱等：《辽史》，中华书局 2017 年版。

王昶：《金石萃编》，中国书店 1987 年版。

王定保：《唐摭言》，中华书局 1959 年新 1 版。

王夫之：《读通鉴论》，中华书局 1975 年版。

王溥：《唐会要》，上海古籍出版社 2006 年新 1 版。

王钦若等：《册府元龟》，中华书局 1960 年版。

王钦若等：《宋本册府元龟》，中华书局 1989 年版。

王应麟：《玉海》，江苏古籍出版社、上海书店出版社 1990 年第 2 版。

魏了翁：《鹤山先生大全文集》，四部丛刊本。

魏徵等：《隋书》，中华书局 2019 年版。

文廷式：《纯常子枝语》，续修四库全书本。

吴承恩：《西游记》，人民文学出版社 1980 年版。

萧子显：《南齐书》，中华书局 1972 年版。

徐梦莘：《三朝北盟会编》，上海古籍出版社 1987 年版。

董诰等编：《全唐文》，中华书局 1983 年版。

薛居正：《旧五代史》，中华书局 2015 年版。

姚汝能：《安禄山事迹》，中华书局 2006 年版。

叶隆礼：《契丹国志》，中华书局 2014 年版。

叶适：《叶适集》，中华书局 1961 年版。

叶适：《习学记言序目》，中华书局 1977 年版。

元好问著，狄宝心校注：《元好问文编年校注》，中华书局 2012 年版。

圆仁著，小野胜年校注，白化文、李鼎霞、许德楠修订校注：《入唐求法巡礼行记校注》，花山文艺出版社 1992 年版。

元稹：《元稹集》，中华书局 1982 年版。

乐史：《太平寰宇记》，中华书局 2007 年版。

张鷟：《朝野佥载》，中华书局 1979 年版。

章炳麟：《藩镇论》，《五洲时事汇报》第 4 期，1899 年。

张读：《宣室志》，中华书局 1983 年版。

张端义：《贵耳集》，丛书集成初编本。

长孙无忌撰，刘俊文笺解：《唐律疏议笺解》，中华书局 1996 年版。

张彦远：《历代名画记》，丛书集成初编本。

赵璘：《因话录》，上海古籍出版社 1979 年新 1 版。

赵翼著，王树民校证：《廿二史札记校证》，中华书局，1984 年版。

周绍良主编：《全唐文新编》，吉林文史出版社 2000 年版。

庄绰：《鸡肋编》，中华书局 1983 年版。

《明太祖实录》，台北：中研院影印本 1962 年版。

《宋大诏令集》，中华书局 1962 年版。

2. 碑刻墓志

安阳市文物考古研究所、安阳博物馆编著：《安阳墓志选编》，科学出版社 2015 年版。

北京图书馆金石组编：《房山石经题记汇编》，书目文献出版社 1987 年版。

北京图书馆金石组：《北京图书馆藏中国历代石刻拓本汇编》，中州古籍出版社 1989 年版，第 27 册。

陈尚君辑订：《全唐文补编》，中华书局 2005 年版。

陈亚洲：《房山墓志》，北京市房山区文物管理所 2006 年版。

程凤堂主编：《濮阳碑刻墓志》，中州古籍出版社 2003 年版。

河北省文物研究所墓志编辑组编：《隋唐五代墓志汇编·河北卷》，天津古籍出版社 1991 年版。

侯璐主编：《保定出土墓志选注》，河北美术出版社 2003 年版。

贾振林编著：《文化安丰》，大象出版社 2011 年版。

临清市博物馆：《山东临清出土五代孔谦家族墓志》，载山东省文物考古研究院编《海岱考古》第 12 辑，科学出版社 2019 年版。

毛阳光、余扶危主编：《洛阳流散唐代墓志汇编》，国家图书馆出版社 2013 年版。

毛阳光主编：《洛阳流散唐代墓志汇编续集》，国家图书馆出版社 2018 年版。

任乃宏等校释：《邯郸地区隋唐五代碑刻校释》，中国文史出版社 2017 年版。

阮元、毕沅:《山左金石志》,载新文丰出版公司编辑部编《石刻史料新编》第 1 辑第 19 册《地方类·山东》,台北:新文丰出版公司 1982 年第 2 版。

沈涛:《常山贞石志》,载新文丰出版公司编辑部编《石刻史料新编》第 1 辑第 18 册《地方类·河北》,台北:新文丰出版公司 1982 年第 2 版。

石永信、王素方、裴淑兰编:《河北金石辑录》,河北人民出版社 1993 年版。

宋坤:《新出唐冀州留后官李方简墓志考释》,载石志生、秦进才主编《冀州历史文化论丛》,河北人民出版社 2010 年版。

孙继民主编:《河北新发现石刻题记与隋唐史研究》,河北人民出版社 2006 年版。

孙兰风、胡海帆主编:《隋唐五代墓志汇编·北京大学卷》第 2 册,天津古籍出版社 1992 年版。

王鑫主编:《北京市文物研究所藏墓志拓片》,北京燕山出版社 2003 年版。

王兴、李亚主编:《邯郸运河碑刻》,河北美术出版社 2012 年版。

吴钢主编:《全唐文补遗》第 3 辑,三秦出版社 1996 年版。

吴钢主编:《全唐文补遗》第 4 辑,三秦出版社 1997 年版。

吴钢主编:《全唐文补遗》第 5 辑,三秦出版社 1998 年版。

吴钢主编:《全唐文补遗》第 6 辑,三秦出版社 1999 年版。

吴钢主编:《全唐文补遗》第 7 辑,三秦出版社 2000 年版。

吴钢主编:《全唐文补遗》第 8 辑,三秦出版社 2005 年版。

吴钢主编:《全唐文补遗·千唐志斋新藏专辑》,三秦出版社 2006 年版。

吴钢主编:《全唐文补遗》第 9 辑,三秦出版社 2007 年版。

向传君:《岐山新发现唐代〈王承宪墓志〉考释——由王武俊

家族墓志考察其家族世系》，载丁伟、樊英峰主编《乾陵文化研究（12）》，三秦出版社 2018 年版。

杨光主编：《廊坊石刻萃编》，中国文联出版社 2018 年版。

杨卫东等编：《涿州贞石录》，北京燕山出版社 2005 年版。

云居寺文物管理处：《云居寺贞石录》，北京燕山出版社 2008 年版。

张家口宣化区文物保管所：《河北宣化纪年唐墓发掘简报》，《文物》2008 年第 7 期。

张宁等主编：《隋唐五代墓志汇编·北京卷》第 2 册，天津古籍出版社 1991 年版。

赵君平、赵文成编：《秦晋豫新出墓志蒐佚续编》，国家图书馆出版社 2015 年版。

赵力光主编：《西安碑林博物馆新藏墓志汇编》，线装书局 2007 年版。

赵力光主编：《西安碑林博物馆新藏墓志续编》，陕西师范大学出版总社有限公司 2014 年版。

赵文成、赵君平编选：《新出唐墓志百种》，西泠印社出版社 2010 年版。

中共石景山区委宣传部等编：《北京市石景山区历代碑志选》，同心出版社 2003 年版。

中国文物研究所、北京石刻艺术博物馆编：《新中国出土墓志·北京卷壹》，文物出版社 2002 年版。

中国文物研究所、河北省文物研究所编：《新中国出土墓志·河北卷壹》，文物出版社 2004 年版。

中国文物研究所、千唐志斋博物馆编：《新中国出土墓志·河南叁·千唐志斋壹》，文物出版社 2008 年版。

周阿根：《五代墓志汇考》，黄山书社 2012 年版。

周绍良主编：《唐代墓志汇编》，上海古籍出版社 1992 年版。

周绍良、赵超主编：《唐代墓志汇编续集》，上海古籍出版社

2001 年版。

3. 地方志（明清以降）

嘉靖《河间府志》,《天一阁藏明代方志选刊》第 1—2 册,上海书店出版社 1981 年版。

光绪《莘县志》,《中国地方志集成·山东府县志辑》第 95 册,凤凰出版社、上海书店出版社、巴蜀书社 2008 年版。

光绪《正定县志》,《中国地方志集成·河北府县志辑》第 3 册,上海书店出版社、巴蜀书社、江苏古籍出版社 2006 年版。

（二）近代文献

曹国庆:《明代江西科第世家的崛起及其在地方上的作用——以铅山费氏为例》,《中国文化研究》1999 年冬之卷。

岑仲勉:《府兵制度研究》,上海人民出版社 1957 年版。

陈国灿主编:《〈全唐文〉职官丛考》,武汉大学出版社 1997 年版。

陈磊:《唐长庆元年幽州的军变:从史料撰写的层面看》,《兴大历史学报》2012 年第 25 期。

陈述:《契丹世选考》,《历史语言研究所集刊》第 8 本第 2 分,1939 年。

陈述:《契丹政治史稿》,人民出版社 1986 年版。

陈翔:《陈翔唐史研究文存》,新北:花木兰文化出版社 2013 年版。

陈寅恪:《隋唐制度渊源略论稿（外二种）》,河北教育出版社 2002 年版。

陈寅恪:《论韩愈》,《金明馆丛稿初编》,三联书店 2001 年版。

陈昭扬:《征服王朝下的士人——金代汉族士人的政治、社会、文化论析》,博士学位论文,新竹清华大学,2007 年。

陈志坚:《唐代州郡制度研究》,上海古籍出版社 2005 年版。

程民生:《论宋代河北路经济》,《河北大学学报》1990 年第 3 期。

成一农:《唐代的地缘政治结构》,载李孝聪主编《唐代地域结构与运作空间》，上海辞书出版社 2003 年版。

崔瑞德编：《剑桥中国隋唐史：589—906 年》，中国社会科学院历史研究所西方汉学研究课题组译，中国社会科学出版社 1990年版。

村井恭子：《大唐西市博物馆新藏唐〈张茂宣墓志〉考》，载董邵伟主编《中华历史与传统文化研究论丛》第 2 辑，中国社会科学出版社 2016 年版。

戴伟华：《唐代使府与文学研究》，广西师范大学出版社 1998年版。

邓小南：《龚明之与宋代苏州的龚氏家族：兼谈南宋昆山士人家族的交游与沉浮》，载柳立言、黄进兴、刘铮云编《中国近世家族与社会学术研讨会论文集》，台北：中研院历史语言研究所，1998 年版。

邓小南：《论五代宋初"胡/汉"语境的消解》，《文史哲》2005 年第 5 期。

邓小南：《试探宋初"欲武臣读书"与"用读书人"》，《史学月刊》2005 年第 7 期。

邓小南：《祖宗之法：北宋前期政治述略》，三联书店 2006 年版。

冻国栋：《中国人口史》第 2 卷《隋唐五代时期》，复旦大学出版社 2002 年版。

杜文玉：《五代十国制度研究》，人民出版社 2006 年版。

杜希德：《从敦煌文书看唐代统治阶层的成份》，何冠环译，载"国立编译馆"主编《唐史论文选集》，台北：幼狮文化事业公司 1990 年版。

恩格斯：《欧洲军队》，载中共中央马克思恩格斯列宁斯大林著作编译局编译《马克思恩格斯全集》第 11 卷，人民出版社 2016年版。

范恩实：《石敬瑭割让燕云（幽蓟）的历史背景》，载王小甫主编《盛唐时代与东北亚政局》，上海辞书出版社 2003 年版。

樊文礼：《试论唐河朔三镇内外矛盾的发展演变》，《内蒙古大学学报》1983 年第 4 期。

方广锠：《中华文化通志·宗教与民俗典·佛教志》，上海人民出版社 1998 年版。

方积六：《论唐代河朔三镇的长期割据》，《中国史研究》1984 年第 1 期。

方积六：《唐代河朔三镇"胡化说"辨析》，载纪念陈寅恪教授国际学术讨论会秘书组编《纪念陈寅恪教授国际学术讨论会文集》，中山大学出版社 1989 年版。

方积六：《唐及五代的魏博镇》，载《魏晋南北朝隋唐史资料——唐长孺教授八十大寿纪念专辑》第 11 辑，武汉大学出版社 1991 年版。

费省：《唐代人口地理》，西北大学出版社 1996 年版。

费孝通：《乡土中国》，三联书店 1985 年版。

冯金忠：《唐代河北藩镇研究》，科学出版社 2012 年版。

冯金忠：《唐代地方武官研究》，新北：花木兰文化出版社 2012 年版。

冯培红：《晚唐五代宋初归义军武职军将研究》，载郑炳林主编《敦煌归义军史专题研究》，兰州大学出版社 1997 年版。

冯培红：《唐五代归义军政权中队职问题辨析》，载郑炳林主编《敦煌归义军史专题研究》，兰州大学出版社 1997 年版。

冯培红：《论唐五代藩镇幕职的带职现象——以检校、兼、试官为中心》，载高田时雄主编《唐代宗教文化与制度》，京都大学人文科学研究所 2007 年版。

冯培红：《归义军官吏的选任与迁转——唐五代藩镇选官制度之个案》，香港大学饶宗颐学术馆 2011 年版。

傅衣凌：《明清农村社会经济·明清社会经济变迁论》，中华书局 2007 年版。

傅衣凌：《辽代奴隶考》，载《休休室治史文稿补编》，中华书局 2007 年版。

傅衣凌：《晚唐五代义儿考》，载《傅衣凌治史五十年文编》，中华书局 2007 年版。

高明士：《唐代的武举与武庙》，载第一届国际唐代学术会议论文集编辑委员会编《第一届国际唐代学术会议论文集》，唐代研究学者联谊会 1989 年版。

宫崎市定：《中国史》，邱添生译，台北：华世出版社 1980 年版。

宫崎市定：《从部曲到佃户》，张学锋、马云超等译，载《宫崎市定亚洲史论考》中册，上海古籍出版社 2017 年版。

宫泽知之：《唐宋社会变革论》，游彪译，《中国史研究动态》1999 年第 6 期。

谷川道雄：《关于河朔三镇藩帅的继承》，王媚媚译，载第一届国际唐代学术会议论文集编辑委员会编《第一届国际唐代学术会议论文集》，唐代研究学者联谊会 1989 年版。

谷霁光：《安史乱前之河北道》，《燕京学报》第 19 期，1936 年。

谷霁光：《府兵制度考释》，上海人民出版社 1978 年版。

谷霁光：《泛论唐末五代的私兵和亲军、义儿》，《历史研究》1984 年第 2 期。

郭丽：《〈兔园策府〉考论——兼论唐代童蒙教育的应试性倾向》，《敦煌研究》2013 年第 4 期。

郭玲娣、樊瑞平、杜平：《唐李宝臣纪功碑考述》，《文物春秋》2005 年第 5 期。

郭培贵：《明代进士家族相关问题考论》，《求是学刊》2015 年第 6 期。

韩国磐：《隋唐五代史论集》，三联书店 1979 年版。

郝若贝：《750—1550 年间中国的人口、政治及社会转型》，易素梅等译，载单国钺主编《当代西方汉学研究集萃·中古史卷》，上海古籍出版社 2016 年版。

何炳棣：《读史阅世六十年》，广西师范大学出版社 2005 年版。

何炳棣：《明清社会史论》，徐泓译注，台北：联经出版事业股份有限公司 2013 年版。

何冠环：《宋初三朝武将的量化分析——北宋统治阶层的社会流动现象新探》，载《北宋武将研究》，香港：中华书局有限公司 2003 年版。

何怀宏：《选举社会及其终结：秦汉至晚清历史的一种社会学阐释》，三联书店 1998 年版。

河南省博物馆、洛阳市博物馆：《洛阳隋唐含嘉仓的发掘》，《文物》1972 年第 3 期。

洪业：《半部论语治天下辨》，载《洪业论学集》，中华书局 1981 年版。

侯外庐：《中国封建制社会的发展及其由前期向后期转变的特征》，载《中国封建社会史论》，人民出版社 1979 年版。

侯旭东：《近观中古史——侯旭东学术自选集》，中西书局 2015 年版。

胡戟主编：《二十世纪唐研究》，中国社会科学出版社 2002 年版。

胡耀飞：《初论藩镇分类的学术史梳理——从汪篯〈唐代方镇的三种情况〉谈起》，载《晚期中古史存稿》，中国社会科学出版社 2019 年版。

黄宽重：《人际网络、社会文化活动与领袖地位的建立——以宋代四明汪氏家族为中心的观察》，《台大历史学报》第 24 期，1999 年。

黄宽重：《宋代四明士族人际网络与社会文化活动——以楼氏家族为中心的观察》，载黄宽重、刘增贵主编《台湾学者中国史研究论丛·家族与社会》，中国大百科全书出版社 2005 年版。

黄宽重：《科举社会下家族的发展与转变》，载荣新江主编《唐研究》第 11 卷，北京大学出版社 2005 年版。

黄宽重：《宋代的家族与社会》，台北：东大图书有限公司2006年版。

黄永年：《唐代河北藩镇与奚契丹》，载《黄永年文史论文集》第1册《国史探赜（上）》，中华书局2015年版。

黄永年：《论安史之乱的平定和河北藩镇的重建》，载《黄永年文史论文集》第2册《国史探赜（下）》，中华书局2015年版。

霍亚贞主编：《北京自然地理》，北京师范学院出版社1989年版。

冀朝鼎：《中国历史上的基本经济区与水利事业的发展》，中国社会科学出版社1981年版。

加塔诺·莫斯卡：《统治阶级》，贾鹤鹏译，译林出版社2002年版。

加藤繁：《关于唐宋的草市》，载《中国经济史考证》第1卷，吴杰译，商务印书馆1959年版。

蒋金玲：《辽代荫补制度考》，《史学集刊》2010年第2期。

蒋金玲：《辽代汉人的入仕与迁转》，《中国史研究》2013年第3期。

姜密：《唐代成德镇割据的特点》，《河北师范大学学报》2000年第3期。

金滢坤：《论中晚唐河朔藩镇割据与联姻的关系——以义武军节度使陈君赏墓志铭为中心》，《学术月刊》2006年第12期。

金滢坤：《中晚唐五代科举与社会变迁》，人民出版社2009年版。

克洛德·泰洛特：《父贵子荣？——社会地位和家庭出身》，殷世才、孙兆通译，社会科学文献出版社1992年版。

堀敏一：《藩镇亲卫军的权力结构》，索介然译，载张帆主编《中国古代史读本》下册，北京大学出版社2006年版。

赖瑞和：《论唐代的检校官制》，《汉学研究》2006年第1期。

赖瑞和：《唐代基层文官》，中华书局2008年版。

赖瑞和：《唐代中层文官》，中华书局2011年版。

赖瑞和：《唐代高层文官》，中华书局2017年版。

李碧妍：《危机与重构：唐帝国及其地方诸侯》，北京师范大学出版社 2015 年版。

李伯重：《唐代江南农业的发展》，农业出版社 1990 年版。

李伯重：《"选精"、"集粹"与"宋代江南农业革命"——对传统经济史研究方法的检讨》，载《理论、方法、发展趋势：中国经济史研究新探》，清华大学出版社 2002 年版。

李伯重：《多视角看江南经济史（1250—1850）》，三联书店 2003 年版。

李伯重：《千里史学文存》，杭州出版社 2004 年版。

李伯重：《八股之外：明清江南的教育及其对经济的影响》，《清史研究》2004 年第 1 期。

李伯重：《创建新型军队：明代中后期的"练兵"运动》，《文史》2012 年第 3 期。

李春玲：《中国城镇社会流动》，社会科学文献出版社 1997 年版。

李凤先：《唐代幽州地区的人口流动与社会变迁》，硕士学位论文，北京师范大学，2002 年。

李鸿宾主著：《隋唐对河北地区的经营与双方的互动》，中央民族大学出版社 2008 年版。

李鸿宾：《唐幽州雄武军（城）位置再考》，载荣新江主编《唐研究》第 16 卷，北京大学出版社 2010 年版。

李鸿宾：《墓志所见唐朝的胡汉关系与文化认同问题》，中华书局 2019 年版。

李弘祺：《中国科举制度的历史意义及解释——从艾尔曼（Benjamin Elman）对明清考试制度的研究谈起》，《台大历史学报》第 32 期，2003 年。

黎虎：《汉唐时期的"军吏"》，《阴山学刊》2006 年第 6 期。

李华瑞：《20 世纪中日"唐宋变革"观研究述评》，《史学理论研究》2003 年第 4 期。

李华瑞：《王安石变法研究史》，人民出版社 2004 年版。

李华瑞主编:《"唐宋变革"论的由来与发展》,天津古籍出版社 2010 年版。

李华瑞:《宋代救荒史稿》,天津古籍出版社 2014 年版。

李华瑞:《唐宋史研究应当翻过这一页——从多视角看"宋代近世说(唐宋变革论)"》,《古代文明》2018 年第 1 期。

李强:《当代中国社会分层与流动》,中国经济出版社 1993 年版。

李庆:《日本汉学史》(第 1—5 部),上海人民出版社 2010 年版。

李树桐:《论唐代的魏博镇》,载傅乐成教授纪念论文集编辑委员会编《中国史新论——傅乐成教授纪念论文集》,台北:台湾学生书局 1985 年版。

李埏:《"千年田换八百主"》,载李埏、李伯重、李伯杰《走出书斋的史学》,浙江大学出版社 2012 年版。

李重申:《敦煌古代体育文化》,甘肃人民出版社 2000 年版。

李宗俊、周正:《唐张茂宣墓志考释》,《中国边疆史地研究》2015 年第 4 期。

梁晨、李中清等:《无声的革命:北京大学与苏州大学学生社会来源研究(1952—2002)》,《中国社会科学》2012 年第 1 期。

梁方仲:《中国历代户口、田地、田赋统计》,中华书局 2008 年版。

辽宁省文物考古研究所:《朝阳市林四家子辽墓发掘简报》,《北方文物》2013 年第 2 期。

林丽月:《科场竞争与天下之"公":明代科举区域配额问题的一些考察》,载邢义田、林丽月主编《社会变迁》(台湾学者中国史研究论丛 5),中国大百科全书出版社 2005 年版。

林上洪:《母亲受教育状况对代际流动的影响——基于清代科举人物朱卷履历的分析》,载刘海峰、朱华山主编《科举学的拓展与深化》,华中师范大学出版社 2013 年版。

林悟殊:《陈寅恪先生"胡化"、"汉化"说的启示》,《中山大学学报》2000 年第 1 期。

刘海峰:《科举学导论》,华中师范大学出版社 2005 年版

柳立言:《何谓"唐宋变革"?》,《中华文史论丛》2006 年第 1 辑。

刘琴丽:《中晚唐河北举子研究》,《史学集刊》2009 年第 2 期。

刘兴云:《唐代中央对藩镇控制问题研究综述》,《中国史研究动态》2011 年第 4 期。

刘永华:《清代民众识字问题的再认识》,《中国社会科学评价》2017 年第 2 期。

刘运承、周殿杰:《民族融合和唐代藩镇》,《学术月刊》1983 年第 6 期。

卢建荣:《唐后期河北特区化过程中的抗争文化逻辑——兼论唐廷与河北为匪从主义关系说》,载中华民国史专题第五届讨论会秘书处编《中华民国史专题论文集第五届讨论会》,台北:"国史馆"2000 年版。

卢建荣:《飞燕惊龙记:大唐帝国文化工程师与没有历史的人(763—873)》,台北:时英出版社 2007 年版。

卢向前主编:《唐宋变革论》,黄山书社 2006 年版。

陆学艺主编:《当代中国社会流动》,社会科学文献出版社 2004 年版。

陆扬:《论冯道的生涯——兼谈中古晚期政治文化中的边缘与核心》,《清流文化与唐帝国》,北京大学出版社 2016 年版。

罗凯:《何为方镇:方镇的特指、泛指与常指》,《学术月刊》2018 年第 8 期。

罗宁:《百岩禅师怀晖事迹及史料考辨》,载郑炳林、樊锦诗、杨富学主编《敦煌佛教与禅宗学术讨论会文集》,三秦出版社 2007 年版。

罗祎楠:《模式及其变迁——史学史视野中的唐宋变革问题》,《中国文化研究》2003 年夏之卷。

马驰:《史道德的族属、籍贯及后人》,《文物》1991 年第 5 期。

马驰:《唐幽州境侨治羁縻州与河朔藩镇割据》,载荣新江主

编《唐研究》第 4 卷，北京大学出版社 1998 年版。

马克·布洛赫：《封建社会》，张绪山等译校，商务印书馆
2004 年版。

马克思、恩格斯：《共产党宣言》，载中共中央马克思恩格斯
列宁斯大林著作编译局编译《马克思恩格斯选集》第 1 卷，人民
出版社 2012 年版。

马克思：《路易·波拿巴的雾月十八日》，载中共中央马克思
恩格斯列宁斯大林著作编译局编译《马克思恩格斯选集》第 1 卷，
人民出版社 2012 年版。

马克思：《经济学手稿（1861—1863 年）》，载中共中央马克思
恩格斯列宁斯大林著作编译局编译《马克思恩格斯全集》第 47
卷，人民出版社 2016 年版。

茅海建：《天朝的崩溃：鸦片战争再研究》，三联书店 2005 年
版。

毛汉光：《论安史乱后河北地区之社会与文化——举在籍大士
族为例》，载淡江大学中文系编《晚唐的社会与文化》，台北：台
湾学生书局 1990 年版。

毛汉光：《魏博二百年史论》，载《中国中古政治史论》，上海
书店出版社 2002 年版。

毛汉光：《五代之政治延续与政权转移》，载《中国中古政治
史论》，上海世纪出版集团、上海书店出版社 2002 年版。

毛汉光：《从士族籍贯迁移看唐代士族之中央化》，载《中国
中古社会史论》，上海书店出版社 2002 年版。

孟艳红：《藩镇与中唐政治》，博士学位论文，首都师范大学，
1994 年。

孟彦弘：《论唐代军队的地方化》，载中国社会科学院历史研
究所学刊编委会编辑《中国社会科学院历史研究所学刊》第 1 集，
社会科学文献出版社 2001 年版。

孟彦弘：《"姑息"与"用兵"——朝廷藩镇政策的确立及其

实施》，载杜文玉主编《唐史论丛》第 12 辑，三秦出版社 2010
年版。

　　孟彦弘：《浅议汪篯关于唐后期藩镇格局的札记》，载胡戟、
杜海斌主编，叶炜、曹印双副主编《汪篯百年诞辰纪念文集》，社
会科学文献出版社 2020 年版。

　　聂崇岐：《论宋太祖收兵权》，载《宋史丛考》，中华书局 1980
年版。

　　宁可主编：《中国经济发展史》第 2 卷，中国经济出版社 1999
年版。

　　宁可：《中国封建社会的历史道路》，北京师范大学出版社
2014 年版。

　　宁欣：《唐代选官研究》，台北：文津出版社 1995 年版。

　　宁欣：《中华文化通志·制度文化典·选举志》，上海人民出
版社 1998 年版。

　　宁欣、李凤先：《试析唐代以幽州为中心地区人口流动》，《河
南师范大学学报》2003 年第 3 期。

　　潘光旦、费孝通：《科举与社会流动》，《社会科学》（北平）
第 1 期，1947 年。

　　潘光旦：《明清两代嘉兴的望族》，载潘乃穆、潘乃和编《潘
光旦文集》第 3 卷，北京大学出版社 1995 年版。

　　齐陈骏、冯培红：《晚唐五代宋初归义军政权中"十将"及下
属诸职考》，载郑炳林主编《敦煌归义军史专题研究》，兰州大学
出版社 1997 年版。

　　钱茂伟：《国家、科举与家族：以明代宁波杨氏为中心的考
察》，《宁波大学学报》2010 年第 6 期。

　　秦中亮：《胙土封邦：河朔故事形成史论》，《江西社会科学》
2020 年第 1 期。

　　仇鹿鸣：《长安与河北之间：中晚唐的政治与文化》，北京师
范大学出版社 2018 年版。

瞿同祖:《清代地方政府》,范忠信等译,法律出版社 2003 年版。

屈直敏:《敦煌写本〈兔园策府〉叙录及研究回顾》,《敦煌学辑刊》2016 年第 3 期。

日野开三郎:《五代镇将考》,索介然译,载刘俊文主编《日本学者研究中国史论著选译》第 5 卷《五代宋元》,中华书局 1993 年版。

荣新江:《归义军史研究——唐宋时代敦煌历史考索》,上海古籍出版社 1996 年版。

荣新江:《安史之乱后粟特胡人的动向》,载纪宗安、汤开建主编《暨南史学》第 2 辑,暨南大学出版社 2003 年版。

荣新江、邓小南:《"唐宋时期的社会流动与社会秩序研究"专号序》,载荣新江主编《唐研究》第 11 卷,北京大学出版社 2005 年版。

荣新江:《石碑的力量——从敦煌写本看碑志的抄写与流传》,载《唐研究》第 23 卷,北京大学出版社 2017 年版。

森部丰:《略论唐代灵州和河北藩镇》,载史念海编《汉唐长安与黄土高原》(《中国历史地理论丛》1998 年增刊)。

森部丰:《唐后期至五代的粟特武人》,温晋根译,载法国汉学丛书编辑委员会编、荣新江等主编《法国汉学》第 10 辑《粟特人在中国——历史、考古、语言的新探索》,中华书局 2005 年版。

史怀梅:《忠贞不贰?——辽代的越境之举》,曹流译,江苏人民出版社 2015 年版。

史念海:《唐代历史地理研究》,中国社会科学出版社 1998 年版。

石云涛:《唐代幕府制度研究》,中国社会科学出版社 2003 年版。

宋凤英:《唐代墓志研究》,博士学位论文,首都师范大学,2015 年。

孙国栋:《唐宋之际社会门第之消融》,载《唐宋史论丛》,香港:商务印书馆有限公司 2000 年版。

孙继民:《唐何进滔德政碑侧部分题名释录》,载杜文玉主编

《唐史论丛》第 9 辑，三秦出版社 2007 年版。

孙继民：《中古史研究汇纂》，天津古籍出版社 2016 年版。

孙继民主编：《河北经济史》第 1 卷，河北人民出版社 2017 年版。

谭凯：《唐末至宋初墓志目录》，著者自版 2005 年版，北京大学中古史中心图书馆收藏。

谭凯：《晚唐河北人对宋初文化的影响——以丧葬文化、语音以及新兴精英风貌为例》，载荣新江主编《唐研究》第 19 卷，北京大学出版社 2013 年版。

谭凯：《中古中国门阀大族的消亡》，胡耀飞、谢宇荣译，社会科学文献出版社 2017 年版。

谭其骧主编：《中国历史地图集》第 5 册《隋·唐·五代十国时期》，中国地图出版社 1982 年版。

唐长孺：《唐书兵志笺正》，科学出版社 1957 年版。

唐长孺：《魏晋南北朝时期的客和部曲》，载《魏晋南北朝史论拾遗》，中华书局 1983 年版。

唐长孺：《士族的形成和升降》，载《魏晋南北朝史论拾遗》，中华书局 1983 年版。

唐长孺：《魏晋南北朝隋唐史三论》，武汉大学出版社 1993 年版。

陶晋生：《女真史论》，台北：食货出版社 1981 年版。

陶晋生：《北宋士族——家族·婚姻·生活》，台北：中研院历史语言研究所 2001 年版。

托克维尔：《旧制度与大革命》，冯棠译，商务印书馆 1997 年版。

王策、周宇：《刘六符墓志简述》，《北京文博文丛》2016 年第 2 期。

王成生：《辽宁朝阳市辽刘承嗣族墓》，《考古》1987 年第 2 期。

王德权：《中晚唐使府僚佐升迁之研究》，《国立中正大学学报》第 1 期，1994 年。

王德权：《为士之道：中唐士人的自省风气》，台北：政大出版社 2012 年版。

汪泛舟：《敦煌古代儿童课本》，甘肃人民出版社 2000 年版。

王赓武：《五代时期北方中国的权力结构》，胡耀飞、尹承译，中西书局 2014 年版。

王家范：《中国历史通论》，华东师范大学出版社 2000 年版。

汪篯：《汪篯隋唐史论稿》，中国社会科学出版社 1981 年版。

汪篯：《汉唐史论稿》，北京大学出版社 1992 年版。

王利华：《中古华北饮食文化的变迁》，中国社会科学出版社 2000 年版。

王日根、张先刚：《论科举制与明清社会秩序建设的耦合——以山东临朐冯氏科举家族为例》，《湖南大学学报》2007 年第 4 期。

王赛时：《论唐朝藩镇军队的三级构成》，《人文杂志》1986 年第 4 期。

王赛时：《唐朝军队结构的变化与骄兵悍将的形成》，《齐鲁学刊》1988 年第 5 期。

王胜明：《新发现的崔鄭佚文〈李益墓志铭〉及其文献价值》，《文学遗产》2009 年第 5 期。

王寿南：《唐代藩镇与中央关系之研究》，台北：大化书局 1978 年版。

王永平等：《多元视野下的唐宋社会》，《河南师范大学学报》2006 年第 2 期。

王永兴：《关于唐代后期方镇官制新史料考释》，载北京大学中古史中心编《纪念陈寅恪先生诞辰百年学术论文集》，北京大学出版社 1989 年版。

王育民：《论唐末五代的牙兵》，《北京师范学院学报》1987 年第 2 期。

王援朝：《唐代藩镇分类刍议》，载史念海主编《唐史论丛》第 5 辑，三秦出版社 1990 年版。

王曾瑜：《宋朝阶级结构》，河北教育出版社 1996 年版。

王仲荦：《魏晋南北朝史》，上海人民出版社 1979 年版。

魏明孔：《中国手工业经济通史·魏晋南北朝隋唐五代卷》，福建人民出版社 2004 年版。

翁俊雄：《唐朝鼎盛时期政区与人口》，首都师范大学出版社 1995 年版。

巫宝三：《试释关于唐代丝织业商人的一则史料》，《中国经济史研究》1996 年第 2 期。

吴承明：《中国经济史研究的方法论问题》，《中国经济史研究》1992 年第 1 期。

吴光华：《唐代幽州地域主义的形成》，载淡江大学中文系主编《晚唐的社会与文化》，台北：台湾学生书局 1990 年版。

吴国圣：《不羁之忠——评介 Naomi Standen，Unbounded Loyalty：Frontier Crossings in Liao China》，《新史学》第 22 卷第 3 期，2011 年。

武汉水利电力学院中国水利史稿编写组编：《中国水利史稿》中册，水利电力出版社 1987 年版。

吴丽娱：《唐礼摭遗：中古书仪研究》，商务印书馆 2002 年版。

吴丽娱：《终极之典：中古丧葬制度研究》，中华书局 2012 年版。

武普照、王忠君：《先秦两汉的习射风气》，《山东师大学报》1989 年第 6 期。

吴松弟：《中国人口史》第 3 卷《辽宋金元时期》，复旦大学出版社 2000 年版。

吴廷燮：《唐方镇年表》，中华书局 1980 年版。

吴宣德：《明代进士的地理分布》，香港：香港中文大学出版社 2009 年版。

邬翊光主编、况鸿璋副主编：《北京市经济地理》，新华出版社 1988 年版。

吴宗国：《唐代科举制度研究》，辽宁大学出版社 1992 年版。

萧启庆：《汉人世家与边族政权——以辽朝燕京五大家族为中心》，载宋史座谈会编《宋史研究集》第 27 辑，台北：编译馆

1997 年版。

邢铁：《宋辽金时期的河北经济》，科学出版社 2011 年版。

徐泓：《何炳棣在明清科举与社会流动研究史上的地位：何炳棣著〈明清社会史论〉译者序》，《东吴历史学报》2009 年第 21 期。

徐泓：《〈明清社会史论〉译注及其后续研究：重论明代向上社会流动》，载《中国社会历史评论》第 17 卷（上），天津古籍出版社 2016 年版。

徐世昌：《将吏法言》，载沈云龙主编《近代中国史料丛刊续编》第 207 册，台北：文海出版社有限公司 1974 年版。

许倬云：《中国古代社会史论——春秋战国时期的社会流动》，邹水杰译，广西师范大学出版社 2006 年版。

严耕望：《唐史研究丛稿》，香港：新亚研究所 1969 年版。

严耕望：《唐代交通图考》，台北：中研院历史语言研究所专刊之八十三，1986 年版。

杨联陞：《科举时代的赴考旅费问题》，《中国语文札记——杨联陞论文集》，中国人民大学出版社 2011 年版。

杨远：《唐代的矿产》，台北：台湾学生书局 1982 年版。

杨志玖：《论唐代藩镇割据的社会基础》，《历史教学》1980 年第 6 期。

杨志玖、张国刚：《藩镇割据与唐代的封建大土地所有制》，《学术月刊》1982 年第 6 期。

姚平：《唐代妇女的生命历程》，上海古籍出版社 2004 年版。

伊沛霞：《早期中华帝国的贵族家庭：博陵崔氏个案研究》，范兆飞译，上海古籍出版社 2011 年版。

于德源、富丽：《北京城市发展史（先秦—辽金卷）》，北京燕山出版社 2008 年版。

郁贤皓：《唐刺史考全编》，安徽大学出版社 2000 年版。

余英时：《中国近世宗教伦理与商人精神》，台北：联经出版事业公司 1987 年版。

张弓：《唐朝仓廪制度初探》，中华书局 1986 年版。

张广达：《内藤湖南的唐宋变革说及其影响》，载荣新江主编《唐研究》第 11 卷，北京大学出版社 2005 年版。

张国刚：《唐代藩镇研究》，湖南教育出版社 1987 年版。

张国刚：《唐代藩镇军将职级考略》，《学术月刊》1989 年第 5 期。

张国刚：《唐代藩镇军队的统兵体制》，《晋阳学刊》1991 年第 3 期。

张国刚：《唐代阶官与职事官的阶官化》，载《唐代政治制度研究论集》，台北：文津出版社 1994 年版。

张国刚：《二十世纪隋唐五代史研究的回顾与展望》，《历史研究》2001 年第 2 期。

张国刚等：《唐宋变革笔谈》，《江汉论坛》2006 年第 3 期。

张国刚：《唐代兵制的演变与中古社会变迁》，《中国社会科学》2006 年第 4 期。

张国刚：《唐代藩镇研究》（增订版），中国人民大学出版社 2010 年版。

张剑光：《唐代藩镇割据与商业》，《文史哲》1997 年第 4 期。

张建宁：《从〈李宝臣纪功碑〉看成德军的早期发育》，载李鸿宾主著《隋唐对河北地区的经营及双方的互动》，中央民族大学出版社 2008 年版。

张建设：《唐代雄武军考》，载中国地理学会历史地理专业委员会历史地理编委会编《历史地理》第 12 辑，上海人民出版社 1995 年版。

张杰：《清代科举家族》，社会科学文献出版社 2003 年版。

张其凡：《宋代人物论稿》，上海人民出版社 2009 年版。

张荣芳：《唐代中央的武器管制措施》，载中国唐代学会编辑委员会编辑《第二届国际唐代学术会议论文集》下册，台北：文津出版社 1993 年版。

张天虹：《唐代藩镇研究模式的总结和再思考——以河朔藩镇

为中心》,《清华大学学报》2011 年第 6 期。

张天虹:《唐易定镇的张氏家族与陈氏家族——"河朔故事"研究之二》,《首都师范大学学报》2012 年第 2 期。

张天虹:《也释唐幽州卢龙节度使刘济的"最务恭顺"》,《北京社会科学》2017 年第 6 期。

张天虹:《重论中唐诗人王建与魏博幕府的关系——兼谈〈李仲昌墓志〉的作者》,《首都师范大学学报》2018 年第 3 期。

张伟然:《唐人心目中的文化区域及地理意象》,载李孝聪主编《唐代地域结构与运作空间》,上海辞书出版社 2003 年版。

张泽咸:《唐代的门荫》,载《文史》第 27 辑,中华书局 1986 年版。

张正田:《"中原"边缘:唐代昭义军研究》,台北:稻乡出版社 2007 年版。

张仲礼:《中国绅士——关于其在 19 世纪中国社会中作用的研究》,李荣昌译,上海人民出版社 2008 年版。

赵和平:《晚唐时河北地区的一种吉凶书仪——P. 4050 与 S. 5613 敦煌写本综合研究》,载周一良、赵和平《唐五代书仪研究》,中国社会科学出版社 1995 年版。

赵建中主编:《预备役军事训练学》,军事科学出版社 2006 年版。

赵其昌:《唐〈张建章墓志〉续考》,《首都博物馆丛刊》第 18 辑,北京燕山出版社 2004 年版。

甄克思:《社会通诠》,严复译,商务印书馆 1981 年版。

郑阿财、朱凤玉:《敦煌蒙书研究》,甘肃教育出版社 2002 年版。

郑阿财、朱凤玉:《开蒙养正:敦煌的学校教育》,甘肃教育出版社 2007 年版。

郑杭生主编:《社会学概论新修》,中国人民大学出版社 1994 年版。

郑若玲:《科举对清代社会流动的影响——基于清代朱卷作者之家世分析》,《厦门大学学报》2007 年第 5 期。

中国大百科全书出版社不列颠百科全书国际中文版编辑部编译：《不列颠百科全书》，中国大百科全书出版社 2007 年国际中文版修订版。

中国国家体育总局编：《射箭》，人民体育出版社 2001 年版。

周鼎：《晚唐五代的商人、军将与藩镇回图务》，《中国经济史研究》2020 年第 3 期。

周荣德：《中国社会的阶层与流动——一个社区中士绅身份的研究》，学林出版社 2000 年版。

周铮：《张佑明墓志考辨》，《文物春秋》1999 年第 6 期。

竺可桢：《中国近五千年来气候变迁的初步研究》，《气象科学》1973 年第 1 期。

朱玉龙编著：《五代十国方镇年表》，中华书局 1997 年版。

朱子方：《辽代进士题名录》，《黑龙江文物丛刊》1983 年第 4 期。

宗韵：《明代家族上行流动研究——以 1595 篇谱牒序跋所涉家族为案例》，华东师范大学出版社 2009 年版。

邹逸麟主编：《黄淮海平原历史地理》，安徽教育出版社 1993 年版。

二　外文文献

（一）英文文献

Balazs, Etienne（白乐日）, *Chinese Civilization and Bureaucracy: Variations on a Theme*, New Haven: Yale University Press, 1964.

Borgatta, Edgar F., *Encyclopedia of Sociology*, Vol. 4, New York: Macmillan Reference USA, 2000.

Elman, Benjamin A., "Political, Social and Cultural Reproduction via Civil Service Examinations in Late Imperial China", *The Journal of Asian Studies*, Vol. 50, No. 1, 1991.

Elman, Benjamin A., *A Cultural History of Civil Examinations in Late Imperial China*, Berkeley: University of California Press, 2000.

Elman, Benjamin A., *Civil Examinations and Meritocracy in Late Imperial China*, Cambridge, Massachusetts; London, England: Harvard University Press, 2013.

Elvin, Mark（伊懋可）, *The Pattern of the Chinese Past*, Stanford: Stanford University Press, 1973.

Esherick, Joseph W.（周锡瑞）and Rankin, Mary Backus eds., *Chinese Local Elites and Patterns of Dominance.* Berkeley and Los Angeles: University of California Press, 1990.

Graff, David A.（葛德威）, "The Sword and Brush: Military Specialisation and Career Patterns in Tang China, 618 – 907", *War & Society*, Vol. 18, No. 2, 2000.

Graff, David A.（葛德威）, "Provincial Autonomy and Frontier Defense in Late Tang: the Case of the Lulong Army", in Don J. Wyatt, *Battlefronts Real and Imagined*, *War, Border and Identity in the Chinese Middle Period*, New York: Palgrave Macmillan, 2008.

Graff, David A.（葛德威）, *The Eurasian Way of War: Military Practice in Seventh-century China and Byzantium*, London and NewYork: Routledge, 2016.

Hartwell, Robert M.（郝若贝）, "Demographic, Political, and Social Transformations of China, 750 – 1550", *Harvard Journal of Asiatic Studies*, Vol. 42, No. 2, 1982.

Ho, Ping T.（何炳棣）, *The Ladder of Success in Imperial China, Aspects of Social Mobility*, 1368 – 1911, New York: Columbia University Press, 1967.

Hsu, Francis L. K.（许烺光）, "Social Mobility in China", *American Sociological Review*, Vol. 14, No. 6, 1949.

Hymes, Robert P.（韩明士）, *Statesmen and Gentlemen, the Elite of Fu-chou, Chiang-hsi, in Northern and Southern Sung*, Cambridge: Cambridge University Press, 1986.

Kracke, Edward A. （柯睿格）, "Family vs. Merit in Chinese Civil Service Examinations under the Empire", *Harvard Journal of Asiatic Studies*, Vol. 10, No. 2, 1947.

Lee, Thomas Hong-chi（李弘祺）, "The Social Significance of the Quota System in Sung Civil Service Examinations", 《中国文化研究所学报》（香港）第 13 卷, 1982 年。

Lipset, Seymour, Martin and Reinhard, Bendix, *Social Mobility in Industrial Society*, Berkeley: University of California Press, 1959.

Perkins, Dwight （珀金斯）, *China's Modern Economy in a Historical Perspective*, Stanford: Stanford University Press, 1975.

Peterson, Charles Allen, "The Autonomy of the Northeastern Provinces in the Period Following the An Lu-Shan Rebellion", A thesis submitted in partial fulfillment of the requirements for the degree of Doctor of Philosophy, University of Washington, 1966.

Pulleyblank, E. G. （蒲立本）, *The Background of the Rebellion of An Lu-Shan*, London and New York: Oxford University Press, 1955.

Rawski, Evelyn S. （罗友枝）, *Education and Popular Literacy in Ch'ing China*, Ann Arbor: University of Michigan Press, 1979.

Rawski, Evelyn S. （罗友枝）, "Functional Literacy in Nineteenth-Century China", in Daniel P. Resnick, *et.*, *Literacy in Historical Perspective*, Washington Library of Congress, 1983.

Saunders, Peter, *Social Mobility Myths*, London: Civitas: Institute for the Study of Civil Society, 2010.

Sorokin, Pitirim, *Social Mobility*, New York and London: Harper & Brothers, 1927.

Standen, Naomi （史怀梅）, *Unbounded Loyalty: Frontier Crossings in Liao China*, Honolulu HI: University of Hawaii Press, 2007.

Street, Brain V., *Literacy in the Theory and Practice*, New York: Cambridge University Press, 1984.

Teng, Ssu-yu（邓嗣禹）, "Chinese Influence on the Western Examination System", *Harvard Journal of Asiantic Studies*, Vol. 7, No. 4, 1943.

Treadgold, Warren, *Byzantium and Its Army, 284 – 1081*, Standford, California: Standford University Press 1995.

Twitchett, Denis C.（杜希德）, "The Composition of the T'ang Ruling Class: New Evidence from Tunhuang", in Arthur F. Wright and Denis Twitchett, *Perspectives on the T'ang*, New Haven and London: Yale University Press, 1973.

Twitchett, Denis C.（杜希德）, "Varied Patterns of Provincial Autonomy in the T'ang Dynasty", in John Curtis Perry and Bardwell L. Smith, *Essays on T'ang Society: The Interplay of Social, Political and Economic Forces*, Leiden: E. J. Brill, 1976.

Waltner, Ann（王安）, "Review Essay: Building on the Ladder of Success: The Ladder of Success in Imperial China and Recent Work on Social Mobility", *Ming Studies*, Vol. 17, 1983.

Wang Gungwu（王赓武）, *The Structure of Power in North China During the Five Dynasties*, California: Stanford University Press, 1967.

Wang Gungwu（王赓武）, "Feng Dao: An Essay on the Confucian Loyalty," in *the Chinesesness of China: Selected Essays*, New York: Oxford University of Press, 1991.

Wang Zhenping（王贞平）, *Tang China in Multi-polar Asia: A History of Diplomacy and War*, Honolulu HI: University of Hawaii Press, 2013.

Wittfogel, Karl A.（魏复古）, "Public Office in the Liao Dynasty and the Chinese Examination System", *Harvard Journal of Asiatic Studies*, Vol. 10, No. 1, 1947.

Yang Shaoyun（杨劭云）, "Shi Xiaozhang's Spirit Road Stele and the Rhetorical 'Barbarization' of Late Tang Hebei", *Tang Studies*,

Vol. 36，No. 1，2018.

（二）日文文献

于志嘉「明代軍戶の社會地位について―科挙任官において―」『東洋學報』第 71 卷第 3・4 号、1991 年。

大澤正昭「唐末の藩鎮と中央權力―徳宗・憲宗朝を中心として―」『東洋史研究』第 32 卷第 2 号、1973 年。

大澤正昭「唐末藩鎮の軍構成に関する一考察―地域差を手がかりとして―」『史林』第 58 編第 6 号、1975 年。

大澤正昭「唐代華北の主穀生産と経営」『史林』第 64 編第 2 号、1981 年。

栗原益男『唐宋変革期の国家と社会』東京：汲古書院、2014。

氣賀澤保規編『新編唐代墓誌所在総合目録』東京：汲古書院、2017。

菅沼愛語「九世紀前半の東部ユーラシア情勢と唐の内治のための外交―吐蕃との長慶会盟、ウイグルへの太和公主降嫁の背景―」『史窓』第 73 号、2016 年。

呉金成著、渡昌弘訳『明代社会経済史研究』東京：汲古書院、1990。

高瀬奈津子「第二次大戦後の唐代藩鎮研究」堀敏一『唐末五代変革期の政治と経済』東京：汲古書院、2002。

鄭炳俊「唐代の観察処置使について―藩鎮体制の考察―」『史林』第 77 卷第 5 号、1994 年。

新見まどか「唐代河北藩鎮に対する公主降嫁とウイグル」『待兼山論叢・史学篇』第 47 輯、2013 年。

新見まどか「唐代後半期における『華北東部藩鎮連合體』」『東方學』第 123 輯、2015 年。

新見まどか「平盧節度使と泰山信仰―『太平広記』所収『李納』伝を中心に―」『史泉』第 123 号、2016 年。

日野開三郎『支那中世の軍閥』東京：三省堂、1942。

松井秀一「盧龍藩鎮攷」『史學雜誌』第 68 編第 12 号、1959年。

孟彦弘「五十年来中国大陆地区唐代兵制研究概观」『中國史學』（東京）第 11 卷、2001 年。

森部豐「藩鎮昭義軍の成立過程について」野口鐵郎編『中国史における教と国家』東京：雄山閣、1994。

森部豐『ソグド人の東方活動と東ユーラシア世界の歴史的展開』吹田：関西大学出版部、2010。

渡辺孝「魏博と成德—河朔藩鎮の權力構造についての再檢討」『東洋史研究』第 54 卷第 2 号、1995 年。

渡辺孝「中晚唐期における官人の幕職官入仕とその背景」松本肇・川合康三編『中唐の文学視角』東京：創文社、1988。

渡辺孝「唐藩鎮十將攷」『東方學』第 87 輯、1994 年。

渡辺孝「榮陽鄭氏襄城公房一支と成德軍藩鎮—河朔三鎮の幕職官をめぐる一考察—」吉田寅先生古稀記念論文集編集委員會編『吉田寅先生古稀記念アジア史論集』東京：東京法令出版株式会社、1997。

渡辺孝「唐代藩鎮における下級幕職官について」『中國史學』（東京）第 11 卷、2001 年。

渡辺孝「唐後半期の藩鎮辟召制についての再檢討：淮南・浙西藩鎮における幕職官の人的構成などを手がかりに」『東洋史研究』第 60 卷第 1 号、2001 年。

渡辺孝「唐・五代の藩鎮における押衙について（上）」『社会文化史学』第 28 号、1991 年。

附 录 一
碑志录文

《李仲昌墓志》录文

2001 年 8 月，河南省伊川县彭婆乡许营村北出土了《唐故摄相州刺史兼监察御史里行李公（仲昌）墓志铭》（以下简称《李仲昌墓志》），此墓志现收藏于千唐志斋博物馆，拓片图版收录于中国文物研究所、千唐志斋博物馆编《新中国出土墓志·河南叁·千唐志斋壹》（以下简称《新中国·河南叁》）第 258 号，文物出版社 2008 年版，上册，第 258 页。释文见同书下册第 190—191 页；释文另见吴钢主编《全唐文补遗·千唐志斋新藏专辑》（以下简称《补遗》），三秦出版社 2006 年版，第 316—317 页。经过比照图版，两份录文各有得失。今对照拓片，重做录文如下：

唐故摄相州刺史兼监察御史里行李公墓志铭并叙└①

前试大理评事王建撰└

公讳仲昌，字令绪，其先陇西人。古今系类，别卿大夫士庶族异。记载人物，礼文儒学，优以贞白，└起于寒栖之间，有功有

---

① "└"表示换行，这里为便于读者核对拓片图版，遵从《新中国·河南叁》的格式，见《新中国·河南叁》第 258 号，下册，第 190—191 页。

名，识乎竹帛，式曰品族。况郁承德之庆欤。以贤嗣圣，百代不乏。公克系厥∟休，聿贞其间。冕章文物，光乎国牒。公禀气清静，鉴瞩融澈。坦度落落，无所蔽忌。虽屈就∟仕，颇为高人。曾祖泰，皇河南府福昌县尉，夫人范阳卢氏。祖澄，皇岐州司法参军，夫人荥阳郑氏。∟皇考祐，邢州参军，夫人范阳卢氏。公参军第二子也。戏！福昌之明特，岐州之文哲，邢州之廓达，而终∟蒙屈于世矣。国之不祥，俾贤人不彰。是以□文地莠□□于公之明德耳。沉识□见，孰可以源其深∟乎。性贞而不独，严而不暴。好庇嘿独处，恒□□自俨。□松鹤如接宾友，阅经籍如敬师傅。惟世人∟之所嗜同，素情不甘，不楗其疵瑕，而直亮于口，不多言，言必有所发。贞元中，以门荫授唐州参军，∟匪所欲也，诸父之命也。事故不就，偶然自洛阳高居出行于上党。昭义节度使司空公李公，器其∟高族之良，抑以从事。公感知己之至，就洺州司仓参军。李公尚公仁敏礼直，必资乎教化，表为曲周∟县令。李公薨，兵变于广平。公知势终不可固，乃缘东而趋于魏。魏连率司徒公田公，感公投义，署∟公贝州录事参军。异公有能，表正司□纠衡，领印如旧。太保雁门王田公嗣司徒公节制六郡，∟以公神气端明，莅理谨细，改卫州录事参军。严肃无苛，威辖不虐。雁门尚之，复谕公曰：我教未∟至，庶民犹病，公其药之。乃迁相州尧城县令。尧城既理，转魏州大都督府录事参军、兼元城县令。∟寻为冠氏县令。离弊既复，再为录事参军。闲决滞滥，公门如镜。请充节度巡官，权知博州刺史、兼∟防御使。奸顽易肠，黠猾惧礼。逋流还归，如水之下。拜监察御史里行。邺人倒悬，雁门念之，复□∟于公，而谓公曰：夫至善，不以其善而能善，善乃敷。邀乎善而劳其为善，善必不大。唯公之能为善，其∟大矣哉。予不明知人，因人以任。相实无政，愿公行之。乃锡以舆马，厚以金币，骑轼加列，旌旗有光。以宴以∟乐，宾主礼馨。公再拜感谢，受教而去。牧相三载，俗富且寿，里无咨音。不刑一肤，不责一吏。虽古贤良∟之能生，亦不足以比行。顷属常山之东，兵气昼黑。皇帝赫怒，观师东征。

雁门大壮国威，∟选将以备。公复归戎府，参略军谋。有陈必诚，上亦不惑。加节度判官。旌□有归。军府大变。公∟奉新命，祗讶制使，行役未劳，肤腠颠疢。以元和七年九月八日，善殁于卫州汲县之传∟舍。呜呼！神其欺仁乎，深于善而不永于命，惜哉！公自唐州再署司掾，四为大中正，四任县大∟夫，两牧大郡，四迁使职。凡所不理，必赖公理。如山之峙，云雨兴焉。如水之深，龟龙集焉。如原∟之茂，松桂森焉。实君子之德，载乎世也。噫吁嘻！可悲！何公寿之不宜而芳聿垂。夫人荥∟阳郑氏，淑配君子，规礼谟则，范乎女史，六姻具敬，婉兮以美。有子四人：孟曰赞，仲曰∟卞，叔曰元，季曰宗文。幼女在室，亦读诗书，皆如玉之剖，文光竞发。长未殆于壮∟立，幼才及于童观。瘠以过毁，力不支礼。以元和八年二月廿八日，迁护裳帷归于∟河南府河南县伊汭乡樊村万安山南原之大茔。威仪从俭，式奉遗命。夫人以建忝公姻末，幸陪从事，朝游夕宴，情甚友于。俾牵拙思，以铭嘉绩。辞∟不获已，洒瞩而志之。其词曰：∟呜呼！吾邦欲贫，厥丧贤人。黄金作尘，琼树为薪。四子明哲，嗣光未缺。承家之庆兮，∟德源岂竭。青山涔涔，绿桂丛丛。猿鸣鸟啼，夜雨朔风。于（吁）嗟乎贤人兮，永于其中。

附 录 二

人物资料表

关于表 A—D 的共同说明：

第一，表中"任官"一项以藩镇使职为主，若碑志中未注明使职则录入其带职或散官。有些结衔过长，在不影响判断其等级的前提下，尽可能精简并未全部照录；同一人的同一结衔第二次出现时也精简，只录最重要的使职（文字一般遵从原文）。

第二，出生地一般以其可能出生和成长的地方来计（例如以墓志中"今为……人"来判断），或者以父亲任职地进行判断，不能做到精确的话，做出大概判断。资料奇缺的则注明"不详"。

第三，附录中生卒年、任期等时间信息，为便于表格简练，也为便于计算，皆使用公元纪年。凡卒年注××年以后，则表示在相关材料中最后出现的日期，卒年必是在此年之后。其他涉及时间的纪年则以年号纪年配以公元纪年。

第四，判断属于第一阶段还是第二阶段，主要根据志文和传记中有关其主要活动的年代。

第五，史料来源注明主要参考史料。凡所注资料来源中有两条以上史源的，表明本行前面的信息是综合各种材料所得。为求简省，采用互注方式，表 A 和表 B 中的人物凡同时出现于表 C、表 D 中者，直接提示其在表 C 和表 D 中的编号。

第六，尽可能简化"史料来源"出处信息。

1. 可以注卷数、编号的不注页码；只能注页码的，只注明首页页码；多册本页码标注方式为 × - × × ×，半字线前面表示册数，后面表示页码。

2. 关于传世文献的省称：《旧唐书》——《旧》；《新唐书》——《新》；《旧五代史》——《旧五》；《新五代史》——《新五》；《资治通鉴》——《通鉴》；《文苑英华》——《英华》；《全唐文》——《全》。别集名字一律以作者姓名、字或号命名，例如《樊川文集》——《樊川》，《韩愈文集汇校》——《韩愈》等。

3. 关于碑志文献的省称与标注

（1）简称基本以气贺泽保规《唐代墓志所在总合目录·收载资料集、报告集分属一览表》（2017 年）为准；2017 年以后墓志出版物，亦遵循其简称的基本原则，如《洛阳流散墓志汇编续集》（2018）简作《流散续》。《邯郸地区隋唐五代碑刻校释》（2018）简作《邯郸》；《安阳墓志选编》正文墓志和附录《安阳博物馆藏墓志》是分别编号的，其正文简作《安阳》× × 号，附录简作《安阳博》× × 号。

（2）凡有编号的墓志，只著编号。如《唐代墓志汇编》及《唐代墓志汇编续集》，仅注明编号，如咸通 032，《唐代墓志汇编续集》则在编号前标明"续"字，如续咸通 032。

（3）无编号的碑志，只注明"《× ×墓志》""× ×碑"（资料中用到的不特别强调，都是神道碑；其他如先庙碑等，则特别注明），同时在出处如《补遗》《保定》等后注明册数和起始页码。例如"《刘谈墓志》，《补遗》4 - 476"表明是在《全唐文补遗》第 4 册第 476 页。数字后面没有"号"的字样通常是表示页码（但《唐代墓志汇编》及《唐代墓志汇编续集》除外）。

（4）出自期刊论文的墓志，只第一次出现时注明文章题名，以下都用简称。出处等信息可回查"参考文献"获得。

（5）同一碑志，只注一个出处。尽管笔者对这些碑志大多核查了拓片（只要能找到），但在使用时大都参照了相关录文，所以出注时通常只注录文出处，以示对各位先贤时俊工作的尊重。除非录文有明显错误或诸家分歧较大，才注拓片出处。读者可通过气贺泽保规《唐代墓志所在总合目录》回检拓片及其他录文出处。

表 C 和表 D 的共同说明：

附录二表 C 和表 D 所列的人物信息明显多于正文第四章中涉及的资料。这样可以为日后继续研究该问题的同行提供一些方便或起到索引的作用。至于笔者进行统计时对材料进行的筛选和剔除工作是依靠 Excel 电子表格的多条件计数函数（sumproduct）通过"所属等级"这一栏的数字来实现的。在正文第二章和第四章中，笔者已经就河朔藩镇内部的等级（等第）划分做了说明。这里只是就表格的具体内容做些补充。

第一，关于曾祖、祖父和父亲任官的推断标准。在墓志中，有姓名而无官称的（若有任官履历，不会不提），以"不仕"来论。完全不见记载的，以"不详"来计。

第二，在墓志材料中，有时一方墓志选取了两个以上人物。以墓主之父为例，要了解其曾祖（即墓主的高祖）情况，因上溯已超过墓主的三代，所以墓主的高祖不见记载的只记作"不详"而不推成"不仕"。

第三，为了便于寻找相关的人物线索。笔者实际上把两类资料表格合在一起。在大部分墓志中，有墓主的子嗣信息。墓主卒时，子嗣尚幼者，不做统计使用。可以判断为成年的，纳入统计范围。已得官的子孙和明确注明"不仕"的则做统计。这时，"本人初任官"一列实际指的是此人在其父亲去世前后的任官情况，特征是"本人终任官"注明"—"表明其终任官信息有不确定性（"所属等级"以数字"6"代替。不同于前几列。在前几列中，凡任官空项皆已注明"不详"）。

第四，在正文中，等级以"一、二、三、四"中文数字表示。在附录二表 C 和表 D 中，以阿拉伯数字代替，"不详"和"—"均用数字"6"表示。数字后有"s"表示被逐杀；以"b"结尾，表示是从其兄弟的传记或碑志资料中提取的信息。"1a"是一个特例，表 C 第 176 号李洪是唐高宗曾孙，故予以标注。"可推"主要是有终任官，但初任官记载不详细的。如最后任高官，则当有初任，虽不能判断职位高低，暂且赋值为 2.5。终任履历为中低级官员，而又无降官履历的，则"可推"赋值为"3"。这主要是方便与那些没有终任履历之人区分开，为方便对有终任履历之人的统计而设，并不涉及更多的其他判断。

表 A　河朔藩镇节度使的流动情况概要（763—821）

编号	姓名	生卒年	出生地	父亲任官	任节度使前官职	所任藩镇	初任该节度使年龄	节度使任期	备注	资料来源
1	田承嗣	705—779	平州	安东副都护	前锋兵马使	魏博	59	763—779	祖、父为豪侠	同附录二表C第1号（以下略"附录二""同"）
2	田悦	751—784	平州	[支州刺史]	中军兵马使	魏博	29	779—784	田承嗣侄；父早卒。但田承嗣其他兄弟承嗣执掌魏博时均以上官职，史级别以上官职，田悦又受承嗣钟爱；故田悦为其父赋史[支州刺史]，这样统计或更为合理。且别有一说，田悦为田廷琳子	表C第4号
3	田绪	764—796	魏博镇	魏博节度使	主牙军	魏博	21	784—796	杀从兄田悦夺位	表C第6号
4	田季安	782—812	魏博镇	魏博节度使	魏博节度副使	魏博	15	796—812	生年待考	表C第10号

续表

编号	姓名	生卒年	出生地	父亲任官	任节度使前官职	所任藩镇	初任该节度使年龄	节度使任期	备注	资料来源
5	田弘正	764—821	魏博镇	魏博节度副使	衙内兵马使	魏博成德	49	812—820（魏博），820—821（成德）		表 C 第 14 号
6	李愬	773—821	不详	凤翔陇右节度使	太常寺协律郎	魏博	48	820—821	以父荫起家	《旧》卷 133《李晟传》同书同卷《李愬传》
7	田布	785—822	魏博镇	魏博节度使	魏博行营兵马使	魏博	37	821—822		表 C 第 15 号
8	李宝臣	718—781	范阳	不详	伪恒州刺史、恒赵节度使	成德	46	763—781	《李宝臣残碑》据冯金忠等判断为其神道碑，有世系及曾祖姓名仕历及其祖、父履历因碑缺损而待考	表 C 第 57 号

续表

编号	姓名	生卒年	出生地	父亲任官	任节度使前官职	所任藩镇	初任该节度使年龄	节度使任期	备注	资料来源
9	王武俊	735—801	不详	不仕	恒州刺史	成德	48	782—801		表C第59号
10	王士真	759—809	不详	成德节度使	节度副使	成德	43	801—809		表C第60号
11	王承宗	？—820	成德镇	成德节度使	节度副使、成德军都知兵马使	成德	—	809—820		表C第62号
12	李怀仙	？—768	柳城	不详	伪燕京留守、范阳尹	幽州	—	763—768	祖、父不见记载	《旧》卷143《李怀仙传》
13	朱希彩	？—772	不详	不详	平州刺史	幽州	—	768—772		《旧》卷143《朱希彩传》
14	朱泚	742—784	幽州昌平	柳城军使	经略副使（兵马使）	幽州	31	772—774	入朝,后称帝被诛	表C第121号
15	朱滔	746—785	幽州昌平	柳城军使	使职不详（主衙内兵）	幽州	27—29	774—785		表C第122号
16	刘怦	727—785	幽州昌平	广边大斗军使	雄武军使	幽州	59	785	与朱滔为表兄弟	表C第124号
17	刘济	757—810	幽州昌平	幽州节度使	行军司马；莫州刺史	幽州	29	785—810		表C第125号

续表

编号	姓名	生卒年	出生地	父亲任官	任节度使前官职	所任藩镇	初任该节度使年龄	节度使任期	备注	资料来源
18	刘总	?—821	幽州昌平	幽州节度使	瀛州刺史	幽州	—	810—821	谋害父兄得位;后入朝,出家	表C第126号
19	张弘靖	760—824	不详	中书侍郎、同中书门下平章事	河南府参军	幽州	62	821	镇幽州不满一年被囚,后放逐	《旧》卷129《张弘靖传》
20	张孝忠	730—791	不详	鸿胪卿同正、平州刺史	安禄山偏将	成德 易定	52	781—782(成德),782—791(易定)		表C第224号
21	张茂昭	762—811	成德镇	易定节度使	使职失载(以父荫检校工部尚书)	易定	30	791—810	终任河中晋绛慈隰等州节度观察等使	表C第225号
22	任迪简	?—约814	不详	不详	天德军判官	易定	—	810—814		《旧》卷185 下《任迪简传》
23	浑镐	?—818	不详	天德军节度使	义武军节度副使	易定	—	814—816	贬官为循州刺史	《旧》卷134《浑镐传》
24	陈楚	?—823	定州	易州刺史	义勇牙将	易定	—	817—823		表C第227号

续表

编号	姓名	生卒年	出生地	父亲任官	任节度使前官职	所任藩镇	初任该节度使年龄	节度使任期	备注	资料来源
25	程日华	?—788	定州安喜	史思明时定州刺史	张孝忠牙将	沧景	—	784—788	卒年据附录三	附录三
26	程怀直	752—800	定州安喜	沧景节度使	横海军兵马使	沧景	35—37	788(786?)—795	被逐入朝，左龙武统军	附录三
27	程怀信	?—805	定州安喜	不详	横海军兵马使	沧景	—	795—805	从父程日华	附录三
28	程权	?—819	定州安喜	沧景节度使、左龙武统军	横海军节度留后	沧景	—	805—818	程权又名执恭，终任邠宁节度使	附录三
29	乌重胤	761—826	不详	河东将	潞州军将	沧景	58	818—821	元和五年任河阳三城节度使，时年五十	《旧》卷161《乌重胤传》；《新》卷171《乌重胤传》；《旧》卷17上《文宗纪上》

说明：节度使任期统一从宝应二年（763）计。

表 B　河朔三镇节度使的流动情况概要（822—914）

编号	姓名	生卒年	出生地	父亲任官	任节度使前官职	所任藩镇	初任该节度使年龄	节度使任期	备注	资料来源
1	史宪诚	？—829	魏博镇	魏博兵马大使	先锋兵马使	魏博	—	822—829		表 D 第 1 号
2	何进滔	？—840	夏州	夏州前兵马使	魏博衙内都知兵马使	魏博	—	829—840		表 D 第 2 号
3	何弘敬	806—865	不详	魏博节度使	魏博节度副使	魏博	35	840—865	原名何重霸，先改何重顺，又改何弘敬	表 D 第 3 号
4	何全皞	839—870	魏博镇	魏博节度使	魏博左司马	魏博	27	865—870	为韩君雄所杀	表 D 第 4 号
5	韩允忠	814—874	魏州	贝州刺史	魏博大将	魏博	57	870—874	原名韩君雄，赐名君雄，亦作韩允中	表 D 第 10 号
6	韩简	？—883	魏州	魏博节度使	魏博节度副使	魏博	—	874—883	兵败为乐彦祯所逐杀	表 D 第 13 号
7	乐彦祯	？—888	魏博镇	历澶、博、贝三州刺史	魏州偏将、澶州刺史	魏博	—	883—888	以澶州刺史带兵夺位；与其子一同被杀军门	表 D 第 16 号

续表

编号	姓名	生卒年	出生地	父亲任官	任节度使前官职	所任藩镇	初任该节度使年龄	节度使任期	备注	资料来源
8	罗弘信	836—898	魏州贵乡	魏州军校	马牧监	魏博	42	888—898		表D第19号
9	罗绍威	877—910	魏州贵乡	魏博节度使	魏博节度副使	魏博	22	898—910		表D第21号
10	罗周翰	901—914	魏州贵乡	魏博节度使	魏博节度副使	魏博	10	910—912	后移镇宣义节度使	《新五》卷39《罗绍威传》,《敬周墓志铭》卷813
11	杨师厚	?—915	不详	不详	部将	魏博	—	912—915		《旧五》卷22《杨师厚传》
12	王廷凑	?—834	不详	骑将累迁右职	衙内兵马使	成德	—	821—834	任期从廷凑实控成德计起;祖、父廷凑只有赠官。王武俊假子	表D第139号
13	王元逵	812—854	成德镇	成德节度使	成德中军兵马使	成德	23	834—854		表D第140号

续表

编号	姓名	生卒年	出生地	父亲任官	任节度使前官职	所任藩镇	初任该节度使年龄	节度使任期	备注	资料来源
14	王绍鼎	？—857	镇州	成德节度使	镇州大都督府左司马、知府事、节度副使、都知兵马使	成德	—	854—857	母寿安公主	表D第141号
15	王绍懿	？—866	镇州	成德节度使	深州刺史、兼成德军节度判官	成德	—	857—866	母寿安公主	表D第143号
16	王景崇	847—882	镇州	成德节度使	镇州大都督府左司马、知府事、都知兵马使	成德	20	866—882	从季父王绍懿那里接任节度使	表D第145号
17	王镕	873—921	镇州	成德节度使	不详	成德	—	882—921	史料未记载其掌节镇前仕宦经历，依例当为副使，亦可见王镕或未经基层历练	表D第146号
18	朱克融	？—826	幽州昌平	幽州将校	幽州军校	幽州	—	822—826	幽州军乱，与其长子一同被杀	表D第197号

续表

编号	姓名	生卒年	出生地	父亲任官	任节度使前官职	所任藩镇	初任该节度使年龄	节度使任期	备注	资料来源
19	李载义	788—837	幽州	不详	（幽州）衙前都知兵马使	幽州	39	826—831	终至河东节度观察处置等使	表D第198号
20	杨志诚	?—834	不详	不详	幽州后院副兵马使	幽州	—	831—834	被逐之后，史元忠奏其谋反，流岭南，途中被杀	《旧》卷180《杨志诚传》
21	史元忠	?—841	不详	不详	不详	幽州	—	834—841	军乱被杀	《旧唐书》卷180《史元忠传》
22	张仲武	约792—849	范阳	幽州大将	蓟北雄武军使	幽州	约50	841—849	841—849年为实控幽州时间	表D第199号
23	张直方	?—约881	范阳	幽州节度使	幽州节度副使	幽州	—	849	为幽州节度仅数月，逃归朝廷；谋杀黄巢，事泄，举族被杀	表D第200号
24	周綝	?—850	不详	不详	衙将	幽州	—	849—850	无此人之本传	《旧》卷18下《宣宗纪》

续表

编号	姓名	生卒年	出生地	父亲任官	任节度使前官职	所任藩镇	初任该节度使年龄	节度使任期	备注	资料来源
25	张允伸	785—872	范阳	幽州军将	押衙兼马步都知兵马使	幽州	66	850—872	世仕幽州军门	表D第201号
26	张简会	不详，但卒年在876年以后	范阳	幽州节度使	幽州节度副大使	幽州	—	872	为幽州节度使仅一月	《旧唐书》卷19上《懿宗纪》
27	张公素	不详，但卒年在875年以后	范阳	不详	幽州军校	幽州	—	872—875	贬复州司户参军	《旧》卷180《张公素传》
28	李茂勋	不详，但卒年在877年以后	回鹘	不详	幽州将佐（具体军职不详）	幽州	—	875—877	会昌三年（843）张仲武破回鹘，李茂勋与本部侯王降焉	《旧唐书》卷180《李可举传》
29	李可举	?—885	不详	幽州节度使	幽州节度副使、幽州左司马加右散骑常侍	幽州	—	877—885	李全忠反攻幽州，李可举举族自焚	表D第207号
30	李全忠	?—886	范阳	平州刺史	幽州衙将	幽州	—	885—886		表D第208号
31	李匡威	?—893	范阳	幽州节度使	不详	幽州	—	886—893	弟匡筹据城叛，匡威奔镇州	表D第209号

续表

编号	姓名	生卒年	出生地	父亲任官	任节度使前官职	所任藩镇	初任该节度使年龄	节度使任期	备注	资料来源
32	李匡筹	？—894	范阳	幽州节度使	不详	幽州	—	893—894	为刘仁恭所破,逃离幽州,至景城,被杀	表 D 第 210 号
33	刘仁恭	？—914	河朔	新兴镇将	幽州裨校	幽州	—	894—907	深州乐寿人,父刘晟客居范阳。907 年为子刘守光所囚	表 D 第 212 号
34	刘守光	？—914	范阳	幽州节度使	幽州军将（统外军镇）	幽州	—	907—913	称大燕皇帝,后为晋王李存勖所杀	表 D 第 213 号

表 C 河朔藩镇人物资料概要 (763—821)

编号	姓名	生卒年	出生地	曾祖任官	所属等级	祖父任官	所属等级	父亲任官	所属等级	本人初任官	所属等级	本人终任官	所属等级	备注	出处
1	田承嗣	705—779	平州	不仕	4	不仕	4	安东副都护	2	前锋兵马使	2	魏博节度使	1		《旧》卷141《田承嗣传》;《田承嗣碑》,《英华》卷915
2	田廷琳	不详	平州	不仕	4	不仕	4	安东副都护	2	可推	2.5	贝州刺史	2	贝州刺史为大历十年时任官	《魏州开元寺新建三门楼碑》,《英华》卷863
3	田廷玠	?—782	平州	不仕	4	不仕	4	安东都护府司马	2	平舒丞	2	魏博节度副使	3		《旧》卷141《田弘正传》
4	田悦	751—784	平州	不仕	4	安东副都护	2	[支州刺史]	2	中军兵马使	2	魏博节度使	1s	"[支州刺史]"为赋值,参见表A第2号	《旧》卷141《田悦传》;《魏州开元寺新建三门楼碑》,《英华》卷863;《韩愈》卷16《沂国公先庙碑》

续表

编号	姓名	生卒年	出生地	曾祖任官	所属等级	祖父任官	所属等级	父亲任官	所属等级	本人初任官	所属等级	本人终任官	所属等级	备注	出处
5	田绅	不详	平州	不仕	4	安东副都护	2	魏博节度使	1	驾部郎中兼御史中丞	3	可推	3s	田承嗣子。兴元元年所乱军为中军系	《魏州开元寺新建三门楼碑》,《英华》卷863
6	田维	不详	河朔	不仕	4	安东副都护	2	魏博节度使	1	可推	2.5	魏州刺史	2		《旧》卷141《田承嗣传》
7	田绪	764—796	魏博镇	不仕	4	安东副都护	2	魏博节度使	1	京兆府参军	3	魏博节度使	1	任节度使前主衙军	《旧》卷141《田绪传》;《田绪碑》,《英华》卷891
8	田季和	不详	魏博镇	安东副都护	2	魏博节度使	2	魏博节度使	1	可推	2.5	澶州刺史	2	田绪子	《旧》卷141《田绪传》
9	田季直	不详	魏博镇	安东副都护	2	魏博节度使	2	魏博节度使	1	可推	1	魏博衙将	3	田绪子	《旧》卷141《田绪传》

续表

编号	姓名	生卒年	出生地	曾祖任官	所属等级	祖父任官	所属等级	父亲任官	所属等级	本人初任官	所属等级	本人终任官	所属等级	备注	出处
10	田季安	782—812	魏博镇	安东副都护	2	魏博节度使	1	魏博节度使	1	魏博节度副大使	2	魏博节度使	1	田绪幼子	《旧》卷141《田季安传》;《旧》卷15《宪宗纪》
11	田怀礼	不详	魏博镇	魏博节度使	1	魏博节度使	1	魏博节度使	1	不仕	4	—	6	田季安子	《旧》卷141《田季安传》
12	田怀询	不详	魏博镇	魏博节度使	1	魏博节度使	1	魏博节度使	1	不仕	4	—	6	田季安子	《旧》卷141《田季安传》
13	田怀让	不详	魏博镇	魏博节度使	1	魏博节度使	1	魏博节度使	1	不仕	4	—	6	田季安子	《旧》卷141《田季安传》
14	田弘正	?—821	魏博镇	不仕	4	安东都护府司马	2	魏博节度副使	2	魏博衙内兵马使	2	魏博、成德两镇节度使	1s		《旧》卷141《田弘正传》;《元稹》卷53《田弘正墓志》
15	田布	785—822	魏博镇	安东都护府司马	2	魏博节度副使	2	魏博节度使	1	魏博行营兵马使	2	魏博节度使	1s		《旧》卷141《田布传》;《全》卷615

续表

编号	姓名	生卒年	出生地	曾祖任官	所属等级	祖父任官	所属等级	父亲任官	所属等级	本人初任官	所属等级	本人终任官	所属等级	备注	出处
16	薛嵩	？—772	范阳	不详	6	左武卫大将军	2	范阳、平卢节度使	1	军士	4	相州刺史节度使	1	薛仁贵之孙	《薛嵩碑》,《补编》612;《旧》卷124《薛嵩传》
17	王希晏	731—777	河朔	幽州渔阳县尉	3	莫州文安县丞	3	潞州上党府折冲	3	深州饶阳县尉	3	卫州新乡县令	3		大历051
18	吴希光	不详	不详	不详	6	不仕	4	随州司马	3	可推	2.5	瀛州刺史;右金吾卫大将军	2	女吴氏；775年降唐	《王士真妻吴氏墓志》,《补遗》5-35;《旧》卷11《代宗纪》
19	袁倕	730—773	陈郡人	唐州长史	3	尚书左丞大理卿	2	洋阳郡太守	2	魏县丞簿	2	瀛州长史	3		《河洛》322号
20	卢侣	约726—782	范阳	齐州长史	3	太子詹事	3	大理评事	3	卫州别驾	3	莘县令	3		续元和053
21	栗沉	749—788	河朔？	不详	6	恒州真定尉	3	海州别驾	3	澶州临黄尉	3	澶州临黄尉	3		《栗沉墓志》,《补遗》8-409

续表

编号	姓名	生卒年	出生地	曾祖任官	所属等级	祖父任官	所属等级	父亲任官	所属等级	本人初任官	所属等级	本人终任官	所属等级	备注	出处
22	赵逸	761—799	魏州魏县相成里	濮州临濮县尉	3	曹州司士参军	3	不仕	4	"寄名"戎府	3	"寄名"戎府	3		《安阳》52号
23	阎子光	736—810	冀州南宫	不详	6	试恭王府长史	3	朝议郎、试左武卫长史	3	"委节"军府	3	魏博节度要籍	3		《濮阳》9号
24	阎元瓒	不详	冀州南宫	试恭王府长史	3	朝议郎、试左武卫长史	3	魏博节度要籍	3	云麾将军、试光禄卿	3	一	6	阎子光长子	《濮阳》9号
25	李仲昌	？—812	不详	河南府福昌县尉	3	岐州司法参军	3	邢州参军	3	唐州参军	3	摄相州刺史	2		附录一
26	刘其云	763—814	相州临河	不详	6	不仕		不仕	4	贝州作坊判官	3	天雄军作坊副将	3		《河北壹》103号
27	刘方万	不详	相州临河	不仕	4	不仕		天雄军作坊副将	3	节度衙前行官	3	一	3	刘其云嗣子	《河北壹》103号

续表

编号	姓名	生卒年	出生地	曾祖任官	所属等级	祖父任官	所属等级	父亲任官	所属等级	本人初任官	所属等级	本人终任官	所属等级	备注	出处
28	孙迁	不详	魏博镇	不详	6	不详	6	魏州司马	3	贝州刺史	2	贝州刺史	2	田融婿，793年前后生嫡女（嫁李氏），任贝州刺史时间约在812—820年	《李府君夫人孙氏墓志》8-169；《朴遗》8-169；《田融夫人魏氏墓志》,《韩愈》卷36
29	张京	777—847	魏州	不详	6	不详	6	不详	4	魏博前冲大将	4	黎阳兵马使	3	元和十四年后遁入佛门，将人归其第一阶段。曾言"不出诗"	《张京及夫人蔡氏申氏合袝墓志》,《汇编·河南》112
30	柳信	765—811	河东	不仕	4	不仕	4	不仕	4	不仕	4	不仕	4		《濮阳》6号
31	陈朒	746—814	洺州永年	不仕	6	不仕	4	不仕	4	不仕	4	不仕	4		《濮阳》7号

续表

编号	姓名	生卒年	出生地	曾祖任官	所属等级	祖父任官	所属等级	父亲任官	所属等级	本人初任官	所属等级	本人终任官	所属等级	备注	出处
32	卢将明	不详	河朔	卫州司马	3	冀州信都尉（主簿）	3	左司员外郎	3	可推	3	魏州魏县令	3	其女（769—834）嫁渭州酸枣令李宙	《李宙夫人卢氏墓志》8-121；《朴遗》《新》卷73上《宰相世系表三上》
33	令狐球	不详	不详	不详	6	范阳县尉	3	渭州节度使	1	渭州鼓角使	3	高堂（唐?）县令□镇遏使	3		《旧》卷124《令狐彰传》；续大中069
34	令狐求	不详	魏博镇	范阳县尉	3	渭州节度使	2	高堂（唐?）县令□镇遏使	3	不仕	4	—	6	令狐球之子,令狐彰之孙；墓志中两次出现高祖,疑有误	《旧》卷124《令狐彰传》；续大中069

续表

编号	姓名	生卒年	出生地	曾祖任官	所属等级	祖父任官	所属等级	父亲任官	所属等级	本人初任官	所属等级	本人终任官	所属等级	备注	出处
35	韩朝	不详	魏州	不详	6	不详	6	魏博节度押衙	3	可推	2.5	魏博节度押衙、兼临清遏都知兵马使	2		《韩国昌碑》，光绪《莘县志》卷8
36	韩口	不详	魏州	不详	6	魏博节度押衙	6	魏博节度押衙、兼临清遏都知兵马使	3	可推	2.5	魏博节度押衙、充都知兵马使	2	韩国昌（表D第9号）之父	《韩国昌碑》，光绪《莘县志》卷8
37	罗珍	不详	魏州贵乡	不详	6	平州刺史		魏博节度押衙、左山河都知兵马使	2	可推	3	魏博节度押衙、亲事厢虞候	2	罗让（表D第18号）之父	《罗让碑》，《邯郸》025号

续表

编号	姓名	生卒年	出生地	曾祖任官	所属等级	祖父任官	所属等级	父亲任官	所属等级	本人初任官	所属等级	本人终任官	所属等级	备注	出处
38	李洞	737—815	汝州	通直郎、左武卫长史	3	骁卫率府翊府郎将	2	扬州天长县令	3	相州临河县尉	3	相州临河县尉	3		《流散续》283号
39	李清	749—821	魏博镇	不详	6	不详	6	宣德郎、前守魏州朝城县令	3	可推	3	云麾将军,试殿中监	3	妻贾氏(758—830)	《李清及贾氏夫人墓志》,《补遗》7-411
40	李士忠	?—821前	魏博镇	不详	6	宣德郎、前守魏州朝城县令	6	云麾将军,试殿中监	3	不仕	4	不仕	4	李清长子,先于李清而卒	《李清及贾氏夫人墓志》,《补遗》7-411
41	李士和	?—821前	魏博镇	不详	6	宣德郎、前守魏州朝城县令	6	云麾将军,试殿中监	3	不仕	4	不仕	4	李清次子;先于李清而卒	《李清及贾氏夫人墓志》,《补遗》7-411;续大和030

续表

编号	姓名	生卒年	出生地	曾祖任官	所属等级	祖父任官	所属等级	父亲任官	所属等级	本人初任官	所属等级	本人终任官	所属等级	备注	出处
42	刘筠	约736—820	不详	不详	6	不仕	4	县令	3	不仕	4	不仕	4	可能是教书先生	《邯郸》032号
43	程叔绚	778—827	洺州	不详	6	洺州长史	3	摄德州平原县尉	3	防御押衙、经略副使	3	作坊将领	3		《安阳博》25号
44	程君	不详	洺州	不详	6	洺州长史	3	摄德州平原县尉	3	都知诸冶兵马使	2	—	6	程叔绚长兄，大和元年尚健在	《安阳博》25号
45	乐靖	789—828	魏博镇	不详	6	不仕	4	不仕	4	不仕	4	不仕	4		《乐靖并朱氏夫人合葬墓志》,《补遗》7-422
46	史周洛	不详	灵武建康	不详	6	不详	6	开府仪同三司、试太常卿	2	可推	2.5	魏博兵马大使	2	史宪诚之父	《旧》卷181《史宪诚传》

续表

编号	姓名	生卒年	出生地	曾祖任官	所属等级	祖父任官	所属等级	父亲任官	所属等级	本人初任官	所属等级	本人终任官	所属等级	备注	出处
47	米珍宝	不详	河东	不详	6	不详	6	宁远将军、河东中军将	3	可推	2.5	魏博节度诸使、马军都知兵马使兼将	2	米文辩（794—848）父	《米文辩墓志》、《河北新发现石刻题记》57
48	许庭之	不详	魏州	不详	6	刺史	6	刺史	2	"雄职干魏"	2	"雄职干魏"	3	女许氏（784—843）	《邯郸》034号
49	路昇裕	不详	相州	不详	6	不详	6	河南府折冲	6	不仕	2	—	4	路景祥（726—784）长子	《安阳》50号
50	路秀珍	不详	相州	不详	6	不详	6	河南府折冲	6	云麾将军、守左金吾卫大将军，兼试殿中监	3	—	3	路景祥仲子	《安阳》50号

续表

编号	姓名	生卒年	出生地	曾祖任官	所属等级	祖父任官	所属等级	父亲任官	所属等级	本人初任官	所属等级	本人终任官	所属等级	备注	出处
51	路秀清	不详	相州	不详	6	不详	6	河南府折冲	2	定远将军、守左清道府、上柱国、□骑□□	3	—	6	路景祥季子	《安阳》50号
52	路秀琳	不详	相州	不详	6	不详	6	河南府折冲	2	不仕	4	—	6	路景祥之子	《安阳》50号
53	路秀华	不详	相州	不详	6	不详	6	河南府折冲	2	不仕	4	—	6	路景祥之子	《安阳》50号
54	王立	不详	晋州洪桐	不详	6	晋州郡守	3	汴州大梁折冲都尉兼宣武军倅	3	不仕	4	不仕	4		会昌056

续表

编号	姓名	生卒年	出生地	曾祖任官	所属等级	祖父任官	所属等级	父亲任官	所属等级	本人初任官	所属等级	本人终任官	所属等级	备注	出处
55	邢朝干	不详	赵州平棘	怀州河内府折冲都尉	2	朝请郎、试左金吾卫兵曹参军	3	昭武校尉（兵部常选）	3	本州马步虞候、同正将、冠军大将军、左金吾卫大将军	3	—	6	父邢超俗安史之乱后"遂以丘园自晦",卒于765年,781年二次迁葬	《邢超俗墓志》,《河北新发现石刻题记》28
56	邢体华	不详	赵州平棘	怀州河内府折冲都尉	2	朝请郎、试左金吾卫兵曹参军	3	昭武校尉（兵部常选）	3	云麾将军、左武卫大将军	3	—	6	邢超俗之子	《邢超俗墓志》,《河北新发现石刻题记》28
57	李宝臣	708—781	范阳	左骁卫大将军（下阙）	2	不详	6	不详		卢龙射生官	6	成德节度使	1		《旧》卷142《李宝臣传》；《李宝臣残碑》,《唐代河北藩镇研究》229

续表

编号	姓名	生卒年	出生地	曾祖任官	所属等级	祖父任官	所属等级	父亲任官	所属等级	本人初任官	所属等级	本人终任官	所属等级	备注	出处
58	李惟岳	？—782	河朔	不详	6	不详	6	成德节度使	1	行军司马	2	成德节度使	1s	为王士真等缢杀	《旧》卷142《李惟岳传》
59	王武俊	735—801	不详	不仕	4	不仕	4	左金吾卫将军	3	右厢马军十将	3	成德节度使	1		《旧》卷142《王武俊传》,《李宝臣碑》,《常山贞石志》卷10;《王士真墓志》,《唐代河北藩镇研究》249;《王承宗墓志》,《乾陵文化研究(12)》
60	王士真	759—809	河朔	不仕	2	左金吾卫将军	2	成德节度使	1	帐中亲将	2	成德节度使	1		《旧》卷142《王士真传》;《王士真墓志》,《唐代河北藩镇研究》249;《王士真夫人吴氏墓志》,《补遗》5-35

续表

编号	姓名	生卒年	出生地	曾祖任官	所属等级	祖父任官	所属等级	父亲任官	所属等级	本人初任官	所属等级	本人终任官	所属等级	备注	出处
61	王士清	?—784年以后	河朔	不仕	4	左金吾卫将军	2	成德节度使	2	殿中少监同正	2	冀州刺史	2	早卒	《旧》卷142《王士清传》
62	王承宗	?—820	成德镇	左金吾卫将军	2	成德节度使	1	成德节度使	1	成德都知兵马使	2	成德军节度使	1		《旧》卷142《王承宗传》
63	张怀实	745—782	真定	不详	6	不详	6	云麾将军、试鸿胪卿	3	"累历崇班"	3	朝散大夫、试太常卿,充成德军大将,监知兵马	3		建中013
64	赵日林	不详	成德镇	不详	6	不详	6	马军都使	6	马军使	2	—	6	妹婿张怀实	建中013
65	宋逷	735—785	巨鹿	不详	6	左金吾卫长史	3	沧州乐陵县令	3	前守瀛州司马	3	德州安陵县令	3	前守瀛州司马	贞元088

续表

编号	姓名	生卒年	出生地	曾祖任官	所属等级	祖父任官	所属等级	父亲任官	所属等级	本人初任官	所属等级	本人终任官	所属等级	备注	出处
66	宋秦初	不详	河朔	左金吾卫长史	3	沧州乐陵县令	3	德州安陵县令	3	不仕	4	一	6	宋謁之子	贞元088
67	宋若初	不详	河朔	左金吾卫长史	3	沧州乐陵县令	3	德州安陵县令	3	不仕	4	一	6	宋謁之子	贞元088
68	宋霸初	不详	河朔	左金吾卫长史	3	沧州乐陵县令	3	德州安陵县令	3	不仕	4	一	6	宋謁之子	贞元088
69	王某	不详	成德镇	不详	6	成德军马马使	3	试太常卿	2	成德军马马厢兵马使，兼南先锋马步马使	3	一	6	女王氏（791—817），婿成德军节度马军左厢兵马使，兼南先锋马步副兵马使押牙李公	《河北壹》104

续表

编号	姓名	生卒年	出生地	曾祖任官	所属等级	祖父任官	所属等级	父亲任官	所属等级	本人初任官	所属等级	本人终任官	所属等级	备注	出处
70	李岸	734—807	冀州阜城	守左金吾大将军、试殿中监	2	相州录事参军	3	云麾将军、试太常卿	3	不仕	4	不仕	4		元和095
71	李季阳	不详	冀州阜城	相州录事参军	3	云麾将军、试太常卿	3	不仕	4	成德军节度判官	3	—	6	李岸之子	元和095
72	王怡	?—816	成德镇	不仕	4	左金吾卫将军	4	不详	4	镇州军将	6	镇州军将	3s	王武俊从子，与王士则谋归约命，事泄被杀	《新》卷211《王承宗传》;《白居易集》卷53《镇州军将王怡序先被贼官李季序众谋并死，各赠官及优恤子孙制》

续表

编号	姓名	生卒年	出生地	曾祖任官	所属等级	祖父任官	所属等级	父亲任官	所属等级	本人初任官	所属等级	本人终任官	所属等级	备注	出处
73	李庠	759—810	安平	典膳丞	3	会宁郡太守	2	同州司法	3	扬州海陵尉	3	成德军节度掌书记	2s	被杀	《流散续》296号
74	赵愿	不详	河朔	不详	6	渭州长史	2	邯郸县丞	2	可推	3	德州平原县主簿	3	女赵氏(765—810)	元和040
75	毕元亮	不详	成德镇	不详	6	不详	6	深州下博县尉、承务郎、试泗州长史	3	将仕郎、试蒙(濠?)州司马	3	—	6	父卒于794年;母卒于810年	元和040
76	毕元恒	不详	成德镇	不详	6	不详	6	深州下博县尉	6	文林郎、试左金吾卫兵曹参军	3	—	6	毕元亮之弟	元和040

续表

编号	姓名	生卒年	出生地	曾祖任官	所属等级	祖父任官	所属等级	父亲任官	所属等级	本人初任官	所属等级	本人终任官	所属等级	备注	出处
77	毕元敭	不详	成德镇	不详	6	不详	6	深州下博县尉	3	陪戎校尉,守左金卫左吾执戟	3	一	6	毕元亮之弟	元和040
78	尹岫	不详	河朔	不详	6	不详	6	不仕	4	恒州司兵参军	3	一	6	母799年卒于其官舍	《尹府君夫人墓志》,《保定》58
79	尹铖	712—772	不详	沧州司马	3	历许相宋三州刺史,司农少卿	3	常州武进尉	2	卢龙府别将	3	成德军节度副使,田正议大夫,赵州别驾	3	"卢龙府别将"为天宝初年职	《权德舆》卷18《尹铖碑》
80	尹浑	不详	河朔	许相宋三州刺史,司农少卿	2	常州武进尉	3	成德军节度营田副使	3	可推	3	唐县尉	3	尹铖长子,早逝	《权德舆》卷18《尹铖碑》

续表

编号	姓名	生卒年	出生地	曾祖任官	所属等级	祖父任官	所属等级	父亲任官	所属等级	本人初任官	所属等级	本人终任官	所属等级	备注	出处
81	尹涛	不详	河朔	许相末三州刺史、司农少卿	2	常州武进尉	3	成德军节度营田副使	3	可推	3	赵州司功参军	3	尹铢之子，早逝	《权德舆》卷18《尹铢碑》
82	尹澄	不详	河朔	许相末三州刺史、司农少卿	2	常州武进尉	3	成德军节度营田副使	3	定州功曹掾	3	—	6	尹铢幼子	《权德舆》卷18《尹铢碑》
83	谷从政	？—781	河朔	左羽林军长史	3	秘书省正字	3	左武卫将军，左金吾卫大将军，累兼太仆（后似有阙文）	2	可推	2.5	定州刺史	2		《新》卷198《谷从政传》；《权德舆》卷27《谷氏墓志》

续表

编号	姓名	生卒年	出生地	曾祖任官	所属等级	祖父任官	所属等级	父亲任官	所属等级	本人初任官	所属等级	本人终任官	所属等级	备注	出处
84	刘献	736—786	不详	不详	6	虔州刺史	2	将作少监	2	魏博冤句县令	3	成德节度都虞候、同经略副使	2		《刘献墓志》,《河北新发现石刻题记》36、44
85	刘邈	不详	不详	虔州刺史	2	将作少监	2	成德节度都虞候、同经略副使	2	不仕	4	—	6	刘献之子	《刘献墓志》,《河北新发现石刻题记》36、44
86	刘迥	不详	不详	虔州刺史	2	将作少监	2	成德节度都虞候、同经略副使	2	不仕	4	—	6	刘献之子	《刘献墓志》,《河北新发现石刻题记》36、44

续表

编号	姓名	生卒年	出生地	曾祖任官	所属等级	祖父任官	所属等级	父亲任官	所属等级	本人初任官	所属等级	本人终任官	所属等级	备注	出处
87	刘迓	不详	不详	虔州刺史	2	将作少监	2	成德节度都虞候、同经略副使	2	不仕	4	一	6	刘献之子	《刘献墓志》,《河北新发现石刻题记》36、44
88	刘逼	不详	不详	虔州刺史	2	将作少监	2	成德节度都虞候、同经略副使	2	不仕	4	一	6	刘献之子	《刘献墓志》,《河北新发现石刻题记》36、44
89	孙岩	748—812	定州	不详		皇折冲都尉	6	朔府中郎将	2	可推	3	云麾将军、试太常卿	3		续元和041
90	夏侯弅	不详	深州乐寿	不详		沧州长史	6	试太子詹事、沧景节度都押衙	2	可推	3	冀州南宫镇遏兵马使	3	女夏侯氏(791—840)	开成047

续表

编号	姓名	生卒年	出生地	曾祖任官	所属等级	祖父任官	所属等级	父亲任官	所属等级	本人初任官	所属等级	本人终任官	所属等级	备注	出处
91	夏侯璀	不详	深州乐寿	不详	6	不详	6	沧州长史	3	可推	2.5	试太子詹事、沧景节度都押衙	2	夏侯孳之父	开成 047
92	安元晖	748—817	河朔	不详	6	不详	6	不详	6	可推	2.5	"职参经略"（镇国大将军、左金吾卫大将军、殿中监）	2		《安元晖墓志》，《河北新发现石刻题记》298
93	安荣	不详	河朔	不详	6	不详	6	"职参经略"	2	不仕	4	—	6	安元晖之子	《安元晖墓志》，《河北新发现石刻题记》298

续表

编号	姓名	生卒年	出生地	曾祖任官	所属等级	祖父任官	所属等级	父亲任官	所属等级	本人初任官	所属等级	本人终任官	所属等级	备注	出处
94	安晟	不详	河朔	不详	6	不详	6	"职参""经略"	2	不仕	4	—	6	安元晖之子	《安元晖墓志》、《河北新发现石刻题记》298
95	安惠	不详	河朔	不详	6	不详	6	"职参""经略"	2	不仕	4	—	6	安元晖之子	《安元晖墓志》、《河北新发现石刻题记》298
96	杨达	不详	幽州	不详	6	卢龙军将	3	卢龙军将（"官荣宪司"）	3	可推	2.5	成德军节度征马野牧使兼中军都[知]兵马使	2	杨孝直之父	大和090

续表

编号	姓名	生卒年	出生地	曾祖任官	所属等级	祖父任官	所属等级	父亲任官	所属等级	本人初任官	所属等级	本人终任官	所属等级	备注	出处
97	杨孝直	751—835	幽州	卢龙军将	3	卢龙军将	3	成德军中军都[知]兵马使	2	成德军将校	2	改摄冀州刺史	2	仅记其河朔仕历，（819年之前）	大和090
98	郑漤	746—792	关中	洛阳县令	3	河南府寿安县主簿	3	大理司直,兼穆州桐庐县令	3	沧州长芦县尉	3	冀州阜城县令	3		贞元110；大和049
99	郑濆	不详	关中	洛阳县令	3	河南府寿安县主簿	3	大理司直,兼穆州桐庐县令	3	成德节度口口	3	镇州刺史	2	郑漤之子	贞元110；大和049；开成050
100	郑札	不详	冀州	河南府寿安县主簿	3	大理司直,兼穆州桐庐县令	3	冀州阜城县令	3	不仕	4	—	6	郑漤之子，郑枢之弟	贞元110；大和049

续表

编号	姓名	生卒年	出生地	曾祖任官	所属等级	祖父任官	所属等级	父亲任官	所属等级	本人初任官	所属等级	本人终任官	所属等级	备注	出处
101	卢劝	不详	河朔	不详	6	涿州刺史	2	易州长史	3	可推	3	镇州石邑令	3	子卢霈卒于839年，约可知卢劝为第一阶段人	《樊川》卷9《卢秀才墓志》
102	张孝节	不详	范阳	乙失活部落刺史	2	部落刺史	2	鸿胪卿同正、平州刺史	2	李宝臣僚佐	3b	—	6	张孝忠弟	《旧》卷141《张孝忠传》
103	武谏	不详	成德镇	不详	6	不详	6	赵州司马	6	可推	3	冀州司仓参军	3	女武氏（779—825）	宝历011
104	王庭晖	不详	定州	朝议郎、行滑州白马县令	3	宣节校尉、行左卫司戈	3	兵部常[选]	3	冠军大将军、试太常卿	3	—	6	其父卒于766年	建中019

续表

编号	姓名	生卒年	出生地	曾祖任官	所属等级	祖父任官	所属等级	父亲任官	所属等级	本人初任官	所属等级	本人终任官	所属等级	备注	出处
105	王从严	不详	定州	朝议郎、行渭州白马县令	3	宣节校尉、行左卫司戈、骑都尉	3	兵部常[选]	3	朝散大夫、试光禄寺丞	3	—	6	其父卒于766年	建中019
106	王从芬	不详	定州	朝议郎、行渭州白马县令	3	宣节校尉、行左卫司戈、骑都尉	3	兵部常[选]	3	忠武将军、行左威卫朔府左郎将	3	—	6	其父卒于766年	建中019
107	邢衮	不详	赵州	不详	6	不详	6	不仕	4	可推	4	"镇府驱要"	3	邢通平（表D第166号）父	中和006
108	张承泰	不详	深州饶阳	不详	6	绛州长史	2	不仕	4	可推	4	成德军十将、兼充乐寿镇遏都知兵马使苑公押衙	3	张君平（表D第147号）之父	大中081

续表

编号	姓名	生卒年	出生地	曾祖任官	所属等级	祖父任官	所属等级	父亲任官	所属等级	本人初任官	所属等级	本人终任官	所属等级	备注	出处
109	李并	不详	赵州赞皇	不详	6	赵州司马	3	校司门员外郎	3	可推	3	赞皇县令	3	子李潘（791—840）	开成050
110	李献诚	?—约780年前后	不详	不详	6	不详	6	特进行左武卫大将军、归义都督都督	2	可推	2.5	开府仪同三司、使持节深州诸军事、行深州刺史、充本州团练使、守捉使、同成德军节度副使	2s	李宝臣晚年疑忌大将，被杀	《李府君夫人张氏墓志》8；《李宝臣碑》，《常山贞石志》卷10；《旧》卷141《张孝忠传》

续表

编号	姓名	生卒年	出生地	曾祖任官	所属等级	祖父任官	所属等级	父亲任官	所属等级	本人初任官	所属等级	本人终任官	所属等级	备注	出处
111	李献直	不详	不详	不详	6	不详	6	特进行左武卫大将军、归义都府督督	2	特进右武卫大将军，试鸿胪卿	3b	—	6	李献诚之弟	《李府君夫人张氏墓志》8;《北文》《李宝臣碑》，《李常山贞石志》卷10;《旧》卷141《张孝忠传》
112	王士林	740—781	河东道	汾州介休府折冲都尉	2	朔州石井府左果毅都尉	3	不仕	4	定州恒阳县尉	3	成德节度参谋	3s	父仅有赠官（"赠太子洗马"）以不仕计。王士林死于成德军乱	建中014

续表

编号	姓名	生卒年	出生地	曾祖任官	所属等级	祖父任官	所属等级	父亲任官	所属等级	本人初任官	所属等级	本人终任官	所属等级	备注	出处
113	周光	不详	不详	不详	6	不详	6	不仕	4	可推	4	镇州散将、游击将军、守左金吾卫大将军	3	周望之父	长庆021
114	周望	744—823	不详	不详	6	不仕	4	镇州散将	3	不仕	3	一	6		长庆021
115	李济	776—825	陇西成纪	银青光禄大夫、秘书监	2	汉州刺史	2	大理评事	3	成德军节度巡官	3	成德军节度推官	2	从伯姊晋国太夫人（王武俊妻）	续宝历004
116	郑晃	727—788	宣州	不详	6	怀州长史	2	宣州录事参军	3	高邑县尉	3	赵州司法参军	3		贞元019

续表

编号	姓名	生卒年	出生地	曾祖任官	所属等级	祖父任官	所属等级	父亲任官	所属等级	本人初任官	所属等级	本人终任官	所属等级	备注	出处
117	石神福	759—813	金谷郡	试鸿胪少卿		左领府中郎将	2	蔚州衙前大总管、试云麾将军	2	中低级将校	3	勾当右厢草马使、成德军节度下（原文如此，疑有阙文），左金吾卫大将军、试殿中监	2		元和061
118	苏深	不详	不详	不详	6	朝散大夫、寿州别驾	2	国子博士	2	可推	3	冀州南宫县丞	3	父赠太子左谕德；女苏氏（766—844）	会昌033
119	杨从彦	736—771	易州满城	不详	6	不仕	4	长乐府折冲	2	杞王府长史、署[成德]马军都挼	3	杞王府长史、署[成德]马军都挼	3		《满城》123

续表

编号	姓名	生卒年	出生地	曾祖任官	所属等级	祖父任官	所属等级	父亲任官	所属等级	本人初任官	所属等级	本人终任官	所属等级	备注	出处
120	刘湛	主要活动于大历、贞元间	中山（定州）	不详	6	不仕	4	常山府院逐要	3	石邑县丞	3	南作坊都知官、兼三冶车坊事	3	刘少义（表D第191号）之父	《流散续》384号
121	朱怀珪	？—766	幽州昌平	不详	6	赞善大夫	2	太子洗马	2	衙前将	2	柳城军使	3	朱泚、朱滔之父	《旧》卷200下《朱泚传》
122	朱泚	742—784	幽州昌平	赞善大夫	2	太子洗马	2	柳城军使	2	李怀仙部将	2	幽州节度使	1	仕历记至其大历九年入朝之前	《新》卷212《朱滔传》
123	朱滔	746—785	幽州昌平	赞善大夫	2	太子洗马	2	柳城军使	2	（主衙内兵）	2	幽州节度使	1		《旧》卷143《朱滔传》
124	朱洄	？—821年前后	幽州昌平	太子洗马	2	柳城军使	2	幽州节度使	2	幽州军将	3	幽州兵马留后	2		《旧》卷180《朱克融传》；《旧》卷143《朱滔传》

续表

编号	姓名	生卒年	出生地	曾祖任官	所属等级	祖父任官	所属等级	父亲任官	所属等级	本人初任官	所属等级	本人终任官	所属等级	备注	出处
125	刘怦	727—785	幽州昌平	不详	6	临洮军使	2	广边大斗军使	2	雄武军使	2	幽州节度使	1	朱滔姑之子	《旧》卷143《刘怦传》
126	刘济	757—810	幽州昌平	临洮军使	2	特进、左金吾卫大将军	2	幽州节度使	1	莫州刺史	2	幽州节度使	1s		《旧》卷143《刘济传》;《权德舆》卷21《刘墓志》
127	刘总	？—821	幽州昌平	特进、左金吾卫大将军	2	幽州节度使	1	幽州节度使	1	瀛州刺史	2	幽州节度使	1	长庆元年二月落发为僧	《旧》卷143《刘总传》
128	刘绲	？—805	幽州昌平	特进、左金吾卫大将军	2	幽州节度使	1	幽州节度使	1	幽州节度副使	2	幽州节度副使	2s	元和五年,刘总矫父命杖杀之	《旧》卷16《穆宗纪》
129	刘绍	不详	幽州昌平	特进、左金吾卫大将军	2	幽州节度使	1	幽州节度使	1	授官（可推）	2.5	—	6	刘济之子	《白居易》卷56《与刘济诏》

续表

编号	姓名	生卒年	出生地	曾祖任官	所属等级	祖父任官	所属等级	父亲任官	所属等级	本人初任官	所属等级	本人终任官	所属等级	备注	出处
130	姚居德	不详	幽州镇	不仕	4	朝议郎、行营录事参军	3	横州司马	3	殿中监	3	—	6	姚子昂（704—763）之子	建中005
131	姚居正	不详	幽州镇	不仕	4	朝议郎、行营录事参军	3	横州司马	3	正议大夫、试太子中允,兼平州卢龙县主簿	3	—	6	姚子昂之子	建中005
132	姚居安	不详	幽州镇	不仕	4	朝议郎、行营录事参军	3	横州司马	3	左威尉（卫）朔府中郎将	3	—	6	姚子昂之子	建中005
133	张光祚	731—776	范阳	不仕	4	不仕	4	不仕	4	易州满城县丞	4	幽州节度留后押牙	2		《张光祚墓志》,《涿州》116

续表

编号	姓名	生卒年	出生地	曾祖任官	所属等级	祖父任官	所属等级	父亲任官	所属等级	本人初任官	所属等级	本人终任官	所属等级	备注	出处
134	孙封	707—777	幽州潞县	不详	6	不仕	4	不仕	4	不仕	4	不仕	4		《北京壹》11号
135	孙仙	不详	幽州潞县	不仕	4	不仕	4	不仕	4	游击将军、守左武卫中郎将、兼试左清道率府率	3	—	6	孙封之子	《北京壹》11号
136	孙俊	不详	幽州潞县	不仕	4	不仕	4	不仕	4	朝议大夫、试都水使者、前兼安次县尉	3	—	6	孙封之子	《北京壹》11号
137	赵悦	718—777	易州	不详	6	不仕	6	不仕	4	不仕	4	不仕	4	字承悦	续大历031
138	赵承光	不详	易州	不详	6	不仕	6	不仕	4	不仕	4b	—	6	赵悦之弟	续大历031

续表

编号	姓名	生卒年	出生地	曾祖任官	所属等级	祖父任官	所属等级	父亲任官	所属等级	本人初任官	所属等级	本人终任官	所属等级	备注	出处
139	赵良弼	不详	易州	不仕	4	不仕	4	不仕	4	不仕	4	一	6	赵悦之子。《旧》卷10《肃宗纪》所载之赵良弼是否为此人,待考	续大历031
140	赵良贲	不详	易州	不仕	4	不仕	4	不仕	4	不仕	4	一	6	赵悦之子	续大历031
141	陈邕	不详	定州	不详	6	平州司马	6	易州刺史	3	不详	2.5	涿州刺史	2		广明001
142	陈雍	不详	定州	不详	6	平州司马	6	易州刺史	3	不详	2.5	平州刺史	2		咸通098
143	彭况	?—781	河东	都水使者	2	御史中丞岭南采访使	2	蒲州司马	2	中低级官员	3	瀛州景城县主簿	3		建中016
144	刘如泉	745—782	不详	不仕	4	不仕	4	不仕	4	王府典军	4	左随使将	3		《北京壹》12号

续表

编号	姓名	生卒年	出生地	曾祖任官	所属等级	祖父任官	所属等级	父亲任官	所属等级	本人初任官	所属等级	本人终任官	所属等级	备注	出处
145	朱㳽	745—782	不详	不详	6	不仕	4	不详	6	中低级将校	6	幽州大将(云麾将军、守左金吾卫大将军、试鸿胪卿)	3	卒于建中三年魏博御河战阵	2	建中 018
146	朱再兴	不详	幽州镇	不仕	4	不详	6	幽州大将	2	莫州长丰县丞	3	—	6	朱㳽之子。此官系朱滔官授	建中 018
147	朱□□	不详	幽州镇	不仕	4	不详	6	幽州大将	2	太子□□(带职)	3	—	6	朱㳽之子	建中 018

续表

编号	姓名	生卒年	出生地	曾祖任官	所属等级	祖父任官	所属等级	父亲任官	所属等级	本人初任官	所属等级	本人终任官	所属等级	备注	出处
148	朱愻	?—783	幽州镇	太子左赞善大夫	2	太子洗马	2	云麾将军、守左金口（吾）*卫大将军	3	不详	2.5	卢龙节度行军司马	2	朱泚、朱滔从兄弟	《北京壹》13号
149	朱洁	不详	幽州镇	太子洗马	2	云麾将军、守左金口(吾)卫大将军	3	卢龙节度行军司马	2	龙骧军左一将、特进检校青客兼口左虎口卫大将军	2	—	6	朱愻之子	《北京壹》13号

* 原录文作"口"，"吾"字系著者朴。下同。

续表

编号	姓名	生卒年	出生地	曾祖任官	所属等级	祖父任官	所属等级	父亲任官	所属等级	本人初任官	所属等级	本人终任官	所属等级	备注	出处
150	朱连	不详	幽州镇	太子洗马	2	云麾将军、守左(吾)金口卫大将军	3	卢龙节度行军司马	2	范阳府安次县主簿	3	—	6	朱愿之子	《北京壹》13号
151	蔡雄	735—787	信都	魏州别驾	3	沧州乐陵令	3	泽州司户	3	贝州清河尉	3	莫州刺史	2	据《旧》未涓属下有蔡雄，一为骑将蔡雄(兴元元年为朱涓所杀)，一为判官蔡雄。墓志所载当为后者	《蔡雄墓志》、《房山》14
152	蔡昭	不详	幽州镇	沧州乐陵令	3	泽州司户	3	莫州刺史	2	幽州良乡尉	3	—	6	蔡雄之子	《蔡雄墓志》、《房山》14

续表

编号	姓名	生卒年	出生地	曾祖任官	所属等级	祖父任官	所属等级	父亲任官	所属等级	本人初任官	所属等级	本人终任官	所属等级	备注	出处
153	蔡曝	不详	幽州镇	沧州乐陵令	3	泽州司户	3	莫州刺史	2	不仕	4	—	6	蔡雄之子	《蔡雄墓志》《房山》14
154	蔡旰	不详	幽州镇	沧州乐陵令	3	泽州司户	3	莫州刺史	2	不仕	4	—	6	蔡雄之子	《蔡雄墓志》《房山》14
155	蔡昉	不详	幽州镇	沧州乐陵令	3	泽州司户	3	莫州刺史	2	不仕	4	—	6	蔡雄之子	《蔡雄墓志》《房山》14
156	李丕	725—787	不详	宣州司功参军	3	许州陈留县丞	3	许州鄢陵县令	3	潞县丞	3	莫州长丰县令	3	无嗣	贞元015
157	张仁宪	714—788	范阳	不详	6	宣威将军、行幽州游徼府右果毅都尉	2	宣节校尉、幽州润德府折冲都尉	2	可推	3	敕授银青光禄大夫、太子中允	3		《张仁宪碑》《廊坊》25

续表

编号	姓名	生卒年	出生地	曾祖任官	所属等级	祖父任官	所属等级	父亲任官	所属等级	本人初任官	所属等级	本人终任官	所属等级	备注	出处
158	张光朝	不详	范阳	宣威将军、行幽州游徼府右果毅都尉	2	宣节校尉、幽州潞德府折冲都尉	3	散授银青光禄大夫、太子中允	3	可推	3	幽州大将(冠军大将军,行左威卫大将军、检校国子祭酒,迁兵部尚书)	2	张仲武(表D第199号)之父	《张仁宪碑》,《廊坊》25
159	王邨	737—789	大原祁县	尚书金部郎	2	沂州长史	3	蔡州西平县尉	3	棣州厌次尉	3	瀛州司马,除邑安平范阳三县令,幽州节度押衙兼侍御史	3		贞元021;元和077
160	王鄁	不详	大原祁县	尚书金部郎	2	沂州长史	2	不详	6	固安主簿	6	—	3	王邨从父弟	贞元021

续表

编号	姓名	生卒年	出生地	曾祖任官	所属等级	祖父任官	所属等级	父亲任官	所属等级	本人初任官	所属等级	本人终任官	所属等级	备注	出处
161	王遘	不详	幽州	沂州长史	3	蔡州西平县尉	3	瀛州司马	3	幽州节度要籍、摄文安县尉	3	—	6	王郅之子。母崔氏元和九年合祔。《王郅及妻崔氏墓志》记载其余三子，"州佐县寮，不离阊阓"	贞元021；《王郅及妻崔氏墓志》，《北文》26号
162	王遵	不详	幽州	沂州长史	3	蔡州西平县尉	3	瀛州司马	3	成德州佐县寮	3	—	6	王郅之子	贞元021；《王郅及妻崔氏墓志》，《北文》26号
163	王邈	不详	幽州	沂州长史	3	蔡州西平县尉	3	瀛州司马	3	成德州佐县寮	3	—	6	王郅之子	贞元021；《王郅及妻崔氏墓志》，《北文》26号

续表

编号	姓名	生卒年	出生地	曾祖任官	所属等级	祖父任官	所属等级	父亲任官	所属等级	本人初任官	所属等级	本人终任官	所属等级	备注	出处
164	王迢	不详	幽州	沂州长史	3	蔡州西平县尉	3	瀛州司马	3	成德州佐县僚	3	—	6	王郅之子	贞元021;《王郅及妻崔氏墓志》,《北文》26号
165	陈荣	不详	"赵"	不详	6	不详	6	邢、洺二州刺史	2	中低级官员	3	试幽州大都督府司马	3	陈专(792—839)之父,"今为赵人矣"	《流散》286号
166	孙如玉	728—798	幽州潞县	不详	6	不仕	4	不仕	4	潞县录事	4	平州卢龙府折冲都尉	3		《北京壹》15号
167	孙敬新	不详	潞县	不仕	4	不仕	4	平州卢龙府折冲都尉	3	文林郎、试左吾卫兵曹参军	3	—	6	孙如玉之子	《北京壹》15号
168	孙敬超	不详	潞县	不仕	4	不仕	4	平州卢龙府折冲都尉	3	不仕	3	—	6	孙如玉之子	《北京壹》15号

续表

编号	姓名	生卒年	出生地	曾祖任官	所属等级	祖父任官	所属等级	父亲任官	所属等级	本人初任官	所属等级	本人终任官	所属等级	备注	出处
169	孙敬芝	不详	潞县	不仕	4	不仕	4	平州卢龙府折冲都尉	3	不仕	4	一	6	孙如玉之子	《北京壹》15号
170	刘建	754—798	幽州镇	不详	6	不详	6	不仕	3	行涿州司马	4	行涿州司马	3		贞元089
171	刘迅	不详	幽州镇	不详	6	不详	6	不仕	3	幽州司户参军	4	瀛州景城县令（长）	3	刘建之弟	贞元089
172	刘口	不详	幽州镇	不详	6	不详	6	不仕	3	"历职辕门，驱鸡五邑"	4	"历职辕门，驱鸡五邑"	3	刘建之弟	贞元089
173	刘遒	不详	幽州镇	不详	6	不详	6	不仕	3	守檀州司法参军	4	守檀州司法参军	3	刘建之弟，"三十岁余，已倾下寿"	贞元089
174	王仲堪	734—797	幽州镇	不仕	4	不仕	4	大理评事	4	大原府参军事	3	节度参谋（监察御史里行）	3	大历七年进士及第	贞元076

续表

编号	姓名	生卒年	出生地	曾祖任官	所属等级	祖父任官	所属等级	父亲任官	所属等级	本人初任官	所属等级	本人终任官	所属等级	备注	出处
175	王仲珂	不详	幽州镇	不仕	4	不仕	4	大理评事	3	不仕	4	一	6	王仲堪之弟	贞元076
176	李洪	728—799	长安	唐高宗*	1a	章怀太子*	2	邠王	3	试太子洗马，清池县丞	2	朝请郎，试太子洗马，赐绯鱼袋蓟州司仓参军	3	墓主为少子，其兄长皆有出路	《北京壹》20号
177	李季则	不详	不详	章怀太子*	2	邠王	2	蓟州司仓参军	3	莫州莫县丞	3	一	6	李洪长子	《北京壹》20号
178	李季准	不详	河朔	章怀太子*	2	邠王	2	蓟州司仓参军	3	不仕	4	一	6	李洪之子	《北京壹》20号
179	李季顺	不详	河朔	章怀太子*	2	邠王	2	蓟州司仓参军	3	不仕	4	一	6	李洪之子	《北京壹》20号

* 此处据原文而录。

续表

编号	姓名	生卒年	出生地	曾祖任官	所属等级	祖父任官	所属等级	父亲任官	所属等级	本人初任官	所属等级	本人终任官	所属等级	备注	出处
180	郑玉	735—802	幽州	莫州司马	3	泾州四门府折冲	2	游击将军、守左(左)武卫大将军、试太常卿	2	宣义郎、试恒王府司马、权充本州孔目判官	3	莫州唐兴军都虞候、兼御衙、试鸿胪卿	2		贞元128
181	郑惟兴	不详	莫州	泾州四门府折冲	2	游击将军、守左(左)武卫大将军、试太常卿	2	莫州唐兴军都虞候、兼御衙	2	不仕	4	—	6	郑玉之子	贞元128
182	段岩	743—803	河朔	恒王府参军	3	河东节度衙前军冠军大将军、试太常卿	2	冀州阜城县丞	3	中低级将校	3	幽州节度步军、兼涿州都虞候、骠骑大将军、试殿中监	2		《段岩墓志》,《涿州》118

续表

编号	姓名	生卒年	出生地	曾祖任官	所属等级	祖父任官	所属等级	父亲任官	所属等级	本人初任官	所属等级	本人终任官	所属等级	备注	出处
183	段仲钊	不详	河朔	河东节度衙前将军、冠军大将军、试太常卿	2	冀州阜城县丞	3	幽州节度步将、兼涿州步马都虞候	2	不仕	4	—	6	段岩之子	《段岩墓志》、《涿州》118
184	段仲荣	不详	河朔	河东节度衙前将军、冠军大将军、试太常卿	2	冀州阜城县丞	3	幽州节度步将、兼涿州步马都虞候	2	不仕	4	—	6	段岩之子	《段岩墓志》、《涿州》118
185	段仲儒	不详	河朔	河东节度衙前将军、冠军大将军、试太常卿	2	冀州阜城县丞	3	幽州节度步将、兼涿州步马都虞候	2	不仕	4	—	6	段岩之子	《段岩墓志》、《涿州》118

续表

编号	姓名	生卒年	出生地	曾祖任官	所属等级	祖父任官	所属等级	父亲任官	所属等级	本人初任官	所属等级	本人终任官	所属等级	备注	出处
186	段仲雅	不详	河朔	河东节度衙前将，冠军大将军，试太常卿	2	冀州阜城县丞	3	幽州节度步军将、兼涿州马步都虞候	2	不仕	4	—	6	段岩之子	《段岩墓志》，《涿州》118
187	段仲则	不详	河朔	河东节度衙前将，冠军大将军，试太常卿	2	冀州阜城县丞	3	幽州节度步军将、兼涿州马步都虞候	2	不仕	4	—	6	段岩之子	《段岩墓志》，《涿州》118
188	张琼	不详	幽州镇	中府折冲（都尉）	2	太子内直郎	3	幽州开福府折冲都尉游击将军、守右领军卫员外置同正员，赐骑都尉	2	"佐莫亭候"	3	—	6		贞元 134

续表

编号	姓名	生卒年	出生地	曾祖任官	所属等级	祖父任官	所属等级	父亲任官	所属等级	本人初任官	所属等级	本人终任官	所属等级	备注	出处
189	王叔原	758—812	幽州镇	不详	6	幽州昌平县尉	3	莫州司法参军	3	恒王府司马	3	幽州节度经略军兵曹参军	3		元和060
190	王镮	不详	幽州镇	幽州昌平县尉	3	莫州司法参军	3	幽州节度经略军兵曹参军	3	不仕	4	一	6	王叔原之子	元和060
191	王钊	不详	幽州镇	幽州昌平县尉	3	莫州司法参军	3	幽州节度经略军兵曹参军	3	不仕	4	一	6	王叔原之子	元和060
192	王镇	不详	幽州镇	幽州昌平县尉	3	莫州司法参军	3	幽州节度经略军兵曹参军	3	不仕	4	一	6	王叔原之子	元和060

续表

编号	姓名	生卒年	出生地	曾祖任官	所属等级	祖父任官	所属等级	父亲任官	所属等级	本人初任官	所属等级	本人终任官	所属等级	备注	出处
193	和元烈	787—816	幽州幽都县	不详	6	云麾将军、守左金吾卫大将军	3	中（忠）武将军、守左骁卫大将军	2	中低级将校	3	衙前散将游击将军、守蓟府中朗将	3	仅有祖、父散官号；卒时尚未婚	《北京壹》19号
194	马建	748—798	幽州	不详	6	妫州刺史	2	平州刺史	2	范阳军要籍	3	莫州、蓟州刺史	2	马纾之父。其人仅记朝前仕历	《欧阳行周》卷4《马建墓志》；会昌030
195	朱方道	?—812年以后	幽州镇	郑州阳武县令	3	颖王府司马	3	幽州节度参谋、殿中侍御史内供奉、赐绯鱼袋	2	中低级官员	3	卢龙节度驱使官	3	字方道，自撰墓志。贞元年间入仕	《北京壹》21号
196	朱约元	不详	幽州镇	颖王府司马	2	幽州节度参谋	3	卢龙节度驱使官	3	不仕	4	—	6	朱方道之子	《北京壹》21号

续表

编号	姓名	生卒年	出生地	曾祖任官	所属等级	祖父任官	所属等级	父亲任官	所属等级	本人初任官	所属等级	本人终任官	所属等级	备注	出处
197	朱约会	不详	幽州镇	颖王府司马	2	幽州节度参谋	3	卢龙节度驱使官	3	不仕	4	一	6	朱方道之子	《北京壹》21号
198	朱约和	不详	幽州镇	颖王府司马	2	幽州节度参谋	3	卢龙节度驱使官	3	不仕	4	一	6	朱方道之子	《北京壹》21号
199	朱约贞	不详	幽州镇	颖王府司马	2	幽州节度参谋	3	卢龙节度驱使官	3	不仕	4	一	6	朱方道之子	《北京壹》21号
200	王昊	不详	幽州镇	不详	6	瀛州录事参军	3	涿州范阳县丞	3	瀛州河间县主簿	3	幽府功曹参军	3	王时邕（表D第219号）之父	续会昌030

编号	姓名	生卒年	出生地	曾祖任官	所属等级	祖父任官	所属等级	父亲任官	所属等级	本人初任官	所属等级	本人终任官	所属等级	备注	出处
201	曹荣	不详	幽州镇	不详	6	不详	6	不仕	4	可推	2.5	幽州先锋(锋?)赴团使、游弈马军将、银青光禄大夫、检校太子宾客	2	曹府君(表D第220号)之父	续大中008
202	耿君用	不详	幽州镇	不详	6	守永清县高阳县丞	3	不仕	4	幽州节度押衙、知雄武军营田等事	2	幽州节度押衙、知雄武军营田等事	2	耿宗倚(表D第278号)之父	续中和004;《耿宗倚墓志》,《补遗》4-264

续表

编号	姓名	生卒年	出生地	曾祖任官	所属等级	祖父任官	所属等级	父亲任官	所属等级	本人初任官	所属等级	本人终任官	所属等级	备注	出处
203	周平	不详	河朔	不详		大同军使、平州刺史、兼御史中丞卢龙节度留后	6	邢、洺二州刺史	2	可推	3	给事郎、幽府参军、蓟州参军录事(使)事	3	子周元长(表D第218号);《旧·李忠臣传》载,安禄山陂将周钊,是否即为周平祖父,待考	续开成014
204	常献	不详	幽州镇	不详		上谷郡司马	6	不仕	3	可推	4	遥摄檀州户曹参军	3	常克谋(表D第248号)之父	《河北壹》127号
205	杨瀛	不详	幽州镇	不详		不仕	6	摄幽州安次县令	4	不仕	3	不仕	4	女杨氏(797—881)嫁幽州节度要籍祖君	中和001

续表

编号	姓名	生卒年	出生地	曾祖任官	所属等级	祖父任官	所属等级	父亲任官	所属等级	本人初任官	所属等级	本人终任官	所属等级	备注	出处
206	高栖岩	不详	不详	不详	6	左卫朔府中郎将	2	京兆府折冲充静边军使	2	可推	2.5	宁武军使	2	高霞寓（768—833）之父；宁武军当在妫州	大和066《河南》105
207	高霞寓	768—833	幽州镇	左卫朔府中郎将	2	京兆府折冲充静边军使	2	宁武军使	2	幽州步军副将	3	幽州节度押衙、摄妫州刺史又广边军兼营田等使	3	与《旧》中高霞寓同名异人	大和066《河南》105
208	李滕	743—812	不详	左监门卫郎将	2	可推	3	陕州平陆县令	3	成都尉	3	前宁濮州长史、摄檀州长史	3	祖父应制举及第，当有授官，官阶以保守估计	《北京壹》18号

续表

编号	姓名	生卒年	出生地	曾祖任官	所属等级	祖父任官	所属等级	父亲任官	所属等级	本人初任官	所属等级	本人终任官	所属等级	备注	出处
209	李潭	不详	不详	可推	3	陕州平陆县令	3	前守瀛州长史、摄檀州长史	3	不仕	4	一	6	李藤之子	《北京壹》18号
210	李濠	不详	不详	可推	3	陕州平陆县令	3	前守瀛州长史、摄檀州长史	3	不仕	4	一	6	李藤之子	《北京壹》18号
211	李滴	不详	不详	可推	3	陕州平陆县令	3	前守瀛州长史、摄檀州长史	3	不仕	4	一	6	李藤之子	《北京壹》18号

续表

编号	姓名	生卒年	出生地	曾祖任官	所属等级	祖父任官	所属等级	父亲任官	所属等级	本人初任官	所属等级	本人终任官	所属等级	备注	出处
212	李秦	不详	不详	可推	3	陕州平陆县令	3	前守瀛州长史、摄檀州长史	3	不仕	4	—	6	李藤之子	《北京壹》18号
213	李换	不详	不详	可推	3	陕州平陆县令	3	前守瀛州长史、摄檀州长史	3	不仕	4	—	6	李藤之子	《北京壹》18号
214	李弘亮	775—818	不详	泾、陇等七州刺史	2	常州无锡县令	3	怀州武陟县丞	3	承务郎左卫兵曹参军	3	瀛州平舒县主簿、知蓟州渔阳县事	3	卒时子幼，故其子不计	元和125

续表

编号	姓名	生卒年	出生地	曾祖任官	所属等级	祖父任官	所属等级	父亲任官	所属等级	本人初任官	所属等级	本人终任官	所属等级	备注	出处
215	谭忠	757—820	绛州	不详	6	内黄令	3	不详	6	幽州禅将	3	御史大夫	2	"御史大夫"当为带职。考忠到其与刘济、刘总的关系，当是幽州高官	《樊川》卷6；《燕将录》；《通鉴》卷238，元和四年十一月己巳条
216	谭宪	不详	绛州	不详	6	内黄令	3	不详	6	范阳安次县令	3b	一	6	谭忠之弟	《樊川》卷6《燕将录》
217	康志达	768—821	赵州	左威卫大将军	2	万安府折冲	2	奉诚军节度使	1	不仕	1	幽州卢龙军节度衙前兵马使	4	康日知之子	续长庆002

续表

编号	姓名	生卒年	出生地	曾祖任官	所属等级	祖父任官	所属等级	父亲任官	所属等级	本人初任官	所属等级	本人终任官	所属等级	备注	出处
218	康元质	不详	幽州镇	万安府折冲	2	奉诚军节度使	1	幽州卢龙节度衙前兵马使	3	不仕	4	—	6	康志达之子。其母范之女为幽州密阳县丞之女,推知达在幽州娶妻生子	续长庆002
219	杨镔	?—821	弘农华阴	库部郎中	2	不仕	4	湖州长城主簿	3	莫州清苑县尉	3	妫州怀戎县令	3		《北京壹》22号
220	杨安石	不详	不详	不仕	4	湖州长城主簿	3	妫州怀戎县令	3	不仕	4	—	6	杨镔之子	《北京壹》22号
221	杨弘正	不详	不详	不仕	4	湖州长城主簿	3	不详	3	卢龙节度巡官,赏赐紫金鱼袋	6	—	6	杨镔之侄,杨弘正撰写杨镔墓志	《北京壹》22号

续表

编号	姓名	生卒年	出生地	曾祖任官	所属等级	祖父任官	所属等级	父亲任官	所属等级	本人初任官	所属等级	本人终任官	所属等级	备注	出处
222	黄晖	不详	江夏	不详	6	不仕	4	不仕	4	可推	3	巡检马步都将	2	其子黄直（表D第264号）"生于燕,仕于燕",推知至迟在818年黄直出生时,黄晖已在幽州	续乾符003
223	王䂀	不详	不详	不详	6	不仕	4	朝请大夫,试太子率更令,行梁州兴元府录事参军	3	可推	3	朝散大夫,试太子洗马,行瀛州河间县令	3	女婿陆岘,女儿卒于842年	大中141

续表

编号	姓名	生卒年	出生地	曾祖任官	所属等级	祖父任官	所属等级	父亲任官	所属等级	本人初任官	所属等级	本人终任官	所属等级	备注	出处
224	王戭	不详	幽州镇	不详	6	幽州节度衙前虞候	3	卢龙节度要籍	3	不仕	4	一	6	王公淑（表D第228号）之父	《北京萱》26号
225	张孝忠	730—791	不详	乙失活部落刺史	2	部落刺史	2	鸿胪卿同正、平州刺史	2	范阳郡洪源府右果毅	3	易定节度使	1		《旧》卷141《张孝忠传》；《权德舆》卷11《张孝忠遗爱碑》
226	张茂昭	762—811	河朔	部落刺史	2	鸿胪卿同正、平州刺史	2	易定节度使	1	中低级官员	3	易定节度使	1	因"累官"至检校工部尚书，故当亦起于低级将校，任官只记其入朝之（元和五年十月前）	《旧》卷141《张孝忠附子茂昭传》；《权德舆》卷11《张孝忠遗爱碑》

续表

编号	姓名	生卒年	出生地	曾祖任官	所属等级	祖父任官	所属等级	父亲任官	所属等级	本人初任官	所属等级	本人终任官	所属等级	备注	出处
227	张庭光	不详	不详	不详	6	部落刺史	2	鸿胪卿同正	2	可推	3	易州刺史	2		《张佑明墓志》,《保定》79
228	陈楚	?—823	定州	不详	6	平州司马	3	易州刺史	3	义勇牙将	3	易定节度使	1	仕历只记至822年	《旧》卷141《陈楚传》;《陈君赏墓志》,《补遗》9-405
229	辛诚	不详	成德镇	不详	6	左卫朔府中郎将	2	镇州司马	3	可推	3	定州别驾兼御史大夫	3	婿陈君赏卒于841年,其女先君赏而卒	《陈君赏墓志铭》,《补遗》9-405
230	杨芳	不详	易州满城	不仕	4	长乐府折冲	2	杞王府长史,署[成德]马军都操	3	义武军节度官	3	—	6	杨从彦之子,永贞元年(805)十月廿日迁葬其父灵柩时尚健在	《满城》123
231	宗惟政	761—789	定州	不详	6	邢州尧山县丞	3	不仕	4	不仕	4	不仕	4		《河北壹》102号

续表

编号	姓名	生卒年	出生地	曾祖任官	所属等级	祖父任官	所属等级	父亲任官	所属等级	本人初任官	所属等级	本人终任官	所属等级	备注	出处
232	宗惟明	不详	定州	不详	6	邢州尧山县丞	3	不仕	4	云麾将军、试殿中监	3	义武军节度衙前虞候、检校大理卿	3	宗惟政之弟	《河北壹》102号；《白居易》卷52《段弢、宗惟明等除检校大理、大仆卿制》
233	宗惟清	不详	定州	不详	6	邢州尧山县丞	3	不仕	4	大常寺丞（带职）	3b	一	6	宗惟政之弟	《河北壹》102号
234	宗敬仲	不详	定州	邢州尧山县丞	3	不仕	4	不仕	4	文林郎、试左率府兵曹参军	3	一	6	初任官为元和八年的官职	《河北壹》102号
235	刘胜京	720—798	定州北平县	不详	6	不详	6	不详	6	可椎	6	昭武校尉、右武卫、易州德行府左果毅	3	其家世"近叶辞荣，官不之大也"	续贞元048

续表

编号	姓名	生卒年	出生地	曾祖任官	所属等级	祖父任官	所属等级	父亲任官	所属等级	本人初任官	所属等级	本人终任官	所属等级	备注	出处
236	刘希顺	不详	定州北平县	不详	6	不详	6	易州德行府左果毅	3	不仕	4	—	6	刘胜京之子	续贞元048
237	刘希瓘	不详	定州北平县	不详	6	不详	6	易州德行府左果毅	3	不仕	4	—	6	刘胜京之子	续贞元048
238	刘希洗	不详	定州北平县	不详	6	不详	6	易州德行府左果毅	3	不仕	4	—	6	刘胜京之子	续贞元048
239	王庭	不详	易州	不详	6	不详	6	赵州高邑县丞	3	冠军大将军,守左金吾卫大将军,试大常卿,大原县开国男,食邑五百户	2	—	6	子王桓汛卒于802年	贞元118

续表

编号	姓名	生卒年	出生地	曾祖任官	所属等级	祖父任官	所属等级	父亲任官	所属等级	本人初任官	所属等级	本人终任官	所属等级	备注	出处
240	王佁汛	771—802	易州	不详	6	赵州高邑县丞	3	冠军大将军、守左金吾卫大将军、试太常卿、太原县开国男、食邑五百户	2	袭先父职官	3	云麾将军	3		贞元118
241	王佁滔	不详	易州	不详	6	赵州高邑县丞	3	冠军大将军、守左金吾卫大将军、试太常卿、太原县开国男、食邑五百户	2	不仕	4	—	6	王佁汛之兄	贞元118

续表

编号	姓名	生卒年	出生地	曾祖任官	所属等级	祖父任官	所属等级	父亲任官	所属等级	本人初任官	所属等级	本人终任官	所属等级	备注	出处
242	王恒洒	不详	易州	不详	6	赵州高邑县丞	3	冠军大将军、守左金吾卫大将军、试太常卿、大原县开国男、食邑五百户	2	不仕	4	一	6	王恒沉之弟	贞元118
243	王恒清	不详	易州	不详	6	赵州高邑县丞	3	冠军大将军、守左金吾卫大将军、试太常卿、大原县开国男、食邑五百户	2	不仕	4	一	6	王恒沉之弟	贞元118

续表

编号	姓名	生卒年	出生地	曾祖任官	所属等级	祖父任官	所属等级	父亲任官	所属等级	本人初任官	所属等级	本人终任官	所属等级	备注	出处
244	石默啜	744—816	乐陵	不详	6	不详	3	不详	3	可推	3	义武军节度易州高阳军故军都知兵马使	2		《石默啜墓志》,《北图》29—106
245	毕荣	不详	成德镇	不详	6	不详	6	深州下博县蔚、承务郎、试泗州长史	3	义武节度逐要	3	一	6	父卒于794年;母卒于810年	元和040
246	李荣	不详	定州	不详	6	河南府陆泽县令	3	瀛州乐寿县丞	3	可推	3	定州北平县令	3	父端时移居定州	长庆008
247	刘元宗	不详	河朔	不详	6	不详	6	云麾将军、试左金吾卫大将军	3	可推	2.5	义武军兵马使	2	刘逸(776—834)之父	大和070

续表

编号	姓名	生卒年	出生地	曾祖任官	所属等级	祖父任官	所属等级	父亲任官	所属等级	本人初任官	所属等级	本人终任官	所属等级	备注	出处
248	赵全泰	777—830	常山真定	不详	6	不详	6	易定节度参谋、口度营田副使	3	定州无极县主簿	3	摄无极县令	3	妻武氏卒于825年,时全泰署"丞务郎、试左卫前卫兵曹参军、摄易州满城县令"	宝历011;大和037
249	杨曙	不详	河朔	不详	6	云麾将军、试左卫金吾大将军	6	不详	3	可推	6	朝请郎、试左率府长史	3	杨弘庆之父	大和083
250	杨弘庆	777—834	河朔	云麾将军、试左金吾卫大将军	3	不详	6	朝请郎、试左率府长史	6	亲事正副将	3	营田都将	2	主要活动在元和年间	大和083

续表

编号	姓名	生卒年	出生地	曾祖任官	所属等级	祖父任官	所属等级	父亲任官	所属等级	本人初任官	所属等级	本人终任官	所属等级	备注	出处
251	张传弓	不详	易定	不详	6	不详	6	金门府折冲	2	可推	2.5	义武节度前衙前将(□□府□□司,试殿中监,进封南阳县开国侯)	2	母王氏(717—792)卒于其官舍;家有世业在定州	贞元048
252	张重华	不详	易定	不详	6	不详	6	金门府折冲	2	可推	2.5	左金吾卫大将军,试大常卿	2	张传弓之弟	贞元048

续表

编号	姓名	生卒年	出生地	曾祖任官	所属等级	祖父任官	所属等级	父亲任官	所属等级	本人初任官	所属等级	本人终任官	所属等级	备注	出处
253	曹长	不详	易定	不详	6	易州□将	3	□州衙前兵马使、银青光禄大夫、检校大子宾客	2	可推	2.5	易州衙前将、试大仆卿	2	曹弘立（806—864）之父，推测"□州"当作"易州"	咸通092
254	张玫文	?—821	易州	不详	6	易州刺史	2	易定高级官员	2	"官列宪台、职宠军握"	3	永清军使	2		大中026
255	程日华	?—788	定州安喜	不详	6	沧州长史	3	定州刺史	2	牙将	3	沧景节度使	1		参见附录三
256	程怀直	?—? 800	定州安喜	沧州长史	3	定州刺史	2	沧景节度使	1	横海军节度留后	2	沧景节度使	1s		参见附录三

续表

编号	姓名	生卒年	出生地	曾祖任官	所属等级	祖父任官	所属等级	父亲任官	所属等级	本人初任官	所属等级	本人终任官	所属等级	备注	出处
257	程怀信	?—805	定州安喜	沧州长史	3	定州刺史	2	中大夫、沧州别驾	3	都知兵马使	2	沧景节度使	1	程日华之从子	《旧》卷143《程日华附子怀直传》;《旧》卷150《虔王琼传》《程怀信墓志》《河北》267
258	程执恭	?—819	定州安喜	定州刺史	2	沧景节度使	1	沧景节度使	1	横海军节度副使兼都知兵马使	2	沧景节度使	1	后改名为"程权"。只记其入朝前仕历	参见附录三
259	孙季昶	不详	河朔	妫州刺史	2	□州长史	2	檀州刺史	3	不仕	4	景州刺史	2	孙公（765—812）之父	《孙公墓志》《汇编·北京大学卷》2-49
260	孙公	765—812	河朔	□州长史	3	檀州刺史	2	景州刺史	2	横海军军校	3	横海军经略副使	3		《孙公墓志》《汇编·北京大学卷》2-49
261	李佰	不详	清河沟河	不仕	4	不仕	4	不仕	4	不仕	4	不仕	4		续永贞007

续表

编号	姓名	生卒年	出生地	曾祖任官	所属等级	祖父任官	所属等级	父亲任官	所属等级	本人初任官	所属等级	本人终任官	所属等级	备注	出处
262	刘谈	752—805	易州易城	不详	6	遂城府折冲	2	朝散郎、试德州司士参军	3	驱使官	3	同经略使、承务郎、沧州鲁城县令	3		《刘谈墓志》,《补遗》4－476
263	何载	?—809	德州安德	汝州郏城县令	2	博州录事参军	3	不仕	4	景州参军	3	节度要藉、权知市事	3		元和035

表 D　河朔藩镇人物资料概要（822—914）

编号	姓名	生卒年	出生地	曾祖任官	所属等级	祖父任官	所属等级	父亲任官	所属等级	本人初任官	所属等级	本人终任官	所属等级	备注	出处
1	史宪诚	？—829	魏博镇	不详	6	试太常卿	3	魏博兵马大使	2	魏博军中右军职（兼监察御史）	2	魏博节度使	1s		《旧》卷181《史宪诚传》；《刘禹锡》卷3《史孝章碑》
2	何进滔	？—840	夏州	夏州军校	3	夏州军校	3	夏州衙前兵马使、检校太子宾客、试太常卿	3	魏博衙内都知兵马使	2	魏博节度使	1		《旧》卷181《何进滔传》；《河北壹》126号
3	何弘敬	806—865	魏博镇	夏州军校	3	夏州衙前兵马使	3	魏博节度使	1	魏博军校	3	魏博节度使	1	何进滔子"十八系戎籍"	《河北壹》126号
4	何全皞	839—870	魏博镇	夏州衙前兵马使	3	魏博节度使	1	魏博节度使	1	魏博左司马	3	魏博节度使	1s	何弘敬之子	《新》卷210《何全皞传》；《河北壹》126号

续表

编号	姓名	生卒年	出生地	曾祖任官	所属等级	祖父任官	所属等级	父亲任官	所属等级	本人初任官	所属等级	本人终任官	所属等级	备注	出处
5	何全肇	不详	魏博镇	夏州衙前兵马使	3	魏博节度使	1	魏博节度使	1	兼贝州别驾	3	一	6	何弘敬之子	《河北壹》126号
6	何全绰	不详	魏博镇	夏州衙前兵马使	3	魏博节度使	1	魏博节度使	1	行贝州司仓参军	3	一	6	何弘敬之子	《河北壹》126号
7	何全昪	不详	魏博镇	夏州衙前兵马使	3	魏博节度使	1	魏博节度使	1	文林郎,前守相州司户参军	3	一	6	何弘敬之子	《河北壹》126号
8	何全卿	不详	魏博镇	夏州衙前兵马使	3	魏博节度使	1	魏博节度使	1	奉义(议)郎、行魏州大都督府户曹参军	3	一	6	何弘敬之子	《河北壹》126号

续表

编号	姓名	生卒年	出生地	曾祖任官	所属等级	祖父任官	所属等级	父亲任官	所属等级	本人初任官	所属等级	本人终任官	所属等级	备注	出处
9	韩国昌	787—852	魏州	魏博节度押衙	3	魏博节度押衙，兼临清镇遏都知兵马使	2	魏博节度押衙，充都知兵马使、国子祭酒，兼检校御史中丞	2	魏博偏裨	3	摄贝州刺史	2	韩允忠之父	《韩国昌碑》，光绪《莘县志》卷8
10	韩允忠	814—874	魏州	魏博节度押衙、兼临清镇遏都知兵马使	2	魏博节度押衙，充都知兵马使	2	摄贝州刺史	2	魏博裨校	3	魏博节度使	1	原名韩君雄	《旧》卷181《韩允忠传》；《韩允忠碑》，光绪《莘县志》卷8
11	韩靖	不详	魏州	魏博节度押衙、兼临清镇遏都知兵马使	2	魏博节度押衙，充都知兵马使	2	摄贝州刺史	2	魏博节度押衙、兼部从（疑下有阙文）	2	—	6	韩允忠仲弟	《韩国昌碑》，光绪《莘县志》卷8

续表

编号	姓名	生卒年	出生地	曾祖任官	所属等级	祖父任官	所属等级	父亲任官	所属等级	本人初任官	所属等级	本人终任官	所属等级	备注	出处
12	韩楚	不详	魏州	魏博节度押衙、兼镇遏都知兵马使	2	魏博节度押衙、充都知兵马使	2	摄贝州刺史	2	魏博节度押衙兼刀斧将	2	一	6	韩允忠季弟	《韩国昌碑》，光绪《莘县志》卷8
13	韩简	?—883	魏州	魏博节度押衙，知兵马使，检校国子祭酒，兼御史中丞	2	摄贝州刺史	2	魏博节度使	2	魏博节度副使	1	魏博节度使	1s	韩允忠长子。883年，乐彦祯据魏州自立，韩简为部下所杀	《旧》卷181《韩简传》
14	韩记	不详	魏州	魏博节度押衙，充知兵马使	2	摄贝州刺史	2	魏博节度使	2	魏州都督府文学	3	一	6	韩允忠次子	《韩允忠碑》，光绪《莘县志》卷8

续表

编号	姓名	生卒年	出生地	曾祖任官	所属等级	祖父任官	所属等级	父亲任官	所属等级	本人初任官	所属等级	本人终任官	所属等级	备注	出处
15	韩谏	不详	魏州	魏博节度押衙，充都知兵马使	2	摄贝州刺史	2	魏博节度使	1	魏博亲事将	3	一	6	韩允忠之子，韩记之弟	《韩允忠碑》，光绪《莘县志》卷8
16	乐彦祯	？—888	魏州	不详	6	不详	6	澶、博、贝三州刺史	2	魏州军校	2	魏博节度使	1s	原名乐行达	《旧》卷181《乐彦祯传》
17	乐从训	？—888	魏州	不详	6	澶、博、贝三州刺史	2	魏博节度使	1	可推	1	相州刺史	2s	为乱，并其父被杀	《旧》卷181《乐彦祯附子从训传》
18	罗让	808—876	魏州贵乡	平州刺史	2	魏博节度押衙、左山河都知兵马使	2	魏博节度押衙、亲事厢虞候	2	魏州军校	3	魏博节度押衙、后军都知兵马使	2		《罗让碑》，《邯郸》025号

续表

编号	姓名	生卒年	出生地	曾祖任官	所属等级	祖父任官	所属等级	父亲任官	所属等级	本人初任官	所属等级	本人终任官	所属等级	备注	出处
19	罗弘信	836—898	魏州贵乡	魏博节度押衙、左山河都知兵马使	2	魏博节度押衙、亲事厢虞候	3	魏博节度押衙、后军都知兵马使	2	马牧监	3	魏博节度使	1		《旧》卷181《罗弘信传》;《旧五》卷14《罗威传》,《邯郸》025号
20	罗庆武	不详	魏州贵乡	魏博节度押衙、亲事厢虞候	3	魏博节度押衙、后军都知兵马使	2	魏博节度使	1	魏博节度副使;魏州大都督府司马知府事	2	魏博节度副使;魏州大都督府司马知府事	2	罗弘信之子。罗庆武既为魏博节度副使而未能接任藩帅,可知其早卒	《罗让碑》,《邯郸》025号
21	罗绍威	877—910	魏州贵乡	魏博节度押衙、亲事厢虞候	3	魏博节度押衙、后军都知兵马使	2	魏博节度使	1	魏博节度副使	1	魏博节度使	1	罗弘信之子	《旧》卷181《罗绍威传》;《旧五》卷14《罗威传》

续表

编号	姓名	生卒年	出生地	曾祖任官	所属等级	祖父任官	所属等级	父亲任官	所属等级	本人初任官	所属等级	本人终任官	所属等级	备注	出处
22	罗廷规	？—911年之前	魏州贵乡	魏博节度后押衙、都知兵马使	2	魏博节度使	1	魏博节度使	1	可推	2.5	司农卿	2	罗绍威之子,尚后梁太祖女安阳公主,又尚金华公主。《通鉴·考异》认为廷规改名乃系周翰《庄宗实录》之误,笔者亦从《考异》	《旧五》卷14《罗绍威传》;《通鉴》卷267,开平三年十一月条
23	米文辩	794—848	魏博镇	不详	6	宁远将军,河东中军将	3	魏博节度诸军马知兵马使兼将	2	魏博排衙将	3	魏博故步度左厢都知马使、兼节度押衙	2		《米文辩墓志》,《河北新发现石刻题记》57

续表

编号	姓名	生卒年	出生地	曾祖任官	所属等级	祖父任官	所属等级	父亲任官	所属等级	本人初任官	所属等级	本人终任官	所属等级	备注	出处
24	米存遇	不详	魏博镇	宁远将军、河东中军将	3	魏博节度诸军都知兵马使兼将	2	魏博节度步军左厢都知兵马使、兼节度押衙	2	登仕郎、试左武卫骑曹参军经略副使	3	一	6	米文辩长子	《米文辩墓志》,《河北新发现石刻题记》57
25	米存简	不详	魏博镇	宁远将军、河东中军将	3	魏博节度诸军都知兵马使兼将	2	魏博节度步军左厢都知兵马使、兼节度押衙	2	宣德郎、试左金吾卫兵曹参军兼度支要籍兼词令官	3	一	6	米文辩仲子。其幼子不计	《米文辩志》,《河北新发现石刻题记》57
26	张建宗	不详	魏州	不仕	4	不仕	4	□阳兵马使	3	不仕	4	不仕	4	张京（表C第29号）之子	续大中015

续表

编号	姓名	生卒年	出生地	曾祖任官	所属等级	祖父任官	所属等级	父亲任官	所属等级	本人初任官	所属等级	本人终任官	所属等级	备注	出处
27	张建招	不详	魏州	不仕	4	不仕	4	□阳兵马使	3	山河将佐	3	—	6	张京之子。"文才七步，武艺超人，指立军口，见任山河何（河?）公禄。"很可能是在魏博"山河子弟"军中任职	续大中015
28	张建叟	不详	魏州	不仕	4	不仕	4	□阳兵马使	3	不仕	4	不仕	4	张京之子	续大中015
29	张建兴	不详	魏州	不仕	4	不仕	4	□阳兵马使	3	不仕	4	不仕	4	张京之子	续大中015
30	令狐庆	不详	魏博镇	淄州节度使	2	高堂(唐)县令□镇遏使	3	不仕	3	不仕	4	—	6	子怀斌（834—858）卒时令狐庆尚健在	续大中069

续表

编号	姓名	生卒年	出生地	曾祖任官	所属等级	祖父任官	所属等级	父亲任官	所属等级	本人初任官	所属等级	本人终任官	所属等级	备注	出处
31	令狐怀诚	834—858	魏博镇	高堂（唐）县令口镇遏使	3	不仕	4	不仕	4	不仕	4	不仕	4	令狐彰之重孙	续大中069
32	李仲绚	811—858	魏博镇	不详	6	不仕	4	不仕	4	低级官员	3	低级官员	3	"公久事公门，事主谨节"。未见官称	续大中068
33	李文遂	不详	魏博镇	不仕	4	不仕	4	低级官员	3	不仕	3	—	6	李仲绚之子	续大中068
34	李神许	不详	魏博镇	不仕	4	不仕	4	低级官员	3	不仕	3	—	6	李仲绚之子	续大中068
35	李神赵	不详	魏博镇	不仕	4	不仕	4	低级官员	3	不仕	3	—	6	李仲绚之子	续大中068

续表

编号	姓名	生卒年	出生地	曾祖官任	所属等级	祖父官任	所属等级	父亲任官	所属等级	本人初任官	所属等级	本人终任官	所属等级	备注	出处
36	马虞	818—860	魏博镇	不仕	4	不仕	4	魏博后军将,定远将军,守左金吾卫大将军员外置同正员,试大常卿	2	节度驱使官	3	节度驱使官,奉义郎,试太常寺主簿	3		续咸通007
37	马幼匡	不详	魏博镇	不仕	4	魏博后军将	2	节度驱使官	3	不仕	4	一	6	马虞长子	续咸通007

编号	姓名	生卒年	出生地	曾祖任官	所属等级	祖父任官	所属等级	父亲任官	所属等级	本人初任官	所属等级	本人终任官	所属等级	备注	出处
38	宗庠	798—852	不详	不详	6	不仕	4	不仕	4	判献奉作坊事	4	节度随军、天雄军司马	2	加天雄军司马之后，"主务殷繁，军枢要，六州咸莫由司"，故当知其职务之重。	《河北壹号》129
39	宗文度	？—852年以后	不详	不详	6	不仕	4	不仕	4	节度要籍兼支计押司	3b	—	6	宗庠之弟，署官为兄宗庠868年下葬时官称	《河北壹号》129
40	宗绍存	不详	魏博镇	不仕	4	不仕	4	节度随军、天雄军司马	2	低级官员	3	—	6	宗庠之子。"任用公门"	《河北壹号》129

续表

编号	姓名	生卒年	出生地	曾祖任官	所属等级	祖父任官	所属等级	父亲任官	所属等级	本人初任官	所属等级	本人终任官	所属等级	备注	出处
41	王恽	789—845	卫州共城	不详	6	汴州大梁折冲都尉、职兼宣武军使	2	不仕	4	不仕	4	不仕	4		会昌056
42	王方宜	不详	卫州共城	不详	6	汴州大梁折冲都尉、职兼宣武军使	2	不仕	4	魏博节度别奏	3b	—	6	王恽之弟	会昌056
43	王珏	不详	卫州共城	汴州大梁折冲都尉、职兼宣武军使	2	不仕	4	不仕	4	不仕	4	—	6	王恽之子	会昌056

续表

编号	姓名	生卒年	出生地	曾祖任官	所属等级	祖父任官	所属等级	父亲任官	所属等级	本人初任官	所属等级	本人终任官	所属等级	备注	出处
44	王德	779—856	魏州	不详	6	不仕	4	不仕	4	低级将校	4	低级将校	3	"少年从仕，卓立辕门"	《河北壹》130号
45	王君遂	不详	魏州	不仕	4	不仕	4	低级将校	3	不仕	3	—	6	王德之子	《河北壹》130号
46	王君庆	不详	魏州	不仕	4	不仕	4	低级将校	3	不仕	3	—	6	王德之子	《河北壹》130号
47	陶肇	813—871	魏博镇	不仕	4	不仕	4	不仕	4	随节度军	4	随节度军奏受（授）魏州昌乐县丞勾当南院孔目事	3		续咸通082

续表

编号	姓名	生卒年	出生地	曾祖任官	所属等级	祖父任官	所属等级	父亲任官	所属等级	本人初任官	所属等级	本人终任官	所属等级	备注	出处
48	阎伯康	不详	魏博镇	不仕	4	不仕	4	节度随军,奏受(授)魏州昌乐县丞,勾当南院孔目事	3	不仕	4	—	6	阎肇之子	续咸通082
49	阎伯翔	不详	魏博镇	不仕	4	不仕	4	节度随军,奏受(授)魏州昌乐县丞,勾当南院孔目事	3	不仕	4	—	6	阎肇之子	续咸通082

续表

编号	姓名	生卒年	出生地	曾祖任官	所属等级	祖父任官	所属等级	父亲任官	所属等级	本人初任官	所属等级	本人终任官	所属等级	备注	出处
50	封词	?—892	魏州	光州刺史	2	汝州长马	3	"未至郎将"	3	相州洹水县尉	3	贝州宗城县尉授贝州文学	3		《河北壹》142号
51	李士修	不详	魏博镇	不详	6	宣德郎、前守魏州朝城县令	3	云麾将军、试殿中监	3	马步讨击[使]	3	一	6	李清(749—821)之子。母贾氏(758—830)	《李清及贾氏夫人墓志》,《补遗》7-411
52	马文操	?—905	魏州元城	不仕	4	不仕	4	不仕	4	魏博经略副使	4	累奏金紫光禄大夫、检校尚书左仆射	2		《马文操碑》,《补遗》6-22
53	崔怀义	?—859	贝州下(夏)津	不详	6	不仕	6	不仕	4	不仕	4	不仕	4		《崔怀义合祔墓志》,《补遗》9-461

续表

编号	姓名	生卒年	出生地	曾祖任官	所属等级	祖父任官	所属等级	父亲任官	所属等级	本人初任官	所属等级	本人终任官	所属等级	备注	出处
54	崔师简	不详	贝州下（夏）津	不仕	4	不仕	4	不仕	4	初级将校	3	—	6	"特授军门，干求寸禄"。	《崔怀义合祔墓志》，《补遗》9-461。
55	崔师瑭	不详	贝州下（夏）津	不仕	4	不仕	4	不仕	4	不仕	4	—	6	"百计经营，用充色养之费"	《崔怀义合祔墓志》，《补遗》9-461
56	崔师进	不详	贝州下（夏）津	不仕	4	不仕	4	不仕	4	不仕	4	—	6	"百计经营，用充色养之费"	《崔怀义合祔墓志》，《补遗》9-461
57	蔡政	808—872	贝州清阳	不仕	4	不仕	4	不仕	4	不仕	4	不仕	4	因官有家，遂为贝州清阳县人	《河北壹》140号

续表

编号	姓名	生卒年	出生地	曾祖任官	所属等级	祖父任官	所属等级	父亲任官	所属等级	本人初任官	所属等级	本人终任官	所属等级	备注	出处
58	蔡行约	不详	贝州清阳	不仕	4	不仕	4	不仕	4	低级官员	3	一		蔡政长子。不见官称，但知"肃肃公门，清廉有誉"	《河北壹》140号
59	蔡行劼	不详	贝州清阳	不仕	4	不仕	4	不仕	4	不仕	4	一	6	蔡政次子	《河北壹》140号
60	张用	799—865	魏州	不详	6	不详	6	不仕	4	不仕	4	不仕	4		续乾符018
61	张行准	不详	魏州	不详	6	不仕	4	不仕	4	不仕	4	一	6	张用长子	续乾符018
62	张行俨	不详	魏州	不详	6	不仕	4	不仕	4	不仕	4	一	6	张用次子	续乾符018
63	张行存	不详	魏州	不详	6	不仕	4	不仕	4	不仕	4	一	6	张用幼子	续乾符018
64	程谊	796—843	魏州元城	不仕	4	不仕	4	不仕	4	不仕	4	不仕	4		《河北壹》134号
65	程季和	不详	魏州元城	不仕	4	不仕	4	不仕	4	不仕	4	一	6	程谊长子	《河北壹》134号
66	程季昌	不详	魏州元城	不仕	4	不仕	4	不仕	4	不仕	4	一	6	程谊次子	《河北壹》134号

续表

编号	姓名	生卒年	出生地	曾祖任官	所属等级	祖父任官	所属等级	父亲任官	所属等级	本人初任官	所属等级	本人终任官	所属等级	备注	出处
67	袁黄	？—881	贝州	不详	6	不详	6	不详	6	不仕	4	不仕	4		《河北壹》135号
68	袁□尚	不详	贝州	不详	6	不详	6	不仕	4	不仕	4	一	6	袁黄之子	《河北壹》135号
69	袁乾郎	不详	贝州	不详	6	不详	6	不仕	4	不仕	4	一	6	袁黄之子	《河北壹》135号
70	袁宝郎	不详	贝州	不详	6	不详	6	不仕	4	不仕	4	一	6	袁黄之子	《河北壹》135号
71	李让	793—850	博州武水	不仕	4	不仕	4	不仕	4	不仕	4	不仕	4	李让长男。《通鉴》卷253,僖宗乾符四年六月条载,忠武都将李可封,是否即此人,待考	续咸通010
72	李可封	不详	博州武水	不仕	4	不仕	4	不仕	4	不仕	4	一	6		续咸通010

续表

编号	姓名	生卒年	出生地	曾祖任官	所属等级	祖父任官	所属等级	父亲任官	所属等级	本人初任官	所属等级	本人终任官	所属等级	备注	出处
73	李可及	不详	博州武水	不仕	4	不仕	4	不仕	4	不仕	4	—	6	李让仲子。《旧》卷177《曹确传》载，懿宗朝伶官李可及，是否即此人，待考	续咸通010
74	李可九	不详	博州武水	不仕	4	不仕	4	不仕	4	不仕	4	—	6	李让季子	续咸通010
75	卢荣	约807—约868	魏州	不详	6	不仕	4	不仕	4	不仕	4	不仕	4		续咸通058
76	卢怀佑	不详	魏州	不仕	4	不仕	4	不仕	4	不仕	4	—	6	卢荣长子	续咸通058
77	卢怀庆	不详	魏州	不仕	4	不仕	4	不仕	4	不仕	4	—	6	卢荣之子	续咸通058
78	卢怀珲	不详	魏州	不仕	4	不仕	4	不仕	4	不仕	4	—	6	卢荣之子	续咸通058
79	卢德	不详	魏州	不仕	4	不仕	4	不仕	4	不仕	4	—	6	卢荣之子	续咸通058

续表

编号	姓名	生卒年	出生地	曾祖任官	所属等级	祖父任官	所属等级	父亲任官	所属等级	本人初任官	所属等级	本人终任官	所属等级	备注	出处
80	乐神佑	不详	魏博镇	不仕	4	不仕	4	不仕	4	不仕	4	—	6	乐靖（789—828）长子	《乐靖朱氏夫人袝葬墓志》，《补遗》7-422
81	乐天佺	不详	魏博镇	不仕	4	不仕	4	不仕	4	不仕	4	—	6	乐靖次子	《乐靖朱氏夫人袝葬墓志》，《补遗》7-422
82	王玉	769—841	魏州	陈郡王	2	不仕	4	不仕	4	不仕	4	不仕	4		续大中075
83	王道进	不详	魏州	不仕	4	不仕	4	不仕	4	不仕	4	—	6	王玉之子	续大中075
84	王道兴	不详	魏州	不仕	4	不仕	4	不仕	4	不仕	4	—	6	王玉之子	续大中075
85	顾谦	806—872	吴郡	登州军民事曹推官	3	尧州司户参军	3	宣州宁国县丞	3	贝州宗城县令	3	贝州宗城县令	3		咸通109
86	桥□	876—900	魏州	不详	6	不仕	4	不仕	4	不仕	4	不仕	4	早逝	《桥府君墓志》，《补遗》9-463
87	张泽	778—833	相州临河	不详	6	不仕	4	不仕	4	不仕	4	不仕	4		续会昌005

续表

编号	姓名	生卒年	出生地	曾祖任官	所属等级	祖父任官	所属等级	父亲任官	所属等级	本人初任官	所属等级	本人终任官	所属等级	备注	出处
88	张从瑾	不详	相州临河	不仕	4	不仕	4	不仕	4	不仕	4	一	6	张泽长子	续会昌005
89	张从璋	不详	相州临河	不仕	4	不仕	4	不仕	4	不仕	4	一	6	张泽之子	续会昌005
90	张从瑷	不详	相州临河	不仕	4	不仕	4	不仕	4	不仕	4	一	6	张泽之子	续会昌005
91	张从璠	不详	相州临河	不仕	4	不仕	4	不仕	4	不仕	4	一	6	张泽之子	续会昌005
92	赵文雅	不详	魏州或相州（据志文推）	曹州司土参军	3	不仕	4	"寄名戎府"	3	澶州司功参军、节度押衙	3	一	6	赵逸（表C第22号）和孟氏（764—828）长子	《安阳》52号
93	赵文英	不详	魏州或相州	曹州司土参军	3	不仕	4	"寄名戎府"	3	中低级将校	3	一	6	赵逸和孟氏次子	《安阳》52号
94	魏朗	777—847	魏州馆陶	不详	6	不仕	4	不仕	4	不仕	4	不仕	4		《河北壹》115号
95	魏敬能	不详	魏州馆陶	不仕	4	不仕	4	不仕	4	不仕	4	一	6	魏朗长子	《河北壹》115号
96	魏敬友	不详	魏州馆陶	不仕	4	不仕	4	不仕	4	不仕	4	一	6	魏朗之子	《河北壹》115号

续表

编号	姓名	生卒年	出生地	曾祖任官	所属等级	祖父任官	所属等级	父亲任官	所属等级	本人初任官	所属等级	本人终任官	所属等级	备注	出处
97	韩坚	762—851	魏州元城	不详	6	不详	6	不详	6	不仕	4	不仕	4	祖、父不见于此方墓志	续大中031
98	韩茂诚	不详	魏州元城	不详	6	不详	6	不仕	4	不仕	4	—	6	韩坚长子	续大中031
99	韩茂林	不详	魏州元城	不详	6	不详	6	不仕	4	不仕	4	—	6	韩坚次子	续大中031
100	何琮	814—885	不详	灵州大都督府长史、兼灵州刺史	2	郎坊节度观察处置使	2	银州刺史	2	卫州参军	3	相州邺县令、摄澶州顿丘令	3		《安阳》56号；续大和020
101	赵贽	819—830	魏博镇	不详	6	魏州大都督府莘县令	3	不详	3	不仕	4	—	6		续大和027
102	潘府君	?—847	贝州永济	不详	6	不仕	4	不仕	4	不仕	4	不仕	4		续大中017
103	潘怀庆	不详	贝州永济	不仕	4	不仕	4	不仕	4	不仕	4	—	6	潘府君之子	续大中017
104	潘怀佐	不详	贝州永济	不仕	4	不仕	4	不仕	4	不仕	4	—	6	潘府君之子	续大中017
105	潘怀建	不详	贝州永济	不仕	4	不仕	4	不仕	4	不仕	4	—	6	潘府君之子	续大中017

续表

编号	姓名	生卒年	出生地	曾祖任官	所属等级	祖父任官	所属等级	父亲任官	所属等级	本人初任官	所属等级	本人终任官	所属等级	备注	出处
106	张洪	不详	贝州	不详	6	不仕	4	不仕	4	不仕	4	不仕	4	张崇之父	续咸通035
107	张景先	不详	贝州	不详	6	不仕	4	不仕	4	可推	4	衙前虞候	3	张崇仲父	续咸通035
108	张景□	不详	贝州	不详	6	不仕	4	不仕	4	不仕	4	不仕	4	张崇季父	续咸通035
109	张崇	841—864	贝州	不仕	4			不仕	4	不仕	4	不仕	4	外祖父贝州押衙；仲父终衙前虞候	续咸通035
110	许和	823—889	魏州馆陶	不详	6	不仕	4	不仕	4	不仕	4	不仕	4	祖、父名字俱见于墓志，唯无官称。志文言许和"轨范之至，为世之规模；训勤成家，为乡邑之领袖"	续大顺002

续表

编号	姓名	生卒年	出生地	曾祖任官	所属等级	祖父任官	所属等级	父亲任官	所属等级	本人初任官	所属等级	本人终任官	所属等级	备注	出处
111	许神通	不详	魏州馆陶	不仕	4	不仕	4	不仕	4	不仕	4	—	6	许和之子	续大顺002
112	许神会	不详	魏州馆陶	不仕	4	不仕	4	不仕	4	不仕	4	—	6	许和之子	续大顺002
113	刘会	825—898	魏州	不仕	4	不仕	4	不仕	4	不仕	4	不仕	4		续光化001
114	刘神宽	不详	魏州	不仕	4	不仕	4	不仕	4	不仕	4	—	6	刘会长子	续光化001
115	刘神迁	不详	魏州	不仕	4	不仕	4	不仕	4	不仕	4	—	6	刘会仲子	续光化001
116	刘神遏	不详	魏州	不仕	4	不仕	4	不仕	4	不仕	4	—	6	刘会季子	续光化001
117	韩祯	827—896	魏博镇	不仕	4	不仕	4	不仕	4	不仕	4	不仕	4		续乾宁005
118	韩元裕	不详	魏博镇	不仕	4	不仕	4	不仕	4	不仕	4	—	6	韩祯之子	续乾宁005
119	韩元约	不详	魏博镇	不仕	4	不仕	4	不仕	4	不仕	4	—	6	韩祯之子	续乾宁005
120	韩元及	不详	魏博镇	不仕	4	不仕	4	不仕	4	不仕	4	—	6	韩祯之子	续乾宁005
121	韩元信	不详	魏博镇	不仕	4	不仕	4	不仕	4	中级官员	3	—	6	韩祯之子。"幼从公官，每献忠勤，衣紫珮金"	续乾宁005

续表

编号	姓名	生卒年	出生地	曾祖任官	所属等级	祖父任官	所属等级	父亲任官	所属等级	本人初任官	所属等级	本人终任官	所属等级	备注	出处
122	韩元礼	不详	魏博镇	不仕	4	不仕	4	不仕	4	不仕	4	一	6	韩稹之子	续乾宁005
123	王楚	853—873	魏州	不详	6	不仕	6	不仕	4	不仕	4	不仕	4		《王楚墓志铭》，《补遗》9-461
124	魏府君	不详	不详	相州刺史	2	守青州北海县丞	3	不仕	4	不仕	4	不仕	4	年五十七，未载卒年，光启二年（886）归葬	《安阳博》28号
125	田审志	不详	卫州恭县（即共城）	不详	6	不详	6	天雄军节度押衙	3	可推	3	天雄军节度押衙，稻田务使	3	子田府君（884—955）	《田府君墓志》1911
126	陆郢	不详	相州	不详	6	不详	6	相州安阳县令	3	将仕郎、魏州莘县令	3	一	6	陆氏（?—899）之弟	《安丰》185号

续表

编号	姓名	生卒年	出生地	曾祖任官	所属等级	祖父任官	所属等级	父亲任官	所属等级	本人初任官	所属等级	本人终任官	所属等级	备注	出处
127	崔巍	不详	河朔	不详	6	兖州瑕丘令	3	邢州内丘令	3	可推	3	魏州贵乡令	3	崔琳（881—938）之父	《安丰》188号
128	崔琳	881—938	河朔	兖州瑕丘令	3	邢州内丘令	3	魏州贵乡令	3	冠氏县尉	3	堂邑令	3	仅记录其河朔仕历	《安丰》188号
129	孔昉	846—891	魏州永济	不仕	4	不仕	4	不仕	4	不仕	4	德州平原县令	3		《山东临清出土五代孔谦家族墓志》（以下简称《孔谦家族墓志》）
130	孔佶	?—927年以后	魏州永济	不仕	4	不仕	4	德州平原县令	3	朝议郎，守滑州司马	3	襄州别驾	3	孔昉长子，孔谦长兄	《孔谦家族墓志》
131	孔谨	871—953	魏州永济	不仕	4	不仕	4	德州平原县令	3	将仕郎，守德州长史	3	朝散大夫、检校工部尚书	2		《孔谦家族墓志》

续表

编号	姓名	生卒年	出生地	曾祖任官	所属等级	祖父任官	所属等级	父亲任官	所属等级	本人初任官	所属等级	本人终任官	所属等级	备注	出处
132	孔谦	872—926	魏州永济	不仕	4	不仕	4	德州平原县令	3	天雄军节度押衙、魏博观察孔目官	3	都盐曲使、支度使、都排仗使	2	任官仅统计至914年前后	《孔谦家族墓志》
133	孔立	873—916	魏州永济	不仕	4	不仕	4	不仕	4	不仕	4	不仕	4	孔昉幼子	《孔谦家族墓志》
134	孔惟彦	?—983年之前	魏州永济	不仕	4	德州平原令	3	检校工部尚书	2	可推	3	摄冀州司马	3	孔谦长子	《孔谦家族墓志》
135	孔惟允	?—983年之前	魏州永济	不仕	4	德州平原令	3	检校工部尚书	2	不仕	2	不仕	4	孔谦次子，卒于父之前	《孔谦家族墓志》
136	罗谦	不详	邺（魏州）	不详	6	不详	6	澶州刺史	2	可推	2.5	博州刺史	2	孙罗周辅	《河南叁·千唐志斋壹》342号
137	罗周辅	903—947	邺（魏州）	澶州刺史	2	博州刺史	2	泰宁军节度副使	2	博州长史	2	博州长史	3	疑与罗信同族	《河南叁·千唐志斋壹》342号

续表

编号	姓名	生卒年	出生地	曾祖任官	所属等级	祖父任官	所属等级	父亲任官	所属等级	本人初任官	所属等级	本人终任官	所属等级	备注	出处
138	刘光赞	889—954	魏州冠氏	不仕	4	不仕	4	不仕	4	本乡公府	3	本乡公府	3	仅计其藩镇任官	《五代墓志汇考》197号
139	王廷凑	？—834	河朔	左武卫将军同正	3	骑将，累迁右职	2	骑将，累迁右职	2	成德衙内兵马使	2	成德节度使	1	亦作"王庭凑"，统一写作"王廷凑"	《旧》卷142《王廷凑传》
140	王元逵	812—854	成德镇	骑将，累迁右职	2	骑将，累迁右职	2	成德节度使	1	成德中军兵马使	1	成德节度使	1	王廷凑次子，尚寿安公主	大中096
141	王绍鼎	？—857	成德镇	骑将，累迁右职	2	成德节度使	1	成德节度使	1	镇州大都督府左司马，知府事，节度副使，都知兵马使	1	成德节度使	1		《旧》卷142《王绍鼎传》

续表

编号	姓名	生卒年	出生地	曾祖任官	所属等级	祖父任官	所属等级	父亲任官	所属等级	本人初任官	所属等级	本人终任官	所属等级	备注	出处
142	王绍烈	不详	成德镇	骑将，累迁右职	2	成德节度使	1	成德节度使	1	可推	2.5	右散骑常侍、赵州刺史	2		大中096
143	王绍懿	？—866	成德镇	骑将，累迁右职	2	成德节度使	1	成德节度使	1	深州刺史、兼成德军节度判官	2	成德节度使	1	王绍烈之弟	《旧》卷142《王绍懿传》；《旧》卷19上《懿宗纪》；大中096
144	王景胤	不详	成德镇	成德节度使	1	成德节度使	1	成德节度使	1	成德军中军兵马使	2	深州刺史、本州团练守捉使	2	王绍鼎长子	《旧》卷142《王景胤传》
145	王景崇	847—882	成德镇	成德节度使	1	成德节度使	1	成德节度使	1	镇州大都督府左司马、知府事，都知兵马使	2	成德节度使	1	王绍鼎嫡嗣	《旧》卷142《王景崇传》；《新》卷211《王景崇传》

续表

编号	姓名	生卒年	出生地	曾祖任官	所属等级	祖父任官	所属等级	父亲任官	所属等级	本人初任官	所属等级	本人终任官	所属等级	备注	出处
146	王镕	873—921	成德镇	成德节度使	1	成德节度使	1	成德节度使	1	成德节度使	1	成德节度使	1s		《旧五》卷54《王镕传》;《全唐文新编》卷851
147	张君平	799—834	深州饶阳	绛州长史	3	不仕	4	成德军十将、兼充乐寿镇遏都知兵马使苑公押衙	3	中低级将校	3	中低级将校	3		大中081
148	杨邈	不详	成德镇	卢龙军将	3	成德军节度征马野牧兼中军都兵马使	2	深、冀州刺史	3	镇州衙前兵马使	2	—	6	父杨孝直卒于835年,官终山南东道节度押衙。但曾任成德支州刺史	大和090

续表

编号	姓名	生卒年	出生地	曾祖任官	所属等级	祖父任官	所属等级	父亲任官	所属等级	本人初任官	所属等级	本人终任官	所属等级	备注	出处
149	郑板	不详	冀州	河南府寿安县主簿	3	大理司直,兼豫州桐庐县令	3	冀州阜城县令	3	赵州平棘县丞	3	一	6	母卒于832年	贞元110;大和049
150	郑褐	不详	冀州	河南府寿安县主簿	3	大理司直,兼豫州桐庐县令	3	冀州阜城县令	3	赵州参军	3	一	6	母卒于832年	贞元110;大和049
151	刘忠孝	778—838	常山真定	不详	6	不仕		中低级将校	4	成德军衙前将,试太子通事舍[人?]骑都尉	3	成德军衙前将,试太子通事舍[人?]骑都尉	3	又《新·李原谅传》载刘忠孝心,朱泚乱中时在建中四年方才7岁,故知此忠孝非彼忠孝	《河北壹》111号

续表

编号	姓名	生卒年	出生地	曾祖任官	所属等级	祖父任官	所属等级	父亲任官	所属等级	本人初任官	所属等级	本人终任官	所属等级	备注	出处
152	刘本立	不详	常山真定	不仕	4	中低级将校	3	成德军衙前将	3	不仕	4	—	6	刘忠孝长子	《河北壹》111号
153	刘惟庆	不详	常山真定	不仕	4	中低级将校	3	成德军衙前将	3	不仕	4	—	6	刘忠孝次子	《河北壹》111号
154	刘幼弘	不详	常山真定	不仕	4	中低级将校	3	成德军衙前将	3	不仕	4	—	6	刘忠孝幼子	《河北壹》111号
155	邢琼	不详	成德镇	不详	6	不仕	4	摄冀州枣强县令	3	不仕	4	—	6	邢汸（表D第174号）之父	《邢汸夫人汝南周氏合祔墓志》、《补遗》5-440
156	姚府君	不详	成德镇	不详	6	□□马□□虞候	6	不仕	4	［缺若干字］虞候	4	成德深州武强镇故城都知虞候	3	858年，其妻强终于武强镇之私第，次年合祔	《河北壹》121号

续表

编号	姓名	生卒年	出生地	曾祖任官	所属等级	祖父任官	所属等级	父亲任官	所属等级	本人初任官	所属等级	本人终任官	所属等级	备注	出处
157	姚公位	不详	成德镇	□□□马□□虞候	3	不仕	4	成德军深州武强镇故知城都虞候	3	不仕	4	—	6	姚府君之子	《河北壹》121号
158	姚公□	不详	成德镇	□□□马□□虞候	3	不仕	4	成德军深州武强镇故知城都虞候	3	不仕	4	—	6	姚府君之子	《河北壹》121号
159	李英信	不详	成德镇	不详		使持节沧州诸军事沧州刺史、御(史)中丞,封陵川郡王	6	成德军马步兵马使	1	可推	2	成德军节度押衙、□□□御史	3	按其子李守□墓志铭所载,李英信当为沧景节度使李全略之孙	咸通070

续表

编号	姓名	生卒年	出生地	曾祖任官	所属等级	祖父任官	所属等级	父亲任官	所属等级	本人初任官	所属等级	本人终任官	所属等级	备注	出处
160	李守□	816—864	成德镇	使持节沧州诸军事、沧州刺史、[史]中丞、封陵川郡王	1	成德军马步兵马使、云麾将军、试太常卿、兼侍御史	2	成德军节度押衙	3	虞候	3	赵州防御使、太中大夫、检校国子祭酒、兼御史大夫	2	墓志上未记其官首称，但言"命官戴多（可能是虞候之类职务），下布一军之政，上匡之尊。十乘之尊"。据该志，其曾祖当为李全略。其祖父李忠义，疑与正史上记载的"李忠义"并非一人	咸通070

续表

编号	姓名	生卒年	出生地	曾祖任官	所属等级	祖父任官	所属等级	父亲任官	所属等级	本人初任官	所属等级	本人终任官	所属等级	备注	出处
161	李仲球	不详	成德镇	成德军马步兵马使	2	成德军节度押衙	3	赵州防御使	3	亲事副将	3	一	6	李守□长子	咸通070
162	李仲瑜	不详	成德镇	成德军马步兵马使	3	成德军节度押衙	3	赵州防御使	3	可推	3	镇府文学	3	李守□次子,早卒	咸通070
163	纪审	不详	镇府房山（平山）	不详	6	镇州讨击副使、兼冀州马步虞候	3	深州饶阳镇遏、银青光禄大夫、检校太子宾客、兼侍殿中侍御史	3	可推	2	步军左建武将	3	纪丰之父	《纪丰夫人牛氏合祔墓志》,《补遗》6-207

续表

编号	姓名	生卒年	出生地	曾祖任官	所属等级	祖父任官	所属等级	父亲任官	所属等级	本人初任官	所属等级	本人终任官	所属等级	备注	出处
164	纪丰	838—875	镇府房山（平山）	镇州讨击副使、兼冀州马步虞候	3	深州饶阳镇遏都将	2	步军左建武将	3	俟马副将	3	武顺军讨击副使、俟马将、银青光禄大夫、检校太子宾客、兼殿中侍御史	2	天祐二年，更成德军号为武顺军（《新》卷66《方镇表三》）	《纪丰夫人牛氏合祔墓志》，《补遗》6-207
165	纪爽	不详	镇府房山（平山）	深州饶阳镇遏都将	2	步军左建武将	3	武顺军讨击副使、俟马将	3	衙前兵马使、左亲骑指挥使	2	—	6	纪丰之子，母牛氏（845—906）开平四年合祔	《纪丰夫人牛氏合祔墓志》，《补遗》6-207
166	邢通	797—883	赵州	不详	6	不仕	4	镇府驱要	4	不仕	4	不仕	4		中和006
167	邢忠义	不详	赵州	不仕	4	镇府驱要	4	不仕	3	不仕	4	—	6	邢通长子	中和006

续表

编号	姓名	生卒年	出生地	曾祖任官	所属等级	祖父任官	所属等级	父亲任官	所属等级	本人初任官	所属等级	本人终任官	所属等级	备注	出处
168	邢忠汴	不详	赵州	不仕	4	镇府驱要	3	不仕	4	北山场采听务判官	3	一	6	邢通仲子	中和006
169	邢忠收	不详	赵州	不仕	4	镇府驱要	3	不仕	4	左奉胜将押官□七城税务公事	3	一	6	邢通季子	中和006
170	马良	810—883	镇州	不详	6	不仕	4	不仕	4	后槽坊将	3	成德军节度押衙兼御史中丞、知端前衙都虞候、游击将军、检校国子祭酒	2		《河北壹》138号

续表

编号	姓名	生卒年	出生地	曾祖任官	所属等级	祖父任官	所属等级	父亲任官	所属等级	本人初任官	所属等级	本人终任官	所属等级	备注	出处
171	马某	不详	镇州	不仕	4	不仕	4	知衙前都虞候	2	中低级将校	3	—	6	马良独子。始命节度子弟。授军右胜武将事，又命知左武锐将事。旋又命为知左鼓角将	《河北壹》138号
172	赵公亮	842—884	镇州真定	不详	6	不仕	4	不仕	4	成德军节度使专宅务当官	3	成德军节度使专宅务当官	3		《河北壹》139号
173	赵弘裕	不详	镇州真定	不仕	6	不仕	4	成德军节度使专宅务当官	3	不仕	4	—	6	赵公亮长子	《河北壹》139号

编号	姓名	生卒年	出生地	曾祖任官	所属等级	祖父任官	所属等级	父亲任官	所属等级	本人初任官	所属等级	本人终任官	所属等级	备注	出处
174	邢汴	832—912	成德镇	不仕	4	摄冀州枣强县令	3	不仕	4	镇府逐要山场兼务判官	3	深州饶阳镇遏衙前兵马使,加(累授银青光禄大夫、检校国子祭酒,兼殿中侍御史)	2		《邢汴夫人周氏合祔墓志》,《补遗》5-440
175	邢琼	不详	成德镇	摄冀州枣强县令	3	不仕	4	深州饶阳镇遏衙前兵马使	2	不仕	4	一	6	邢汴长子	《邢汴夫人周氏合祔墓志》,《补遗》5-440

续表

编号	姓名	生卒年	出生地	曾祖任官	所属等级	祖父任官	所属等级	父亲任官	所属等级	本人初任官	所属等级	本人终任官	所属等级	备注	出处
176	邢震	不详	成德镇	摄冀州枣强县令	3	不仕	4	深州饶阳镇遏兵马使、加衙前兵马使	2	节度驱使官、兼都监仓口知官	3	—	6	邢汴次子	《邢汴夫人周氏合祔墓志》，《补遗》5-440
177	邢辇	不详	成德镇	摄冀州枣强县令	3	不仕	4	深州饶阳镇遏兵马使、加衙前兵马使	2	使院驱使官、知职员事	3	—	6	邢汴第三子	《邢汴夫人周氏合祔墓志》，《补遗》5-440
178	邢岩	不详	成德镇	摄冀州枣强县令	3	不仕	4	深州饶阳镇遏兵马使、加衙前兵马使	2	不仕	4	—	6	邢汴第四子	《邢汴夫人周氏合祔墓志》，《补遗》5-440

续表

编号	姓名	生卒年	出生地	曾祖任官	所属等级	祖父任官	所属等级	父亲任官	所属等级	本人初任官	所属等级	本人终任官	所属等级	备注	出处
179	孟文德	不详	德州平昌	不详	6	不详	6	不仕	4	可推	4	节度都回图钱谷都知官	2.5	孟弘敏（890—919）之父	《孟弘敏夫人李氏合祔墓志》,《补遗》3-298
180	孟弘敏	890—919	德州平昌	不详	6	不仕	6	节度都回图钱谷都知官	2	东门百人将	2	成德军东门亲事兵马使、宅内鞘库口知官、银青光禄大夫、检校太子宾客、侍御史	3		《孟弘敏夫人李氏合祔墓志》,《补遗》3-298

续表

编号	姓名	生卒年	出生地	曾祖任官	所属等级	祖父任官	所属等级	父亲任官	所属等级	本人初任官	所属等级	本人终任官	所属等级	备注	出处
181	孟守振	不详	成德镇	不仕	4	节度都回图钱谷都知官	2	成德军东门亲事兵马使、宅内鞍辔库口知官	2	东门义儿	3	一	6		《孟弘敏夫人李氏合袝墓志》,《补遗》3-298
182	曹惟政	789—853	镇州平山	不详	6	试殿中侍御[史]、银青光禄大夫、食邑五百户	6	不仕	4	不仕	4	不仕	4		续咸通036
183	曹幼澄	不详	镇州平山	试殿中侍御[史]、银青光禄大夫、食邑五百户	3	不仕	3	不仕	4	不仕	4	一	6	曹惟政长子	续咸通036

续表

编号	姓名	生卒年	出生地	曾祖任官	所属等级	祖父任官	所属等级	父亲任官	所属等级	本人初任官	所属等级	本人终任官	所属等级	备注	出处
184	曹敬初	不详	镇州平山	试殿中侍御[史],银青光禄大夫,食邑五百户	3	不仕	4	不仕	4	不仕	4	一	6	曹惟政次子	续咸通036
185	崔方拣	779—861	赵州	不详	6	不仕	4	不仕	4	不仕	4	不仕	4	祖、父虽不仕,但赵州地方显然都是贵,"虽不实(食)禄,人接贵风,出入极班之门,与朱履而同席"	《河北壹》125号
186	崔迥尚	不详	赵州	不仕	4	不仕	4	不仕	4	不仕	4	一	6	崔方拣长子	《河北壹》125号

续表

编号	姓名	生卒年	出生地	曾祖任官	所属等级	祖父任官	所属等级	父亲任官	所属等级	本人初任官	所属等级	本人终任官	所属等级	备注	出处
187	崔迥宽	不详	赵州	不仕	4	不仕	4	不仕	4	成德军节度都知兵马使知驱使官天长镇判官,兼专知仓务	3	一	6	崔方栋次子	《河北壹》125号
188	刘惠	772—848	赵州临城	不详	6	不详	6	不详	6	不仕	6	不仕	4	"府君曾及祖至考勋……官讳,名讳,并于先铭具载矣,亦不重题。"因未见到"先铭",故其祖、父任官只能以不详计	《河北壹》118号

续表

编号	姓名	生卒年	出生地	曾祖任官	所属等级	祖父任官	所属等级	父亲任官	所属等级	本人初任官	所属等级	本人终任官	所属等级	备注	出处
189	刘仲殷	不详	赵州临城	不详	6	不详	6	不仕	4	不仕	4	一	6	刘惠长子	《河北壹》118号
190	刘仲枋	不详	赵州临城	不详	6	不详	6	不仕	4	不仕	4	一	6	刘惠次子	《河北壹》118号
191	刘少义	795—865	中山（定州）	不仕	4	常山府院逐要	3	南作坊都知官、兼三冶车坊事	3	职任将副	3	"职任将副"	3		《流散续》384号
192	李清	不详	冀州	不详	6	不仕	6	不仕	4	可推	4	冀州留后官、驱使官	3	李方简之父	《李方简曹氏合祔墓志》《新出唐冀州留后官李简墓志考释》
193	李方简	838—881	冀州	不仕	4	不仕	4	冀州留后官、兼驱使官	3	冀州留后官	3	冀州驱使官	3		《李方简曹氏合祔墓志》《新出唐冀州留后官李简墓志考释》

续表

编号	姓名	生卒年	出生地	曾祖任官	所属等级	祖父任官	所属等级	父亲任官	所属等级	本人初任官	所属等级	本人终任官	所属等级	备注	出处
194	李思明	不详	冀州	不仕	4	冀州留后官、兼驱使官	3	冀州驱使官	3	使仓专知官	3	一	6	李方简长子	《李方简及妻曹氏合祔墓志》《新出唐冀州留后官李方简墓志考释》
195	李思业	不详	冀州	不仕	4	冀州留后官、兼驱使官	4	冀州驱使官	4	使院驱使官	4	一	6	李方简次子	《李方简及妻曹氏合祔墓志》《新出唐冀州留后官李方简墓志考释》
196	墨君和	不详	镇州真定	不仕	4	不仕	4	不仕	4	不仕	4	奏授光禄大夫	3	世代寒贱,以屠宰为业。正史、《册府》亦记载此人,故纳入统计	《太平广记》卷192《墨君和》;《旧》卷180《李匡威传》;《旧》卷54《王镕传》;《册府》卷398、871

续表

编号	姓名	生卒年	出生地	曾祖任官	所属等级	祖父任官	所属等级	父亲任官	所属等级	本人初任官	所属等级	本人终任官	所属等级	备注	出处
197	朱克融	?—826	幽州	蓟州刺史、柳坡军使	2	幽州节度使	1	幽州兵马留后	2	幽州军校	3	幽州节度使	1s	被杀	《旧》卷180《朱克融传》；《旧》卷200下《朱泚传》
198	李载义	788—837	幽州	检校太子宾客兼侍御史	2	澶州刺史	2	蓟州刺史	2	衙前都知兵马使	2	幽州节度使	1s	原名再义，少孤；大和五年（831）被逐	《旧》卷180《李载义传》；《新》卷75下《宰相世系表五下》
199	张仲武	约792—849	范阳	宣节校尉、幽州润德府折冲都尉	2	教授银青光禄大夫、太子中允	3	幽州大将	3	蓟北雄武军使	2	幽州节度使	1		《旧》卷180《张仲武传》；《张仲武碑》，《廊坊》25

续表

编号	姓名	生卒年	出生地	曾祖任官	所属等级	祖父任官	所属等级	父亲任官	所属等级	本人初任官	所属等级	本人终任官	所属等级	备注	出处
200	张直方	卒于约880—881年	幽州镇	教授银青光禄大夫、太子中允	3	幽州大将军	2	幽州节度使	1	幽州节度使	1	幽州节度使	1s	被逐	《旧》卷180《张仲武传》；《张仁宪碑》25
201	张允伸	785—872	范阳	仕子军门	3	纳降军使	2	檀州刺史	2	押衙、兼步马知兵马使	2	幽州节度使	1		《旧》卷180《张允伸传》
202	张允皋	不详	范阳	仕子军门	3	纳降军使	2	檀州刺史	2	幽州大将	2b	—	6	大中十年，徐人作乱，允伸请以弟允皋领兵伐叛	《旧》卷180《张允伸传》

续表

编号	姓名	生卒年	出生地	曾祖任官	所属等级	祖父任官	所属等级	父亲任官	所属等级	本人初任官	所属等级	本人终任官	所属等级	备注	出处
203	张允中	不详	范阳	仕于军门	3	纳降军使	2	檀州刺史	2	蓟州刺史	2b	—	6	允伸弟,大中十一年四月任命。"荆州刺史"当为"蓟"之误,见《旧》本卷校勘记(一五)	《旧》卷18下《宣宗纪》
204	张允干	不详	范阳	仕于军门	3	纳降军使	2	檀州刺史	2	檀州刺史	2b	—	6	大中十一年四月任命	《旧》卷18下《宣宗纪》
205	张允辛	不详	范阳	仕于军门	3	纳降军使	2	檀州刺史	2	安塞军使	2b	—	6	大中十一年四月任命	《旧》卷18下《宣宗纪》

续表

编号	姓名	生卒年	出生地	曾祖任官	所属等级	祖父任官	所属等级	父亲任官	所属等级	本人初任官	所属等级	本人终任官	所属等级	备注	出处
206	张允举	不详	范阳	仕于羊门	3	纳降军使	2	檀州刺史	2	纳降军使	2b	—	6	大中十一年四月任命	《旧》卷18下《宣宗纪》
207	李可举	?—885	范阳	不详	6	不详	6	幽州节度使	1	幽州节度副使、左司马,加右散骑常侍	2	幽州节度使	1s		《旧》卷180《李可举传》
208	李全忠	?—886	范阳	不详	6	不详	6	平州刺史	2	幽州牙将	3	幽州节度使	1		《旧》卷180《李全忠传》;《李仁钊墓志》,《秦晋豫》969号
209	李匡威	?—893	范阳	不详	6	平州刺史	2	幽州节度使	1	幽州节度使	1	幽州节度使	1s	谋夺镇州不成,被杀于镇州	《旧》卷180《李匡威传》;《李仁钊墓志》,《秦晋豫》969号

续表

编号	姓名	生卒年	出生地	曾祖任官	所属等级	祖父任官	所属等级	父亲任官	所属等级	本人初任官	所属等级	本人终任官	所属等级	备注	出处
210	李匡筹	？—894	范阳	不详	6	平州刺史	2	幽州节度使	1	幽州高级将领	2	幽州节度使	1s		《旧》卷180《李全忠传》;《秦晋钊墓志》969号
211	李匡殷	不详	范阳	不详	6	平州刺史	2	幽州节度使	1	故镇安军使、兼武库使、御史中丞	2	不详	6	刘钤之婿	《旧》卷180《李全忠传》;《秦晋钊墓志》969号;《北京壹》38号
212	刘仁恭	？—914	深州乐寿	不详	6	不详	6	新兴镇将	6	幽州裨校	3	幽州节度使	3	父刘晟客居范阳。907年为子刘守光所因,914年初并其子被李克用所斩	《新》卷212《藩镇卢龙·刘仁恭传》;《旧》卷135《刘守光传》

续表

编号	姓名	生卒年	出生地	曾祖任官	所属等级	祖父任官	所属等级	父亲任官	所属等级	本人初任官	所属等级	本人终任官	所属等级	备注	出处
213	刘守光	?—914	深州乐寿	不详	6	新兴镇将	3	幽州节度使	1	幽州军将（统幽州外镇军）	2	幽州节度使	1s		《旧五》卷135《刘守光传》
214	刘守文	?—909	深州乐寿	不详	6	新兴镇将	3	幽州节度使	1	沧景节度使留后	2	沧景节度使	1s		《旧五》卷135《刘守光传》
215	陆屺	不详	幽州镇	不详	6	不详	6	蓟州刺史	2	幽州良乡县令、幽州节度押衙、银青光禄大夫、检校太子宾客、兼监察御史	2	—	6	陆岘长子；母王氏（776—842）。"大中十二年戊寅岁夏五月六日迁窆王氏于府君之茔兆之坤维"	大中141

续表

编号	姓名	生卒年	出生地	曾祖任官	所属等级	祖父任官	所属等级	父亲任官	所属等级	本人初任官	所属等级	本人终任官	所属等级	备注	出处
216	陆供	不详	幽州镇	不详	6	不详	6	蓟州刺史	2	摄涿州范阳县尉、摄幽州潞县尉	3	一	6	陆峴次子	大中141
217	高元位	不详	幽州镇	京兆府折冲充静边军使	2	宁武军使	2	幽州节度押衙摄妫义州刺史、广边军使，兼营田等使	2	幽州衙前将	3	一	6	高霞寓（表C第207号）子	大和066《河南》105
218	周元长	774—837	幽州镇	大同军使、平州刺史、兼御史中丞卢龙节度留后	2	银青光禄大夫、秘书少监邢洺二州刺史	2	给事郎、幽府参军、蓟州录事参军(事)	2	团练衙官	3	檀州刺史	2	后改名"云长"	续开成014

续表

编号	姓名	生卒年	出生地	曾祖任官	所属等级	祖父任官	所属等级	父亲任官	所属等级	本人初任官	所属等级	本人终任官	所属等级	备注	出处
219	王时邕	800—846	幽州镇	瀛州录事参军	3	涿州范阳县丞	3	幽府功曹参军	3	"佩刀之职"	3	幽州节度押衙	3		续会昌030
220	曹府君	781—847	幽州镇	不详	6	不仕	4	幽州先锋（锋）赴团使、游（游）弈马军将	2	幽州军将	3	幽州军将	3		续大中008
221	曹君晟	不详	幽州镇	不仕	4	幽州先锋（锋）赴团使、游（游）弈马军将	2	幽州军将	3	堂前亲事将	3	—	6	曹府君之子	续大中008

续表

编号	姓名	生卒年	出生地	曾祖任官	所属等级	祖父任官	所属等级	父亲任官	所属等级	本人初任官	所属等级	本人终任官	所属等级	备注	出处
222	华封舆	788—846	不详	宣州司户参军	3	陈州司马骑都尉	3	朝散大夫、青州别驾、骑都尉、赐绯鱼袋	3	幽府户曹掾	2	幽州节度两蕃副使、朝散郎、检校秘书少监、兼御史中丞	2		《北京壹》号 29
223	华郇伯	不详	不详	陈州司马、骑都尉	3	朝散大夫、青州别驾、骑都尉、赐绯鱼袋	3	幽州节度两蕃副使	3	不仕	4	—	6	华封舆次子，"举进士"。未载官名，暂以未入仕计	《北京壹》号 29
224	华申伯	不详	不详	陈州司马、骑都尉	3	朝散大夫、青州别驾、骑都尉、赐绯鱼袋	3	幽州节度两蕃副使	3	不仕	4	—	6	华封舆第三子，"举三传"	《北京壹》号 29

续表

编号	姓名	生卒年	出生地	曾祖任官	所属等级	祖父任官	所属等级	父亲任官	所属等级	本人初任官	所属等级	本人终任官	所属等级	备注	出处
225	李士简	不详	幽州镇	不详	6	不详	6	幽州卢龙节度步军将、银青光禄大夫、检校太子宾客、兼监察御史、充内衙步军大将	2	内衙散马副将	3	一	6	李顺通长子。其母张氏卒于848年，时年62岁。父亲李顺通常大于母亲年龄，故基本可以判定，其父李顺通所署官职为终任官	续大中018
226	茹弘庆	797—848	幽州	不详	6	节度衙前兵马使	2	幽州高级官员	2	内衙虞候	2	亲事兵马使、充宅使副将	3	志文称其父"委质中枢之简，名累授于嘉职"	《北京壹》37号

续表

编号	姓名	生卒年	出生地	曾祖任官	所属等级	祖父任官	所属等级	父亲任官	所属等级	本人初任官	所属等级	本人终任官	所属等级	备注	出处
227	茹令恩	不详	幽州	节度堂前兵马使	2	幽州高级官员	2	亲事兵马使、充宅使副将	3	绫坊军将	3	一	6	茹弘庆之子	续乾符031
228	王公淑	780—848	幽州镇	幽州节度衙前虞候	3	卢龙节度要籍	3	不仕		幽州节度要籍	4	幽州节度判官、兼殿中侍御史、银青光禄大夫、检校太子宾客、卢龙节度留后、营府都督、柳城县令、平州诸军事、平卢军使、等州刺史	3		《北京壹》26号

续表

编号	姓名	生卒年	出生地	曾祖任官	所属等级	祖父任官	所属等级	父亲任官	所属等级	本人初任官	所属等级	本人终任官	所属等级	备注	出处
229	王弘裕	不详	幽州镇	卢龙节度要籍	3	不仕	4	平、妫等州刺史	2	幽州昌平县丞	3	—	6	王公淑长子。公淑共八子,只录三子	《北京壹》26号
230	王弘爽	不详	幽州镇	卢龙节度要籍	3	不仕	4	平、妫等州刺史	2	不仕	4	—	6	王公淑次子	《北京壹》26号
231	王弘庆	不详	幽州镇	卢龙节度要籍	3	不仕	4	平、妫等州刺史	2	不仕	4	—	6	王公淑第三子	《北京壹》26号
232	侯证	?—855年之前	幽州镇	不详	6	宁武军使	2	瀛州刺史、充本州营田防御使	2	可推	3	登仕郎、摄涿州固安县令	3	女侯氏(831—855)。侯氏墓志上称其为"考",故知侯证在855年之前已经去世	大中098
233	陈立行	800—857	蓟州	不详	6	不仕	4	不仕	4	檀州参军	4	幽州安次主簿	3		大中129

续表

编号	姓名	生卒年	出生地	曾祖任官	所属等级	祖父任官	所属等级	父亲任官	所属等级	本人初任官	所属等级	本人终任官	所属等级	备注	出处
234	陈良□	不详	蓟州	不详	6	不仕	4	不仕	4	不仕	4	一	6	陈立行之弟	大中129
235	周玙	787—856	不详	右卫长史	3	朔方兵马副使	3	广州司马	3	散兵马使	3	平州刺史卢龙节度留后柳城军等使	2	元和中人幽州	续大中056
236	周敬中	不详	幽州镇	朔方兵马副使	3	广州司马	3	平州刺史卢龙节度留后柳城军等使	2	前节度衙前将	2	一	3	周玙长子,杨氏生	续大中056
237	周弘中	不详	幽州镇	朔方兵马副使	3	广州司马	3	平州刺史卢龙节度留后柳城军等使	2	不仕	2	一	4	周玙次子,杨氏生	续大中056

续表

编号	姓名	生卒年	出生地	曾祖任官	所属等级	祖父任官	所属等级	父亲任官	所属等级	本人初任官	所属等级	本人终任官	所属等级	备注	出处
238	周蓟	不详	幽州镇	朔方兵马副使	3	广州司马	3	平州刺史,卢龙节度留后,柳城军等使	2	幽州节度衙前兵马使,中散大夫,检校太子宾客	2	一	6	周玛之子。当是刘氏（787—833）所生。年十四摄良乡县尉	续大中056；《周玛妻刘氏墓记铭》，《补编》904
239	董庠元	805—859	檀州	定州节度衙前将、试云麾将军	3	檀州营田将	3	不仕	4	"委以剧务"	3	卢龙节度兵马使、内衙亲事、兼船坊使；幽州节度衙前兵马使，检校大子宾客，兼监察御史	2		《董庠元墓志》，《补编》959

续表

编号	姓名	生卒年	出生地	曾祖任官	所属等级	祖父任官	所属等级	父亲任官	所属等级	本人初任官	所属等级	本人终任官	所属等级	备注	出处
240	董唐清	不详	檀州	定州节度衙前将、试云麾将军	3	檀州营田将	3	不仕	4	不仕	4	—	6	董唐元之弟	《董唐元墓志》,《补编》959
241	董叔凌	不详	幽州镇	檀州营田将	3	不仕	3	幽州节度衙前兵马使	4	节度驱从官	2	—	3	—	6	董唐元长子(824—870);母王氏	《董唐元墓志》,《补编》959;续咸通068
242	董叔晋	不详	幽州镇	檀州营田将	3	不仕	3	幽州节度衙前兵马使	4	衙前子弟	2	—	3	—	6	董唐元次子;母王氏	续咸通068
243	张仝纳	不详	幽州镇	纳降军使	2	仕于军门	3	不详	6	节度押衙	6	—	3	—	6	张允伸之任,适董唐元长女	《董唐元墓志》959,《补编》通068;《旧》卷180《张允伸传》

续表

编号	姓名	生卒年	出生地	曾祖任官	所属等级	祖父任官	所属等级	父亲任官	所属等级	本人初任官	所属等级	本人终任官	所属等级	备注	出处
244	姚季仙	787—863	不详	不详	6	不详	6	不详	6	节度驱使官	3	节度驱使官	3		续咸通025
245	姚君贤	？—863之前	幽州镇	不详	6	不详	6	幽州节度驱使官	3	中低级官员	3	职列内衙	3	姚季仙长子，"职列内衙……命不与，而沦没于阵前"	续咸通025
246	姚存正	不详	幽州镇	不详	6	不详	6	幽州节度驱使官	3	不仕	4	—	6	姚季仙之子	续咸通025
247	姚小朐	不详	幽州镇	不详	6	不详	6	幽州节度驱使官	3	不仕	4	—	6	姚季仙之子	续咸通025
248	常克谋	788—864	幽州镇	上谷郡司马	3	不仕	3	遥摄檀州司户参军	4	不仕	4	不仕	4		《河北壹》127号

续表

编号	姓名	生卒年	出生地	曾祖任官	所属等级	祖父任官	所属等级	父亲任官	所属等级	本人初任官	所属等级	本人终任官	所属等级	备注	出处
249	常公纪	不详	幽州镇	不仕	4	遥摄檀州司户参军	3	不仕	4	遥摄平州石城县尉	3	—	6	常克谋长子	《河北壹》127号
250	常公涉	不详	幽州镇	不仕	4	遥摄檀州司户参军	3	不仕	4	不仕	4	—	6	常克谋次子	《河北壹》127号
251	刘矅	785—829	河朔	试太子通事舍人、申豪(濠)宣彭四州都督	2	皇金紫光禄大夫、赵州长史	3	镇州节度随军	3	王府兵曹参军	3	防御军使	2	论博言岳父	《刘矅及妻墓志铭》,《石景山》35

续表

编号	姓名	生卒年	出生地	曾祖任官	所属等级	祖父任官	所属等级	父亲任官	所属等级	本人初任官	所属等级	本人终任官	所属等级	备注	出处
252	论博言	805—865	不详	左卫大将军、岩州都督、临洮王	2	英武军使奉天定难功臣、颖州刺史	2	宁州防御使、守宁州刺史	2	节度散兵马使	3	幽州卢龙节度左都衙、摄檀州刺史、充武威军使	2	《论博言墓志》记其结衔、姓名与《论惟贞墓志》所记略有差异，已刊诸文似未措意，影响统计，留待后考	《论博言墓志》36;《石景山》36;《论惟贞墓志》、《洛阳新获墓志二〇一五》231
253	论从礼	不详	幽州镇	英武军使奉天定难功臣、颖州刺史	2	宁州防御使、守宁州刺史	2	幽州卢龙节度左都衙、摄檀州刺史、充武威军使	2	幽州节度牙门将	3	一	6	论博言之子	《论博言墓志》36;《石景山》36

续表

编号	姓名	生卒年	出生地	曾祖任官	所属等级	祖父任官	所属等级	父亲任官	所属等级	本人初任官	所属等级	本人终任官	所属等级	备注	出处
254	张建章	806—866	河朔	河北陆运使	2	守定州北平县丞知县事	3	涿州别驾	3	安次尉	3	摄蓟州刺史	2		中和007
255	张总章	不详	河朔	河北陆运使	2	守定州北平县丞知县事	3	涿州别驾	3	衙前散兵马使	3b	—	6	张建章之弟	中和007
256	张襄	不详	幽州镇	守定州北平县丞知县事	3	涿州别驾	3	摄蓟州刺史	2	衙前将	3	—	6	张建章长子	中和007
257	赵从一	792—868	幽州镇	摄涿州县丞	3	不仕	4	云麾将军	3	河间太守	3	幽州节度押衙、银青光禄大夫、检校太子宾客、兼监察御史	2		《河北壹》32号

续表

编号	姓名	生卒年	出生地	曾祖任官	所属等级	祖父任官	所属等级	父亲任官	所属等级	本人初任官	所属等级	本人终任官	所属等级	备注	出处
258	赵建安	不详	幽州镇	不仕	4	云麾将军	3	幽州节度押衙	2	山北定鲁镇大将	2	一	6	赵从一之子	《河北壹》32号
259	王公晟	802—870	幽州镇	摄贝州录事参军	3	摄瀛州河间县尉	3	银青光禄大夫、检校鸿胪卿	3	"宿卫之资"	2	幽州随度押衙、正议大夫、检校国子祭酒、兼侍御史	2	"初其宿卫之资，终致建牙之署"	咸通083
260	王弘大（素）	卒于863—870年	幽州镇	摄瀛州河间县尉	3	银青光禄大夫、检校鸿胪卿	2	幽州随节度使押衙	2	雄武军平地栅烽铺大将、游击将军、试左骁卫将军(863)	2	摄蓟州三河县丞(870)	3	王公晟长子；母张氏(803—863)。王公晟墓志上则云其"方图晚器，修谢明时"。知其卒于863—870年	咸通031；咸通083

续表

编号	姓名	生卒年	出生地	曾祖任官	所属等级	祖父任官	所属等级	父亲任官	所属等级	本人初任官	所属等级	本人终任官	所属等级	备注	出处
261	王弘雅	不详	幽州镇	摄瀛州河间县尉	3	银青光禄大夫、检校鸿胪卿	2	幽州随使节度押衙	2	不仕（863）	4	朴充节度驱使官（870）	3	王公晟次子	咸通031；咸通083
262	王弘楚	不详	幽州镇	摄瀛州河间县尉	3	银青光禄大夫、检校鸿胪卿	2	幽州随使节度押衙	2	不仕（863）	4	朴充节度衙前散虞候（870）	3	王公晟第三子	咸通031；咸通083
263	王弘籍	不详	幽州镇	摄瀛州河间县尉	3	银青光禄大夫、检校鸿胪卿	2	幽州节度随使押衙	2	不仕	4	不仕	4	王公晟第四子。咸通083作"王弘寂"	咸通031；咸通083
264	黄直	818—872	幽州镇	不仕	4	不仕	4	巡检马步都将	2	定房镇烽铺虞候	3	雄武军捉生将、大中大夫、试殿中监	2		续乾符003

续表

编号	姓名	生卒年	出生地	曾祖任官	所属等级	祖父任官	所属等级	父亲任官	所属等级	本人初任官	所属等级	本人终任官	所属等级	备注	出处
265	黄元冀	不详	幽州镇	不仕	4	巡检马步都将	2	雄武军捉生将	2	不仕	4	一	6	黄直长子	续乾符003
266	黄元礼	不详	幽州镇	不仕	4	巡检马步都将	2	雄武军捉生将	2	不仕	4	一	6	黄直次子	续乾符003
267	黄元益	不详	幽州镇	不仕	4	巡检马步都将	2	雄武军捉生将	2	不仕	4	一	6	黄直第三子	续乾符003
268	黄元感	不详	幽州镇	不仕	4	巡检马步都将	2	雄武军捉生将	2	不仕	4	一	6	黄直第四子	续乾符003
269	阎好问	809—873	河朔	不详	6	贝州长史大理评事	3	不仕	3	幽州衙职	4	妫州刺史	2	张仲武之甥	咸通106
270	阎处曛	不详	幽州镇	贝州长史	3	不仕	4	妫州刺史	2	讨击副使	3	一	6	阎好问之子	咸通106

续表

编号	姓名	生卒年	出生地	曾祖任官	所属等级	祖父任官	所属等级	父亲任官	所属等级	本人初任官	所属等级	本人终任官	所属等级	备注	出处
271	阎处实	不详	幽州镇	贝州长史	3	不仕	4	妫州刺史	2	讨击副使	3	—	6	阎好问之子	咸通106
272	韩宗穗	830—879	河朔	德州司马	3	不仕	4	不仕	4	亲帐兵马使	4	表授节度押衙、银青光禄大夫、检校国子祭酒、兼殿中监察御史	3	年46才入仕。"坐于幽州蓟县广宁乡姚村人",曾祖为德州司马,故定其出生地为河朔	《北京壹》35号
273	韩玄绍	不详	河朔	德州司马	3	不仕	4	不仕	4	幽州观察判官、勾当都孔目官事	4	—	2b 6	韩宗穗之弟	《北京壹》35号

续表

编号	姓名	生卒年	出生地	曾祖任官	所属等级	祖父任官	所属等级	父亲任官	所属等级	本人初任官	所属等级	本人终任官	所属等级	备注	出处
274	韩敬仁	？—约879年	河朔	不仕	4	不仕	4	幽州节度押衙	2	不仕	4	不仕	4	韩崇穗长子，韩崇穗卒后月余卒亦卒	《北京壹》35号
275	韩敬源	不详	河朔	不仕	4	不仕	4	幽州节度押衙	2	不仕	4	—	6		《北京壹》35号
276	王定和	不详	幽州镇	不详	6	不详	6	不仕	4	云麾将军	3	—	6	母窦氏879年卒	《北京壹》36号
277	王定简	不详	幽州镇	不详	6	不详	6	不仕	4	亲事虞候	3	—	6	王定和弟	《北京壹》36号
278	耿宗俏	823—881	幽州镇	守永清高阳县丞	3	不仕	3	幽州节度押衙、知雄武军营田等事	2	卢龙镇将虞候	3	幽州节度押衙,遥摄檀州刺史、知雄武军营田等事,兼御史中丞	2		《耿宗俏墓志》,《补遗》4-264

续表

编号	姓名	生卒年	出生地	曾祖任官	所属等级	祖父任官	所属等级	父亲任官	所属等级	本人初任官	所属等级	本人终任官	所属等级	备注	出处
279	耿方远	不详	幽州镇	不仕	4	幽州节度押衙、知雄武军营田等事	2	幽州节度押衙、遥摄檀州刺史、知雄武军营田等事	2	卢龙节度驱使官	3	—	6	耿宗俏长子	《耿宗俏墓志》,《朴遗》4-264
280	耿方偃	不详	幽州镇	不仕	4	幽州节度押衙、知雄武军营田等事	2	幽州节度押衙、遥摄檀州刺史、知雄武军营田等事	2	不仕	4	—	6	耿宗俏次子	《耿宗俏墓志》,《朴遗》4-264

续表

编号	姓名	生卒年	出生地	曾祖任官	所属等级	祖父任官	所属等级	父亲任官	所属等级	本人初任官	所属等级	本人终任官	所属等级	备注	出处
281	祖瞳	不详	幽州镇	不详	6	不详	6	幽州节度要籍	3	不仕	4	—	6	母杨氏(797—881),卒于沧州	中和001
282	敬全纪	不详	幽州镇	不详	6	摄幽都县令	3	守宣州右丞相	3	中低级官员	3	北衙将判官	3	敬延祚之父	中和005
283	敬延祚	847—882	幽州镇	摄幽都县令	3	守宣州右丞相	3	北衙将判官	3	中低级官员	3	幽州节度押衙、遥摄镇安军使,充绫锦青银青光禄大夫、检校国子祭酒、兼御史中丞	2	祖父"守宣州右丞相","相"或可能是取汉代郡国"相"之含义(如同墓志中有时称刺史为"大守")	中和005

续表

编号	姓名	生卒年	出生地	曾祖任官	所属等级	祖父任官	所属等级	父亲任官	所属等级	本人初任官	所属等级	本人终任官	所属等级	备注	出处
284	敬行修	不详	幽州镇	守宣州右丞相	3	北衙将判官	3	幽州随度使节衙、遥摄镇安军使、充绫锦坊使	2	充亲事副将	3	—	6	敬延祥长子	中和005
285	敬行益	不详	幽州镇	守宣州右丞相	3	北衙将判官	3	幽州随度使节衙、遥摄镇安军使、充绫锦坊使	2	充亲事虞候	3	—	6	敬延祥次子	中和005
286	李君操	不详	蓟州	不详	6	蓟州别驾	3	檀州刺史	2	可推	2.5	平州刺史	2	李承约（867—941）之父	《旧五》卷90《李承约传》；《旧五》卷79《高祖纪》

续表

编号	姓名	生卒年	出生地	曾祖任官	所属等级	祖父任官	所属等级	父亲任官	所属等级	本人初任官	所属等级	本人终任官	所属等级	备注	出处
287	刘钤	837—888	蓟州	不详		幽州节度使、兵马使，充东北路八寨屯田都巡使	6	卢龙节度押衙，充爱阳西镇兵马步都使、正议大夫、检校国子祭酒，兼监察御史	2	幽州中低级官员	3	妫州刺史、清夷军等田等使	2		《北京壹》38号
288	刘钧	不详	蓟州	不详		幽州节度使、兵马使，充东北路八寨屯田都巡使	6	卢龙节度押衙，充爱阳西镇兵马步都使	2	经略军曹掾	3b	—	6	刘钤仲弟	《北京壹》38号

续表

编号	姓名	生卒年	出生地	曾祖任官	所属等级	祖父任官	所属等级	父亲任官	所属等级	本人初任官	所属等级	本人终任官	所属等级	备注	出处
289	刘作孚	不详	蓟州	幽州节度兵马使、充东北路八寨屯田都巡使	2	卢龙节度押衙、充爱阳镇西马步都兵马使	2	妫州刺史	2	幽州大都督府参军	3	—	6	刘铃长子	《北京壹》38号
290	刘作乂	不详	蓟州	幽州节度兵马使、充东北路八寨屯田都巡使	2	卢龙节度押衙、充爱阳西镇马步都兵马使	2	妫州刺史	2	不仕	4	—	6	刘铃次子，隶进士业。但刘铃卒时应尚未做官	《北京壹》38号
291	刘作式	不详	蓟州	幽州节度兵马使、充东北路八寨屯田都巡使	2	卢龙节度押衙、充爱阳西镇马步都兵马使	2	妫州刺史	2	不仕	4	—	6	刘铃第三子，隶进士业	《北京壹》38号

续表

编号	姓名	生卒年	出生地	曾祖任官	所属等级	祖父任官	所属等级	父亲任官	所属等级	本人初任官	所属等级	本人终任官	所属等级	备注	出处
292	刘作辞	不详	蓟州	幽州节度兵马使、充东北路八寨屯田都巡使	2	卢龙节度押衙、充爱阳西镇马步都兵马使	2	妫州刺史	2	不仕	4	一	6	刘铃第四子,隶进士业	《北京壹》38号
293	孙士林	约810—约888	幽州镇	□□光禄大夫、检校国子祭酒、兼御史中丞	2	不仕	4	幽州内衙□(副)将	3	幽州军将	3	幽州内衙副将、加中散大夫、试殿中监	3		《北京壹》33号;《孙士林碑》,《云居寺贞石录》190
294	孙孝晟	不详	幽州镇	□□光禄大夫、检校国子祭酒、兼御史中丞	2	不仕	4	幽州内衙□(副)将	3	器仗官、兼马步军头	3	□州马步军头、游击将军	3	孙士林长兄	《北京壹》33号

续表

编号	姓名	生卒年	出生地	曾祖任官	所属等级	祖父任官	所属等级	父亲任官	所属等级	本人初任官	所属等级	本人终任官	所属等级	备注	出处
295	温令绥	806—874	河东并州	王府校尉、太子詹事	2	云麾将军、守左金吾卫大将军	3	宣德郎、试太常寺丞	3	散大将、游击将军	3	幽州节度衙前讨击副使、太中大夫、试殿中监	3		续咸通102
296	温令镇	不详	河东并州	王府校尉、太子詹事	2	云麾将军、守左金吾卫大将军	3	宣德郎、试太常寺丞	3	不仕	4	一	6	温令绥弟	续咸通102
297	温景修	不详	幽州镇	云麾将军、守左金吾卫大将军	3	宣德郎、试太常寺丞	3	幽州节度衙前讨击副使	3	节度要籍	3	一	6	温令绥长子	续咸通102
298	温景衡	不详	幽州镇	云麾将军、守左金吾卫大将军	3	宣德郎、试太常寺丞	3	幽州节度衙前讨击副使	3	不仕	4	一	6	温令绥次子	续咸通102
299	温景术	不详	幽州镇	云麾将军、守左金吾卫大将军	3	宣德郎、试太常寺丞	3	幽州节度衙前讨击副使	3	不仕	4	一	6	温令绥第三子	续咸通102

续表

编号	姓名	生卒年	出生地	曾祖任官	所属等级	祖父任官	所属等级	父亲任官	所属等级	本人初任官	所属等级	本人终任官	所属等级	备注	出处
300	萧公	不详	不详	灵州节度从事	3	蔡州郾城县镇遏兵马使	2	河东节度押衙、野收使、左厢军使	2	涿州范阳县主簿（855年）	3	—	6	妻侯氏（832—855）	大中098
301	宋再初	777—858	河朔	不详	6	景州刺史	2	德州刺史	2	衙前散职	3	平、蓟二州刺史	2		续大中070
302	宋可谟	不详	幽州镇	景州刺史	2	德州刺史	2	平、蓟二州刺史	2	阳鲁塘都巡仓碾河堰判官	3	—	6	宋再初长子	续大中070
303	宋可继	不详	幽州镇	景州刺史	2	德州刺史	2	平、蓟二州刺史	2	不仕	4	—	6	宋再初次子	续大中070
304	宋可嗣	不详	幽州镇	景州刺史	2	德州刺史	2	平、蓟二州刺史	2	卢龙节度衙前兵马使	3	—	6	宋再初第三子	续大中070
305	宋可存	不详	幽州镇	景州刺史	2	德州刺史	2	平、蓟二州刺史	2	蓟州参军	3	—	6	宋再初第四子	续大中070

续表

编号	姓名	生卒年	出生地	曾祖任官	所属等级	祖父任官	所属等级	父亲任官	所属等级	本人初任官	所属等级	本人终任官	所属等级	备注	出处
306	郑守□	不详	幽州镇	不详	6	不详	6	大理评事、檀州司马	3	幽州节度判官、□幽州大都督府事	2	一	6	郑公之子，长子早亡，还可见其三个嗣子的信息。长子马氏信息不可见。母马氏卒于大顺二年（891）。乾宁元年（894）四月廿八日"□葬于幽都县胡村之原"（此段话来自该书图版说明，拓片不清晰，第278页）	《马氏墓志》，《北文》44号

续表

编号	姓名	生卒年	出生地	曾祖任官	所属等级	祖父任官	所属等级	父亲任官	所属等级	本人初任官	所属等级	本人终任官	所属等级	备注	出处
307	郑守孚	不详	幽州镇	不详	6	不详	6	大理评事、檀州司马	3	摄幽州良乡县令、赐绯	3	—	6	郑公之子	《马氏墓志》,《北文》44号
308	郑守□	不详	幽州镇	不详	6	不详	6	大理评事、檀州司马	3	幽州潞县尉	3	—	6	郑公之子	《马氏墓志》,《北文》44号
309	边承遇	约838—905	幽州镇	不详	6	不详	6	瀛州长史	3	任丘令	3	莫州刺史	2		嘉靖《河间府志》卷15《宦迹》13b;《边敏墓石》,《全》卷862
310	苏子矜	761—842	妫州雄武军	不详	6	不仕	4	不详	3	"幼列军职"	6	雄武军押衙	3		《苏子矜墓志》,《河北宣化纪年唐墓发掘简报》(以下简称《宣化》)

续表

编号	姓名	生卒年	出生地	曾祖任官	所属等级	祖父任官	所属等级	父亲任官	所属等级	本人初任官	所属等级	本人终任官	所属等级	备注	出处
311	苏行简	不详	妫州雄武军	不仕	4	不详	6	雄武军押衙	3	节度亲事前将	3	—	6	苏子矜长子	《苏子矜墓志》，《宣化》
312	苏存简	不详	妫州雄武军	不仕	4	不详	6	雄武军押衙	3	马军莱将	3	—	6	苏子矜次子	《苏子矜墓志》，《宣化》
313	苏全绍	826—877	不详	不详	6	不详	6	不仕	4	中低级官员	4	幽州雄武军知军副使	3		《苏全绍墓志》，《宣化》
314	张庆宗	801—876	不详	不详	6	不详	6	不仕	4	雄武军将	4	雄武军马步都将	2		《张庆宗墓志》，《宣化》
315	张存素	不详	妫州雄武军	不详	6	不仕	6	雄武军马步都将	2	保安镇管马虞候	2	—	6	张庆宗之子	《张庆宗墓志》，《宣化》
316	周令武	874—942	涿州范阳	不仕	4	不仕	4	幽州节度押衙、芦台军使	4	"署职卢龙，分管土作"	2	幽州将校	3	仅录入其幽州仕历	《周令武墓志》，《补遗》5-75

续表

编号	姓名	生卒年	出生地	曾祖任官	所属等级	祖父任官	所属等级	父亲任官	所属等级	本人初任官	所属等级	本人终任官	所属等级	备注	出处
317	陈君赏	?—842	定州	平州司马	3	易州刺史	2	易定节度使；龙武统军	1	定州司法参军	3	易定节度使	1	陈楚之子	《陈君赏铭》《补遗》9-405
318	杨仲礼	不详	易定镇	不详	6	朝请郎、试左率府长史	3	义武军都营田将	3	不仕	4	—	6	杨弘庆（表C第250号）之子	大和083
319	赵存序	不详	易定镇	不详	6	易定节度参谋、□都营田副使	3	摄无极县令	3	不仕	4	—	6	赵全泰（表C第248号）之子	大和037
320	赵存戌	不详	易定镇	不详	6	易定节度参谋、□都营田副使	3	摄无极县令	3	不仕	4	—	6	赵全泰之子	大和037
321	程士庸	?—881	定州安喜	沧景节度使	1	沧景节度使	1	邠宁节度使	1	易定掌书记	1	定州别驾	3	程怀直之孙；程权之子	附录三

续表

编号	姓名	生卒年	出生地	曾祖任官	所属等级	祖父任官	所属等级	父亲任官	所属等级	本人初任官	所属等级	本人终任官	所属等级	备注	出处
322	程严	?—911年以后	定州安喜	沧景节度使	1	邠宁节度使	1	定州别驾	3	不仕	4	定州将	3		附录三
323	张佑明	788—840	易州	不详	6	不详	6	易州刺史	2	易定节度要籍	3	易州都押衙,朝散大夫、检校太子宾客	2		《张佑明墓志》,《保定》79
324	张守行	不详	易州	不详	6	易州刺史	6	易州都押衙	2	不仕(840)	4	—	6	张佑明之子	《张佑明墓志》,《保定》79
325	张守礼	不详	易州	不详	6	易州刺史	6	易州都押衙	2	不仕(840)	4	—	6	张佑明之子	《张佑明墓志》,《保定》79

续表

编号	姓名	生卒年	出生地	曾祖任官	所属等级	祖父任官	所属等级	父亲任官	所属等级	本人初任官	所属等级	本人终任官	所属等级	备注	出处
326	元工政	775—843	河朔	卫尉卿	3	京兆府参军	3	不仕	4	军职	4	义武军节度要籍	3		《元工政墓志》,《保定》83
327	张锋	808—848	易州	易州刺史	2	义武军节度押衙、兼侍御史	3	永清军使	2	易定节度押衙、充知军、兼监察御史	3	易定节度押衙、充知军、兼监察御史	3		大中005;大中006;大中026
328	张铢	不详	易州	易州刺史	2	义武军节度押衙、兼侍御史	3	永清军使	2	义武军节度衙前虞候	3b	—	6	张锋之弟	大中006;大中026
329	张锡	不详	易州	易州刺史	2	义武军节度押衙、兼侍御史	3	永清军使	2	不仕	4b	—	6	张锋之弟	大中026

续表

编号	姓名	生卒年	出生地	曾祖任官	所属等级	祖父任官	所属等级	父亲任官	所属等级	本人初任官	所属等级	本人终任官	所属等级	备注	出处
330	郑恕己	?—851	定州	不仕	4	不仕	4	不仕	4	不仕	4	一	6		大中121
331	赵建遂	约794—约854	易州遂城	不仕	4	易州孔目官	4	不详	6	可推	3	易州遂城镇遏散副将	3		大中089
332	赵德行	不详	易州遂城	易州孔目官	3	不详	3	易州遂城镇遏散副将	6	不仕	4	一	6	赵建遂长子	大中089
333	赵德荣	不详	易州遂城	易州孔目官	3	不详	3	易州遂城镇遏散副将	6	不仕	4	一	6	赵建遂次子	大中089
334	赵德献	不详	易州遂城	易州孔目官	3	不详	3	易州遂城镇遏散副将	6	不仕	4	一	6	赵建遂第三子	大中089
335	靖宽	827—858	定州	邢州沙河县令	3	试太常寺奉礼郎	3	不仕	4	满城假尉	3	容城摄傔	3	卒时其子尚幼	《河北壹》123号

续表

编号	姓名	生卒年	出生地	曾祖任官	所属等级	祖父任官	所属等级	父亲任官	所属等级	本人初任官	所属等级	本人终任官	所属等级	备注	出处
336	田行源	不详	易定镇	不详	6	定州无极县令	3	易州司马	3	中低级官员	3	定州北平县令	3	女田氏(828—861)，婿靖莫(827—858)	《河北壹》123号
337	杜鸿	835—872	定州	不仕	4	不仕	4	不仕	4	不仕	4	不仕	4	卒时其子尚幼	《河北壹》132号
338	孙少矩	813—864	易州易县	不详	6	不仕	4	不仕	4	易县录事	3	易县录事	3		续咸通022
339	孙行殷	不详	易州易县	不仕	4	不仕	4	易县录事	4	不仕	3	—	6	孙少矩长子	续咸通022
340	孙行实	不详	易州易县	不仕	4	不仕	4	易县录事	4	不仕	3	—	6	孙少矩次子	续咸通022
341	罗亮	830—897	易州	不详	6	不仕	4	低级将校	4	不仕	3	不仕	4		《河北壹》143号
342	罗元实	不详	易州	不仕	4	低级军校	3	不仕	4	高阳军押衙前兼儋军等使判官(897)	3	—	6	罗亮长子	《河北壹》143号

续表

编号	姓名	生卒年	出生地	曾祖任官	所属等级	祖父任官	所属等级	父亲任官	所属等级	本人初任官	所属等级	本人终任官	所属等级	备注	出处
343	罗元景	不详	易州	不仕	4	低级军校	3	不仕	4	不仕	4	—	6	罗亮次子	《河北壹》143号
344	罗元安	不详	易州	不仕	4	低级军校	3	不仕	4	不仕	4	—	6	罗亮第三子	《河北壹》143号
345	罗元袭	不详	易州	不详	4	低级军校	3	不仕	4	不仕	4	—	6	罗亮第四子	《河北壹》143号
346	罗元运	不详	易州	不详	4	低级军校	3	不仕	4	不仕	4	—	6	罗亮第五子	《河北壹》143号
347	梁重立	?—910	易州	不详	6	不仕	4	不仕	4	不仕	4	不仕	4		《梁重立墓志》,《全》卷997
348	梁思景	不详	易州	不仕	4	不仕	4	不仕	4	高阳军押衙,充孔目官	3	—	6	梁重立长子	《梁重立墓志》,《全》卷997
349	梁思恩	不详	易州	不仕	4	不仕	4	不仕	4	不仕	4	—	6	梁重立次子	《梁重立墓志》,《全》卷997
350	梁思度	不详	易州	不仕	4	不仕	4	不仕	4	不仕	4	—	6	梁重立季子	《梁重立墓志》,《全》卷997
351	张安汶	不详	不详	易定节度使	1	宁远将军、守左武卫大将军	3	金河县丞	3	不仕	4	—	6	张茂和之孙,张达(809—882)之子	《河北壹》137号

续表

编号	姓名	生卒年	出生地	曾祖任官	所属等级	祖父任官	所属等级	父亲任官	所属等级	本人初任官	所属等级	本人终任官	所属等级	备注	出处
352	张安嗣	不详	不详	易定节度使	1	宁远将军、守左武卫大将军	3	金河县丞	3	不仕	4	—	6	张达之子	《河北壹》137号
353	张安随	不详	不详	易定节度使	1	宁远将军、守左武卫大将军	3	金河县丞	3	不仕	4	—	6	张达之子	《河北壹》137号
354	刘约	？—846	幽州	幽州节度使	1	幽州节度使	1	幽州节度使	1	德州刺史	2	沧景节度使	1	刘总之弟	《旧》卷16《穆宗纪》；《新》卷212《刘总传》
355	冯广清	约766—约828	沧州清池	中级官员	3	中级官员	3	不详	6	沧州十将	3	沧州十将	3s	志文称其曾祖、祖父累授品位列郡为郎"，卒于李同捷之乱	大中017

续表

编号	姓名	生卒年	出生地	曾祖任官	所属等级	祖父任官	所属等级	父亲任官	所属等级	本人初任官	所属等级	本人终任官	所属等级	备注	出处
356	冯继宗	不详	沧州清池	中级官员	3	不详	6	沧州十将	3	义昌军节度驱使官（847）	3	一	6	冯广清之子	大中017
357	李同捷	?—829	成德镇	不详	6	不详	6	横海军节度使	1	成德军将校	3	沧景节度使	1s		《旧》卷143《李同捷传》
358	李同志	不详	成德镇	不详	6	不详	6	横海军节度使	1	不仕	4b	一	6	李同捷弟，文宗即位（827），同捷即令其与弟同异入朝。同志，同捷叛，同志同异被看管于御史台，此后不见记载	《旧》卷143《李同捷传》；《册府》卷925

续表

编号	姓名	生卒年	出生地	曾祖任官	所属等级	祖父任官	所属等级	父亲任官	所属等级	本人初任官	所属等级	本人终任官	所属等级	备注	出处
359	李同昇	不详	成德镇	不详	6	不详	6	横海军节度使	1	不仕	4b	—	6	李同捷弟	《旧》卷143《李同捷传》;《册府》卷925
360	刘士弘	776—847	沧州	不详	6	不详	6	不仕	4	累职军门	3	义昌军故衙前将,守左卫朔州尚德府别将员外置同正员,赐上骑都尉	3	"世居幽冀,干戈之际,避地斯焉"。刘士弘初入军门的时间是元和二年,时年32岁	大中015
361	刘友亮	不详	沧州	不详	6	不仕	6	义昌军故衙前将	3	不仕	4	—	6	刘士弘长子	大中015
362	刘友庆	不详	沧州	不详	6	不仕	6	义昌军故衙前将	3	不仕	4	—	6	刘士弘次子	大中015
363	刘友义	不详	沧州	不详	6	不仕	6	义昌军故衙前将	3	不仕	4	—	6	刘士弘第三子	大中015

续表

编号	姓名	生卒年	出生地	曾祖任官	所属等级	祖父任官	所属等级	父亲任官	所属等级	本人初任官	所属等级	本人终任官	所属等级	备注	出处
364	刘友忠	不详	沧州	不详	6	不仕	4	义昌军故衙前将	3	不仕	4	—	6	刘士弘第四子	大中015
365	刘友幹	不详	沧州	不详	6	不仕	4	义昌军故衙前将	3	不仕	4	—	6	刘士弘第五子	大中015
366	契苾公武	不详	不详			持节都督胜州诸军事、胜州刺史，充本州押蕃落义勇军等使、□侍御史	1	银青光禄大夫、前鄂王府司马、兼监察御史	3	沧州节度押衙、银青光禄大夫、检校太子宾客(854)	2	—	6	父契苾通(785—854)，公武为第三子。	续大中004
367	浑侃	794—862	不详	开府仪同三司、大常卿	2	朔方副元帅、河中节度、检校司空、中书令、咸宁王	2	义武军节度、易定观察使	1	参同州军事	3	义昌军节度使	1		《浑侃碑》《全》卷792

附 录 三
资料补正与考订

一　张庭光家族世系小考

　　《唐张佑明墓志》称张孝忠为墓主张佑明（788—840）的伯考，如此则佑明之父张庭光当为孝忠之弟。张庭光在孝忠为易定节度使后"寻除易州刺史，守政十稔，字人之德，唯天降之，可以秉钧轴，可以为陶师，故太师兵权寄半"。[①] 而墓志又云："其先夏后氏之胤，夏季失国而有阴山焉。公之先祖乙失活，开元中全部归阙；建中中，赐姓张，封上谷郡公。"[②] 而据《旧唐书·张孝忠传》，孝忠在安史之乱前已得"张阿劳"之号，所以此时已有张姓。上元中，"仍赐名孝忠"。[③] 且《旧唐书·张孝忠传》记载，张孝忠有弟孝节、孝义，并未曾见庭光之名。

　　又据《张亮墓志》，墓主张亮（787—847）的祖父张庭光，"易州刺史兼御史大夫"，父张英杰"义武军节度押衙兼侍御史"。[④] 从此方墓志中张庭光的结衔判断，张亮祖父与前一方墓志

<hr />

① 《唐张佑明墓志》，载侯璐主编《保定出土墓志选注》，第 79 页。
② 同上。
③ 《旧唐书》卷 141《张孝忠传》，第 3854—3855 页。
④ 周绍良主编：《唐代墓志汇编》，大中 006，第 2256—2257 页。

的墓主张佑明之父张庭光必是同一人，即张亮是张佑明之从子。但是，张亮"曾祖以世乱不纪"，[①] 所以张庭光父亲的履历仍不可知。此外，张亮有子三人，长张钵[②]，次张炼[③]，季张寿。

又据《张锋墓志》载，墓主张锋（808—848）"曾祖庭光，少立朝班……兴元年，拜上谷太守"。[④] 祖父张英竭，该墓志上只是说"绍居崇职，官亦显大，禄尤不绝"，所以，张英竭应当就是张英杰。张锋的父亲张政文"幼习军书，复宗儒学，仁□为行，内外为规，且以官列宪台，职崇军握，兢兢业业，如临春冰，乃公之实录也。长庆元年，□外氏按节博陵，遇幽燕狂寇，率兵而来，劫胁我军，遂选将为敌，以公攻之，是为外扞。陈太保（陈楚）□举之义，古人不避□计矣……乃署永清军使"。又张锋的祖母夫人陈氏"即司空之女弟"，可知，张英竭娶了陈楚之妹，生下张政文。所以，墓志中"古人不避□计矣"中的"□"有可能是"亲"字。而此方墓志记载："洎远祖太师致立易定，节制易定，以其树功勋之德望，建军府之基业。肇自隆盛，占于一时，则太师之迹也。恃机关之节操，怀勇略之果决，心志浩大，罕敢俦匹，是以薄清河之旧望，诮范阳之本宗，乃自怆因，依系于上谷，实太师之始也。"太师是指张孝忠，[⑤] 但是却仍未指明张孝忠与张庭光之关系。

因此，张庭光与张孝忠有可能不是亲兄弟，从庭光子张佑明的生卒年（788—840）并不能否定张庭光与张孝忠是同辈人。[⑥] 当时假子盛

---

① 周绍良主编：《唐代墓志汇编》，大中 006，第 2256—2257 页。

② 父亲卒时任"衙前虞候"。

③ 父亲卒时任"衙前虞候"。

④ 周绍良主编：《唐代墓志汇编》，大中 026，第 2270 页。本段引文均出自此方墓志，页数亦同。

⑤ 这里的"太师"当是借其赠官代称。《张茂昭墓志》和《张茂宣墓志》均称张孝忠"赠太师"。

⑥ 周铮认为张佑明与张孝忠相差达 59 岁，不可能为伯侄关系，故认为《张佑明墓志》中称张孝忠为"伯考"当是"伯祖考"之误。参见周铮《张佑明墓志考辨》，《文物春秋》1999 年第 6 期。但这个理由并不充分，不能据此擅改文献。

行，在河朔藩镇，假子现象尤为普遍。所以张庭光（或其先人）也可能只是乙失活部落的一般成员，后来随张孝忠家族归顺唐朝，冒姓了张氏。不过，我们至少可以肯定：张庭光原本也是乙失活部落的族人。

其家族世系见图 F–1。

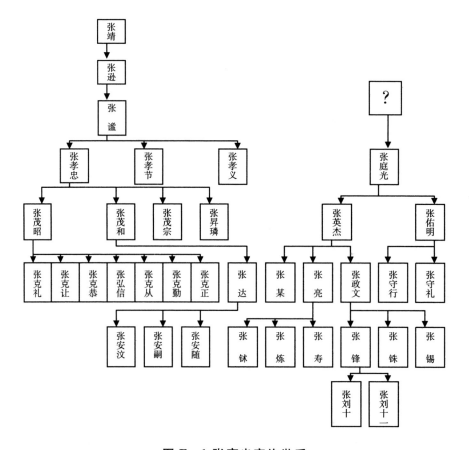

图 F–1 张庭光家族世系

说明：左为兄，右为弟。此世系表以张庭光家族为中心，张孝忠一系作为参照。《张茂宣墓志》尽管带来了很多新鲜信息，但张茂宣与张昇璘的关系仍然存疑，分析已见正文第四章注释部分。因此这次出版时，对此暂予搁置，留待后考。笔者还曾绘制陈氏家族世系图，因在正文中已有文字叙述，这里不再重复。参见拙文《唐易定镇的张氏家族与陈氏家族·附录2》，《首都师范大学学报》2012 年第 2 期。

二 程氏家族三考

《旧唐书·程日华传》载程日华、程怀直、程执恭三代事颇多混乱，且诸书所记纷纭，有些乃《旧唐书》所记为误，有些则混乱待考。主要问题在于：（1）程日华卒年有两说，由此直接涉及程怀直接任的年代；（2）程怀直被程怀信驱逐之年；（3）程执恭（程权）为怀直子抑或为怀信子。

（一）关于程日华卒年

《旧唐书·德宗纪》云，贞元二年五月①癸未，"横海军使、沧州刺史程日华卒，以其子怀直权知军州事"。② 且《新唐书·德宗纪》亦云，贞元二年"六月癸未，沧州刺史程日华卒"。③

《册府元龟·将帅部·继袭》载："程日华为横海军使检校工部尚书兼沧州刺史，贞元二年卒。"④

而《旧唐书·程日华传》载，程日华"贞元四年卒，赠兵部尚书"。⑤

《资治通鉴》卷231，兴元元年五月丙子条载，德宗"即以华为沧州刺史、横海军副大使、知节度事，赐名日华"。⑥ 此时唐廷尚未授程日华正职。同书卷232贞元二年四月条载，德宗"以横海军使程日华为节度使"。⑦ 同书卷233，唐德宗贞元四年十一月条

---

① "五月"当作"六月"。
② 《旧唐书》卷12《德宗纪上》，第353页。
③ 《新唐书》卷7《德宗纪》，第194页。
④ 《册府元龟》卷436《将帅部·继袭》，第5179页。
⑤ 《旧唐书》卷143《程日华传》，第3905页。
⑥ 《通鉴》卷231，唐德宗兴元元年五月丙子条，第7433页。
⑦ 《通鉴》卷232，唐德宗贞元二年四月条，第7470页。

载，"横海节度使程日华薨，子怀直自知留后"。① 《旧唐书·程日华传》则称唐德宗"拜华御史中丞、沧州刺史。复置横海军，以华为使。寻加工部尚书、御史大夫，赐名日华……"② 司马光关于程日华执掌横海军节钺始末的记载显然没有采信《旧唐书·程日华传》，可能是依据了更加原始的资料（如《实录》等），所以将程日华为横海军节度使一事的过程梳理得更加详细：程日华先为节度副大使，贞元二年方正授横海军节度使。而且从资料的时间排列上来看，《资治通鉴》显然保持了前后一致。同时，《资治通鉴》中程日华的卒年与《旧唐书·程日华传》保持一致，说明司马光对包括《旧唐书》在内的资料进行了甄别和处理。

吴廷燮遵从了《旧唐书·德宗纪》的说法，认为程日华卒于贞元二年。③ 然关于程日华卒年恐怕不可遽下定论，笔者认为，贞元四年之说不但不能否定，反而似乎更加可信，在本书正文中即以贞元四年为程日华卒年。

（二）程怀直被程怀信驱逐的时间
《旧唐书·程日华附子怀直传》载：

> 怀直荒于畋猎，数日方还，不恤军政，军士不胜寒馁。其帐下将从父兄怀信因众怒闭门不内，怀直因来朝觐，贞元九年也。德宗优容之，依前检校右仆射，兼龙武统军，赐安业里甲第、妓女一人。④

---

① 《通鉴》卷233，唐德宗贞元四年十一月条，第7517页。
② 《旧唐书》卷143《程日华传》，第3904页。
③ 参见吴廷燮《唐方镇年表》卷4《义昌》，第523页。
④ 《旧唐书》卷143《程日华附子怀直传》，第3905页。

《宋本册府元龟》卷 149《帝王部·舍过》亦言：

> 贞元九年，沧景节度使程怀直，畋游无度，不恤其下，为将校所逐，遂来归。帝优容之，除统军，依旧检校仆射。[1]

据此两条史料，则程怀直为程怀信所逐，事在贞元九年。

然《旧唐书·德宗纪》则云贞元十年三月，"沧州程怀直来朝，赐安业坊宅，妓一人，复令还镇"。[2]

宋敏求《长安志》卷 9"安业坊"条记有"左龙武统军归诚郡王程怀直宅"。条下注亦曰：

> 贞元十年，赐怀直甲第一区、伎女一人，令归沧州。初，怀直自沧州归朝，德宗赐务本里宅，又赐安业里别宅，有池榭林木之胜。[3]

《册府元龟·将帅部·褒异》云：

> 程怀直为横海军节度使，德宗贞元十三年来朝，加简（检）校尚书右仆射，仍赐安业坊甲第一区、妓一人，他赐有差，令归沧州。[4]

如此，则程怀直被赏安业坊甲第等事在贞元十年或贞元十三年。程怀直得赏之后，复归沧州。综合以上三条史料记载，贞元九年尚未发生其为大将所逐之事，德宗的赐宅等赏赐亦表明对其有恩宠怀柔之意。

---

[1] 《宋本册府元龟》卷 149《帝王部·舍过》，第 261 页。
[2] 《旧唐书》卷 13《德宗纪下》，第 379 页。
[3] 宋敏求：《长安志》卷 9"安业坊"条，三秦出版社 2013 年版，第 315 页。
[4] 《册府元龟》卷 385《将帅部·褒异》，第 4579 页。

《旧唐书·德宗纪》载，贞元十一年九月"沧州大将程怀信逐其帅程怀直"。① 贞元十二年春正月，"以前沧州节度使程怀直为左龙武统军。"②

《旧唐书·德宗子虔王谅传》亦言，贞元十一年九月，"横海大将程怀信逐其帅怀直。十月，以谅领横海节度大使、沧景观察等使，以都知兵马使程怀信为留后，王不出阁"。③

因此，一种可能是，《旧唐书·程日华附子怀直传》将程怀直贞元十年来朝之事误为程怀直被怀信所逐因而来奔。程怀直出奔长安当在贞元十一年（贞元十三年当是程怀信正授沧景节度使的时间④），只是两事发生时间相隔很近，故《旧唐书·程日华附子怀直传》的编撰者一时竟未分辨，将二事误为一事。吴廷燮《唐方镇年表》亦以程怀直为程怀信所逐之事系于贞元十一年，是也。

（三）程执恭为怀直子，抑或为怀信子？

《旧唐书·程日华附子怀直传》云："既而怀信死，怀直子执恭知留后事，乃遣怀直归沧州。"⑤ 此明言执恭乃怀直之子。

《旧唐书·顺宗纪》载，永贞元年（805）七月癸巳，"横海军节度使、沧州刺史程怀信卒，以其子副使执恭起复沧州刺史、横海军节度使"。⑥

《册府元龟·将帅部·继袭》载："怀直荒于畋猎，数日方还。其从父兄怀信因众怒闭门不内。怀直因来朝觐，除龙武统军。怀信代为横海军节度支度营田沧景观察留后。〔贞元〕十三年九月，正

---

① 《旧唐书》卷13《德宗纪下》，第382页。
② 《旧唐书》卷13《德宗纪下》，第383页。
③ 《旧唐书》卷150《德宗子虔王谅传》，第4044页。
④ 参见《册府元龟》卷436《将帅部·继袭》，第5179页。
⑤ 《旧唐书》卷143《程日华附子怀直传》，第3905页。
⑥ 《旧唐书》卷14《顺宗纪》，第408页。

授节度使。二十一年七月，卒。以其子副使兼御史中丞大夫执恭为起复左骁卫将军沧州刺史、横海军节度使。"①

据上述文字，应当认为，执恭为怀信子。

而《新唐书·藩镇淄青横海·程日华附子怀直传》载：

> 怀直荒田猎，出辄数日不返，帐下程怀信乘众怒，闭门不纳。怀信，其从昆也。于是怀直入朝，帝不之罪，更以虔王为节度使，擢怀信留后，以怀直兼右龙武军统军。明年，怀信为节度矣。十六年，怀直卒，赠扬州大都督。

> 后五年，怀信死，子权袭领军务。②

《新唐书》与《册府元龟》的记载最为接近。所不同的是，《新唐书》在"子权袭领军务"这个"子"前并未加上"其"字，从而留下了悬念。因为两段文字前后相继，可以认为程权是程怀信子，但似乎也可以认为是程怀直之子。《新唐书》列传的编撰由宋祁负责，他在这里似乎也是有意模糊，不能做出确切的判断。

《程怀信墓志铭》的出土，仍然未能解开这一谜团。该墓志记载程执恭为怀信"嗣子"③，并未称"长子"，又有"次子执抚"④等。《白居易集》中收有"程执抚亡父怀信赠太保制"，⑤ 朱金城

① 《册府元龟》卷 436《将帅部·继袭》，第 5179 页。

② 《新唐书》卷 213《藩镇淄青横海·程日华附子怀直传》，第 5996—5997 页。

③ 参见吴秘《程怀信墓志铭》，载石永信、王素方、裴淑兰编《河北金石辑录》，河北人民出版社 1993 年版，第 268 页拓片。墓志上还截录了一段程怀信病重时皇帝命程执恭"权勾当军州事"的诏令，但在"男"字前有一关键字今不可见。录文者直接补为"长"男（第 269 页），当是据文义或其他史料补，故暂不取。

④ 参见吴秘《程怀信墓志铭》，载石永信、王素方、裴淑兰编《河北金石辑录》，第 268 页拓片。

⑤ 白居易撰，朱金城笺校：《白居易集笺校》卷 51《程执抚亡父怀信赠太保李佑亡父景略赠太子少傅柏耆亡父良器赠太子少保白余盛亡父孝德赠太保同制》，上海古籍出版社 1988 年版，第 5 册，第 2993 页。

认为，此制作于长庆元年至长庆二年。① 其时程执恭已去世多年，所以，即便程执恭是程怀信之子，赠怀信太保制不出现程执恭而只出现程执抚的名字也是正常的。因此，我们仍然无法据此判断程执恭与程怀信的真实关系。

唯一指向比较明确的是程士庸墓志。该墓志载："曾祖日华，横海军使。祖怀直，归诚王。皇考权，邢国公。"② 明代程敏政指出，此"足以证权父怀直，而非怀信，以佐旧史"。③ 笔者目力所及，这方墓志仅见于程敏政的《新安文献志》。程氏称"此志出赵明诚《金石续录》"。但笔者遍查《金石录》未见此志，亦未见赵明诚有《金石续录》一书，或是明中叶以前仍存此书（伪托），或是从宋元时期的他书窜入，抑或程敏政误记，目前尚不可知。此志来源尚待考，但志文本身并无失实之处。墓志末书"成德军节度判官、朝议郎检校太子左庶子、兼御史中丞赐紫金鱼袋韩义宾撰并书篆。天祜（祐）二年秋八月望日"。此处韩义宾与韩琦《重修五代祖茔域记》④ 所记的五世祖结衔一致，亦与前几年发掘的《韩琦墓志》⑤ 一致，所不同的只是程士庸墓志撰者记为"韩义（义）宾"，《重修五代祖茔域记》及《韩琦墓志》皆作"乂宾"，容或程士庸墓志制作或流传时的音误。程敏政亦认为"考其时与事正与此合"。程士庸墓志所载程士庸之子"义武军节度使都知兵马使、银青光禄大夫、检校工部尚书兼御史大夫、使持节易州诸军事、易州刺史、轻车都尉、安定县开国伯、食邑七百户岩（巌—

---

①　参见白居易撰，朱金城笺校《白居易集笺校》卷51《程执抚亡父怀信赠太保李佑亡父景略赠太子少傅柏耆亡父良器赠太子少保白余盛亡父孝德赠太保同制》，第5册，第2994页。

②　韩庶子（韩义宾）：《唐定州别驾程君士庸墓志铭》，载程敏政辑撰《新安文献志》卷62（上），第1477页。

③　同上书，第1480页。

④　韩琦：《安阳集》卷46，明正德九年张世隆刻本，第3页b—6页a。

⑤　参见安阳市文物考古研究所、安阳博物馆编著《安阳墓志选编》第61号，拓片第61页。

严）"，婿"成德军节度内中门枢密使、特进检校太保、使持节冀州诸军事、冀州刺史、团练守捉等使、上柱国、夏阳郡开国公、食邑二千一百户梁公孺"，皆可见诸史乘碑刻，① 可知此墓志内容当基本可信。②

尽管程氏世系的最终证实仍有待新材料的发现，但是程士庸墓志对程日华—程怀直—程权的记述刚好与《旧唐书·程日华附子怀直传》相合，两份文献没有任何抵牾之处，在统计及正文中，笔者仍以程执恭（权）为程怀直之子。③

---

① 程敏政已考之甚详。参见程敏政辑撰《新安文献志》卷62（上），第1480—1481页。

② 《唐文续拾》将其收录在内。周绍良编《全唐文新编》，亦将其转录。参见周绍良主编《全唐文新编》卷827，吉林文史出版社2000年版，第15册，第10409—10410页。

③ 在统计中，程执恭是怀直子，抑或怀信子，并不影响统计结果。

附 录 四
书　评

唐代河北藩镇研究的最新进展：冯金忠《唐代河北藩镇研究》评介

　　河北省社会科学院历史研究所冯金忠研究员（以下称作者）怀着深切的乡梓情感，甘于坐冷板凳，十多年来一直辛勤耕耘，终于将多年积累的学术成果——《唐代河北藩镇研究》（以下简称"冯著"）呈现在读者面前。笔者拟就该书的主要内容做一简介，并将自己的一些读书心得就教于作者和方家。

一

　　虽然作者谦称"当时选这个题目，谈不上有多大的学术追求，在很大程度上是乡梓情感在驱动"，[①] 但读者却不能将其理解为一部普通的地方史著述。清代史学家赵翼曾敏锐地指出，"唐开元、

[①]　冯金忠：《唐代河北藩镇研究》，科学出版社 2012 年版，后记。以下凡出自该书的内容，均以文中夹注页码的形式出现。

天宝间，地气自西北转东北之大变局也"。① 河北地区在中古时期政治军事格局转换中具有重要地位。陈寅恪先生也很早就说，安史之乱以后的唐代政治社会史，"可分中央及藩镇两方叙述"。② 陈寅恪先生这里所说的藩镇，多数情况下就指河北藩镇。③ 因此，对河北藩镇的研究看似只是一个区域研究，观照的却是中国历史全局的走向。这也是在以往的研究中，河北藩镇格外引人瞩目、学术积累深厚的原因之一。④ 但是正如作者在绪论中所指出的那样，经过学者们数年研究，尽管对于藩镇研究的大致框架得以确立，却仍有很多问题还未得到解决。作者认为，河北藩镇研究主要存在三个方面的问题和不足：对于河北藩镇社会的地域差异和时间差异注意不够，缺乏细化和具体化研究；缺乏长时段的研究视角；未能从河北藩镇本身的角度来认识河北社会（第3—4页）。因此，针对这些不足，作者展开了具体细致的研究。

全书正文共十三章，分别探讨了以下问题：第一、二章主要关注制度层面，研究了唐代河北藩镇的组织体制、储帅制度的变迁与作用；第三、四、五章主要讨论河北藩镇的社会流动问题，其中第三、四章研究了武职僚佐在河北地区与中央和顺地藩镇间的迁转流动，第五章则关注了河北藩镇的人口流动问题；第六、七章涉及的是河北藩镇的军事与经济的地理格局问题，主要集中于对军镇防御体系的布局与演变，屯田经济的分布、发展与管理等问题的探讨；第八、九章探讨的是河北藩镇统治下的佛教发展问题；第十、十一章分别讨论了河北藩镇中的两个重要群体——士族以及粟特人的仕宦、婚姻和迁徙流动；

① 赵翼著，王树民校证：《廿二史札记校证》卷20 "长安地气"条，第443页。
② 陈寅恪：《唐代政治史述论稿》上篇《统治阶级之氏族及其升降》，载《隋唐制度渊源略论稿（外二种）》，第180页。
③ 陈寅恪特别强调，自安史之乱后，唐代中国疆土之内，除拥护李氏皇室的区域之外，"尚别有一河北藩镇独立之团体"，并将河北藩镇的问题上升到种族和文化的高度，参见陈寅恪《唐代政治史述论稿》上篇《统治阶级之氏族及其升降》，载《隋唐制度渊源略论稿（外二种）》，第187、189、204页。
④ 关于河北（河朔）藩镇的研究成果，参见本书绪论第二部分。

第十二章回到宏观层面，对河北藩镇的走向和历史命运进行探讨；第十三章是对幽州镇的个案研究，从而凸显河北藩镇彼此间的差异。可见，该书广泛涉及了唐代河北藩镇的政治制度、军事、社会、经济、文化和民族等各个方面。书末附录所载的四篇论文，则全部为有关唐代河北藩镇的最新史料，所议之问题亦与正文所讨论的主题相呼应，使用新材料研究新问题，堪称"预流"。因此称该书为"第一部较为系统的研究唐代河北藩镇的专著"（版权页）绝不为过。

二

唐代河北藩镇的研究学术积累深厚，相关成果令人目不暇接。这部专著究竟"新"在何处？

第一，冯著使用了新材料并广泛征引学界已有研究成果。作者在书中大量使用石刻题记材料，广泛发掘后世的地方志，可谓"竭泽而渔"，使得其论述建立在扎实的史料基础上。书末的四篇论文，使用的全部是新材料。其中《王士真墓志》乃冯著首发，2007 年笔者即从新闻上得知此方墓志出土的消息，但一直无缘得见。时隔 5 年，此方墓志录文和拓片图版通过此书才得以呈现于世人面前，实在难能可贵。《恒岳禅师碑》展现了唐代定窑的生产与管理概况，亦属难得一见的史料。作者在注重原始材料的发掘和开拓的同时，充分利用了学界已有的研究成果，甚至将像笔者这样初入学界的年轻学者的著述都包含了进来。我国学界以往在这方面做得很不好，对于他人的研究成果往往不能给予足够的重视，作者这种尊重前人研究的作风，不但为后学树立了良好的榜样，也使得该书立论更加扎实，新意更加突出。

第二，冯著采取的是长时段的研究视角，把河北藩镇放在长期的历史演变中去观察和分析，上溯魏晋南北朝，下迄五代宋辽，同时还关注了明清时期的很多方志，从而力图对河北藩镇的社会发展进行更准确、更全面的定位和评价。有唐一代，河北地区与其他地区在民族、社会文化构成方面的差异，以及河北内部各镇之间的差异，向来为治辽史者所注意，并成为他们从更长的一个历史时段研究辽之所以能立足于河朔北部的重要依据。① 但是治唐史者却往往未必都能观照到后面的历史，尤其是辽的历史。针对唐代河北藩镇的研究，冯著能够立足于长时段的视角，这在以往的相关研究中是不多见的。打通断代，是近年来史学界的一致呼声，冯著在这方面起到了很好的示范作用。

第三，就唐代藩镇研究中的既有议题，作者进行了更加细化的研究，将细致入微的考证与宏观的理论观照有效地统一起来。冯著的大部分章节是在讨论河北藩镇的具体问题，作者自己也多次谦称"只是选择了自己觉得有心得的几个问题"，并未涉及比较重要或争论较大的问题（后记）。但是作者对这些微观问题进行精细考证的背后，存在若干个中心议题，其中不乏藩镇研究的已有框架：河北藩镇与中央的关系；河北藩镇与顺地藩镇之间的关系；河北藩镇内部各镇彼此之间的关系。作者以具体的微观实证研究，不同程度地回应了上述议题。

藩镇与中央的关系，一直是唐代藩镇研究的中心议题，自宋代起，就有学者不断加以讨论。现今，得益于王寿南先生和张国刚老师的研究，② 我们基本可以廓清二者之间的关系。河北藩镇与中央截然对立的观点虽已被摒弃，但是割据和跋扈似乎仍是一般研究者对河北藩镇的印象。作者赞同河北藩镇对中央既有依附性又有游离性的观点，在文中虽也以《窦建德碑》《宋俨墓志》等材料说明河北与中央的疏离，但他认为以往的研究对于河北藩镇对中央的依附

---

① 参见陈述《契丹政治稿》，人民出版社 1986 年版，第 90—93 页；范恩实《石敬瑭割让燕云（幽蓟）的历史背景》，载王小甫主编《盛唐时代与东北亚政局》，上海辞书出版社 2003 年版，第 306—323 页。

② 王寿南：《唐代藩镇与中央关系之研究》，台北：大化书局 1978 年版；张国刚：《唐代藩镇研究》，湖南教育出版社 1987 年版。补注：这是笔者 2013 年以前的认识，当时对英文和日语世界的研究关注还很不够。实际上对这个问题有贡献的，至少还有杜希德和大泽正昭两位先生，见本书绪论第二节"学术史回顾与反思"之"唐五代河朔藩镇研究的学术史概要"。

性还是强调不够。因此作者在文中多次指出，河北藩镇（有时专论河北三镇）"仍是中央王朝下的地方行政区域"（第38页）；本质上"仍然是唐中央政府下的一级地方政权"（第139页）；唐武宗时期灭佛政策在河北地区的部分推行、《王士真墓志》的缺笔避讳；等等，都是证据。从石经题记所反映的巡礼活动中，他看到了河北藩镇并没有独立发展，而是与中央和顺地进行了频繁的文化交流。他进而批评，某些似是而非的看法直到今天仍很有市场，"例如过多地强调了三镇的独立性，把三镇视为与其他顺地截然不同的区域。这些研究者头脑中往往事先有一个藩镇为地方势力代表的预定假设"（第66页）。

更为重要的一点是，作者还注意到了河北藩镇内部并非铁板一块，河北各个藩镇与中央的关系因地理区位、历史传统、经济实力的不同而存在差异，这一点非常重要。例如，作者指出幽州镇由于其地理位置较孤立，必须借助中央力量才能不为邻镇所吞并，卸任或逃亡唐廷的节度使较多，而幽州在保障唐境安宁方面也有重要作用，因此较魏博、成德而言，有较强的恭顺性（第89、220页）。作者对于河北屯田经济分布的考察，更是提出了一个严肃的问题：河北藩镇的战争机器依靠什么来支撑？这似乎是较少有人深究的问题。浪漫主义者总是看到常山赵子龙的英勇，而现实主义者则往往看到战争的后勤保障。从文字上看，作者并未就河北藩镇与中央及顺地藩镇的关系发表任何议论，但是读者却能从作者的论述中感觉到经济实力也是影响各镇与中央关系的一个重要因素。唐文宗称"易定地狭人贫，军资半仰度支"[①]的寥寥数语，可谓一针见血。作者也引用了这段话，从而说明易定镇在经济上对中央的依赖（第115—116页）。由此，我们自然会想到为何地处河北的易定镇只能是半割据型方镇，至少笔者对此是有同感的。[②] 冯著没有机械地、简单地来处理藩镇与中央的关系，

---

① 《通鉴》卷246，唐文宗开成元年十月乙巳条，第7936页。
② 参见拙文《唐易定镇的张氏家族与陈氏家族——"河朔故事"研究之二》，《首都师范大学学报》2012年第2期。

对这一传统命题的研究，在方法上具有极大的启发性。

对于河北藩镇的"胡化"和"汉化"问题，作者谦称"学力未逮，不能有所推进，就略而不书了"（后记）。唐五代时期的民族融合是一个大问题。在笔者看来，冯著并没有脱离这一主题，第十章"唐代河北藩镇统治下的世家大族"和第十一章"唐代河北藩镇统治下的粟特人"即可看作对这一主题的回应。河北藩镇"胡化说"的一个重要依据就是有大量少数民族迁居于此。粟特人就是其中一个重要的群体。对此，学界已多有论述。① 而作者在先贤基础上考察粟特人在河北藩镇的具体活动：分布、迁徙、婚姻、仕宦。其中尤可注意的是，作者指出了粟特人在河北地区的流动是双向而非单向的向心型流动，提示我们不能只注意到大量粟特人迁居河北的现象（第182—183页）；至于河北粟特人的仕宦和婚姻，按冯著的论述，也无不体现了河北地方化的色彩。粟特本是商业民族，但在河北地区的仕宦经历基本为武职；其婚姻虽保持一定数量的本民族内通婚，但跨民族的通婚越来越多。作者对19例实际可查的男性粟特人的婚姻情况进行统计后发现，与粟特人通婚的有7人，与非粟特人通婚的则有12人②，从而指出粟特人的内部婚姻圈逐渐被打破。即便是粟特人内部的婚姻也已经逐渐淡出了族群的色彩，而演变成为一种政治婚姻（第155—193页）。按笔者的理解，河北藩镇可说是以武立镇，军事人才是其基本的人才需求，③

---

① 参见森部丰《略论唐代灵州和河北藩镇》，载史念海编《汉唐长安与黄土高原》（《中国历史地理论丛》1998年增刊），第258—265页；森部丰《唐后期至五代的粟特武人》，温晋根译，载法国汉学丛书编辑委员会编、荣新江等主编《法国汉学》第10辑《粟特人在中国——历史、考古、语言的新探索》，第226—234页；荣新江《安史之乱后粟特胡人的动向》，载纪宗安、汤开建主编《暨南史学》第2辑，第102—123页；孙继民等《新出唐米文辩墓志铭试释》，载孙继民主编《河北新发现石刻题记与隋唐史研究》，第57—69页。

② 原书作13人（第191页），但据该书表11-1（第184—187页），当作12人。

③ 参见拙文《"书剑双美"：唐河朔藩镇的军事技能培养与文化教育——基于社会流动的视角》，《南京大学学报》2011年第6期。

没有太多文化资源的粟特人在河北地区立足，只能在武艺方面下功夫，而另一方面河北藩镇"姻党盘互"，① 即藩帅与文武僚佐以及各级僚佐彼此之间，往往通过联姻交织成各自的势力网，任何进入河北藩镇的人或群体，若要谋求发展，便不能置身其外。因此，粟特人的仕宦与婚姻，无不体现了他们在河北藩镇谋求立足和发展的一种顺势应对，是粟特人河北地方化的一种表现。这种"地方化"还体现在河北藩镇统治下的士族身上。中古时期的士族往往以儒学继世，并将其内化为家族的礼法门风，可视为汉文化的集中代表者。毛汉光先生的研究表明，唐代的士族有中央化的趋势，也同时注意到了有些士族并未迁出河北，从而提出河北地区的社会文化分界线问题。② 冯著则更加具体地讨论河北藩镇的在籍士族与外籍士族，发现无论是在籍还是外籍，士族都有武质化的倾向，且不同程度地参与了藩镇地方政权，其婚姻尽管仍维持高门之间通婚的传统，但已不纯粹（第 172 页）。笔者认为，武质化、参与地方政权甚至婚姻关系等都是士族对藩镇统治的一种顺势应对。作者于文中所举的李守宏与成德节度使王元逵之长女的结合等多个案例，无不体现了政治婚姻的色彩（第 171 页），笔者在研究中也曾发现外来士族在婚姻关系中有向本地政治精英靠拢的倾向。③ 由于笔者当时分析的只是一个个案，是结合河北藩镇的社会背景得出的结论，尚有一丝疑虑，现在读毕冯著，颇有石头落地之感。在河北藩镇中，无论粟特群体还是士族群体，其政治和社会行为所体现出的是河北地方化，反映了他们在特定历史情境下的生存和发展策略。在河北藩镇的仕宦与婚姻关系中，实际上存在一种淡化门第观念同时凸显现实的政治身份的取向。因此，从这个意义而言，正如邓小南老师所指出："以'汉化'或'胡化'笼统概括中唐以后民族混溶的过

---

① 《新唐书》卷 210《藩镇魏博·罗弘信传》，第 5942 页。

② 毛汉光：《论安史乱后河北地区之社会与文化——举在籍大士族为例》，载《晚唐的社会与文化》，第 99—111 页。

③ 参见本书第五章。

程，恐怕都会失之简单化。"① 在河北地区同样不存在一个单向的民族融合或文化塑造的过程。所以，在笔者看来，作者没有触及"胡化""汉化"这样的命题，并非学力未逮，而是选择了一种更为合适的处理方式，可谓得其要者！

总之，对于业已存在的藩镇研究框架，作者用更为精细、更为恰当的研究进行了丰富和补充。

第四，冯著还提出了河北藩镇研究中的新鲜议题。例如关于河北藩镇的社会流动，作者研究了河北藩镇的武职僚佐与中央朝官和顺地藩镇僚佐之间的迁转流动，这种社会史的视角非常新颖。看来，唐廷与河北藩镇的博弈是全方位的，不仅仅限于通常我们所认识的政治、军事和经济关系，人才的争夺也是一个重要方面。对此，作者提出的一些观点或结论也颇有启发性。例如，弃帅来投的方式，在"（河北）三镇军将与朝廷联系很少的渠道中占有重要地位，不能不予以特别注意"（第36页）。为什么这种方式会成为河北军将流动的主要方式，其背后反映的重要推手是什么，这些问题都是冯著给我们带来的新思考。另外，像南禅在河北地区的传播，以宗教为中心的人口流动等都是前人没有关注或较少关注的问题。

三

学术研究贵在求异。下面就冯著的部分观点和论证，谈一些自己不成熟的歧见。

首先，作者更加突出的似乎是河北藩镇与中央的联系，甚至是对其的依附。有些地方作者似乎走得有些过远（或者说矫枉过正）。例如，关于唐武宗灭佛政策是否在河北藩镇得以推行，学界经常引用圆仁对河北三镇"不拆寺舍，不条流僧尼。佛法之事，

---

① 邓小南：《论五代宋初"胡/汉"语境的消解》，《文史哲》2005年第5期。

一切不动之"① 的这段记载给予否定的回答，但作者给出了肯定的答案。他引用了方广锠先生的意见，即"圆仁本人在会昌灭佛期间没有到幽、魏、镇三镇去过，他的记叙想必只是得之传闻。故详情如何，还需要进一步考证。根据金石材料，起码幽州（今北京地区）还是受到废佛浪潮的冲击，大批寺庙被拆毁"。② 但方广锠先生并未举出一条金石材料的证据。作者引用的证据主要有《重藏舍利记》、辽代所立《重修范阳白带山云居寺碑》、《顺天府志》（大典本）、《正定县志·杂记》转引《无染稗纪》、智本《百岩寺奉敕再修重建法堂记》。从冯著的论据来看，幽州镇在一定程度上推行了灭佛政策。笔者认为，云居寺现存的《大唐云居寺故寺主律大德神道碑铭并序》也可提供佐证。③ 但作者随即说"幽州如此，魏博和成德也不当例外"（第139页），则似乎还缺少有力证据。作者证明成德镇参与灭佛的文献证据是《正定县志·杂记》转引的《无染稗纪》。其文曰："正定大历寺有藏殿……佛龛上有一匣，开钥，内有古锦，俨然有开元赐藏经敕书及会昌以前免拆毁敕书。又有涂金匣，藏《心经》一幅。"④ 此条材料的最早出处实见于南宋张端义的《贵耳集》：

　　　　真定大历寺有藏殿，虽小而精巧。藏经皆唐官人所书。经尾题名氏极可观。佛龛上有一匣，开钥有古锦，俨然有开元赐

---

① 圆仁著，小野胜年校注，白化文等修订校注：《入唐求法巡礼行记校注》卷4"会昌五年十一月三日"条，花山文艺出版社1992年版，第496页。

② 方广锠：《中华文化通志·宗教与民俗典·佛教志》，上海人民出版社1998年版，第151页。

③ 参见云居寺文物管理处《云居寺贞石录》，北京燕山出版社2008年版，第68页。本文初刊时未能引用此碑。2014年秋，笔者在罗炤老师提示下，注意到此碑对理解会昌灭佛时期的幽州动向的重要性。

④ 光绪《正定县志》卷末《杂记》引《无染稗纪》，载《中国地方志集成·河北府县志辑》第3册，上海书店出版社、巴蜀书社、江苏古籍出版社2006年版，第472页。

藏经敕书及会昌以前赐免拆殿敕书。有涂金匣，藏《心经》一卷，字体尤婉丽。其后题曰：善女人杨氏为大唐皇帝李三郎书。寺僧珍宝之。[1]

据《四库全书提要》，《贵耳集》疏漏处较多。[2]《无染秕纪》收录此文时也认为"女善人杨氏必太真无疑，然亦未闻其善书。题后既称大唐皇帝，又云李三郎，称谓极可笑也"。[3] 显然，《无染秕纪》对这件事的可信度就提出了怀疑。且正定之大历寺似乎并不见于唐五代以及北宋时期的文献记载。要用明清时期的方志资料求证唐代正定已有大历寺，似乎应该需要唐代的相关史料提供佐证，方能最终成立。

至于智本《百岩寺奉敕再修重建法堂记》所载的百岩寺，确实被毁，但作者似乎弄错了该寺的位置。他认为该寺在魏博镇的卫州卫县辖下。然而此文实有对于百岩寺的位置描述："唐之胜气，壮怀川之佳景者，太行山焉。其山东连白鹿，西接□坛，南眺盟津，北暨燕岱，中有山曰天门。"对照《元和郡县图志》和《太平寰宇记》的记载，[4] 百岩寺的位置当在怀州修武县（今焦作市境内），并不在卫州。可见，此条材料根本无法说明灭佛令在魏博镇的推行。

此外，作者试图通过列举河北部分地区考古发现的佛像残身来说明唐武宗灭佛政策在河北地区的推行。因为时代久远，导致佛像残身

---

① 张端义：《贵耳集》卷下，《丛书集成初编》，中华书局 1991 年版，第 2783 册，第 58 页。

② 《贵耳集提要》引《四库全书提要》，第 1—2 页。

③ 光绪《正定县志》卷末《杂记》引《无染秕纪》，载《中国地方志集成·河北府县志辑》第 3 册，第 472 页。

④ "天门山，今谓之百家岩，在县西北三十七里，以岩下可容百家，因名。上有精舍。"参见《元和郡县图志》卷 16《怀州·修武县》，中华书局 1983 年版，第 446 页；《太平寰宇记》卷 53《河北道二·怀州·修武县》，中华书局 2007 年版，第 1097 页。罗宁对此有详细考证，参见罗宁《百岩禅师怀晖事迹及史料考辨》，载郑炳林、樊锦诗、杨富学主编《敦煌佛教与禅宗学术讨论会文集》，三秦出版社 2007 年版，第 400—418 页。

的原因很多，似亦难据以判断就是会昌灭佛期间所为。可见，成德和魏博是否推行了灭佛政策，实在是一个疑问。再者，从作者其他章节中所主张的比较研究法来看，其对灭佛政策的论述也存在相互矛盾之处。作者强调河北三镇存在差异，尤其是最后一章专论幽州镇，认为幽州镇相对于成德、魏博两镇比较恭顺，那么在这里再得出"幽州如此，魏博和成德也不当例外"的结论，似乎在逻辑上也难以成立。①

其次，作者一方面指出，河北藩镇形成的地域主义束缚了河北藩镇的发展（第十三章），"'河朔故事'说到底就是严重的地域主义"（第 207 页），另一方面又说"过多地强调河北地区地域主义的观点是站不住脚的"（第 66 页），可能作者对"地域主义"尚没有做出一个确切的定义，从而出现了这种论述上（至少是字面上）的矛盾。我们暂且用"河朔故事"去理解"地域主义"。由于河北藩镇政治集团的相对封闭性，长庆元年河北再叛以后，唐廷和河北藩镇之间长期相安无事。河北诸镇的注意力似乎都集中于内部统治秩序的维持或是权力的争夺，基本无暇他顾。唐末五代初期，在河东与河南集团的挤压下，尽管从地方势力的角度来看，河北各镇的独立性趋于消亡，但是其人才力量却融入五代的政治和军事力量的中枢，从而形成五代中后期至北宋初年的"河北优势"。② 放宽视野，"地域主义"正是河北藩镇积蓄力量、培养人才的重要推手。河北藩镇在唐末五代的争霸中虽未能单独树起一面旗帜，却在依附各个强藩的过程中成为五代中后期各朝立业的基盘。从郭威到赵匡胤，两次黄袍加身与河北藩镇时期节度使的拥立场面何其相似，而相似场景中的主角不都是河北军人吗？这似乎能引起我们更多的思考：河北藩镇到底是真的沦为附庸，还是用另外一种形式取得了安

---

① 如果相反，不够恭顺的成德、魏博都推行了灭佛政策，幽州也应如此，逻辑上倒是可以成立。

② 关于"河北优势"的形成，参见毛汉光《从士族籍贯迁移看唐代士族之中央化》，载《中国中古社会史论》，第 234—333 页；毛汉光《五代之政治延续与政权转移》，载《中国中古政治史论》，第 418—474 页。

史之乱后近两百年间历史兴替的最终胜利？

　　该书注释规范，文字校勘精善。然而仍不免有百密一疏的情况。第171页倒数第4—5行的"娶成德节度使先太师之长女"中的"娶成德节度使"几字，并非《唐代墓志汇编》咸通070原文，乃为作者的考证结论，故而引号应当去除；再如"天佑"应作"天祐"（第55页倒数第2行）、"清理"应作"情理"（第218页第2自然段最后1行）。另外，有些史料未注出处。例如"在朝廷的压力下，张仲武封刀一口对居庸关关吏说，再有入关的僧人立即处死"（第139页第2自然段）。类似之处，可能会给一些读者带来困惑，如能注明或直接引用史料，不仅文字上简洁准确，也能给读者回检原文带来极大的便利。相信作者在该书再版之时，一定可以对此类微瑕做出订正。

　　总之，《唐代河北藩镇研究》不但充实和推进了已有的藩镇研究，还开创了许多新的研究议题。其最主要的贡献是，给"藩镇"这样一个唐史学界的古老话题以更多新的启迪。借用一句作者自己的话，唐代河北藩镇的研究"远未到已经题无剩义的程度"，相信这部专著必将吸引更多学者对唐代河北藩镇问题进行更加广泛而深入的探研。

跋

王贞平

　　天虹书稿《中晚唐五代的河朔藩镇与社会流动》既成，索序于我。我对河朔藩镇的精英素无研究，本不敢置喙，但见第三章"社会流动视野下的'河朔故事'"运用"多重忠诚"的概念，试图从藩镇本身的政治文化角度认识河北社会，探讨"忠义"观念与藩镇上层政治精英阶层的流动，以及河朔节度使更替背后的深层原因，感到颇有新意。历史人物的行为与自身的意识形态有千丝万缕的联系；欲究明历史事件的来龙去脉，对事件参与者的价值观念必须予以足够的关注。而"忠孝"正是历史人物价值体系最重要的组成部分。在中国政治文化传统中，"忠孝"事关君臣关系的建立、维持；它也是朝廷稳定边境、处理对外关系的思想利器。但"忠孝"的内涵在不同历史时期呈现出耐人寻味的变化，并非一成不变。这里略述我对这些问题的初步思考，以引起读者对"忠孝"问题更多的关注。

　　"忠"是对最高统治者恪守信用，矢志不渝；"孝"是对父母绝对服从，尽赡养义务。"孝道"表现在尊卑分明、上下有序的家庭关系中。理想的"孝道"具有绝对性：子女完全接受父母，无论其言行如何乖张，都不信口批评。将这种精神推广到君臣关系中就是"忠"，是臣下对君主毫无保留的"单向忠诚"。虽然习语中有"忠孝"的说法，但"孝忠"才是更准确的表达。《礼记》有"家齐而国治"一语，表明"孝"是源，"忠"为流，二者是因果关系。

　　"单向忠诚"带有浓厚的理想主义色彩，不是现实政治生活的常态。孟子的"忠诚观"有"单向性"、"双向性"和"多向性"三个侧面。他认为，"忠诚"是"双向性"关系，诸侯及臣下必须尽到各自的责任、履行各自的义务。如果一方失信，关系即告失效，臣子可以转而效忠其他诸侯。孟子为"忠诚转移"辩护，揭示了"双向忠诚"的合理性。"单向忠诚观"和"双向忠诚观"出现在"六亲不和""国家昏乱"的春秋时期，是思想家为重塑家庭、社会秩序提出的主张。前者颂扬"孝慈"，赞美"忠臣"。后者认为，诸侯也有对百姓"尽忠"的义务：确保国家安全、百姓安康，即所谓的"上思利民，忠也"。诸侯虽然期望臣民绝对服从，但也十分清楚，要求百姓、臣子无私奉献乃至牺牲生命是不切实际的幻想。所以他们经常把"忠诚"与不同形式的精神、物质回报联系起来。换言之，"臣事君"是有前提条件的。满足这些条件是"君道"的重要组成部分，是"双向忠诚"在君主身上的具体表现。一些思想家甚至把秉持"双向忠诚观"提高到"圣人之道"的高度。显然，君臣之间是"双向忠诚"的关系。"忠诚"不是"单向通道"，而是具有"双向"特性。这是中国古代政治状况的真实写照。

　　在现实政治生活中，"单向忠诚"是个例，更多的是以效忠君主为名，行追求个人利益之实。"忠"的核心是"诚"。人臣为国家利益着想，就要直抒胸臆，无所畏惧，即便是忤逆君主的意愿也在所不惜。但一些大臣以"谄媚"维持着对君主表面上的"单向忠诚"，实际上是以个人利益为重。面对君主危害国家利益的行为，他们明哲保身，恭敬从命。而一旦国家有难，他们就抛弃旧主，改换门庭，转而奉事其他侯王。"多向忠诚"才是他们的座右铭。

　　在初唐的政治伦理中，"多向忠诚观"因其实用价值而占有重要地位。李渊起事之初，为掩饰其倒隋的目的，谎称仍忠于隋室。同时，他向突厥称臣，避免自己的基地太原受到突厥和其他中原逐鹿者的夹击。这些策略均基于"多向忠诚观"。唐建立以后，对隋朝旧臣、将领采取包容、重用的政策；只要他们为新朝效力，就接受他们的政治忠诚转向。太宗重用隋朝重臣魏徵，是在政治生活中运用"多向忠诚观"的又一实例。魏徵更直接否定了"忠臣"这一概念："愿使臣为良臣，勿使臣为忠臣也。"在他看来，"良臣"能对皇帝提出中肯、切合实际的政策，使君主、个人均获益。而一些所谓的"忠臣"，只知顺从上意，胸无治国大计，结果是使"君陷大恶，家国并丧，空有其名"。太宗采纳了魏徵的意见。这说明，对太宗来说，效用层面的"忠"（即个人政策建议给朝廷带来的实际利益）远比口头上的"忠"来得重要。在这个前提之下，不必计较一个人是否效忠过前朝。

有唐一代，躬行儒术并不是统治阶层的处事风格，"单向孝忠"更不是政治行为的圭臬。李世民杀长兄、幼弟，武则天处死亲生儿子，都带有"鲜卑—突厥"政治的烙印。唐廷采取了一些试图改善世风的措施。其中之一是为大臣制定谥法，褒奖死者的"忠义"之举，以期生者效仿。个中的三种"忠义"行为（"危身奉上""危身惠上""危身赠国"），甚至要求臣子为皇帝、国家的利益不惜牺牲自己的生命。在朝廷颁赐给官员、部族首领、外国君主的封号、名字中，"忠"字出现的频率最高。史家在记录外国来客造访唐廷时，也一厢情愿地将他们的行为描述为"归忠"。但实际上，"单向忠诚"只是皇帝对内外臣子的政治期许。在这种期望落空后，唐廷不得不取消一些人的封号，更改他们的名字。这说明，"绝对忠诚"在当时是一种稀缺的政治品行，而"多向忠诚"才是主流价值观。以统治者为目标的"单向忠诚"，只是君主一厢情愿的要求，在现实政治生活中满足这种要求的实例并不多。无独有偶，时人给太宗加谥号时，主要依据的是他"文治武功"的内外政策"功效"，没有用儒家的"忠孝"伦理评价他的得失功过。实际上，"单向忠诚"的绝对化是宋代出现的政治思想倾向。司马光在《资治通鉴》、范祖禹在《唐鉴》中对唐廷的政策提出了种种尖锐的批评。这从反面证实，"单向忠诚"在唐代没有大行其道。

"单向""双向""多向"三种形式的忠诚在唐代同时并存，为我们观察河北藩镇节度使（藩帅）及其下属的政治动向提供了新的视角。忠诚不是单向、同质的意识形态，它有不同的表象和实质。在以"忠"为基础的关系中，双方对"忠"能够做出于己有利的解读，从而获得各自的政治、经济、军事、文化利益。藩帅与下属军众，与朝廷、其他藩镇之间关系的演变，无不与上述三种忠诚观念有关。

"双向忠诚"是藩帅与属下军人之间关系的实质。前者维护后者的利益，以此巩固自己的地位；后者向前者输诚，使自身利益受到保护。作者称这种并不稳定的结合关系为"互惠之忠"。当这种关系破裂时，就会发生逐帅、节度使更替的事件。而事件的根源，在于边疆民众中普遍存在的"多向忠诚"倾向。为削弱这一倾向，藩帅试图用修建池亭、刻经、祈福等手段，在自己与军众之间构建起较为稳定的政治秩序。易州刺史张孝忠在修建池亭时就曾明确表示，此举意在"使文武毕会，尊卑有序"。当幽州上层军事动乱频仍之时，藩镇官员为节度使刻经、祈福，把他塑造成"忠臣孝子"。此举的目的十分明显：众军将应该像藩帅效忠朝廷那样，对他输诚送忠。换言之，藩帅期望下属对他秉持"单向忠诚"。

"双向忠诚"也反映在河朔藩镇众将推举藩帅的过程中。藩帅人选大都出自一两个血缘关系密切的家族，这表明军民对这些家族的认可和期许，但不是他们对藩帅的"单向忠诚"。在这个充满竞争的推举过程中，只有最强者才能出线。而如果他在掌权后有负众望，不能号令同僚，不能为军民谋利益，则得不到他们的拥护，甚至被驱逐。

一些粟特人居住在河北藩镇，在当地结婚、入仕，有的再迁徙他处。作者认为，粟特群体的行为反映了他们在特定历史情境下的生存和发展策略：顺势应对。笔者以为，如果进一步深究不难看到："多向忠诚"是粟特人行为的思想根源。这种观念根植于边疆社会的流动性之中。正如作者所说：粟特人在河北地区的活动是双向的，而非单一的向心流动。当地的民族融合、文化塑造不是单向过程。所谓粟特人"地方化""汉化"都是对粟特群体行为的简单化解读。

"多向忠诚"也是河北藩镇处理与朝廷、顺地藩镇，以及内部各镇之间关系的准则。学界一般认为，河北藩镇对朝廷有游离性，表现为割据、跋扈。也有学者认为，不应忽视河北藩镇对中央的依附性。笔者认为，跋扈或依附，不过是藩镇节度使审时度势，权衡自身与朝廷及其他藩镇的实力之后所采取的自身利益最大化策略。表面上看，河北藩镇没有脱离中央独立发展，而且与朝廷保持着频繁的文化交流。幽州镇更由于其孤立的地理位置，必须仰仗朝廷才能不被邻镇吞并。但这些都是诸镇自保、自强的策略，他们在本质上仍然是地方势力。与此同时，他们还依附其他强藩，名为附庸，实则保存了自己的实力。强藩之间形成彼此制衡格局，使唐王朝在安史之乱后又维持了近150年的统治。这个格局的崩溃成为唐朝灭亡的原因之一，但河北的藩镇势力却没有因此而灰飞烟灭，反而成为五代中后期各朝立业的基盘。可以说，河北藩镇才是历史兴替的最后胜利者。而这一切，都得益于他们"多向忠诚"的政治智慧。

综上所述，"多向忠诚"是唐代政治理念的主要流派。它具有很强的实用价值和可操作性，是政治人物、普通百姓实现、维护自身利益的"软实力"。之所以如此，是由于"忠"只是一种政治表态，即承认天子、上司的权威，但这种表态必须伴以实际行动才具有实质意义。"忠"因而有口头宣示及具体操作两个层面。有学者指出，在晚唐河朔藩镇政治文化中，观念的"表达"与"实践"之间存在差别。史料中时而出现"忠而不诚""忠而不顺"的事例。前者指不公开反叛朝廷，但未对天子心悦诚服。后者指不盲目追随朝廷，对天子旨意各取所需。合意则顺旨而行，不合意则阳奉阴违，拒绝执行。可见，"忠"在操作层面有多样化的形式和内容，值得进一步思考、研究。

2020 年 10 月于狮城

后 记

　　这本小书是以我的博士学位论文为基础修改完成的。选择这个题目，可以说是随缘。伯重师早年治隋唐史，曾有深入研究晚唐五代藩镇的念头，只是后来他长期研究江南（特别是明清江南）经济史，未能付诸实施。我攻读硕士学位时研习的是隋唐五代史，所以，伯重师便建议我考虑这个题目。我天性愚钝，入学一年余，还没有找到合适的研究题目，觉得老师的安排很好，而且如果做好这个题目又能完成老师的夙愿，这是做学生的一种荣幸。

　　自 2008 年博士学位论文答辩至今已有一纪，最初的随缘已经变成一种热爱。我围绕着河朔藩镇和社会流动，搜集更多的碑志资料；更加广泛地去关注中文、英语和日语世界的研究成果，努力拓展自己的视域。我不仅努力读更多的书，也想方设法走更多的路——回到历史的现场。多年来，我走过了属于唐代"河朔"范围的大部分地方，在京津冀鲁豫的都市乡村之中或探访碑刻，或以步行的方式丈量古城，寻觅唐人可能留下的蛛丝马迹……根据一款微信小程序以及我个人日志的综合统计，我在"河朔"停留的时间最长，去过的地县级单位也最多。"读书""行路"以及很多我在博士学位论文写作时不可能完成的一些工作能够得以开展，得益于我先后得到教育部人文社会科学基金青年项目和国家社科基金项目的资助，因此，本书也是结项成果之一。

　　在课题研究及成书过程中，我原想做一个 7—10 世纪（也即隋唐五代宋辽之初）河朔以至华北地区内容全面的社会经济史研究。

但在搜集资料、整理思路的过程中，我发现难度大、内容多，最关键的是，对于狭义上的生产、分配、交换等"经济活动"，中古石刻文献能够提供的新鲜信息十分有限，而且缺少一条理论线索的统领，写出来怕是一盘散沙。我受何炳棣先生《明清社会史论》的影响比较大，因此最终还是决定把研究视角放到"社会流动"上，将唐后期的河朔藩镇作为主线，讨论河朔藩镇的社会流动与变迁。有了"社会流动"与"河朔藩镇"这样的主线以后，相应的石刻资料和传世文献似乎能够更好地找到彼此的卯榫，其他如政治、军事、经济等方面的内容也尽可能围绕这个中心、突出这个中心。

用"社会流动"的视角来观察河朔地方社会，这本书只能算是一个初步的尝试。在这本小书里，有很多问题未能充分展开。例如关于河朔藩镇中的族群及"胡化""汉化"的问题非常重要，从陈寅恪先生到荣新江老师等诸多学者有很多精深讨论，我服膺他们的高见，而自己又学力未逮，尚提不出什么新见，故而对此几乎没有着墨。另外，因为这本书聚焦于河朔藩镇的地域社会，只关注了"北走河朔"的士人，而对于从河朔藩镇流动到顺地的政治精英则没有做追踪，如此等等。事实上，关于那 630 人世系的梳理以及拼接，占去了我很大一部分精力和时间，也占据了这本小书的不少篇幅，所以这个研究实际上才刚刚开始，河朔各藩镇既有共同的特征，也有各自的特点。我下一步还将进行幽州的个案研究。

我原本是经济学出身，读书时，又颇受伯重师以及密歇根大学董慕达（Miranda Brown）教授和李中清（James Lee）教授影响，对"使用社会科学方法研究历史"很有兴趣。在这本小书里，除了历史学的基本方法外，我尝试了一些社会科学的方法，特别是使用了一些简单的描述性统计方法。进行统计，就必须对数据做出解释和说明，而不能"含含糊糊""一闪而过"。所以在本书里，我把全部的数据资料罗列了出来，尽管更易暴露自己的错误和短板，但对于推动学术进步，未必是坏事。

本书的部分章节曾以论文的形式发表在《历史研究》《清华大

学学报》《南京大学学报》《首都师范大学学报》《河北大学学报》等刊物上。此次成书，我将这些文章都进行了修改，融会于各章节之中。还请读者批评及引用时以此书为准。本书有附录四个：附录一是碑志录文。《李仲昌墓志》是本书第五章的核心材料，我参照拓片和已有录文重新做了释录。如以后有条件，希望将河朔藩镇范围内的碑志资料都能做全面的释录，以供学界利用。附录二是正文第四章进行描述性统计分析的资料基础——人物资料表。附录三是关于具体问题的一些考证。附录四则是我给冯金忠先生《唐代河北藩镇研究》所写的书评，亦能反映我对河朔藩镇地方社会的总体看法。此文原刊于台湾《兴大历史学报》（第 26 期，2013 年），在大陆可能不易找见，此次我将其改换为简体字，基本保持了正文的原貌（个别修改之处以补注形式提示），并统一了格式，附于正文之后。

从 2006 年初确定下研究这个题目到今天小书草成，已有近 15 年了。尽管经过多次修改和打磨，书中一定还存在不少错误，恳请学界予以批评指正。

后记的最后一部分应该就是"致谢"了。首先，我要感谢在河朔藩镇和中国古代社会流动研究领域做出贡献的学者，没有他们的研究成果作为基础，我的研究根本无法进行。感谢整理、点校传世文献和碑志文献的诸多学者，正因为有他们的辛勤劳动，我才有可能汇聚起这本书所需的资料。由于篇幅所限，对于上述文献的整理者，特别是点校者的姓名未能在参考文献中一一列出，故在此一并致以我由衷的感谢。

我的导师李伯重教授不仅在学业和生活方面给了我具体指导和帮助，更在为学和为人方面对我产生了深远的影响。虽然老师后来的研究主要侧重明清史，但学生从老师那里感受最深的是他融汇中西和贯通古今的学术视野、严谨的治学精神和豁达的人生态度，他的言传身教将让我受益终生。我的硕士导师宁欣教授不仅将我带入隋唐五代史的研究殿堂，还在学习和生活中给了我很多帮助。没有她的引领，同样不会有今天的我。可以说，正是两位恩师将我扶上马，又送了我好几程，"师恩难报"，正此之谓也！仲伟民教授名为我的"师兄"，实则是我的师长，在学习和生活方面给了我很多指点和帮助。

张国刚教授是我的"座主"，藩镇研究的专家，在我求学清华期间对我亦多有关照，并对拙稿提出了很多重要的修改意见。座师高世瑜、王晓毅、龙登高、陈争平等先生也在开题或论文答辩时提出了许多宝贵意见。

2008 年，我毕业来到首都师范大学历史学院工作。历史学院具有优良的学术传统和浓郁的学术氛围。郝春文、李华瑞、阎守诚、张金龙、郗志群、史桂芳、蔡万进、施诚等前辈师长给了我很多具体的指导和帮助；刘屹教授等中青年教师组织的史学沙龙，对我的学术成长起了很大的促进作用。

魏明孔、罗炤、邓小南、荣新江、王小甫、黄正建、孙继民、陈尚君、气贺泽保规、李鸿宾、孟彦弘、侯旭东、杨爱国、牛来颖、刘安志、任乃宏、季爱民、毛阳光、叶炜、史睿、魏斌、冯金忠、冯培红、谷更有、高楠、张达志、唐雯、林晓光、蔡宗宪、雷家圣、谭凯等学界师友，或是给予鼓励，或是提出批评指正，或是提示信息，对拙稿的修改有很大帮助。国家社科基金结项匿名评审专家提出了许多意见，对我修改和完善书稿有很大帮助，在此一并致谢。

2008 年以来，我有幸得到首都师范大学历史学院、国家社科基金项目以及国家留学基金委公派访问学者项目资助，先后到中研院历史语言研究所（2012 年 8 月）、香港浸会大学历史系（2018年 9—12 月）、南洋理工大学中华语言文化中心（2019 年 8 月至2020 年 8 月）进行学术访问，先后得到了陈弱水、刘淑芬、刘咏聪、李金强、刘宏、游俊豪等先生在生活上的关照与学业上的指导。我也利用这些机会广泛搜集了海内外关于社会流动和河朔藩镇的研究资料与学术信息。

特别是 2019 年 8 月我到新加坡南洋理工大学中华语言文化中

心开始了为期一年的访问。刘宏教授、游俊豪教授以及中心的各位老师为我提供了良好的访学环境，使我能够静心地修改书稿，并充分利用南洋理工大学包括王赓武图书馆在内的各种文献资源。王贞平教授虽已荣休，却仍在家中接待我并指点学问，于百忙之中惠赐跋文；衣若芬教授独特的文图学研究视角也给了我很多启发。新加坡国立大学李志贤、王锦萍、刁培俊（时为访问学者）等师友也经常和我进行讨论并分享给我学术信息，我从中亦收获不少。我原计划还要去与新加坡一水之隔的马来西亚新山拜访赖瑞和教授，只是因为新冠肺炎疫情，到撰写这篇后记时仍未能成行，但先生通过邮件也给了我很多指点和鼓励。

在新加坡访学期间，有些中文和日文资料反而不易获得。尽管自己出发之时携带了不少资料，但书到用时方知什么叫"挂一漏万"。陈伟扬、吴炯炯、杨文春、朱义群、管俊玮、许辰通、丁森、黄图川、高远远、钱杉杉、寇博辰、刘毅超等学友、同学先后帮忙复印和传递了部分资料。

感谢社会科学文献出版社郑庆寰先生对拙作的大力推荐；感谢李丽丽、汪延平女士高度认真负责的编校，让我避免了很多错误，她们为拙稿出版付出了大量辛勤的劳动。感谢中国历史研究院请匿名评审专家评审拙稿，提出宝贵的修改意见，最终将其列为出版资助项目，并留给我充足的修改时间。

以上这份致谢名单，我想了很久，也已经很长，但一定还会有不少遗漏，特别是我各个时期的好友、同学、同门以及大学时代的老师。限于篇幅，未能一一尽列，希请谅解！但每一份情谊都会留驻我的心间。

最后，我要特别感谢我的家人。他们对我的支持永远是我奋力前行的最大动力。

书稿的最后修订是在新加坡"封城"抗疫的状态下完成的，那段时间我每天足不出户，倒也难得可以专心修改书稿，只是有些资料一时无法获取，只能留待以后增补了。在写下这篇后记的时候，狮城的疫情有所缓解，北京却又出现新的疫情……唯愿所有亲人、师友都能平安！疫情早日烟消云散！

是为记。

2020 年 6 月 30 日草成于新加坡南洋理工大学云南园

2020 年 12 月 6 日改定于首都师范大学北一区

图书在版编目（CIP）数据

中晚唐五代的河朔藩镇与社会流动/张天虹著．－－
北京：社会科学文献出版社，2021.3（2022.6 重印）
中国历史研究院学术出版资助项目
ISBN 978 - 7 - 5201 - 7579 - 1

Ⅰ.①中… Ⅱ.①张… Ⅲ.①藩镇割据 - 研究 - 中国
- 唐代 - 五代 ②社会流动 - 研究 - 中国 - 唐代 - 五代 Ⅳ.
①K240.7 ②C924.24

中国版本图书馆 CIP 数据核字（2020）第 249137 号

中国历史研究院学术出版资助项目

中晚唐五代的河朔藩镇与社会流动

著　　者／张天虹

出 版 人／王利民
责任编辑／李丽丽
文稿编辑／汪延平
责任印制／王京美

出　　版／社会科学文献出版社·历史学分社（010）59367256
　　　　　地址：北京市北三环中路甲 29 号院华龙大厦　邮编：100029
　　　　　网址：www.ssap.com.cn
发　　行／社会科学文献出版社（010）59367028
印　　装／三河市东方印刷有限公司

规　　格／开　本：787mm×1092mm　1/16
　　　　　印　张：33.75　字　数：467 千字
版　　次／2021 年 3 月第 1 版　2022 年 6 月第 3 次印刷
书　　号／ISBN 978 - 7 - 5201 - 7579 - 1
定　　价／128.00 元

读者服务电话：4008918866